［新装版］

ナショナル ジオグラフィック

世界のどこでも生き残る
完全サバイバル術

自分を守る・家族を守る

[新装版]

ナショナル ジオグラフィック

世界のどこでも生き残る
完全サバイバル術

自分を守る・家族を守る

マイケル・S・スウィーニー

AUTHORS
Michael S. Sweeney Chapters One through Eight and Appendix
Michele Kayal Chapter Nine
Elizabeth Towner Chapter Ten

CONSULTANTS
Mireya Mayor National Geographic emerging explorer, NGTV correspondent, and primatologist
Larry Stanier Internationally certified mountain guide and snow avalanche consultant

SURVIVAL ESSAYISTS
Maria Fadiman NATIONAL GEOGRAPHIC EMERGING EXPLORER
Jesús Rivas NATIONAL GEOGRAPHIC GRANTEE AND SUBJECT OF NGTV AND *NATIONAL GEOGRAPHIC* ARTICLES
D. Bruce Means NATIONAL GEOGRAPHIC GRANTEE, AUTHOR, AND SUBJECT OF NGTV SHOWS
Mireya Mayor NATIONAL GEOGRAPHIC EMERGING EXPLORER AND NGTV CORRESPONDENT
Tommy Heinrich PHOTOGRAPHER AND NATIONAL GEOGRAPHIC FUNDED EXPEDITION TEAM MEMBER
John Hare NATIONAL GEOGRAPHIC GRANTEE AND CONTRIBUTOR TO *NATIONAL GEOGRAPHIC* MAGAZINE
Mike Horn ADVENTURER FEATURED IN NATIONAL GEOGRAPHIC'S *ADVENTURE* MAGAZINE
Kenneth Broad NATIONAL GEOGRAPHIC EMERGING EXPLORER
Pat C. Wright NATIONAL GEOGRAPHIC GRANTEE
Ken Garrett PHOTOGRAPHER FOR *NATIONAL GEOGRAPHIC* MAGAZINE AND NATIONAL GEOGRAPHIC BOOKS

翻訳協力
日本映像翻訳アカデミー
石井美智子　上田麻衣子　河西和子　香村満理子　鈴木千代　田中英子
萩野絵美　林美穂　堀田雅子　宮川恵美子　吉岡和世　和田秀幸

本書の編集にあたっては正確な情報の掲載に努めていますが、最新の情報はそのつど確認をしてください。
また本書掲載の情報はリスクの高い状況におけるものです。個別の状況に即し、慎重な判断をしてください。

06
本書の使い方

08
はじめに

12
CHAPTER 1　基礎編：心と体の備え

40
CHAPTER 2　基礎編：技術と道具の備え

70
CHAPTER 3　■ 温帯林

108
CHAPTER 4　■ 湿地と熱帯雨林

132
CHAPTER 5　■ 高山

166
CHAPTER 6　■ 砂漠

204
CHAPTER 7　■ 極地と亜極圏

238
CHAPTER 8　■ 水上

276
CHAPTER 9　■ 自宅

300
CHAPTER 10　■ 自然災害

336
資料

HOW TO USE THIS BOOK
本書の使い方

　サバイバル・スキルを身につけることは有意義なことだが、簡単ではない。ナショナル ジオグラフィック協会が支援する探検家たちは、何年もかけて文明から離れた地で生き抜く方法を習得してきた。しかし、サバイバルのエキスパートでさえ、時には危険にさらされることもある。だからこそ、普段からの備えが予期せぬ緊急事態を切り抜ける、重要な鍵になることを知っているのだ。幅広いサバイバルの知識を身につけ、状況を分析・検証し、よりよい方向へ導く。それが、命をささえる場合もあるのだと。

　本書はナショナル ジオグラフィック社による『National Geographic Complete Survival Manual』を翻訳したもので、全10章と巻末資料で構成されている。最初の2章は、基本的なサバイバル・スキル。次の6章（チャプター3から8）では温帯林、湿地と熱帯雨林、高山、砂漠、極地と亜極圏、水上でのスキルを紹介している。最後の2章は、自宅周辺でのサバイバル（チャプター9）と、自然災害に遭遇したときのサバイバル（チャプター10）についてだ。資料には追加情報や気候ごとに地域を示したナショナル ジオグラフィックの地図も掲載した。語句や情報を素早く検索できるように索引も付加したので、それぞれ活用していただきたい。

1. 章のイントロダクション
各章で扱われている環境の大まかな情報、その環境を旅した歴史的人物に関する情報を紹介。

2. アイコン
各章がどのような内容で構成されているかを表すアイコン。準備、火、水、シェルター、食料、応急処置、危険、救難信号、ナビゲーション、そしてナショナル ジオグラフィックのサバイバル・ストーリーの10種類の項目がある。アイコンを見れば、どの項目がどのページにあるか簡単に分かる。

3. サブタイトル（項目）
各章の中で、10種類の項目から必要とされるアイコンが、サブタイトルとしてつけられている。各章それぞれ何種類かの項目で構成されているが、イントロダクションページ下に記されたアイコンとリンクしている。

4. 記事
サバイバルについての端的な情報とさまざまな解説を行っている。

5. 達人の心得
米ボーイスカウト、米ガールスカウト、経験者が培ったサバイバルのヒントを紹介。

6. 章とページのガイド
章とページを見やすく表示。

7. 手順・方法（how to）
イラストとともにサバイバルツールの作り方や手順などを説明している。

8. 必須事項（essentials）
知っておくべきこと、持っていくべき道具などを箇条書きにして紹介。

9. リスト
記事に関連した要点を分かりやすくまとめた。

10. サバイバル・ストーリー
各章で紹介している気候環境のなかで、危機的な状況に陥った人々の物語を紹介。

FOREWORD by MIREYA MAYOR

はじめに——ミレヤ・メイヤー
（霊長類学者・ナショナル ジオグラフィック支援研究者）

ゾウに追われる。ヘビにかまれる。ゴリラに体当たりされる。サメに襲われる。モンスーンで停滞を余儀なくされ、人里離れた熱帯雨林で食料が尽きる。高さ約4200mの崖から擦り切れたロープの端をつかんだままぶら下がり、もう駄目だと観念しかけたこともある……。私は数えきれないほど、危機的状況を体験してきた。しかし、これまでの豊富な経験とトレーニング、そして、少しの幸運によって、そうした危機を切り抜けることができたのだ。

それほど致命的ではないにしても、迫りくる危険を回避するためには、適切な対応が必要だ。準備を怠らず冷静に、危機に直面したときに判断する。そのためには、ある種のトレーニングと実践が必要なのだ。その一歩として、サバイバルのための手引書の存在が、かなり重要になる。

人里離れた山で大雪に見舞われ、タイヤがスリップし、道の外に放り出されて震えながらサバイバルの知識を学ぶのでは遅い。現場にとどまるか、救助を求めて動くかの判断力を養っておくべきなのだ。

気候や地理的条件に合わせて目に付きやすい信号火（シグナル・ファイヤ）をおこすために、何に火をつければよいのか。時計をコンパスとして利用する方法も役に立つ。救助の飛行機に信号を送る方法。食料のないまま人里離れた場所で食料を調達する方法。植物からロープを作り、テントを設営してはいけない場所や、ハイイログマとアメリカクロクマに対しての護身方法は全く逆だということも、知っておかねばならない。自分がはいているズボンから浮力のある救命具を作る方法、ほどけない結び目の作り方も知っておくべきだろう。

本書は十分な準備をして自ら人里離れた土地に入ろうという人に対しても、道具の選択や使用方法、そして突然の困難や障害、災害への対処法を教えてくれるだろう。

自然は美しい。人は大自然のなかで忘れることのできない、感動的な時間を過ごすことができる。自由を満喫し、リラックスすることで繊細な花の香りを楽しむこともできるのだ。しかし、大自然はその感動的な時間のわずかな後に、人に対して猛然と牙をむく場合もあ

る。ボーイスカウトやガールスカウトの自然に対する基本的な姿勢は「備えよ、常に」だ。それが実行されているか否かで、その状況が大きく変わってくるのだ。

私も常に備えが万全なわけではなかった。霊長類学者としてのキャリアを本格的にスタートさせるまで、自然については何も知らず、街の中だけで生活が完結していた。私が幼い頃、母は「キャンプは危険すぎる」と考えていたため、ガールスカウトに入団することも許されなかった。しかし、学者としてのステップアップを望み、南米の熱帯雨林とジャングルで霊長類を研究する機会を得たことで、生活は大きく変わった。研究のための重要なデータを収集するには、現場に行く必要があったのだ。私は希望と不安を胸に抱きながら、奨学金を得た。そして、まさに象牙の塔ともいうべき、研究所の閉鎖的な環境を離れ、ジャングルへと足を踏み出すことになった。

奨学金を受け取ることができた運命の日に私がとった行動は、ハイキング・ブーツとバックパックの調達だった。そして、サバイバルに関することを全てカバーしている本を探しに、地元の本屋へ急いだ。

私は南米北東部のガイアナ共和国とスリナム共和国へ5か月の研究旅行に赴き、小さくて希少性の高い霊長類を研究することになっていた。タランチュラやフェル・ド・ランス、チスイコウモリ、ピラニアなど、恐ろしい動物が待つ土地に行くのはそれが初めてだったため、頼りになるサバイバル本がどうしても必要だった。自ら危険やスリルを求めた人の体験ではなく、さまざまな研究分野で第一人者と呼ばれるような、たとえば世界的に有名な探検家、科学者、冒険家たちのサバイバル体験談も掲載されているような本が欲しかった。

しかし、驚いたことに、これだけ各種の本が売られているにもかかわらず、地球上の実に多様な環境を網羅し、私がこれから直面するだろう状況を解説したものは見当たらなかった。わずかな関連情報を掲載する手引書を全て購入し、頻繁な移動のたびに研究道具と一緒にそれらを持ち歩くことは、非現実的だ。何時間も何週間も、時には何か月もジャングルを歩くため、基本的な道具以外の物を持ち運ぶことは避けたかった。

この時の経験が結果的に、この本を手掛けるきっかけとなった。そして、制作にあたって、私はふたつの目的を強く優先させた。それは、人のいない自然のままの土地で基本的に必要な知識を全て紹介した、包括的な内容の本であることだ。しかも携帯性に優れ、持ち運びできることだった。

さまざまな人災やテロ災害を想定したサバイバル本は数多くある。しかし、住宅地でのサバイバルもカバーできる、軽量で完璧な緊急時の手引書を見つけることはとても難しい。今まで「全てを網羅した」サバイバル・マニュアルというものは存在しなかったのだ。

本書は、専門家や探検家たちの経験や知識によって構成、執筆されている。彼らは日常的に過酷な環境と向き合い、最も危険な動物や困難な状況に立ち向かっている。ナショナル ジオグラフィック協会で活躍する探検家のマリア・ファディマンは、南アメリカの熱帯雨林へ赴き、現地の人々が経験的に蓄えた植物の新しい活用法を調べながらも、日々、毒を持つヘビやカエル、サソリから身を守ることに多くの時間を費やし、自身の体験を「チャプター1」で語っている。また、生

態人類学者である探検家のケネス・ブロードは、海を何千メートルも潜り、海中にある狭い洞穴を探っている。彼は死を覚悟するほどの体験を「チャプター8」で語ってくれた。

この本は10の章に分かれており、「チャプター1～2」は火、水、シェルター、避難所、食料、応急処置というサバイバルの基本に精通してもらえるように構成した。

「チャプター3～8」では、特定の環境に徹底的にスポットをあて、「チャプター3」は温帯林、「チャプター4」は湿地と熱帯雨林、「チャプター5」は高山、「チャプター6」は砂漠、「チャプター7」は極地と亜極圏、「チャプター8」は水上に分けた。いずれも、その環境特有の難題や危険に対する対処法を記載している。また、各章の最後には、その環境を熟知したナショナル ジオグラフィックの専門家たちによる、サバイバル・ストーリーが収められている。これらの個人的な体験談には、その地域の文化、環境、そしてサバイバルなエピソードが含まれており、読者にとって全体を把握するよい材料となるだろう。そして、全章にさまざまな手順を説明した図、必需品のリストや写真に加え、米国ガールスカウト・ボーイスカウトなどの経験則による情報を掲載した「達人の心得」も記載している。

巻末には、サバイバルに必要な事柄を網羅した資料を追加。持ち物チェックリストや食用植物ガイド（フルカラー写真付き）、ロープの基本的な結び方についての手順、手旗信号の送り方、非常時に不可欠な応急処置に関する情報を掲載している。詳細な索引は、気候帯に関係なく、特定のサバイバル術を調べる際に役立つだろう。

あなたは、熱心な登山家だろうか？ それとも、休日に野外でのキャンプ生活を楽しんでいる人？ 私は仕事の合間の休みには、冒険へと旅立つタイプだ。今では熱帯雨林に関してあらゆることに精通しているが、その状況とは異なる環境で、サバイバル術を試すことが好きなのだ。しかし、私のアドバイザーであるパトリシア・C・ライト（ナショナル ジオグラフィックの研究・探検委員会の元メンバー。国際的に著名な霊長類・生物学者）など、私の同僚たちの九死に一生を得た体験談を読むと、最も訓練を積んだ専門家でさえ、過酷な大自然の前ではいかに弱い存在であるか、ということに気づかされる。

この本は、たとえ都会や街を離れる生活に興味のない人にとっても役立つだろう。「チャプター9～10」では、ハリケーンや台風、火災、竜巻、洪水、地震、火山の噴火といった、日常に迫りくる自然災害も扱っているからだ。私は南フロリダで育ち、家は崩壊したがハリケーン・アンドリューから生き延びた。そこで、自宅でもこうした緊急時に対して備えておくことの重要性を、身をもって経験しているのだ。ハリケーンが街を襲った数日後、自宅近辺にようやく戻った私は、隣家の前庭で我が家のテレビを発見した。その瞬間、私はさらに効率のよい家族の避難計画を立て始めたのだ。そして、その計画を今も頼りにしている。

私は10年以上もフィールドで科学的調査を続け、ナショナル ジオグラフィックのために野生生物について、多くのドキュメンタリー撮影を行ってきた。そして最近、ナショナル ジオグラフィック協会のエマージング探検家という肩書をもらい、やっと自信を持って大自然の中で行動できるようになった。野生生物の研究のため、世界でも有数の秘境へ足を踏

み入れた当初、私はキャンプをしたこともなく、シェルターの作り方はもちろん、テントの設営方法も知らなかった。そんな私が初めに学んだのは、「自然は刻々と変化し、全てに対して準備をすることはできない。何が起こるかは予測もできない」ということだった。

道に迷う、足首を捻挫する、残っていた最後のマッチ箱をぬらしてしまうなどは、どれもよく起こることだ（私の場合は必ず起きる）。振り返ってみると、私がこうしてこの本を書いていられるのは奇跡ともいえる。GPS（全地球測位システム）のバッテリーが切れる、サテライトフォン（衛星携帯電話）の電波が届かない、食料をすべて野生動物に食べられる……。私はこれらの危機をたった1回の旅で、すべて経験したのだから。

私がこうして体験談を語れるのは、そういった尋常ではない経験と、そのための訓練を積んできたからだ。だからこそ、本書で解説されているサバイバル・スキルをしっかりと習得しておくことを、皆さんに強くお勧めする。現場で危機に陥ってからでは遅いのだ。

本書を読めばさまざまな状況において、火をおこす材料やシェルター作りに役立ちそうなもの、食料などを確認できる。同時に、掲載した世界各地の写真から自然の美しさを堪能することができるだろう。さらに、この本を読み込めば植物の学名は分からなくても、それが食べられるかどうか、あるいは痛み止めとして代用できるかなど、自然界の恩恵も知ることができる。

そして、さまざまな技術や状況をよく知り、「もし〜たら」と、いろいろな場面を想定してみることが大切だ。たとえば、「もし、道に迷ったら？」「もし、食料がなくなったら？」「もし、誰かがケガをしたら？」「もし、体重が180kg以上の雄のマウンテンゴリラが、自分の食料を食べあさっている現場に出くわしたら？」など。それぞれの環境下で想定の幅を広げれば、それに合わせたキャンピングの方法、登山、探検に必要なスキルを身につけ、生き延びることができるだろう。

サバイバル・スキルに精通するということは、単に生き延びるだけでなく、それ以上の多くのプレゼントも得られる。私の場合は、無事生還することができたうえに、大自然を写真に収め映像に残し、発見した物を持ち帰り人々に伝え、共有することができた。また、過去に外国人を見たことがない、という村の人々と共に暮らし、記録されたことのない文化的習慣を体験することもできた。人類が探査したことのなかった世界のさまざまな場所を、自分のこの目にしっかりと焼きつけることもできたのだ。そして、自分の娘たちを研究現場に連れていき、普通の人は本でしか読むことができない美しい自然を見せることができた。

人々は恐怖や不安に邪魔をされて、自然界についての詳しい知識を身につけずにいる。しかし、サバイバル・スキルを身につければ、自然に対して好奇心を持ち、また、自然を愛する人であれば、その恐怖心や不安感を取り除くことができるのだ。本書の読者は、遠い文明の及ばぬ地から裏庭までつながっている自然の価値を理解し、畏敬の念をもって楽しめるようになるだろう。

自然について何も知らないあなたも、経験豊かな探検家のあなたも、本書をバックパックに詰め、自信を持ってあなたの冒険に出かけることを期待する。

生存という本書のテーマにおいて、最も大切なことは心と体の備えだ。その実例として、南極初到達という点では失敗に終わったが、全員生還という素晴らしい結果を残したアーネスト・シャクルトンと乗組員27人の旅の物語を紹介しよう。

　彼らが乗ったエンデュアランス号は流氷に阻まれて遭難し、1915年11月21日、シャクルトンたちを流氷上に残したまま沈没した。彼らにできることは、救助を求めるために流氷の浮かぶ1300kmもの海を救命ボートで進むことだけだった。その生死をかけた旅は成功し、乗組員全員は無事に生還する。それは、歴史に残る遭難事故として人々の記憶に残ることになった。1970年に月着陸を試みたアポロ13号が、宇宙で爆発事故を起こしながらも無事に帰還したのと同様に、シャクルトンと乗組員たちも「失敗を成功に導いた」。

　その大きな理由は、彼らはサバイバルの基礎知識を備えていたことだ。環境に適応した衣服の装備、食べ物や水の調達方法、テントや転覆したボートなどを使いシェルターを確保する方法を熟知し、適切なプランを練ることができた。しかも、サバイバルに最も必要な「冷静さ」が備わっていた。シャクルトンは「全員生還のためには、理論的な考え方と目的を明確にしたプランが必要だ」と述べている。

　生還できるかどうかは運が左右する部分もあるが、それがすべてではない。森の中、砂漠、水辺、そして自宅近くでの自然災害において生死を分けるのは、心と体にその準備ができているかどうかなのだ。

基礎編 MIND&BODY
心と体の備え

 14　 24　 28　 34　 38

PREPARATION
準備

　サバイバルな状況では、何が次に起こるかを認知・予測することから始まる。アメリカ合衆国第26代大統領セオドア・ルーズベルトは、1914年にアマゾン川で九死に一生を得た体験後、「前人未到の地に足を踏み入れることは、戦争と同じくらい危険だ。自然を攻略するには不屈の精神や勇気が必要である。そして、自然は時として人の命や健康まで脅かす」と書いている。しかし実際は、不屈の精神や勇気だけでは十分ではない。

　文明から隔離された場所でのサバイバルは、想像以上に過酷だ。サバイバル・テクニックに長けた人は、「現場でむやみに動きまわる人ほど早く命を落とす」と口をそろえる。自然という予測しにくい強大な相手を前に生き残ろうと思うなら、現実を謙虚に受け入れるべきだ。それをおろそかにする者は、大きな犠牲を払うことになるだろう。

　登山家でジャーナリストのジョン・クラカワーは自著で、エベレスト登山の際に出会った、あるプロの登山ガイドについて述べている。ガイドは「我々はエベレストを熟知している。頂上まで道を舗装できるほどだ」と自信過剰な発言をするが、切り立った斜面で命を落としてしまった。ジャック・ロンドンの短編『火を熾す』に登場する男も、このガイドに似ている。男は気温が零下59度まで下がったユーコン川沿いをさまよい歩いていた。その装備は適切で、周辺の環境に対する知識も完ぺきだが、その男は誰よりも自信家だった。そして、男には「想像力」が欠けていた。彼は頭の回転が速く、抜け目がなかったが、それは日常生活に対してのみであり、状況の過酷な変化に対する「柔軟な対応」ができなかった。結果、男は火をおこす唯一のチャンスを逃し、凍死してしまった。

　生死をかけた状況で誤りは許されない。もちろん例外はあるが、自然の中で遭難して死んでいった人たちの状況は、どれも似通っている。そう、彼らはあらゆる危険を予測していなかったのだ。ちょっとした用心を怠り、自分を見失い、パニックを起こし、のどの渇きやケガ、暑さや寒さのために命を落とした。謙虚に現実を受け入れ、冷静な判断力を持ち続けて計画的に行動すれば、致命的な誤りを避けることは可能なのだ。

essentials

緊急時以外の自然の中での行動

本書で紹介するテクニックの多くは、緊急時のみに使用するものだ。平時であれば以下のように人の痕跡を残さないように気をつけ、自然環境への影響を最小限にしよう。

- ゴミはすべて持ち帰る。

- 植物を傷つけない。枝を折ったり持ち帰ったりしない。

- 石など、自然界にあるものにむやみに手を触れない。

- 道に沿って歩き、草を踏まないようにする。たとえば、スイス・アルプスに自生する高山植物コケマンテマは15cm成長するまでに、およそ25年かかることをお忘れなく。

- 周囲の自然環境のため、ほかのキャンパーやハイカーのためにも、静かにし不必要な音はたてない。

- キャンプ地に備えられているトイレを使う。使用できない場合、排泄物は浅くても15cmの深さの穴に埋め、ペーパーは持ち帰る。

- 指定された場所でのみ火を使う。指定場所のない奥地では、携帯用燃料コンロを使う。

- 生分解性に優れたせっけんを常に使う。

- 食器を洗う場合、まず残りカスを取り除く。取り除いたカスはゴミと一緒に持ち帰る。食器を洗った水は、キャンプ場から離れた場所に捨てよう。

- 指定された場所でキャンプを行う。指定場所がない場合は、植物のあまり生えていない場所を選ぶこと。

- 動物には近づかない。眺めたり、写真を撮ったりするのは遠くから行う。

生き残るためには

もしも道に迷ったら、自分を「保持する」ことを心がける。冷静さを保ち、現在地を動かない。衣服をチェックし、適正な体温を保つことが肝心だ。

遭難者が救助される場合、そのうちの約95％は、救助機関が遭難の連絡を受けてから72時間以内に助け出されている、といわれている。特に旅の前に知人に予定を知らせてある場合は、すでに捜索が始まっている可能性が高い。むやみに動かずその場にとどまっていれば、捜索はより簡単に行われるだろう。出発地点まで車で行ったのなら、その車が人々の注意を引くかもしれない。また、鏡や火、煙を使って居場所を知らせることも可能だ。救助を待つ間、ゆっくりと体を休めていれば食料や水を節約することにもなり、歩き回ることで遭遇するトラブルも避けられる。

現在地を離れてよいのは、救助がすぐに来ないと分かっている場合や直ちに医療行為の救援が必要な場合。また、そこに十分な水がないなど、現在地が自分の生存を脅かすと判断し、その場所から抜けだす方法を知っている場合だけだ。その場合、どこに行くべきか、移動するための十分な水があるかを見極めよう。また、歩いたルートを大きな布で示すなど、空からの捜索の目印も作るとよい。

グループでいることのメリット

集団行動のマイナス面は、極度のストレスにさらされない限り、あまり表面化しにくい。しかし、衣食住などの確保ができない事態となって初めて、人間の欠点があらわになる。セオドア・ルーズベルトは1914年に未開のアマゾン川流域で、心身共に追いつめられる恐ろしい旅を経験した際、「危機的状況の中では、人間の持つあらゆる悪い部分が表に出てくる」と振り返っている。ルーズベルトの仲間の1人は食料を盗み、荷役ポーターを殺すに至った。ルーズベルトの体験は極端だが、問題が発生してから1日から2日でも、グループ内に不調和が生まれ、それが生死に影響を及ぼすことがあり得るのだ。

自然の中で危機的状況に陥った時は、グループのメンバー、1人ひとりの長所と短所、強みと弱みなど特質を把握する必要がある。障害を抱えている人、病気にかかっている人は体の負担を軽くする。小さな子どもは急な困難にもよく耐えられ、年配者は人生における経験も豊富で、さまざまな困難を乗り越えてきているため精神的にタフな人が多い。

そのどちらにも当てはまらない成人で、体調が万全な人は遠くまで速く歩けるだろうが、移動するペースは最も遅い人に合わせるようにする。また、リーダーシップのある人、食料を調達するのが得意な人を選抜することも重要だ。火をおこすのが上手な人や、急病人や負傷者に応急手当てが施せる人など、適切に仕事を割り振れば、助かる確率はかなり高くなるだろう。

メンバーそれぞれのスキルを確認する

- 医療の知識がある。
- 植物を識別する知識がある。
- ナビゲーションの能力。
- 火をおこす技術。
- シェルターとなりそうな場所を見つける、または作り上げる能力がある。
- 地元の地形に精通している。
- 地元の気象に詳しい。
- 救助信号の知識がある。
- 心肺機能が健康である。
- 体力がある。

緊急事態に陥ったら、仲間の得意分野を一刻も早く見極めることが大切だ。

リーダーを決める

「大勢でいた方が助かる可能性が高くなる」。そう言ったのは、サバイバル本の著書でおなじみのローレンス・ゴンサレスだ。人数が多ければ助け合いながら、必要な作業をこなし、お互いの命をつなぐことができる。

その中でリーダーはおのずと決まっていくものだが、話し合いで決めなくてはならない場合もある。時には、旅行のガイドや事故に遭った船舶、飛行機の船長や機長がそのままリーダーになる場合もある。リーダーはメンバーと相談もするが、全員にとって利益となる最終判断を下さねばならない。また、メンバーの精神状態を健康的な方向に導くことも役目だ。困難な状況に置かれた場合、人は罪悪感、士気の低下、あきらめ、怒りなどのネガティブな感情に支配されることが多い。しかし、リーダーは仲間たちのパニックや恐怖を最小限に抑え、ポジティブな意識を引き出さねばならない。強いリーダーシップがあれば、メンバーを忙しく働かせ、チームワークを高めることで仲間のストレスを軽減することも可能だ。火おこしなど、やりがいのある作業に従事すると士気は高まるものだ。また、リーダーは仲間同士がお互いに信頼できる関係をつくりだす配慮が必要となる。

以前からの知り合い同士のグループが遭難するケースもあるだろう。お互いをよく知り、信頼し合うメンバーたちは、少なくとも最初のうちはうまく協力し困難に立ち向かえるはずだ。しかし、狭苦しい居住空間で何日も過ごすうちに、空腹、湿気、寒さ、疲労、心労がメンバーを襲い、ストレスが徐々に増す。それに比例して問題も発生しやすくなる。困難に対して、それぞれのメンバーがどんな対応が可能なのかをリーダーが知っていれば、的確な判断が下しやすくなるだろう。

なかには、リーダーを立てられないケースや、良いリーダーに恵まれないケースもある。仮に自分がそのような状況に置かれたら、単独行動するべきか否かという、非常に難しい判断を迫られることになるだろう。単独で行動することが正しい場合もある。ローレンス・ゴンサレスは自著『緊急時サバイバル読本』の中で、飛行機事故に遭った少女がペルーのジャングルから助けを求めて1人脱出したことについて書いている。ほかの乗客はその場にとどまり、救助を待ちながら命を落としてしまった。しかし、少女は密林地帯では木が覆いかぶさり、捜索隊が地上で助けを待つ人々を見つけるのは困難だろうと判断する。少女は自分の判断に従い、助かったのだ。

リーダーの役割と仕事

- 事態に対してメンバーと相談はするが、最終判断の責任を負う。
- 仲間を励まし気持ちを奮いたたせる。しかし、自信がないのにあるふりをしないように。
- 個々の専門知識を知り、その知識を判断材料として有効に活用する。
- メンバーに士気の低下、ネガティブな感情の兆候がないかを絶えずチェックする。
- チームワークを優先し、有能なメンバーに仕事を与え、設定した目標を達成させることでメンバーのポジティブな意識を目覚めさせる。

役に立つサバイバル・キット

　完璧なサバイバル・キットなど存在しないが、さまざまな旅の状況に適応できるキットが良いキットだといえるだろう。一般的には使い方が簡単で軽く、小さく、入手が容易で機能的、そして防水機能が付いているものがお薦めだ。しかし、そうはいっても、いざというときに、カミソリや歯ブラシのように使いこなせなくては話にならない。

　そこで緊急時のためのキットは、実際に使用する前に試験的に使ってみることが必要だ。木の枝を切るためのワイヤーソーの場合は、まず自宅で木を切ってみる。また、マグネシウムの着火材は、マッチがあったとしても、通常のキャンプで試してみよう。キットを持っていても、生きるか死ぬかの状況になって初めて使うのでは、まるでスキー初心者がジャンプや難コースに挑むようなものだ。

　場所をとらず重くない、さまざまな用途に使用できる道具は、常に携帯するべきだ。その代表として、ボーイスカウトのネッカチーフがある。ネッカチーフは地面に広げて飲み水となる露を集めることもでき、水にぬらして頭を冷やしたり、縛れば腕をつったり、かかとを固定することもできる。また、信号旗にもなる。伸縮性のある包帯はサポーターにもなり、ヘビにかまれた時の応急手当てにも使える。NASAが開発した特殊素材を使用するサバイバルブランケットは、緊急時のシェルターになる。光や熱を反射する素材なので救助隊や捜索隊への目印にもなり、雪や氷を溶かして飲み水を作ることもできる。

　丈夫なナイフ、コンパス、居場所を知らせるホイッスルなど、必要不可欠なアイテムはナイロンの細引きロープに通して、いつでも取り出せるよう首にかけておくと便利だ。

　危機的な状況に陥ってしまったら、水や休む場所が必ず必要となる。水を浄化するアイテムや緊急時のシェルター作りに役立つアイテムも必須だ。

基本的なサバイバル・キット

- 救急医療キット
- 水を浄化するタブレットなど
- 火をおこす道具
- 信号に使う道具
- 食料を調達するための道具
- テントやハンモックなど、シェルターとなるシート状のアイテム
- ライター、メタルマッチ、マッチ
- ナイフ、ワイヤーソー、カミソリ
- 裁縫用の針と糸
- シグナルミラー（手鏡など）
- リストコンパス
- 釣りやワナで使用する糸（ナイロンテグス）
- 釣り針（大小中各種）
- ろうそく
- 携帯用虫メガネ
- サバイバルブランケット
- 非常用飲料水袋
  （コンパクトになり耐久性のあるポリエチレン製）

達人の心得　サバイバル・キットは、精巧なものである必要はないが、ほかの用途にも使える機能を備えたアイテムとそれらを入れるケースがあればよい。キットを入れる容器の条件は、防水性、携帯性、強度があり、必要なアイテムを入れるための最小の容量であることだ。ロック機能の付いたタッパなども利用できる。

ひとりで迷ったら

ひとりで道に迷う、あるいはジャングルをさまようといえば、ハリウッド映画でお決まりのパターン。しかし、生存のかかった緊急時に「自分ひとりだけ」という状況に気がつくと、人はある種の動揺を覚えるものだ。

驚くことに、森で迷うなどといった絶望的な状況の中で、最も生存率の高い年齢層は、6歳以下の子どもなのだ。その理由は明確ではないが、子どもは迷ったことを素直に受け止め、率直な行動をとるからだろう、と科学者は考えている。彼らは暖をとることや食料、水を得るという緊急時の基本的な欲求を満たそうと、思い立ったらすぐに行動する。しかも、彼らはそれらを最優先させる。

しかし、もしあなたがひとりで道に迷ったら、そこを動かないことだ。そして、シェルターや火についての知識を思い返す。エネルギーを節約し、体温を保ち、心理的な動揺が落ち着いたら、サバイバルプランを立ててみよう。まず、ポケットやリュックサックの中身を出し、どのような目的で使用できるか、すべての物を検証する。ポケットミラーはシグナルを送るのに使える可能性があり、安全ピンを上手に加工すれば、魚を釣る釣り針にできるだろう。十分な水と、アメやシリアルバーなど高カロリーのお菓子をいくつか持っていれば、かなり心強い。また、工夫次第でロープなど基本的な必須アイテムを作ることもできる。

ロープを作る素材

- 繊維質の強い樹木：特にオーク、クワ、ヒマラヤスギ、ヒッコリー
- 動物：大型動物の腱（けん）や皮
- 草：バシクルモン、トウワタ、イラクサ、カヤ
- 植物：ユッカ、リュウゼツラン

how to

現場の自然素材から ロープを作る方法

1. 結び目を作り、ロープとして使える素材であるかを確認する（草、ブドウのつる、繊維質の樹皮など）。円が作れ、切れなければ使用できる。
2. 素材を2本に分け、1本をやや短めにして平行に並べ、片方の端を結ぶ。
3. 2本をそれぞれ、右回りに1度ねじる。
4. 2本をまとめて左回りにねじる。
5. ③、④の手順を繰り返し、途中で短い側が足りなくなれば新たに継ぎ足す（端は最低8cmほど重ねること）。
6. このロープを3本編み込むことで、より強力なロープを作ることができる。

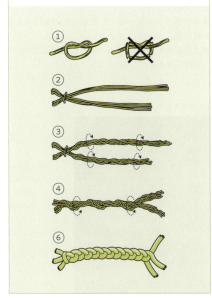

恐怖に打ち勝つには

「彼は砂の霧の中で道に迷い、ラクダが倒れるまでさまよい続けたに違いない。そして、のどの渇きと熱によって死んだのだ」

オスマン帝国からのアラブ独立闘争を描いた映画、『アラビアのロレンス』のモデルとなったT・E・ロレンス中佐は、パニックに陥って命を落としたアラブ人についてこう書き残している。「恐怖とパニック……これが脳を攻撃し、最も勇敢だった男を1、2時間のうちに、舌も回らず"たわ言"を話す狂人へと変えてしまった。そして、太陽と熱砂が彼を殺したのだ」と。

少々大げさだが、恐怖は人を殺してしまう。パニックは人によってさまざまな形態を取るが「ウッズ・ショック」(右下参照)と同様、多くの場合、被害者が自覚することはない。そこで手遅れになる前に、自分をコントロールすることが必要だ。

そのためには、「S・T・O・P」という言葉を覚えておくべきだと専門家はいう。これは、Stop(やめる)、Think(考える)、Observe(観察する)、Plan(計画する)を表している。

S・T・O・P

- Stop(やめる):体を動かすことは避ける。座って呼吸を整え心拍数を下げる。数字を3つ数えながら鼻から息を吸い、そのまま3つ数え、また3つ数えながら、鼻あるいは口から息を吐き出す。この呼吸法は、心を落ち着かせ、脳にリラックスするよう信号を送ることができる。
- Think(考える):落ち着いたら置かれた状況を見つめ、どう対処できるかを考えよう。呼吸が遅くなると、認知する機能が向上するからだ。
- Observe(観察する):周囲の地形や仲間の状態、特にケガをしていないか把握する。現状に向き合うため何を持ち、何がないのかを見極める。
- Plan(計画する):状況を把握したら、最も効率的な戦略を立て始める。必要に応じ、計画を修正することを恐れてはいけない。

※一部の専門家は、5番目のステップも加えている。それはAct(行動する)。どんな綿密な計画でも実行されなければ、役に立たないからだ。

ウッズ・ショックとは何か?

- 遅くとも1873年には誕生した言葉。
- 有能な人間さえも陥ってしまう、自然のなかでの錯乱状態を指す。
- 方向感覚を失う。
- 理性的な人々が一転、不合理な行動を取るようになる。
- 上記にある「S・T・O・P」の行動に順に従うことで対処できる。

座って呼吸を落ち着かせ、計画を立てるために状況の認知機能を改善させる。

優先順位をつける

　サバイバルのときには何をどうすべきか、完璧に順序立てられたチェックリストなどは存在しない。なぜなら、その時の周囲の状況や直面している健康状態によって変化するからだ。しかし、最初に行う手順は常に変わらない。それは、前ページで述べたStop、Think、Observe、Planだ。

　ケガの状態によっては、応急手当てがより優先されることもあるだろう。しかし、一般的に「S・T・O・P」を行い、心が落ち着いたら、次は飲み水を探すことが優先される。特に砂漠では、水がなければ心と体はすぐに機能しなくなるからだ。ただし、すでに飲み水を保有している場合や極寒、身を焦がすほどの炎天下ではシェルターを探す。あるいは作ることが優先される場合もある。寒さや暑さから身を守る適切なシェルターに入り込めば、体力の消耗を避けることができ、生存への気力を保つことができるからだ。

　食料に対する優先順位はそれほど高くない。なぜなら、平均的な人間は食料がなくても体が蓄えた脂肪を燃焼し、数日から数週間は生き延びることができるからだ。

　「3の法則（チャプター2を参照）」によると、3分以上体に酸素が行き渡らなければ死に至るとされている。呼吸が止まった人には即座に処置を施さなければならない。熱中症や低体温症を避けるため、3時間以内には雨や雪、もしくは炎天下の日差しや極度の低温、あるいは高温から体を守る必要がある。そして、3日以内には水分と睡眠をとり、食事は3週間以内にとらなければならない。

　すぐに食料を探さないと生命が左右されるわけではないが、自然の中で迷ったグループにとって、食料と火は心理的に大きな効果をもたらすことも覚えておこう。

生存率を上げるための具体的なステップ

- 体と精神を鍛えておく。計画した冒険に旅立つ前に正しい体力づくりを行っていれば、いざという時に必要なスタミナと精神力を維持することができる。
- 自らの恐怖心を認め、それを客観的に見つめる。
- 手作業などを行い多忙にする。大小の任務に取り組み、恐怖を増幅させる状況から意識をそらすこと。
- 何事も前向きに考え、ほかの人々にもポジティブに考えるよう促す。
- サバイバル・キットにあるすべての道具の使い方を把握しておく。
- ユーモアを心がけよう。ランカスター大学心理学科のジョン・リーチ博士は、「ユーモアは生存に不可欠な臓器だ」と述べている。

達人の心得　サバイバルな状況でのキーポイントは、当事者の心理状態だ。そのためには、「己を知る」ことが大切だ。状況に対する反応、感情変化などの兆候、過度な肉体的・精神的ストレスに対する許容量。これを認識し、生き残ろうとする強い意思が最終的に不可欠な要素となる。

パニックに打ち勝つには

ジャングルや砂漠で道に迷ったことに気づいたとき、頑張ろうという反応に応じて副腎からホルモンが分泌される。このホルモンによって脈拍が上がり、呼吸は速く、浅くなる。

また、糖代謝が促進され、視野は狭まり、時間の経過がうまく認知できなくなり、ついにパニックを起こし、手や足が震えるようになるのだ。

サバイバーは、周囲の環境に対応する前に、体内の環境を整えねばならない。まず、パニックを起こさないように副腎が分泌するホルモンの影響を抑えなくてはならないのだ。

著者ダグラス・アダムスがSF・コメディ小説『銀河ヒッチハイク・ガイド』の中で、「あらゆる知識と知恵の出典」と説明している、小説タイトルと同名の架空の電子ガイドブックがある。そのブックカバーにはなんと、大きな読みやすい文字で「パニクるな！」と書いてあるのだ。

それは、まさに的を射たメッセージだ。パニックに陥らなければサバイバーは理性を保ち、作業を的確に行うことができるからだ。まず、簡単にできる任務をこなし、成功させることで自信を得る。「挫折の数を数えるよりも、成功した数を数える」ということだ。そして、合理的なサバイバルプランを立て、それを実行する。何よりも大切なことは、「あなたは、今生きている」事実を強く認識することだ。生死にかかわる状況でそのことに気がつけば、あなたは今までで以上に、生きていることの尊さを実感するだろう。つまり、頭を切り替えることだ。

未開地で今自分がどこにいるのか迷った場合、その大きな障害になるのが、日常で見慣れた建物や通りなどの目印がないために起こす混乱だ。生存をかけたサバイバルな状況下で、心の中にわき起こる不安感といった強い感情は、人が持つ理性的な考えを打ち消す傾向にある。道に迷った人の多くが、理屈では引き返して足跡をたどるべきところを前進し続け、さらに深みにはまっていく理由がここにある。

生き延びるための極意は、感情的なエネルギーをコントロールし、それを建設的な方法に使うことで、生存への正しい行動を導くことにある。

生き延びる者の行動

- 落ち着いて、自分が生き延びる筋書きを立てる。
- どんな環境にいるのかを見極め、それから自分の状況を明確にする。
- 客観的なスタンスでセルフコントロールを行う。
- 生存の可能性や死を意識しない。もしくは常に考えないよう努力する。
- リスクをあらかじめ考慮し、容易に対処できるよう正しい判断を下す。
- 自然の力をあなどらず、積極的に利用する大胆で慎重なバランスが大切。
- 直面するに違いない脅威をできるだけ予測する。

生き延びられない者の行動

- 生き延びる筋書きと向き合う冷静さを失い、自制心を失う。
- 最初に状況を決めつけ、その考えに当てはまる情報のみを集める。
- 不安に負けて走り、呼吸が速くなり、もがき、その結果エネルギーを浪費する。
- 生存の可能性をネガティブに考えすぎる。
- 状況に応じた、柔軟な判断を下せなくなる。
- 絶対に間違いはない、と思い込み行動する。
- すぐにあきらめる。

生存・生還への意志

「装備、訓練、経験。それは持っていて損はないが、十分とはいえない。生き延びるには、それ以上のものが必要だ」

『米陸軍サバイバル全書』では、それを「生存・生還への意志」と呼んでいる。サバイバル術を十分積んだ人々が命を落としたにもかかわらず、訓練を受けていない人々がなぜ生き延びたのか。その説明として、「どのような状況であれ、肝心なのは当事者の心理状態にある。サバイバル技術を習得することは確かに重要だ。しかし、生き残ろうとする意思はなにより不可欠な要素である」と記している。

サバイバルの専門家、ローレンス・ゴンサレスも、「助かる者と悲しい運命をたどる者とを分ける究極の装備は『ハート』だ。この装備は役に立つが、荷物の中にはない」と言う。

最もひどい状況に陥ったあるサバイバーたちは、生き延びるかどうかという究極の問題に直面したとき、全員が「もちろん生き延びる」と答えるはずだ。

生存・生還への意志はどう作用するのか

1914年、セオドア・ルーズベルトがアマゾンのジャングルで足に傷を負ったとき、彼は生命を脅かす感染症に苦しめられるのではないか、と予感した。仮に仲間たちが自分をアメリカまで連れて帰ろうとし、途中で仲間たちの命を脅かすのであれば、いっそここで死のうとルーズベルトは決意する。しかし、彼の息子カーミットは、父親を置いていくことを拒否した。その息子の意思を知ったルーズベルトは、生き延びなければならない、必ず生き延びようと決心したのだ。

この苦しい体験の後、ルーズベルトは友人に「息子は私を見捨てず、命をかけて、私を連れ出すと言い張ることは分かっていた。もちろん、それは不可能なことだ。だが息子の決意が固いことは知っていたから、私は自力で戻るしかなかった」と話している。

まず、生きようとする決意があって、実際に生き残ることができるのだ。なかには、ほかの人が奮闘していても、あきらめてしまう人がいる。その逆に、学校といった日常的な問題から戦争など異例の問題に至るまで、さまざまな困難に打ち勝つ、あるいは負けないように挑み続けてきた人もいる。このときルーズベルトは、身も心も困難を伴う人生の中で鍛えた、鉄の意志を持っていた。この意志がなければ彼は恐怖と不安に苦しみ、死に至っていたことだろう。

『米陸軍サバイバル全書』より

- 周囲の環境や体調、装備など、状況を観察し判断する。
- 事態の把握にすべての意識を集中する。慌ててはいけない。
- 現在地をしっかり記憶する。自分がどこにいるのか、そしてどこへ向かうのかに注意を払う。道順をたどることを他人に任せてはいけない。
- 恐怖とパニックを克服する。
- 持っている道具をほかの用途に利用できるかを考え、その場で必要な物を作る。
- あきらめず、命を最優先に行動する。
- 現地の人のように行動し、彼らがどのように暮らしているかを探る。
- 知力をフル活用し生命を維持する。まずは、基本的なスキルを身に付ける。

WATER 水

水が生命に欠かせないというのは、控え目な表現だろう。水は命そのものだ。水を飲まなければ2〜3日で死に至り、飲む量を控えるだけでも体に異常をきたす。アーネスト・シャクルトンは、「水の不足は常に、人を最も厳しい苦難に追い込む」と記している。

発汗によって体から急速に水分が失われる気温の高い場所では、水分の必要性はさらに高まる。身体活動や高度、ストレス、病気、ケガなどによっても水分は早く失われるため、日常に比べ、補給を急ぐ必要がある。しかし、たとえあなたが極寒の地のシェルター内で静かに座っているだけだとしても、効率的に体を機能させるためには、毎日最低2.3ℓの水分を取らなくてはならない。仮に水が不足している場合は、エネルギーを使わないようにすることだ。タバコを吸ったりお酒を飲んだりしてはいけない。

気温の高い場所では、夜間に行動する。呼吸は鼻で行うようにし、食事は最小限に留める。水分がなければ、人間の体は急速に衰える。血液がドロドロになるため、血液を送り出す心臓に負担がかかり、血液の循環が悪くなる。循環が悪くなると、体内の余分な熱を発散させる能力が弱まり、寒冷地では体温を保つ能力が弱まる。脱水症状が進行すると、体内に血液を巡らせるために細胞から水分を取り出す。その際、細胞膜を傷つけ細胞の塩分濃度が高くなるのだ。

サバイバルでの最大の難関は、飲用に値する十分に清潔な水を見つけることかもしれない。地球の表面は、ほぼ飲用に適さない海水で覆われ、池や湖、小川、川などに蓄えられた水の多くは、微生物や化学物質によって汚染されている。そこで、未開の地で生き抜くためには、水を浄化するためのスキルを磨いておく必要があるだろう。

荒野の中でやっと得た水を浄化する手段がない場合、そこであなたは、大きな選択を迫られることになるだろう。水なしで進めば、命を脅かす危険にさらされる。しかし、一方で飲用に適さない水を飲むことで短期的には生き延びるかもしれないが、後に病気になり、命を落とす可能性もある。水を浄化する知識やスキルは普段から備えるべきだ。

水の携行に関する基礎知識

　大切なのは、自然の中で生き延びるために1日約4ℓの水を確保することだ。これは、万が一に備えて家庭に常備しておくべき水の量と同じで、乾燥した砂漠であれば必要な水の量は増える。

　自然の中に足を踏み入れる場合は、負担にならない範囲で、できる限りの水を持っていかなければいけない。また、飲み水がない場所では、携帯浄水器が必携だ。長期間のハイキングでは、必要な水をすべて携行するのは不可能で、かさばるうえに4ℓで約4kgにもなる水は重すぎる。そのため、長距離を移動する予定のハイカーや遭難者は、水を確保し保存する方法、そして、浄化方法を知らなければならない。短期間のハイキングであれば、さまざまな容器に入れて水を持ち運ぶことができるだろう。金属製の魔法瓶の場合、割れる恐れはほとんどない。しかし、重いのが難点だ。プラスチック容器は軽くて丈夫だが、火の近くに置くと溶けてしまう恐れがある。ベルト装着や背中に背負うポーチ式の容器であれば、水分補給が容易に行えるだけでなく、歩きながら水分を補給し、両手を使うことができる。大きなプラスチック容器であれば、大人数でのキャンプの共有水として木の枝にかけておく使い方もある。

達人の心得　ポリプロピレン製のプラティパスやキャメルバック社の製品（バックパックからチューブで水分補給が可能なタイプ）は非常に軽く、空になれば容器はつぶれて平たくなるため負担にならない。浄水器が装着できるものもある。

どんなにきれいに見える水でも、必ず浄化してから飲むことを心がける。

脱水症状とは

　人間の体は体内の水分を5%まで失うと、のどが乾いたり、力が入らなかったり、吐き気をもよおし、イライラするなどの症状が出てくる。脈が速くなり、肌が赤くなることもある。2%水分を失うだけで、判断力が著しく低下する可能性もある。体の水分を10%まで失うと、頭痛やめまいを感じ、手足が痛み始める。歩行困難になり、はっきりと話せなくなることもあるのだ。また、肌は血の気がうせ、視界がぼやけてくることもある。さらに、体の水分を15%まで失うと、目がかすみ、音が聞こえなくなり、舌がはれて、排尿時に痛みを感じるようになる。また、物を飲み込むことができなくなり、幻覚症状が出る可能性もある。そして、体の水分の15%以上を失うと、一般的には死に至るのだ。

　脱水症状は、恐怖やパニックによってもたらされる症状と類似している。この2つを同時に経験することは、体にとって2重の負担がかかることを意味する。

水分補給の方法とタイミング

　脱水症状を起こさないためには1時間ごとなど、定期的に少量の水を摂取するのが望ましい。自分だけでなく、周囲の人にも脱水症状が現れていないかを、注意深く観察することも必要だ。暗くくぼんだ目や色が濃く匂いがきつい尿、体の疲労感、肌の張りがなくなりシワの増加などの症状があるときは、ただちに水分補給を行う。すでに脱水症状を起こしている場合、最適な飲み物は水。スポーツドリンクに含まれる塩分やミネラルは、体の水分吸収の妨げになる可能性がある。

　のどの乾きを感じる前から飲み物を確保し、こまめに水分補給を行うことだ。のどが乾いたと感じた時点で、水分の2%がすでに失われている。1回の水分補給で無理せずに摂取できる水の量はせいぜい1ℓ。一度脱水症状を起こすと、元の状態に戻すには数時間かかってしまう。

浄水器と殺菌剤

- ポンプ浄水器：手押し式で水をフィルターに通し、科学的に微生物を殺し浄化する。
- 浄水ボトル：ボトルに水を入れると、フィルターでろ過し浄化される。
- 塩素滅菌：密封した容器に水と指定量の塩素を加え、3分放置してから振り、30分置いてから飲む。
- ヨウ素：指定量の錠剤や液体を水と混ぜ、30分間放置する。
- 煮沸処理：靴下などでこした水を数分間沸騰させる。微生物を殺すことはできるが、化学的不純物を取り除くことはできない。

飲用可能な水

私たちの周りでも水分を見つけることができる。しかし、浄化が必要な場合が多い。

- ●真水の川：見た目はきれいだが浄化が必要。
- ●真水の湖：浄化が必要。
- ●露：降りたばかりの露は浄化不要。
- ●雨：地面に落ちる前の雨は浄化不要。
- ●雪や氷：煮沸して溶かせば飲める。
- ●地面の水：砂丘のふもとの穴などに溜まった水は、飲む前に浄化が必要。
- ●つる植物やタマサボテン、バナナの木などから採れる水分はそのまま飲める。

動物からとれる水分

基本的にのどが渇いたからといって、動物の肉から水分を吸ったり、血を飲んではいけない。肉にはタンパク質が多く含まれているため、消化のために体内の水分が消費されるからだ。血も同様で、さらに塩分を多く含む。しかし、なかには飲用可能な水分を含む動物もいる。魚の脊柱や目には摂取可能な水分が含まれている。健康であれば魚の身を食べ、脱水症状気味の人に優先して骨を折って吸わせ、目を口にふくませるようにしよう。また、オーストラリアのアボリジニは、砂漠の穴に生息するカエルを掘り返して、貴重な水を搾りとる。また、ラクダのコブの中にはおいしいとはいえないが、飲用可能な水分が含まれている。

飲用不可の水

脱水症状を起こすと体が水分を欲する。しかし、どんなにのどが渇いて飲みたくても、以下の水分は飲んではいけない。

- ●尿：体に害のある排出物を含み、さらに脱水を加速させる塩分を含んでいる。
- ●血：病気に感染する可能性がある。また、食料同様に胃で燃やされるため、体内の水分を消費する。さらに塩分も多く含んでいる。
- ●海水：飲めば脱水症状が加速する。
- ●アルコール・カフェイン飲料：脱水症状を加速させる。アルコールは判断力を鈍らせる。
- ●水たまり：化学物質を含んで光っている場合やにおいがする場合は、汚染されている可能性が高いので避ける。
- ●水の流れがない湖：砂漠の盆地にあるような湖は、アルカリ塩を含む可能性が高い。

FOOD
食料

　人間の体の機能を維持するには、1日約2000kcalが必要だ。ほとんどの環境に当てはまるが、南極や高度が高く酸素が薄い場所などの過酷な環境においては、1日に必要な最低摂取カロリーが4500～5000kcalまで達することもある。食料がない場合、体は自らの脂肪を燃焼させてエネルギーを作る。燃やす脂肪がなくなれば、体内のあらゆる組織を使って、餓死を防ごうとする。食べ物のない状態が3週間続けば、体は死へと近づくことになる。しかし、そこに至るはるか前の段階で、人は「食のストレス」を感じるはずだ。

　空腹は精神に悪影響を与え、食べ物に関する執着や空想を引き起こす。生きるか死ぬかの極限状態で空腹の人にとって、食べることは肉体的、そして、精神的に必要なことなのだ。シャクルトンも1人につき269gだった食料の割り当てを少し増やしただけで、南極での絶望的状況は何も変わらないのに、船員の精神状態に改善がみられたと言っている。また、「食べられるものは何でも食べるんだ」と、朝鮮戦争の捕虜ジーン・M・ラムは述べている。そして、「捕虜が1回の食事を逃したとしたら、立ち直るまで数週間かかるだろう」とも。

基本的な栄養素

　人間は体の機能を助けるさまざまな食料を必要としている。穀物やパスタ、フルーツや野菜などに含まれている炭水化物は非常に消化がよく、すぐにエネルギーとして使うことができる。そのため、肉体労働など特にストレスを感じる状況下での摂取に向いている。栄養価が高いトレイル・ミックスや固形タイプの健康補助食品など軽量な物もある。

　肉や魚、鳥肉などに含まれるタンパク質は、筋肉や組織を作る。消化にはかなりの水分を消費するため、脱水症状を起こしているときは摂取しないよう注意する。チーズや動物の脂、バター、ナッツ、卵に含まれている脂肪はゆっくりと燃焼されるため、長期間にわたってエネルギーを与えてくれる。脂肪分を多く含む食べ物は、寒い場所では体を温める効果も期待できる。各種ビタミンは、ほとんどの食べ物に含まれているが、栄養補助としてサプリメントを携行してもよいだろう。ミネラルは食べ物や水に自然に含まれている。

携帯すべき食料

ハイキング一般：スティックタイプの穀物系ビスケット、小さなアメやチューイングキャンディー。栄養価の高いこれらの食料を非常用として持っていく。

日帰りのハイキング：トレイル・ミックスやドライフルーツ、そのほかの食物繊維や栄養素、炭水化物を含む食べ物。これらをハイキングの途中でこまめに補給する。

長期のハイキング：さまざまな食べ物からなるメニューを念入りに考えよう。天候、移動距離、使用可能な調理器具や水、栄養バランスを考慮し、缶詰やドライフード、冷凍食品、保存食品などを選ぶ。フリーズドライ食品は食感が保たれ、軽量で、味もよく満足感がある。しかし、調理の前に大量の水につけておかなければいけない。

水は持っていくか、その場で浄化した水を使う（体力が消耗している場合、完全にもどる前のドライフードを食べると腸管から水分が奪われ、腸閉塞を生じる危険性がある）。缶詰はそのまま食べることができ、火や水を必要としない。しかし、重いのが難点だ。

保存処理された魚や肉を小さな缶や袋に詰めて持っていけば、必要なタンパク質を摂取でき、持ち運びも比較的容易だ。ただし、消化のために体内の水分を消費する。米や豆類は満腹感を感じやすく、炭水化物を多く含む。キャンプ用コンロでうまく調理するには、ある程度の技術が必要だ。

粉末ドリンクの栄養素は高くないが、お茶やココア、コーヒーなどは体を温め心が落ち着く。1日の始めに1杯のコーヒーやお茶を飲むことで「見た目ほど状況は悪くない」と、気分が前向きなるなど精神衛生上の効果がある。また、野菜をつぶして取った水分や、ヨウ素で浄化した汚れた川の水を飲まざるを得ない状況では、粉末ドリンクは非常に便利だ。浄化することで水の除菌はできても、不快な味を変えることはできない。粉末ドリンクを加えることで、不快感を抑えることができる。これは非常に大切なことだ。なぜなら、まずくて嘔吐してしまうと水分を多量に失うからだ。

寝る前にはタンパク質や脂肪を取るよう心がける。消化によって夜の間、体温を温かく保つ作用があるからだ。

達人の心得（ガールスカウト） 基本的に調理担当は、2人または4人組が最も効率的。少人数で分散していれば、環境への影響を最小限に抑えることができる。

食べられる植物と動物

自然の中で手に入れることができる食料は、植物と動物。植物も動物も栄養の摂取に役立つが摂取量は異なり、約30ｇの肉と同量の野菜を比べると、肉の方が栄養を多く含む。しかし、植物は狩りをする必要がないので、誰でも容易に集めることができる。

植物はエネルギー源となる炭水化物の摂取に役立つ。ナッツ類と種子類は、タンパク質や脂質を含み、栄養バランスを整える食べ物だ。また、糖質を含む果実など高カロリーな植物は、エネルギー補給に役立つ。植物の多くは太陽の光や火、風に当てて乾燥させることで、腐らせずに保存することが可能だ。若芽や若葉は柔らかく、古い葉に比べて栄養分を多く含む。ただし、ゆで過ぎるとビタミンが失われるので注意しよう。

肉を手に入れるには、動物を捕まえる技術が必要だ。手軽にタンパク質を補充するためには、虫、甲殻類、ヘビ、魚など捕まえやすい動物を食べるようにする。大型の動物を捕獲するには、ワナや武器が必要だ。狩猟時は多くのカロリーを消費することも忘れずに。

動物の肉は、微生物を殺すために加熱する必要がある。とはいえ、湯を沸かす火が用意できないような緊急の場合、空腹とのどの渇きを癒やすため、生肉を食べることもある。しかし、それにより体調を崩した場合は、治療を行う。

『米陸軍サバイバル全書』には、「わずかな例を除けば、地をはう生物、魚類など泳ぐ生物、歩く生物、あるいは飛ぶ生物は何でも食べられる」と書かれている。大切なのは、食べ慣れない食物に対する先入観や抵抗感をなくすことだ。

食べられる動植物

- ベリー類：ラズベリー、ブラックベリー、キイチゴなどの集合果
- ナッツ類：高脂質で栄養価の高い植物性食物
- 昆虫：どこでも捕まえやすく、タンパク質と脂質が豊富
- 淡水魚
- 甲殻類
- 鳥類とその卵
- ほ乳類の肉
- 柔らかいトウヒの若葉やモミの葉
- 海藻類

食べられない動植物

- 鋭いトゲやオウムのようなくちばしのある海水魚。
- マッシュルームなどキノコ類（毒キノコを食べてしまう危険性があるため）。
- 病原体を媒介する可能性のある、ダニやハエなどの昆虫。
- ヒキガエル。
- かんだり刺したりする昆虫、毛に覆われた昆虫、明るい色をした昆虫など。
- 寒帯に生息する動物の肝臓：ビタミンＡの含有量が毒性量を超えることが多いため。
- 珍しい植物は必ず可食性テストをしてから食べる（チャプター3を参照）。

サバイバルのための料理

　食料を加熱することで、病気の原因となる寄生虫を殺すことができる。また、1日の終わりに調理をしながら燃えさかる火を囲むことで、サバイバルの状況で欠かすことのできない、精神的な安定や体温調整を促す作用がある。

　害虫を寄せつけないよう、料理の支度や後片付けは清潔な状態で行う必要がある。食べる分量だけ調理をするが、いつでも清潔な水が飲めるように鍋で水を沸騰させておくと便利だ。残飯は基本的に燃やす。クマなどの被害から逃れるため、衣服に煙や食べ物のにおいが付いたら眠る前に脱ぎ、テントを張る場所から最低90m以上風下に置くようにする。

　肉など傷む食料を持ち運ぶ場合、薫製にするか細長く切り、天日干しにして乾燥させる（チャプター6を参照）。リンゴやオレンジなど、生で食べる食料と肉類は別々に保存する。食べ物はすべて密閉性の高い容器に入れ、動物に狙われない場所に保管しよう。

　火の管理ができない場合、火をおこすことはやめる。茂みの中で炎が強風にあおられ、火の粉が散ると周囲に延焼する可能性があり、命の危険につながるからだ。火を風から守り、広がらないようにする技術を身につけよう。一般的には、穴を掘りその中で調理をしたり、草木の生えていない地面を円形にならし、その中で火をたく。石を重ねて壁やかまどを作り、火を風から守ったりする。

> **達人の心得**　上流部に人家がなく化学物質に汚染されていない清流の水でも、基本的に生水は飲まないこと。日本ではエキノコックスという寄生虫による経口感染症などがあり、必ず1分以上沸騰させてから飲むようにする。また、清潔な容器を2つ用意し、水を移し替えて空気を含ませるとおいしくなる。

携帯用コンロがあるとその土地の天然資源を使わずに調理することができる。

淡水魚

　魚は比較的簡単に捕まえることができ、タンパク質を多く含む。捕まえたら新鮮なうちに調理しよう。

　魚はまず、尾の方向からナイフの背でこすり、ウロコを取り除く。肛門からのどの部分に向けて切れ目を入れ、内臓を取り出す。背骨のそばにある色の濃い血管と細長い腎臓も取り除く。尾の部分を握り押さえながら、尾から頭の方に向かって身を3枚におろし調理する。小魚であれば小骨を崩さないように頭と背ヒレ、尾ビレは残しておく。調理するまで時間がある場合は、清潔で水のもれないビニール袋に入れ、氷の入った容器で保存する。取り出した内臓は、ほかの魚を捕る餌として一部利用する。内臓のにおいで腐食性動物や昆虫が寄ってくるのを防ぐため、余った内臓は地面に埋めよう。

　サバイバルの状況では、サケなど脂の多い魚を選び捕獲する。ニジマスなど脂肪分が少ない魚は、それを食べて得られるエネルギーより、捕獲するのに必要なエネルギーの方が多くなってしまう（約450ｇのニジマスは約200kcalしかないため、ニジマスを常食する場合は脂肪分の多いほかの食料でエネルギー補給をする必要がある）。

how to
釣り糸と釣り針の作り方

① 先がとがった小さな細い骨やカメの背甲、小枝を見つけ、釣り針として使用する。ひもやデンタルフロス、より糸などを中央に結び付ける。

② 釣り針と糸を水平にして、ミミズや幼虫を付ける。餌で釣り針が完全に隠れるようにしよう。

③ 長い棒を釣り竿にして、釣り糸の反対側をくくり付ける。餌を付けた釣り針を水に投げ入れ、一度餌が底まで沈んだら釣り糸を引き、餌を躍らせる。

④ 魚が餌に食い付くと、釣り針のとがった部分が口の中につかえて魚が掛かる。

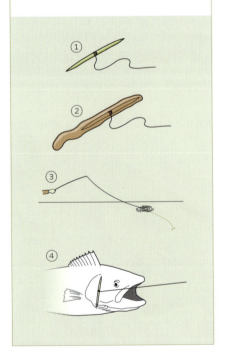

サバイバルのために必要な分だけ捕獲し、それ以外の目的で動物を傷つけないようにする。

おとりとワナ

　サバイバルの状況にある人にとって、おとりや網、ワナのメリットは明らかだ。短時間でたくさん作れ、それを仕掛けておけば動物を捕獲できるからだ。

　ワナは落とし穴のような簡単なものから、棒切れやひも、かき集めた材料を使って細かい仕組みに作り上げるものまでさまざまだ。糸やロープ、ひも、衣服の切れ端などを使って網を作れば、魚を捕まえることができる。また、水中ヘルアーや釣り針に餌を付けた糸を流しておき、定期的に確認しよう。サバイバル・キットの中に釣り針がない場合、安全ピンや骨の破片、トゲや鳥の羽、チャックのつまみなどを加工して作ることができる。

　ワナとおとりをうまく設計すれば、猟銃を使う以上に多くの食べ物を仕留められる可能性がある。ただし、「痕跡を残さない」という自然保護の観点から、サバイバルで必要以上の動物を捕らないようにする。また、ワナの効果は全ての動物に共通ではない。周囲に生息している動物の種類を考え、それに適したワナとおとりを作るようにしよう。適切な餌を使えば、磁石のように動物をおびき寄せることができる。餌は動物にとって馴染みがありながらも、簡単に手に入らない物がよい。たとえば、ピーナッツバターを使うと小動物が寄ってくる。

サバイバルのためのおとりとワナ
推奨事項と禁止事項

- 推奨：捕まえたい動物の習性を研究する。
- 禁止：ほかの動物が捕まえた獲物を残していても、食べてはいけない。
- 推奨：生きるために必要であれば、網を張ったり素手でつかんだりして魚を捕まえる。
- 禁止：食料確保のすべてを、おとりとワナだけで行わない。
- 推奨：複数のワナとおとりを仕掛け、定期的に確認する。
- 禁止：自分の仕掛けたワナに、自分が掛からないように注意する。
- 推奨：ワナは動物の通り道に仕掛ける。
- 禁止：警戒されるので、動物の巣の近くにワナは仕掛けない。

応急処置 FIRST AID

生き残るためには、健康維持が最も大切だ。もちろん、サバイバルの状況ではある程度の危険を犯す必要はあるが、必要以上に危険な行動やケガをするような行為は避ける。とはいえ、健康上でのリスクを避けられない場合もある。

極寒地帯では常に低体温になる危険性があり、砂漠では脱水症状や熱中症になる恐れがある。でこぼこした土地を歩いて捻挫をしたり、足首を骨折したりすることもあれば、鋭い枝や岩で切り傷をつくることもある。また、動物にかまれたり虫に刺されたりして、ショック反応を引き起こす可能性もあるのだ。

自然の中に足を踏み入れる場合は、必ず全員が応急処置の知識を身につけること。応急処置に詳しい人が1グループに1人しかいないと、その人に治療が必要になった場合、困るためだ。救急車に救助を求められないことが多いので、ケガの程度を確認し、治療する知識が必要なのだ。文明を離れるときは常に救急キットを携帯することで、軽いケガの手当てに役立つ。サバイバルな状況のなかで、思いがけず健康上の問題が発生した場合には応急手当てが必要になるが、まずは冷静に問題に対処することが、回復への大切な第一歩となる。

応急処置情報の使い方

応急処置情報は、本書にも記載した。各章にそれぞれ1か所あり、その章に特有な地形や気候のなかで、必要とされるであろう医療行為について説明している。

「応急処置」の見出しを探し、その後の関連箇所を参照してほしい。ただし、この本の応急処置に関するアドバイスは、広範にわたる難しいテーマへの入り口と考えていただきたい。

応急処置の資格や心肺蘇生法、救急医療サービス訓練、正式な医学教育に代わるものではない。この本の情報を読んでも診断や治療を行う資格とはならないので、本格的な治療は専門家にお願いすること。

ここでは、サバイバルな状況のなかで、ケガの予防と治療に関しての適切な判断を下し、専門家の治療を受けるまで生き延びるための対処ができるように、基本的な情報を提供している。

> **達人の心得**　状況が許されるのなら1日に1回は歯を磨く。歯ブラシがない場合は、小枝の先端をかみ砕き「チューイング・スティック」を作り歯を磨く。また、布を指に巻いて歯をこすり、食べかすを取り除く。サバイバルな状況では自分で健康を維持し、常に病気を予防する心構えが必要だ。

応急処置の基礎

　赤十字など信頼できる機関で、応急処置や心臓マッサージなど、心肺蘇生法の手ほどきを受けよう。そして、さらに詳細が載っている文献を読むことを薦める。特に、サバイバル時のケガを主に扱うレッスンや指導書を探してみよう。捻挫や骨折、かみ傷や虫刺されは珍しいことではない。どのケガも深刻ではないが、アレルギー反応やショック反応、低体温症や脱水症状を引きおこす可能性があるのだ。そのため、これらの症状は迅速な処置が必要になる。辺境地に赴く場合は、グループのメンバー全員が応急処置について基本的な知識を持っていなければならない。病気やケガの手当てを誰か1人に任せていたら、その当人の身動きが取れなくなることもありえるからだ。

　応急処置は文字通り「応急」的なものだ。もし辺境地で救急医療が必要になった場合、選択肢は2つ。できるだけの処置をするか、ケガ人が苦しんで、場合によっては死んでいくのをただ見守るかだ。応急処置後はなるべく早く、医師による本格的な治療を受けることが不可欠となる。ケガの程度について最良の判断が下せ、最良の処置ができるのは医師だけであることをお忘れなく。また、他人に応急処置を行なうためには、自分自身の体に気を配ることも大切だ。足にマメができるなどちょっとしたケガが原因で、身動きがとれなくなる可能性もあるからだ。

一般的な救急キット

- ばんそうこう：切り傷からの感染を防いだり、マメを保護したりする。
- 包帯、ガーゼなど：傷口を清潔に保ち、傷をふさぐのに使用する。また、手足を縛ったり覆ったり、固定したりするのにも使える。
- 三角巾：広範囲の傷を覆い、つり包帯としても使える。
- テープ：包帯を留めたり、適切な位置に固定するためのテープ。
- 鎮痛剤：特にケガ人を移動させなければならないときに使用する。
- 消毒剤：傷口の殺菌と洗浄。
- せっけん：患部の洗浄と傷を手当てするための基本的な衛生管理。
- 針と糸：患部の縫合など。
- 処方薬：あなた自身やグループのメンバーが必要な場合。
- はさみ：包帯や糸を切るため。
- 足を保護するためのもの：サポーター、うおのめパッドやマメを予防するシールなど、足にかかる負担を抑えるもの。
- 安全ピン：包帯を留めたり、針の代わりに傷口を縫い合わせる。

子どもへの応急処置

　子どもは「小さな大人」ではない。子どもは外的刺激に対して、大人とは全く異なった反応をする。このことは、子どもに応急処置を行なう際に大きく影響する。

　子どもは大人より体が小さく、脱水症状に陥りやすく、すぐに熱中症になりやすい。小さい子どもがサバイバルに出るときは、脱水症状や熱中症のサインを見落とさないよう気をつけよう。そして、水分をたくさん摂取するよう心がける。子どもが十分な水を飲まない場合、水のボトルに果物の味を足すなど飲みやすくする。経口補水塩を子どもの水に加えると、回復が早まる。

　下痢は大人でも子どもでも脱水症状を加速させるが、小さな体の子どもは大人にくらべて症状が急激に進む。下痢の患者には、たくさん水を飲ませよう。幼児にはバナナやすりおろしたリンゴ、ベビーフードのようなものを食べさせる。もう少し大きな子どもには、何も塗らないトーストやクラッカーを食べさせ、子ども用の下痢止め薬を1回分飲ませよう。子どもが頭痛やめまいのような症状を訴えた際は、脱水症状を起こしているサインかもしれないことを忘れずに。

　しかし、子どもたちは、体力的には大人よりはるかに早く弱るが、精神的には驚くほど強く、サバイバルな状況でその力を十分発揮する。

essentials

ケガの診断と治療の優先順位

ケガをどう治療するかを判断する際は、まず最も重症な箇所を探す。以下のステップを順番に行おう。

❶ 負傷者をその場にとどめておくと、更にケガをする恐れがある場合は、その場から負傷者を移動させる。しかし、脊髄に損傷がある場合、ケガ人を動かしてはいけない。

❷ 呼吸や心拍が止まっていたら、速やかに蘇生術を行う。

❸ 止血。

❹ 傷ややけどの手当て。

❺ 骨折箇所に添え木をあてる。

❻ ショックを和らげる。

達人の心得　すべての外傷は肉体の損傷と血液の損失だけの問題ではない。たとえ小さな切り傷でも、病原体に感染する恐れがあり、重大な問題となる。しかし、傷を正しく治療すれば感染の恐れを減らし、治療することができる。自然界ではどんなケガでも過小評価は禁物だ。

捻挫と骨折

　自分のケガが骨折なのか捻挫なのか、いつもすぐに分かるとは限らない。痛みがあって腫れが引かない場合、まずは患部を添え木で固定し、それ以上のケガを未然に防ぐことも大切だ。手足を簡単に固定したら、次の事故に遭わないために、ケガ人はなるべくその現場を離れるよう努力する。捻挫をした場合、テーピングが必要だ。軽症の場合も放置してはいけない。

　骨折かどうか、簡単に診断できるケースがある。たとえば、骨が肉を突き刺していたり、手足が不自然な向きで垂れ下がっていたりする場合だ。手足が腫れて動かせない場合も、骨折の可能性が高い。骨折した箇所は血流が悪くならない程度に、患部の上と下の関節を一緒に固定しなければならない。固定することで痛みを抑え、折れた骨のとがった部分が肉を傷つけるのを防ぐことができるからだ。これにより感染症を防ぎ、ショック状態に陥る危険性を軽減できる。

　安全確保のためにケガ人を移動させる場合、骨折した患部は正しい方法で固定しなければならない。骨折した足は、骨折していない方の足に固定する。腕の骨折の場合は、胴体に固定するかL字の添え木で固定し、包帯や三角巾でつる。

how to

添え木のあて方

1. 手足を動かすことができず、力を入れることができなければ骨折を疑う。すぐに病院へ行けない場合、添え木を作らなくてはならない。固くて、骨折部分の上下の関節を固定するのに十分な長さのあるものを2本用意し、それで骨折部分を挟む。
2. 添え木との間に詰め物を挟む。
3. 適当な位置で添え木を固定する。ケガの箇所を支えられ、添え木が動かないようにきつく固定する。ただし、血流が悪くならない程度に余裕は残しておく。骨折や捻挫、脱臼（だっきゅう）に関しては本書の資料や応急処置のガイドブックでもっと詳しく勉強しておこう。

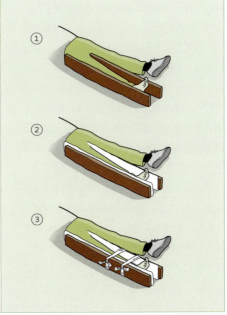

HOW I SURVIVED:
ジャングル・ショック——マリア・ファディマン

私の足跡はどこ？ 私は、エクアドルのうっそうとしたジャングルに立ち尽くしていた。そこは、ベースキャンプからさほど離れていない場所だった。当時、私は持続可能な、もしくは、持続不可能な植物やヤシの繊維の採取方法について研究していた。民族植物学者として、また、ナショナル ジオグラフィックの探検家として先住民の人たちと働き、彼らの植物の利用法（建築材から治療薬にいたるまですべて）について記録していたのだ。

私はキャンプ周辺のジャングルに、何百回も足を踏み入れていた。そこで迷うことは決してなく、普段ならコースを少し外れても、熱帯雨林の柔らかな地面の上に自分の足跡を見つけることができた。しかし、それはパンくずを目印に落としながら歩くのと、同じことだった。

そのとき私は、重大な過ちを犯した。しかも、普段より集中力を欠いていた。その日は午前中に休みをとり、深く濃い緑に覆われ生命に満ちあふれた熱帯雨林を探検していた。何かを調べようと道から少し外れ、それからすぐに元の道に戻ろうと考えていたのだ。

私は一方向へ進み、元の方向へ引き返したと思っていたが、全く検討違いの方向へ歩いていた。泥の上に残った自分のブーツの跡を探したが、足跡は跡形もなく消え去っていた。目の前にはうっそうとしたジャングルが何百メートルと続き、頭上は深い緑に覆われていた。太陽の光は遮られ、地上にはぼんやりとした明かりしか届かない。生い茂る緑以外、何の目印もなく、どちらを見ても同じように見える。私は完全に迷ったことを悟った。

研究基地で私たちはよく、熱帯雨林で迷うことを冗談の種にしていた。そんなことは実際には起こらないと油断していたのだ。

少なくとも、経験豊富なプロの生物学者や熱帯雨林研究者にはありえないことだと、私は平静さを失わないよう努めながら、訓練を思い出そうとした。この薄暗闇の中をさまよう危険性について頭では分かっていたが、動かずにはいられなかった。しかも、急いでいた。そのうち道に行き当たるだろうと思いながら、私は熱帯雨林の中をさまよい始めた。

ヘビやサソリのことを考えないようにしながら、ひたすら太陽の光を求めていくつもの丘を登った。「ここにはいったい、いくつ丘があ

民族博物学者のマリア・ファディマン教授は、エクアドル、ガラパゴス、タンザニア、ジンバブエにおいて、人類と植物の関係性について研究している。

るのだろう？」「私はどこにいるのかしら？」。汗が私の額を流れ落ち、ボトルの水は半分空になっていた。そして、日が暮れ始めた。

　私はキャンプから丘を下ってジャングルに入り、小川に行き当たった場所から川沿いを上流に向かった。よじ登ったり、転んだり、水の中を進んだりしたので、ゴム製のブーツの中は水浸しになった。全身びしょぬれになりながら土手をはい上がり、汗にまみれ、息を切らしながら、小道のようなところを進んだ。

　太陽は沈んだが、月が照らしてくれる。私は電池を節約するため懐中電灯をポケットにしまい、夜行性のヘビに注意をしながら急勾配の坂を登っていった。そこは雨で滑りやすく手掛かりを失い、坂の下まで一気に滑り落ちてしまった。幸い打ち身はできたが、大きなケガはなかったので、私は起き上がり正しいと信じた道を進んだ。

　ポケットに手を入れ懐中電灯を取り出そうとした。しかし、懐中電灯があるはずの場所には何もない。私は力なくポケットをたたき、暗闇の中に延びる坂を眺めた。

　月は今や雲に隠れ、辺りはほぼ暗闇だ。切り立った崖の上にいた私は、歩く速度を落とした。一歩間違えれば、雨で侵食し弱った箇所から、断崖をまっ逆さまに落ちていただろう。私は、今いる場所は自分が知っているエリアだと、相変わらず信じていたのだ。自分がパニック状態で誤った判断で行動しているとは、夢にも思わなかった。

　見慣れた物は何も見つからず、「もう数メートル進めば、この坂の頂上へ行けば、あの木の幹の向こうには、見慣れた景色が広がっているはずだ」と、何度も思いながら進んでいった。すると突然、私の足元の地面が崩れ落ち、急な坂を転げ落ちてしまった。手や腕に切り傷をつくりながらも、何とか木の枝をつかんだが枝が折れ、さらに下まで滑り落ちた。今度は、なすすべもないまま丘を転げ落ちたのだ。何か固い物にぶつかってやっと落下は止まったが、ひどく体を打ちつけてしまった。倒木が転がり落ちる私を止めてくれたのだ。痛みをこらえながら、私は手を伸ばし、恐る恐る自分の足に触ってみた。足を動かすことはできるが、打撲でひどく痛んだ。

　そのときの私は、丘を登って進み続けることしか頭になかった。手探りで植物の中にルートを見つけ、斜面を登ろうと体を引き上げるが、無情にも滑り落ちていく。有毒な生物がいるなか、素手でぬかるみを探るのは危険だと思い至った私は、もがくのをやめ、ついに座り込んだ。私はあきらめて熱帯雨林の地面に体を投げ出し、ライトも蚊よけの網も、ハンモックもない状態で夜を過ごすことにした。

　あおむけになり、足を木に掛けて山の下へ転げ落ちないように注意した。ヤシの葉の部分を蹴って、下に何か生き物が潜んでいないか確認した。雨が降らず、何かに襲われなければ大丈夫だろう。しかし、予期していた夜の豪雨が地面を水浸しにし、私はぬかるみのなかで数時間も横たわっていた。

　「ファディマン！」

　疲れきってまどろんでいた私の耳に、私の名を叫ぶ聞き慣れた声が飛び込んできた。何とか立ち上がると、ライトの光が私を照らした。そして、「私はここよ！」と叫び返したのだ。

1935年12月、アントワーヌ・ド・サン＝テグジュペリは、恐ろしいほど美しく何もない、リビア砂漠の上空を滑空していた。草も木も1本も生えていない、砂と石ばかりの単調な風景が続き、その砂漠に彼の乗ったコードロン630型シムーン郵便機は墜落してしまう。サン＝テグジュペリと同乗の航空士にケガはなかったが、2人は命の危機に直面した。

手元にあるのは、ブドウが少しとオレンジ1個、そしてコーヒー少々とワイン。墜落した場所は、どう見積もっても人の住む地域から何百キロも離れている。さて、どうするか。2人はパニックを起こさず、生き残りのチャンスを広げるために、まず周囲の状況を調べることにした。その結果、サン＝テグジュペリが立てた計画は次のようなものだった。

昼間は探索を行い、夜は救難信号の代わりに、機体の残骸でかがり火をたきながら暖をとる。そして、毛布とパラシュートで露を集めるというものだ。

4日目、最後の水を飲み干してしまうと「時計が、私の中で動き始めた」と、サン＝テグジュペリは回想する。もはや、その場所を離れて歩き出す以外に望みはないと悟ったのだ。彼らはコンパスを使って、一定の方角へ歩き続けた。疲れると休憩し、砂に穴を掘ってその中にもぐり込み、寒さをしのいだ。そして、ついにベドウィンの遊牧民と出会い、助かった。火と、身を守るためのシェルター、位置や方角確認のナビゲーション、救難信号、そして水。これらが彼のサバイバルを支える鍵となったのだ。

基礎編 ENVIRONMENT
技術と道具の備え

 42   44   48   52   61   68

PREPARATION
準備

　日常的な環境では、人間はみなサバイバルの達人だ。問題は、非日常的な状況に陥ったときに、いかに生き延びるか。サバイバルに長けた人は、周囲の環境に対して五感を研ぎ澄まし、未知の状況に適応しようとする。目を見開き、耳をそばだてて自分がいる場所、森、氷河、海、砂漠などの状況を把握するための手がかりを探す。次に、水や食料など利用可能な物を探し、どのような危険があるのかを推測する。そして、その場で使えるものを活用し、シェルターを探すか作るかを考え、火をおこす。

　彼らは自然を相手にする際、どうすれば生き残る勝算が高くなるかを知っている。サバイバルに必要なものは何か、そして、現在の状況でそれが手に入るかどうかを見極める。もしも、生存のための資源が十分にあり、その場を動かずにいられると判断すれば、救助が来るまでそこで生き延びる工夫を行う。もしそれだけの条件がそろわなければ、人のいる場所まで移動する方法を考える。

　サン＝テグジュペリは遭難した当初、「砂漠では生命が、蒸気のように蒸発してしまうに違いない」と思った。砂漠で生きていく術などあるのだろうかと、彼は自問した。しかし、彼が地面を調べると、砂漠にすむフェネックギツネの巣穴が見つかり、好奇心をそそられた。「この動物たちは、こんな砂漠で何を食べて生きているのだろう？」と考えたのだ。彼が不思議に思って足跡をつけると、さらに多くの巣穴があった。その周りには低木が生え、カタツムリの殻が落ちていたのだ。

　「私はそこでしばらく思いをめぐらせ、人間はどんなことにでも順応できると自分に言い聞かせた——」。彼はフェネックギツネの生命力に勇気づけられ、自分も生き抜こうと前進を続ける。自分が死んだら妻がどれほど嘆き悲しむだろうと考え、妻の元に帰る方法を何としてでも見つけなければと決意を新たにする。目の前には多くの困難が立ちはだかっていたが、彼はサバイバルの最初のルールを見いだしたのだ。それは、「どんな状況でも自分次第で可能性は広がる」というものだった。

「3の法則」

周囲の状況を分析するために、覚えておくべき「3の法則」がある。

まずひとつめは、人間は酸素がなくなると"3分"で死んでしまうということ。同行するメンバーの呼吸が止まった場合は、直ちに処置を施さなければならない。危機的状況においては、応急処置が何よりも優先される。ふたつめは、人間は風、雪、砂漠の太陽といった厳しい気象条件に"3時間"以上さらされていると、深刻な事態に陥るということだ。そして、危機的状況下で応急処置が終わった後、最優先しなければならないのは、適切なシェルターを見つけることだ。

気候が温暖な場合、暖かい火や風雨をしのぐシェルターは、生命維持の必須項目ではないが、サバイバルで必要な精神的な安心感を与えてくれる。

そして最後に、人間は発汗、呼吸、排尿、排便によって体内から失われる水分を補給するために、"3日"以内に水が必要になる。また、疲労によって体が衰弱するのを防ぐため、3日以内に睡眠をとらなければならない。

危機的状況になるとストレスによって、すぐに空腹感を覚えるが、人間の体は厳密にいえば、"3週間"は食事を取らなくてもたいていは問題ない。十分な飲み水さえあれば、多くの人は体内に蓄えられた脂肪によって、数週間は生き延びることができる。

essentials

自分の周囲の状況

危機的状況に直面したときは、次の質問に答えて適切な判断を下そう。

- 水源はあるのか？ それは使用に適した水なのか？ 水の浄化はできるのか？
- 火をおこすための燃料は十分にあるのか？
- シェルターの中では暖かく乾燥した状態を維持できるのか？
- 食べるものは十分あるのか？ 追加の食料供給源を見つけることは可能か？
- 手近なものを使って、救助隊に知らせる救難信号を送ることはできるのか？
- 悪天候や危険な動物から身を守ることはできるのか？
- その場にとどまった場合、健康を害する危険はあるのか？ その場を離れた場合はどうか？
- 夜はしっかりと休息がとれるのか？

さらに、ある一定期間食事を取らなくなると、人間は「空腹だ」という信号が脳に送られなくなる。しかし、遭難した人々にとって食事はシェルターや火と同様に、精神的にも生理的にも非常に大きな恩恵をもたらしてくれることは否めない。

達人の心得（ガールスカウト） 落ち着いて、パニックにならないようにする。腰を下ろして全体の状況を判断し、自分の位置が確認できた最後の場所を思い出す。地図があれば、それを使って周囲の地形と照らし合わせ、自分の位置を確認する。あるいは見たことのある目印がないか探そう。

火 FIRE

火はサバイバルにとって非常に重要だ。何よりもまず、暖をとることができ体温を保ってくれる。体の中心部の体温調節機能が失われることは、遭難時の主な死因のひとつだ。火のおこし方を知っているかどうかで、生死が分かれるのだ。

火の必要性を評価する際は、ボーイスカウトとガールスカウトが目標とする考えに従えば間違いない。つまり「準備をしておくこと」だ。サン＝テグジュペリの教訓に習えば、サハラ砂漠でさえ、気温が危険なレベルまで下がる。また、火にはサバイバルの鍵となる、さまざまな効果効用がある。火による暖は肉体も精神も癒してくれる。明かりと煙はかなり遠くからでも視認性が高いため、捜索隊や救助隊に気づいてもらえやすい。明るい炎は、捕食動物や害虫を遠ざける。熱は衣類を乾かし、食物中の寄生虫を殺し、動物性や植物性食料の消化吸収を促す。温かい食物は、体の中心部の体温維持に必要なカロリーを供給して体を温める。火の煙と熱で食物を乾燥させ、保存食を作ることもできるのだ。

火を使えば、粘土質の土を焼いて調理用の鍋を作ることができ、木を堅くしたりとがらせたりして道具や武器を作ることもできる。火でお湯を沸かせば、煮沸した飲料水、医療用に器具の消毒もできるのだ。ただし、注意したいのは、「火は危険でもある」ということだ。放置すれば森林や草原に燃え移り、本来、救うはずだった生命を逆に奪ってしまうことになりかねない。また、燃焼によって発生するガスが換気されず、密閉されたテントの中などに溜まると、酸欠を引き起こすこともある。

火の3要素

火は燃料、空気、熱という3つの要素からなる。この3つの要素を目的に合うように調節する。空気を多く送り込めば炎が大きくなるので、救難信号に適している。空気を少なくすれば炎は小さくなり、おき火が作れるほか、燃焼時間を延ばすことができる。燃料の種類によって煙の状態も変わるため、黒い煙は昼間の救難信号に適しており、特に周囲が雪や砂の場合に有効だ。白い煙は針葉樹林など黒っぽい木々の中で目立つ。

how to

Aフレームで火をおこす方法

1. 3本の薪でアルファベットの「A」の形を作る。
2. たきつけを「A」の横棒に直角になるよう立て掛けていき、下には隙間を残しておく。
3. 乾燥した小枝、木の葉など、火口をたきつけの上に積み重ねる。
4. 一番下からたきつけの間を通し、火口に点火する。火口に火がついたら、ゆっくりとたきつけを追加する。
5. 空気が通るように隙間を空けながら、徐々に薪を足す。薪は火の勢いに合わせ、追加する。

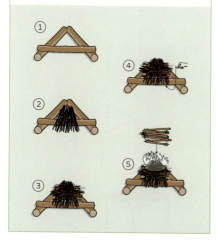

火をつけるための木の種類

　火口(ほくち)とたきつけ(まき)は薪に火をつける材料。火口は、火花に触れて火がつくものであれば何でも構わない。自然の中にあるものでは、からからに乾燥していて、容積に対して表面積の大きなものが適している。木であればカバの樹皮やナイフで表面を羽状に削った小さな木切れなど。そのほか、ゴボウ、ガマの穂綿(ほわた)、コケ、枯れ葉、乾いた草などがある。

　たきつけは小枝など、鉛筆ほどの太さの棒状のものがよく、火口を燃やしながら着火する。火口の火がよく燃えたところで、大きなきつけを加え、炎を大きくする。火は徐々に大きくしていけば長く燃え続けて十分な火床となり、さらに大きな薪に点火することができる。マツのような軟木は速く燃えきり、カエデのような堅木は燃焼時間が長いことも覚えておこう。

悪条件での火のおこし方

- 強風の場合：溝の中、あるいは土手の斜面に穴を掘って換気の穴を開け、その中で火をおこす。
- 地面が湿っていたり、薄く雪が積もっている場合：積み重ねた石の上、あるいは地面に並べた生木の上に土を敷き詰め、その上で火をおこす。
- 深い雪の中や湿地の場合：地面から離した台にやぐら状の火床を作り、その上で火をおこす。
- 雨が降っている場合：防水シート（タープ）で斜めに雨よけを作り、その下で火をおこす。

達人の心得（ガールスカウト）　カエデ、オーク、ヒッコリー、カバ、トネリコ、ユーカリ、メスキートなどの堅木は燃焼が遅く、おき火になる。マツ、トウヒ、ヒマラヤスギ、ポプラなどの軟木は燃焼が速く温度も高いので、持続して燃える堅木を着火させる薪の役割を果たす。

雨の中で火をおこす方法

多少の雨が降っていても火をおこすことは可能だ。支柱となる長い棒とロープ、防水シートで、火をおこす場所の上に斜めに雨よけを作る。地面に近づけ、炎が燃え移らない程度の高さになるように注意する。

太いマツの倒木や丸太を割り、中の乾燥した部分で火床を作る。一度火がつけば、たとえ直接雨が当たっても、樹脂の油分によって燃え続けるからだ。防水シートの下で丸太を手に持ち、中の乾燥した部分から乾いた火口を削り取る。長時間水に浸かっていなければ、丸太の中の部分は乾燥している。たきつけは、密生したやぶの中など、雨にぬれていない場所から集める。

さまざまな種類の燃料

薪の代わりには、動物のふん、泥炭、石炭などがある。エンジンオイル、不凍液、タイヤは燃やすと黒い煙が出る。天然の火口が見つからなければ、コットンやポケットの中の糸くずにワセリンを擦り込んで使ってもよい。

サン＝テグジュペリはリビア砂漠に墜落した際、自分の飛行機の折れた翼を、エンジンからくみ出したガソリンで燃やし、もう一方の翼のマグネシウムも加えて、遠距離からでも見える白く明るい炎が上がるようにした。

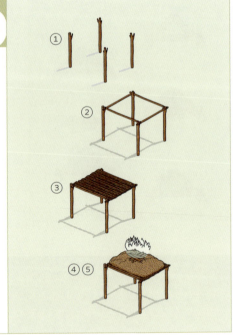

やぐらの火床で火をおこす

① 湿った地面や雪が積もっている場合は、直径が7～10cm、長さが60～90cm、片側の端がフォーク状に分かれた生木を4本、地面に打ち込む。

② 4本の木の上部にそれぞれ生木の横木を渡し、フォーク状になった部分で横木を固定する。

③ 生木の丸太を横木の上に（横木が燃えないように）隙間なく重ねて敷きつめる。

④ 生木の丸太の上に、土を10cmほどの厚さにかぶせる。

⑤ 土を盛り上げた火床の上で火をおこす。2本のY字型の枝に横木を渡し、そこに鍋をつるし火にかける。

達人の心得（ガールスカウト） 火口は、火をつけるためにすぐに燃える自然素材を細かく割いたもののこと。たきつけは少し太めだが、おおよそ大人の親指よりも細いもの。薪は火持ちのよい太い木のことを指す。

how to

ティピー型の火おこし

1. 乾いた地面を浅く四角形に掘る。
2. 底面に生木の枝を敷きつめる。
3. 細くて乾いた、たきつけ用の枝でティピーを作る。底面の四隅に枝を立て、四角すいの形になるように頂点で組んで、バランスをとる。
4. ティピーの1辺に石を積み、必要に応じて風よけに使う。
5. ティピーの底は火口を置くため空洞にしておき、後で火口を追加できるように開口部を残しておく。
6. 慎重に枝を足していき、ティピー側面の厚みを増していく。
7. ティピーの中に乾燥した火口をたっぷり入れる。
8. ろうそくがあれば、まずマッチでろうそくに火をつけ、その火を火口に移す。
9. 必要に応じて火口を追加しながら炎を大きくし、太めの枝に火を移す。全体に火が回るとティピーは大きく燃え上がり、次第に火力が増していく。より長く、激しく燃えるほど、火は高温になる。土台に敷きつめた枝も最後には燃えてしまうので、火から目を離さないように。

星型のたき火

カエデなど広葉樹系の堅木を星形に組むたき火は、長時間燃え続けるメリットがある。まず、4本の薪を十字に置き、その中心で火をおこす。薪の端が燃えてきたら、中心に向かって寄せて炎を保つ。薪を中心に寄せず離したまま燃やしておけば、徐々に炎が弱まり料理用のおき火や炭を作ることができる。また、火をおこしている間は目を離してはならない。火を消す時には必ず火床に水や灰をかぶせ、薪とおき火が冷めるまで棒でかき回す。

essentials

マッチやライターを使わずに火をおこす方法

これらのスキルは、いつ役立つか分からないものであっても知っておこう。

- 虫メガネを使って太陽光を火口に集めて火種を作る。
- 弓とキリを使って摩擦熱で火をおこす。
- キリを使う要領で、堅木の板の上で軟木の心棒を両手で挟んで回し、火花をおこす。
- 火打ち石、火打ち金、メタルマッチ、マグネシウムの着火材を使う。
- 車のバッテリーを利用して火花をおこす。

SHELTER
シェルター

シェルターは体温調節に役立つ。寒い場合は暖かく、暑い時は涼しく、また、雨や風から身を守るためには、不可欠なものだ。夜、ゆったりと眠れる程度の広さは必要だが、適度なサイズで暖かさを保てる大きさが理想だ。頑丈なシェルターがあれば、動物や蚊、そのほかの有害な小動物から身を守り、風雨をしのぐことができる。そこでは、深い睡眠をとることが可能となり、活力や前向きな気持ちを維持するためにも欠かせない。

その土地の気候、季節、入手可能な素材を見極めることで、最適なシェルターを選択することができる。飛行機事故や自動車事故に遭った場合、発火の危険性さえなければ、機体や車両の残骸が最良のシェルターになるかもしれない。

日没後に危機的状況に陥った場合は、ひとまず手近な場所に落ち着き、よりよいシェルターを探すのは明るくなってからにしよう。洞穴や岩壁、地面にできたくぼ地は、肌を刺すような風を軽減してくれる。特に低地や高地での油断は禁物だ。低地は空気が冷たく、霜が降りやすいので、夜ゆっくり眠ることができないかもしれない。一方、丘の頂上や尾根は、風が吹きつけやすく体温を奪ってしまう。

シェルターの必要条件

冬のシェルターは換気しやすく、しかも熱を逃がさないように作らなくてはならない。夏のシェルターは雨がしのげ、虫が入らないようにする。一般的に入り口は日の出が分かるように東に向けるが、北部温帯地域では、シェルターはできるだけ光と熱を取り込めるよう、南向きにする。

シェルターの形や材料は、その時の状況や入手できる素材次第で大きく変わる。ネイティブアメリカンのシェルターの多様性はそのよい例だ。雪の塊を積み上げたイグルーからわらぶき小屋まで、洞穴から皮で覆ったティピーまでと、その種類は実にさまざまだ。

準備や荷造りをする間もなく危機的状態に陥ってしまった場合は別だが、通常、持ち運びのできる最適なシェルターはテントだろう。テントがあれば、雨風をしのいで体温を保ちつつ、ある程度のプライバシーを確保することも可能だ。そして、虫などの有害な小動物から身を守り、携帯品を守ることもできる。

シェルターの決定

どんなシェルターが最適なのかを判断するには、救助される可能性と、日没前に動ける時間がどれくらいあるかがポイントになる。その場で救助を待つ、あるいは先へ進む前にケガを治す必要があるのなら、時間をかけてしっかりとしたシェルターを作る意味がある。安全確保のために2日以上歩き続けるつもりなら、その場その場で、簡易シェルターを組み立てる方が得策だ。テントは長期、短期どちらの状況にも対応する。しかし、日没まで1、2時間しかなく、テントも持っていない場合は、森にたくさん落ちている岩や枝、頭上に垂れ下がるツタ、広げたポンチョなどを使い、簡易シェルターを作ることができる。これで一晩はしのげるだろう。

シェルターを作る材料が何もない場合は、周りを見渡し、使えそうな素材を選ぶ。枝、雪、砂、葉なども、シェルターを作る材料になる。

自然の中のシェルター
- 岩壁の洞窟や裂け目（狭い洞穴内で火をおこす時は用心する。炎は周りの酸素をあっという間に使いきる）。
- 針葉樹の大枝が密生した場所の乾いた地面。
- 木の根と倒木の幹、小枝や草で屋根を作る。
- 砂を掘って溝を作り、やぶや防水シート（タープ）で覆う。
- 雪に掘った溝、木のくぼみ（木の根元、周辺の雪が積もらない場所）。

達人の心得 水の確保が容易な川原にシェルターを作る場合は、高水線を探す。山間地で大雨が降れば、小川でも瞬時に濁流になり、1時間で数メートルも水位が増すことがある。平地でも、水の流れた形跡がある場合は、たとえ干上がっていてもその場所は避けること。

テントの種類を知る

チューブテント（ツェルト）は軽量で設置が簡単であり、風に強いテントだ。1人用チューブテントはバックパッカーには理想的だが、2人用ほど暖かくはない。2人用は容積に対して、閉じ込める体温が2倍になるからだ。

設置場所をあまり選ばない、くさび型の2人用リッジテントは、フライシートの下に収納や調理のスペースを確保できる。3本の支柱を用いて立てるドーム型は、強風にも耐えられるテントだ。外側を雪で固めれば、側面を強化することができる。

ジオデシックドームテントは非常に丈夫だが、風の強い場所では、ペグやロープで地面にしっかり固定する必要ある。

若木や枝を用いたシェルター

若木や枝、葉、草など、容易に手に入る素材をうまく利用し、シェルターを作ることができる。このシェルターは砂漠や南極、北極などでは作れないが、森の中で道に迷ったハイカーには有効な方法だ。

まず、若木がほぼ平行に立ち並んでいる場所を選ぶ。大きな木しかない場合は、しなりやすい枝を地面に立てる。次に、木の列の間の地面を整地し、向かい合う2本の若木（地面に立てた枝）の上端をまとめて結び、カマボコの形のように半円を描く屋根の枠組みを作っていく。この枠にタープなどの防水シートをかぶせる。ビニールシートのような手近なものでもよいだろう。シートが飛んだり、ずれたりしないように、端に石を置くなどして押さえる。屋根用の素材がない場合は、木の枝を格子状に組んで雨よけにする。格子の隙間は葉や草、芝で覆う。

> **達人の心得（ガールスカウト）** 動物が通った跡やふん、つめ跡など、最近その場所を動物が使った痕跡を探す。周辺にそのような痕跡が何もなく、シェルターに適当であると判断した場合、捜索に来た人に気づいてもらえるよう、衣服の切れ端など目印になるものをシェルターの外に置いておくとよい。

how to

円形の石シェルターの作り方

1. 地面に自然にできた乾いたくぼ地を見つける。
2. くぼ地の周囲に石を並べ、内側に座れる広さを確保した低い壁を作る。ただし、大きくしすぎないこと。特に地面がすでに冷えている場合、大きいシェルターは熱を保持しにくくなる。
3. できた空間を木の枝で、格子を作るようにして覆っていく。葉など軽い天然素材を絡み合わせて、雨がよけられるようにする。
4. 石の壁の隙間は、泥と葉を混ぜたもので埋める。

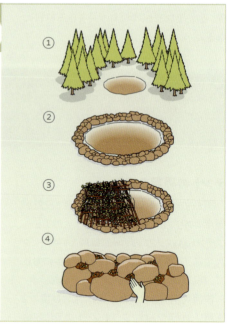

essentials

シェルターの設置に関する推奨事項と禁止事項

最良のシェルターを作るために、下記の基本的なポイントを忘れないようにする。

推奨：シェルターを作り始めるのは、日没まで十分時間があるとき。

推奨：近場に水源がある平地に設置する。

推奨：火をおこす材料が手に入る場所に設置する。

推奨：シェルターは適度な大きさで、大きすぎても、小さすぎてもいけない。

推奨：救助隊に見つけてもらえるように、目印を立てられるような開けた場所の近くに設置する。

推奨：寒くても、換気ができるようにすることを忘れないように。

禁止：周りと比べて低い場所や、高い場所に設置しない。

禁止：ぽつんと1本立った木の近くに設置しない（落雷の恐れあり）。

禁止：空から見えないような、森の奥に設置しない。

禁止：雪崩や鉄砲水が発生しそうな場所に設置しない。

禁止：けもの道に設置しない（捕食動物がやって来る恐れあり）。

禁止：有毒ガスが充満するのを防ぐために、十分な換気ができることを確認しないかぎり、シェルターの中で火をおこさない。

長期間使用するシェルター

この本で紹介したシェルターは、大部分が短期間の使用のためのものだ。しかし、すぐに救助される見込みがなく、当面その場から動くことは得策ではないと思われる場合、居心地のよい頑丈なシェルターを設置して助けを待つ方がよい。

長期に使用できるシェルターは、洞穴や木、イグサ、芝で造った小屋だ。洞穴を永住の地としている人々は世界中にたくさんいる。谷底の上部にある洞穴はたいてい、湿気が少なく涼しいことが多い。また、洞穴の内部で水が手に入ることもある。風が吹き込まないように、入り口を部分的に岩や木で覆うとよい。

小屋の骨組みを作るために、丸太を積んで互いを組み合わせていく方法もある。隙間は泥や葉、芝を使ってふさぐ。カヤ、アシ、イグサは束ねると丈夫な建築素材になり、まとめてきつく巻き付けて結べば屋根を支えることができる。芝もすばらしい建築素材だ。長方形に切り、レンガのように使える。米国中西部にある開拓者が造った芝の家は、2世紀以上経った現在でも頑丈で、いまだに暖かい家だ。

NAVIGATION
ナビゲーション

　通常、救助を待つのは賢明な行為だ。しかし、時には移動しなくてはならないことがある。たとえば、あなたが遭難していることを誰も知らなかったり、その場に水も食べ物もない厳しい環境だったり、また、次の稜線を越えれば、今よりもよい場所があると分かっている場合などだ。その時点で必要となるのが、ナビゲーションの能力だ。

　地図やコンパスを読み取り、GPS（全地球測位システム）の情報を理解しなければならない。また、自然や人工の目印を見つけ、険しい地形を通り抜けるルートをたどっていく必要があるかもしれない。アウトドアに精通した人は事前に目的地の下調べをし、川が流れている方向や高地の場所など、その土地の特徴を心に留めておくだろう。しかし、その地形や難易度について何の予備知識もないまま、突然危機的状況に追いやられることもある。その場合、その場で地形を読み取らなくてはならないのだ。

　尾根に沿って歩けば、その土地を360度見渡すことができるのか？　岩だらけの土地の最も低い経路を流れる川をたどることが可能か？　太陽と星の位置から東西南北が分かるのか？　雪や氷、または砂漠のさらさらとした砂をかき分けて前進し、小石だらけの山の傾斜に沿って旅をする体力があるのか？

　たとえその場から動かないとしても、ナビゲーションの能力は必要になるかもしれない。紙に描いたメモや道しるべ、ケルンなどの目印。また、単に記憶にとどめることも、自分なりにナビゲーションに役立つものがあるかもしれない。深い森や入り組んだ峡谷を抜け、食料や水などを確実に手に入れられる場所に戻ることができるからだ。

　現代のナビゲーション機器はよくできているが、予備のためのバックアップは大切だ。これは、大自然の中に持ち込むすべての機器にいえる。高地では磁気偏差が生じたり、時には地磁気の障害が発生することがあり、コンパスが読みづらくなる可能性もある。また、電子コンパスやGPSは電池がなくなる危険もある。しかし、星は晴れた夜であればいつでも方向を示してくれるのだ。

ナビゲーションに役立つ情報とツール

　プランを練るときやルートの確認によく使われるのは、地図、コンパス、そしてGPSだ。特にハイキングなどのときに役立つのが地形図で、地形図とは、同じ高度の地点を等高線で結び、その土地の標高を示した地図のことだ。こうした地図の選択には、目的に適した縮尺を選ぶことが大切だ。何百キロにも及ぶ地図では、重要な地理的特徴を表示していない場合があることを知っておこう。人が歩くときに便利な縮尺は、1:50000か1:25000。地図上の1cmは、実際の距離にして500m、250mという意味だ。

　コンパスの針は磁極の北を示しており、真北の方角とは異なる。この磁気偏差を頭に入れておくと、コンパスは非常に強力なナビゲーションツールになる。

　また、陸地や海上におけるナビゲーションのあり方を大きく変えたのがGPSだ。これは、携帯用受信機が地球を周回する人工衛星からの信号を受信し、緯度と経度から受信者の所在地を割り出して、地図上にその位置を表示するというシステム。衛星信号が峡谷のような地形で遮られない限り、複数の信号を受信した民間用GPSの精度は、水平距離にして15m以内という正確な位置を知らせてくれるのだ。

地図のグリッド座標を学ぶ

　地図に引かれた水平および垂直の線は、緯度と経度を表す。これは、距離の計測やこれまでの移動距離の把握、そして、自分が東西南北のどこにいるのかを見極めるのに役立つ。水平の線は「東方向距離」。そして、垂直の線は「北方向距離」と呼ばれる。

　グリッド座標は常に東方向距離、北方向距離の順番で書かれており、一般的に6けたの数字で表されている。前半3けたの数字のうちの2つは、水平線に示された数字。残る1つは、その該当区域をさらに10等分した、東方向距離の直近の数字だ。そして、後半3けたの数字は、北方向距離を示した同じ内容の情報になる。

　つまり、グリッド座標が「123456」と表示されている場合、東方向距離は12.3、北方向距離が45.6であることを簡略化して示している。その地点が、12.3と45.6の2距離が合わさった付近であることが読み取れるのだ。

　米国地質調査所（USGS）が製作した地形図には、真北（北極）、磁北、そして、方眼北を示す3つの線が表示されている。地図、GPS、コンパスを利用する際は、これらの3つの線から必要な物を選択し、ナビゲーションの参考にするとよい。

地図の種類

- メルカトル図法：赤道の幅に合わせて円筒形の物をかぶせ、地球の表面を投影した図法。計測値が正確なのは赤道付近のみで、両極へ近づくにつれ、経度線のひずみは大きくなる。
- ランベルト等角円すい図法：円すい形の頂点をどちらかの極点に合わせ、地球の表面を投影した図法。
- ユニバーサル横メルカトル（UTM）図法：地図上に、同じ大きさの長方形をグリッド線で引いた図法。分かりやすく利用しやすい。
- 地球儀：地球の表面を最も正確に描いた図法。

コンパスを使いこなす

真北とは北極を意味し、方眼北は東方向距離によって示された地図上の北。そして、磁北とはコンパスの針が指し示す北の方位だ。

真北と磁北の角度差は、赤道付近ではほとんど認められないが、両極へ近づくにつれ、その差は大きくなる。磁気偏差は、地図の下に表示されていることがある。正確な方角を読み取るには、コンパスが示す方位に偏差分を増減しなければならない。もし地図にその表示がない場合は、コンパス文字盤の「N」を北極星に合わせる。すると、針が指し示す方位とコンパスのNマークとの角度差が、その地域の磁気偏差であることが分かる。

地図には地理的な特徴をメモしながら、コースを記入する。現在の方角を書きとめ、コンパスが示す方向に進む。ハイキングをするときは、コースを確認するためにも実際に目にした地形を地図や方角で比較しよう。

もし道に迷ったときは、等高線が8の字形をした特徴的な地形である鞍部や特徴物を利用して、コンパスと地形図で現在地を知る「クロスベアリング」を行う。まず、針の北とNマークが一致したコンパスを地図上に置く。片方の鞍部頂上（特徴物）をS点に合わせ、地図上のコンパスの針と磁北線が平行になるまで地図を回転し、平行になったらその角度で鞍部頂上から線を引く。次に今の地点から見える約90度方向にある地図上の特徴物（もうひとつの鞍部頂上）が、固定したコンパスのS点にくるまで地図を回し、針の角度で線を引く。地図に描いた線が交差した地点が現在地であると確認できる。

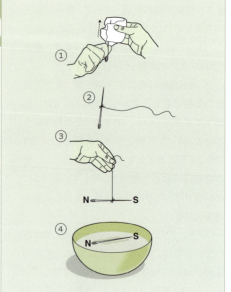

コンパスの作り方

1. 縫い針かカミソリの刃を用意し、シルク生地もしくはマグネットを使って同じ方向に50回から100回、優しくこする。
2. 針の中央に糸を結ぶ。
3. 糸の先を持って針をぶら下げると、針先が動いて磁北を指す。
4. 代案：磁気を帯びた針を軽量な発砲素材など水に浮くものの上にのせ、水で満たしたボウルに浮かばせると自然に動き出す。

ハンドレールに沿って歩く

　実は、コンパスのとおりに進むと誤差などにより、予定のコースから10度ほどそれてしまうことがある。長距離の場合、道の分岐点や川沿いに設置されたキャンプ地を見逃してしまう原因にもなりかねない。そこで、目的地を見逃さないためにも、慎重に右方向あるいは左方向へと照準を定め、その方角に向かって歩くようにする。この方法は目的地が遠方であったり、木々や丘などに隠れていたりする場合、特に有効な手段となる。また、登山道、尾根、目的地付近を流れる河川といった直線的な地形を目指す場合、その地点に到着したら右もしくは左に曲がり、直線的な地形をハンドレール（手すり）に見立てて、そのラインに沿って進む。このように「意図的にコースを修正する」ことは、コンパスを有効に利用するための手段だ。また、コンパスの予定された誤差だと認識することが大切だ。注意：到着ポイントがまだ遠方の場合、目的地を見失わないためにも、さらに右方向あるいは左方向へと意識して歩いてみる。

達人の心得（ボーイスカウト）　カナダのハドソン湾の北側に、コンパスの磁針を強力に引きつける自然磁場の中心が存在する。このエリアは磁北と呼ばれ、北極あるいは真北からは約1600km以上離れている。

直線ルートを歩く

　長距離を徒歩で移動するときは、直線ルートを維持するためにも、常時コンパスで方角を確認する。人間は左右の体のアンバランス、足の長さの違い、利き目といった影響で真っすぐに歩いているつもりでも、左右どちらかにそれてしまう傾向がある。距離が短いと気づかないが、実は何時間も円を描いて歩いていた、という原因になることもあるのだ。

できるだけ既存の登山道を進み、自然から受ける影響を最小限にするために一列縦隊で歩く。

腕時計をコンパスとして使う

　昔ながらの針が付いたアナログ式腕時計は、太陽の動きを利用することで、コンパスとして使える。

　北半球の場合は、時間を示す短針を太陽の方向に合わせる。次に時計の文字盤の12の位置を確認。12時と短針との間にできた角度を二等分する線があると仮定する。そのラインが南の方角になる。

　南半球の場合は、時計の文字盤の12を太陽の方向に合わせる。そして12と時間を示す短針との間にできた角度を二等分する線があると仮定する。そのラインが北の方角になる。

　腕時計がデジタル式でも、コンパスとして利用することは可能だ。まず、現在の時刻をアナログ式時計なら針がどこを向いているのかを想像する。次に短針を太陽の方向に合わせた時計の文字盤を地面に描く（これは北半球の場合。南半球の場合については前述した内容を参照）。そして、そのほかの時間も書き込む。現在の時刻、短針と文字盤の12との間にできた角度を二等分し、そのラインが南となる。また、事前に磁気誤差を修正しておけば、コンパス付きデジタル腕時計は大いに活用できる。

GPSナビゲーション

　小型のGPSを使う場合、地形図に経度と緯度が表示されているとナビゲーションが容易になる（電子マップが搭載されたGPS機種もあるが、危機的な状況下では十分な情報を得られず有効とはいえない）。読み取った経度と緯度を地図に記入しておくと、これまでの足跡が把握できる。

GPSの基本

小型のGPSは、非常に優秀なナビゲーションツールになる。

● GPSは地形の変化は読み取らず、崖や峡谷は画面に表示されない。

● GPSは直線ルートをキープするのに役立つ。ただし、最も簡単なルートを意味しない。

● 方向転換に適した場所を探して読図した後、その情報をGPSへ入力する。

● GPSが作動しないときは、コンパスを利用したり、推測歩行を行ったりする。

● GPSナビゲーションの初期設定エラーに注意する。世界測地系1984（WGS84）などの共通システムへ、地図やGPSを読み込ませるときにエラーが発生することがある。

● GPSはコンパスと併用する。最近販売されているコンパスの中には、GPS受信機と連動できる物もある。

太陽と植物を手掛かりにする

仮にコンパスを持っていなくても、パニックになる必要はない。この素晴らしい地球には、至るところに自然界のコンパスが存在するからだ。

地平線上での日の出、日の入りの位置は、季節の移り変わりとともに変化する。しかし、3月下旬の春分の日と、9月下旬の秋分の日だけは、太陽は真東から昇り、真西に沈む。北半球の場合、正午になると南から太陽の光は差し、北側へその影を落としているのだ。また、南からの熱と光は植物の生長にも影響を与えるため、その植物の影や生長している向きを調べれば、曇りの日でも方角を知るカギとなるだろう。

厚みのある葉や針葉は樹木の南面、特に光がよく当たる樹高の高い位置で生長し葉を茂らせている。しかし、山間部では南側を好む木がある一方、北側尾根の日陰を好む種類もある。植物は太陽に向かって生長するが、強風で曲がってしまう場合もあるので注意が必要だ。つまり、植物が一定方向に曲がっている場合は、太陽によるものか、それとも風によるものかを見極めなければならない。

自然の中で方角を知る方法

- 正午に影ができる方角は、北半球では北、南半球では南を指す。
- コケや地衣類は、木や岩などの陰を好み、通常は北や北西側で生長する。
- 北半球における丘陵では、主に落葉樹が多ければ南斜面、常緑樹が多ければ北斜面。
- ロッキー山脈では、ロッキーマツがあれば南斜面、エンゲルマントウヒがあれば北斜面。
- 砂漠では、玉サボテンは南に傾いている。
- 事前に風向き情報を得ているのであれば、木が揺れている方向をチェックする。
- 斜面で大きな雪解けが起こるのは南側。

how to

棒の影を使って方位を知る

1. 午前中に棒を垂直に立て、その影の先端に小石を目印として置く。
2. その小石を円のスタート地点とし、棒を中心とした円を地面に描く(円を描くには棒に糸を取り付ける)。
3. 太陽が昇るにつれ棒の影は短くなるが、午後からその影は長く伸びていく。影が円からはみ出したとき、先に描いた円と交差するポイントに目印を付ける。こうしてできた2つの小石を結ぶラインが東西の線になる。西の方角は、最初の小石で目印を付けた方向だ。

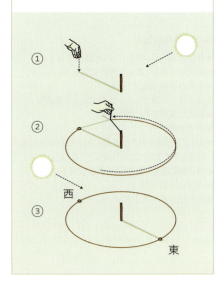

地形図を利用する

　地形の特徴を表した地形図は、自然の中で非常に役立つ。景観の特徴と地図の記号が一致すれば、自分の現在地が容易に判断できるからだ。ゴール地点までのルートを確認し、崖や峡谷など、難所を予測し回避することもできる。

　地図上の海抜高度は、同じ高さの地点をつなげた等高線によって表され、等高線は一般的に茶色で印刷されている。さらに、等高線と等高線の間は傾斜を意味し、狭ければ斜度がきつい。現在地から目的地までの等高線を調べることで高低差が分かり、険しい崖や峡谷などの難所を知ることができるのだ。また、定規で計測したり、地図のスケールバーで比較することで、2地点間の距離も測れる。

　大切な地形図はしっかりと保護する。きちんと折りたたみ、防水マップケースなどに入れておけば傷まない。防水加工が施された地図もあり、一般的な紙の地図は耐水性の透明塗料でコーティングしてもらうとよい。

地形図の地図記号

- 青色は湖、川、水路、沼などの水を表す。
- 網掛けや点々で表した青色は間欠湖。
- 青色の点線は間欠河川。
- 黒色は人が建築したビルやダムなどの建物。
- 緑色は森を含めた植生地帯。
- 茶色は等高線。
- 5本ごとに描かれている濃い色の等高線は、高度を見やすくするための目安。
- 等高線に書かれた数字は高度を表す。
- 赤線は幹線道路。
- 赤色の点線は周辺道路。

等高線を読む

- 渓谷はV型またはU型の線で表されている。
- 丘陵は同心円あるいは長円形で表されている。
- 山頂は同心円、または、長円形の円の内側に一番小さな円が表されている。
- くぼ地は、円形あるいは長円形の内側に小さな円が記され、低地を示す短線が入っている。
- なだらかな傾斜を示す等高線は、ほぼ平行で間隔が広い。
- 急な傾斜を示す等高線もほぼ平行だが、間隔が狭くなっている。
- 崖は等高線が消えて、山の斜面側面に短線が入っている。
- 尾根は縦に細長くなった長円形で表されている。長円形を縦方向に二等分したラインは傾斜のある尾根。

地図の縮尺についての基礎知識

地図のスケールは、地図上の長さと実際の距離を比べるもの。その比率は「縮尺」と呼ばれ、「1/62500」や「1：6万2500」のように表されている。地図上の1が、実際の6万2500に相当することを意味する。

地図から実際の距離を知るには、2点間の長さを定規で測り、それに縮尺の分母の数字を掛ける。地図にスケールバーが付いていたら、測定したい2点の上に紙をあて鉛筆で印を付ける。紙に付けた印をスケールバーに合わせ、目盛りを読めば、実際の距離を知ることができる。曲がりくねった川の長さを測るときは、いくつかの細かい直線に区切って測る。カーブの始まりから比較的真っすぐな部分に紙をあて、始まりと終わりに印を付け、印は紙と地図の両方に記す。

終わりのところ(点)から、また同じように真っすぐな部分に紙を合わせて測り、全てのカーブを測り終えるまでこの作業を繰り返す。紙に付けた印をスケールバーのところに持っていけば、距離を読み取ることができる。

how to
移動した距離を測る方法

① 自分の歩幅を測り、10万（1kmをcmに直した数字）をその数で割る。たとえば、平均的な歩幅が76cmであれば、そこが平地だった場合、1316歩で1kmを歩くことになる（100000÷76＝1315.78）。

② 歩数を数える。片方のポケットに小石を入れておき、100歩進んだらもう片方のポケットに移すなどするとよい。

③ 空だったポケットに小石が13個たまったら（①の例で歩幅を76cmとした場合）、3番目のポケットに小石を移し、それを1kmとして数える。

④ こうして数時間かけて移動距離を測ったら、1時間で平均何キロ歩いたかを計算する。次に、同じ地形を同じ速度で歩くことを前提に、これからの行程にかかる時間を計算する（この時、休憩やより険しい地形などを考慮する必要がある）。

予備の地図を持つ

大切な地図であれば、コピーをとるか予備の地図を用意するなどして、紛失や損傷に備える。場所によっては、インターネットから十分な情報が得られるため、そこからプリントアウトすることも可能だ。その場合、縮尺が小さい地図も用意すると全体が見渡せ、手持ちの地図から外れて迷ってしまった場合に役に立つ。

達人の心得（ガールスカウト） 事前に、自分がある一定の距離を何歩で歩くのか知っておくとよい。たとえば30mは約100フィートであるため、その目安にするとよい。いくつかの地図にはフィート（ft）が使われ、オリエンテーリングの地図にはメートルが使われるからだ。

> **達人の心得**　星座の中で大熊座とカシオペア座は覚えておくと便利だ。この2つの星座は北の方角を示す北極星を中心に回っており、1年を通して常に見えているからだ。また、赤道近くにいる場合はオリオン座が役に立つ。南北どちらの半球からも見え、真東から上り真西に沈むからだ。

星で方角を知る

　夜空で見つけやすい星座にはオリオン座がある。このオリオン座はベルトの部分に位置する3つの星が、ほぼ正確に東から昇って西に沈む。1年を通して世界のどんな場所でもそれは変わらないが、どの高さに昇るのかは緯度によって変化する。その目安として、赤道直下では真上に、北極や南極では地平線近くに昇る。

　北極星は北の方角を示す。南半球では、南十字星がおおよそ南の方角を示すが、北における北極星のように、正確に南の方角を指す星は存在しない。そのため、南の方角を知るには、南十字星の長い方の線を利用するしかない。十字の長い方を下に向かい4.5倍延ばしたところが、ほぼ真南となる。

　そのほか、一般的な星でも方角を知ることができる。地球は自転しているので、北極星以外の星は空で弧を描くため、大まかな方角は、星の動きを観察することで分かる。星が昇る方向が東で、星の沈む方向が西になるからだ。北半球では、星が左から右に向かって弧を描いて移動していれば、南の方角を向いていることになる。反対に右から左に弧を描いていれば、北の方角を向いていることになる。南半球ではその逆となる。

月を利用する
- 満月以外の月では、照らされている側が太陽のある方向になる。そのことを利用すると東西の方角が分かる。
- 三日月の両端を線で結び、その線を地平線まで延ばしていくと南の方角が分かる。
- 春分もしくは秋分に近い時期の満月は、東に近い方角から昇る。
- 月の明るい側と暗い側は、南北を結ぶ線で分かれる。

北極星を見つける
- 北斗七星のひしゃくの手前の部分にある2つの星を、底の方から注ぎ口の方に向かって線で結び、その線を5倍延長する。
- その位置に北極星がある。

救難信号
SIGNALING

　救助を待つ間、救助者の注意を引く信号を送ること。救助者があなたの居場所に気づけば、ケガの有無、食料や水の必要性など、より詳しい情報を伝えることができる。1912年のタイタニック号沈没以来、「SOS」の3文字が標準的な遭難信号となった。それらの文字を伝えるには、木、石、布などを使って地面に文字を書く、無線で発信する、音や発光信号でモールス信号（トントントン・ツーツーツー・トントントン）を送るなどの方法がある。船舶や航空機の無線連絡では、「help me」にあたる、フランス語の「m'aidez」に由来する「メーデー（May Day）」が、遭難を表す用語として国際的に採用されている。

　飛行機事故や自動車事故で生き残った場合、信号を送れる方法はさらに多くなる。鏡があれば、太陽の光を反射させ、上空を通り過ぎる航空機の方へ向ける。鏡はガラス製品や光る金属でも代用でき、反射した光は通常50〜60km離れた場所からでも確認できるといわれている。過去には160km離れた場所に届いたと報告されたこともある。

　また、火をたくことも非常に有効な方法だ。夜間でも遠くから確認でき、日中は煙柱が人目を引くからだ。横一列に並んだ3本ののろしは、遭難を意味する。火をおこすための燃料は工夫して見つけよう。事故車には、光や煙を出すための材料がたくさんある。木を集めてガソリンをかければ、すぐに火が燃え上がる。車のトランクや小物入れにある発煙筒や懐中電灯でも、信号を送ることができる。発煙筒はやけどをしないよう、扱いに慣れておく必要があるだろう。鮮やかな光を放つ代わりに高温の炎を噴出するので、ひどいやけどを負う可能性があるからだ。空中で炎を出すタイプの発煙筒は、遠くからでも確認することができる。降下する時間を長くするために、パラシュートを付けたタイプもある。空中で燃える時間が長ければ、捜索救助隊が気づく可能性が高くなるからだ。

太陽光発電、手回しクランク、バッテリーのいずれかを利用した携帯電話の充電器を忘れずに。

通信手段

　ごく一般的な通信手段の存在も忘れてはいけない。電波が遮断されておらず、通信圏内に受信者がいると仮定した場合、携帯電話とカーラジオが役に立つ。短波ラジオは、住宅地を離れた場所の方が電気機器の影響を受けにくいため、電波の受信状況がよくなる。

　サテライトフォン（衛星携帯電話）は、静止軌道上にある人工衛星を使い通信を行うため、地球のどの場所にいても通話可能だ。かなり役立つサバイバルグッズといえるが、問題は初期費用と1分毎の通話料金が非常に高額だということ。しかし、かつてのパソコンやそのほかのハイテク機器と同じく、技術が進み大量生産が行われるにつれ、値段も安くなる傾向にある。

　カーラジオを使い、身近な天候に関する情報を入手しよう。特に砂漠地帯では、その場所もしくは数十キロ先の暴風雨が洪水を引き起こす可能性があるので注意が必要だ。

信号を送るための道具

- ホイッスル：「ドングリでホイッスルを作る方法」は次ページを参照。
- 金属製品：金属同士をぶつけ合うか、棒や石でたたいて音を出す。
- 火：炎の明かりは夜間でも見え、日中はのろしが人目を引く。
- 反射する物：鏡、光る金属。
- 布：形や文字を作る。
- 雪、木の枝、土：地面に積み上げて文字を作る。
- 懐中電灯、発煙筒。
- ラジオ、携帯電話、サテライトフォン。
- エマージェンシー・サテライト・ビーコン（衛星緊急ビーコン）。

達人の心得　救助信号として非常に有効な煙は、捜索機が見つけてくれる確立を高めるだけでなく、地表近くの風向きをパイロットに伝えてくれる。しかし、自分でたいた煙で着陸地点や地上に置いた救助信号などを隠してしまわないよう、必ず風下で行うようにする。

遭難や事故現場、キャンプを去るときは信号を残す

　助けを呼ぶためにキャンプや飛行機、車の事故現場を後にする場合は、救助隊が到着したときのために、情報（詳細は後述を参照）を残さなくてはならない。

　メッセージは上空から見えやすい形、地上から見えやすい形の両方を残す。地面と違う色の布やほかの材料を使って、キャンプを後にして進む方向に大きな矢印を作る。矢印やほかの目印を地面に残しながら進めば、救助隊が見つけてくれる可能性が高まり、道に迷ったときやキャンプに戻らなければならないときにも役に立つ。

　キャンプを去る場合は、分かりやすい場所に雨が降っても消えないメッセージを残す。メッセージに残す情報は、今後のプランやグループについての具体的な内容にする。グループは何人か、これからどこに向かうのか、ケガ人はいるのか、十分な食料と水はあるのかなど。それらのメッセージを木に張る、三脚につるす、道標の一番上の石の下に置くなどして残す。さらにメッセージの場所を示す目印も置き、見落とされないことが肝心だ。

how to
シグナルミラーを使って航空機に信号を送る方法

1. シグナルミラーを太陽に向け、照準窓を通して裏側から太陽を見る。網状の光の輪が見えるはずだ。
2. その光の輪の中に点が現れるように、鏡を前後に少しずつ動かす。
3. 点を見失わないようにしながら、照準窓の中に航空機の姿が収まるようにする。
4. 点が航空機と重なるまで、慎重に鏡を傾け調整する。
5. 航空機のパイロットがまぶしくないように、向けた光を前後に揺らす。

how to
おわん状のドングリを使ったホイッスルの作り方

1. 内側が滑らかで穴が開いていたり破れたりしていない、へたの取れたおわん状のドングリを見つける。
2. 両手の親指でVの形を作り、親指と人差し指でドングリを挟む。
3. 親指のVの部分に息を吹き込む。かん高い音が出るまで少しずつ位置を調節する。

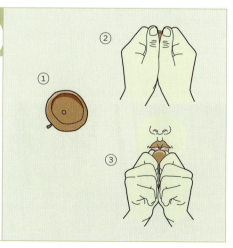

視覚的な信号

　火と煙は、遠く離れた場所まで広く救助サインを伝えることができる。特に、山火事を見張る監視員が常駐する地域では有効だ。煙は60km離れた場所からでも見えるといわれる。夜間であれば、炎がヒマワリの花のようにはっきり見えるだろう。火、煙、光による信号は、尾根や丘でより効果を発揮する。

　救助隊が来る可能性があれば、そのときにすぐ合図ができるよう、燃やせる物を集めて火をつける準備をしておこう。そして、エンジンの音が聞こえたらすぐに火をつける。生木は水分があり、白い煙を多く出すので役に立つ。濡れた毛布で煙を包んで、3回に分けて煙を空中に放つと緊急信号になる。木や草のない場所に1本だけ立っている枯れ木を燃やしても、効果的な信号になる。

　大切なことは、その場所が空中からどのように見えるかをイメージすることだ。地面に土などを積み上げて影を作る。あるいは、石、低木、雪、土などを利用した3つの固まりといった、一般的に遭難信号を意味する形に影を作る。または、サバイバルブランケットや防水シートを使って、SOSや国際的に採用されている対空信号を書くことも有効だ。

火による救難信号
- 火を3つおこすと遭難信号を意味する。
- 何もない場所にぽつんと立つ木を燃やしても遭難信号になる。
- 火に生木をくべるか油を注ぐと、煙をたくさん出すことができる。

国際対空信号

できるだけ高く、木に覆われていない場所に行き、石、枝、目立つ色の物、衣服などを使って地面、砂、または雪の上に次の文字を記そう。

- F = 食料と水が必要
- I = 深刻なケガがあり、医師の診察または救助が必要
- X = 動けない
- → = この方向に進んでいる
- II = 医薬品が必要
- LL = 異常なし

煙をできるだけ多く出すには生木や葉、草を燃やす。

対空信号の出し方は正確に

体を使って救助パイロットに簡単なメッセージを送ることができる。たとえば、重要なメッセージ「救助してください」は、立ったまま両手を真っすぐ上に伸ばすことで伝えることができる。基本のボディー・シグナルを覚えておくか、この本のように信号が載っているガイドブックを携帯することで、緊急時でもパイロットへ正確なメッセージを伝えることができる。それによって、命が助かる可能性も高くなるのだ。また、間違った体の動きや形は、致命的な結果を導く可能性があるということも覚えておこう。

テキサスの写真家カール・マッカンは、間違ったタイミングで間違った信号を送ったために、1981年アラスカで死亡してしまった。マッカンは辺境地を飛ぶパイロットに、500本のフィルムと数か月分の食糧と一緒に、自分を原野で降ろしてもらった。しかし、冬が来る前に迎えに来てもらう手配をしていなかった。ハンティング用の弾薬が底を尽きかけたころ、飛行機が上空を飛んで来たので「助けが必要」という信号を送ろうとした。しかし、不幸にも彼がとったジェスチャーは、片手の拳を空中高く突き出すポーズ（ガッツポーズ）だった。パイロットは、この信号を世界共通のメッセージ「大丈夫です。助けは不要」という意味に解釈したのだ。

マッカンは信号を送った後で、アラスカ狩猟免許証の裏に張られている印刷物を見て、正しい信号を知ったようだった。そこには、最も基本的な救難信号が棒線画で書かれていた。「彼らが通り過ぎてからもう一度戻ってきたのに、救助してくれなかった原因は、その時、僕が何も信号を送らなかったからだろう（飛行機が通った時、僕は背を向けていたかもしれない）。きっと、変なやつだと思われて無視されたのだ」と、彼の日記には記されていた。

essentials

救助パイロットへの ボディー・シグナル

以下の信号を送ることは、地上に文字や矢印を書いて作る簡単なメッセージの補足になる。

● 両手をまっすぐ上に伸ばす＝「こちらへ飛んでほしい。または、救助が必要だ」

● 両手を地面と水平に真横に伸ばす＝「上空にいてほしい。または、手当てが必要」

● 両手をパタパタさせる＝「着陸してほしい」

● 両手を真横に伸ばしてから、ひじを曲げて両手を頭の横に当てる＝「こちらへ飛んできてほしい」

● 示したい方向を向き、ひざを曲げて腰を落とし、両手を前に伸ばす＝「私が示している方向に着陸してほしい」

● 両手を頭の上で左右に振る＝「ここには着陸しないでほしい」

● 地面にあお向けに寝て、両手を頭上に伸ばす＝「手当てが必要」

● 片手を頭上に伸ばし、もう一方の手は下ろす＝「問題なし」

> **達人の心得**　海上ではたとえ至近距離でも、助けを呼ぶ、あるいは仲間に合図を送る声のほとんどは、波や風の音でかき消されてしまう。そこで有効なのはホイッスルの音だ。市販の小型レスキューホイッスルの出す高音は、風など低音域のなかで非常に聞こえやすい。

音による合図と信号

　音を使った信号は狭い範囲での合図に適している。音は水の上では遠くまで伝わるが、森林の中や地形、天候状態によっては地上で吸収されたり、ゆがんだりしてしまうからだ。広い平原では、救助員が叫び声やホイッスルの音を聞いた場合、そのほとんどが180m範囲内で最初の被災者を発見している。音は、遮へい物の少ない砂漠や海、極地でより有効ということだ。

　高音を出す車のクラクションや銃声は、かなり遠距離からでも注意を引くことができる。遭難信号として2つの金属や棒で丸太や木をたたいても、人の叫び声より遠くへ届く。また、ホイッスルは狭い範囲では、音声信号発信機として適している。ホイッスルの高音は低音よりも居場所を正確に示すことができ、声をからす心配もないからだ。

　峡谷や樹木にぶつかると弱まってしまう光と同様、遮られなければ、音の合図は最も効果を発揮する。遭難を知らせるには、3つのアルファベットを組み合わせて音声信号を送る。モールス信号で「SOS」と送る時は「トントントン、ツーツーツー、トントントン」とたたく。モールス信号は使われなくなってきているが、3文字の「SOS」という救難信号は現在でも広く知られている。

　無線や電話、緊急ビーコンで救難信号を送ろうとする場合は、バッテリーの消耗を抑えよう。メッセージの返事がすぐにこないようであれば、電源を切って数時間待ってから、再び試してみることだ。または、航空機のエンジン音が聞こえたら再度、電源を入れ信号を発信する。

短波ラジオを使う

- 携行するラジオは、特定の周波に合わせやすい短波ラジオを選ぶ。
- 弱い信号もキャッチし、不要な信号ははじく製品を探す。
- すでに持っているなら最高の受信環境になるよう、屋外にアンテナ線を張ろう。
- 雷雨のときは、アンテナの接続を切る。
- 周波数を7〜9MHzにする。この周波数はリスナーも多く最も一般的。そのほか、12〜16MHz、日本国内では3〜10MHzが一般的だ。
- 大気が安定しない時は19〜23MHzは避ける。
- 毎時15分と45分に遭難信号を発信する。この時間帯は国際的に指定されており、最も信号が受信されやすい。

essentials

携帯電話と無線
推奨事項と禁止事項

携帯電話や無線を上手に使用することで、遭難者の発見と救助につながる。

推奨：携帯電話や無線機は、できるだけ高台で使う。

推奨：峡谷で電波が届かない場合、山の尾根まで移動する。

推奨：VHF（超短波）無線の救助信号はチャンネル16に周波数を合わせる。

推奨：最大限に受信できるよう、VHF無線のアンテナを航空機の飛行経路へ向ける。

推奨：「メーデー」や「SOS」の救難信号を定期的に送る。

推奨：外部アンテナを設置することで、送受信状態が良くなる。

推奨：無線や信号機器のための予備バッテリーを必ず用意する。

禁止：電子通信機器のバッテリーは無駄遣いをしない。

禁止：峡谷では電波状況が悪いので、無線機や携帯電話は使わない。

禁止：無線機や携帯電話を水や風、砂などにさらさない。

禁止：応答がないからといって、継続して信号を送らない。

禁止：信号を送るのをあきらめず、時間帯やチャンネルを変えて試す。

PLBとは

　遭難通信システムのPLB（パーソナル・ロケーター・ビーコン）は、最近米国で広く利用されるようになっている。高価ではあるが、高性能な通信装置だ。PLBを購入すると、あなたの個人の周波数が登録される。

　非常事態は予測不可能だ。自然の中に入る時は、たとえいつもの移動経路であったとしても、PLBを携行するよう心がけよう。レンガより小さく、450gほどのモデルもある。そして、バッテリーの予備も忘れずに。PLBを作動させると、2種類の信号を発信する。ひとつは406MHzで、衛星回線を通じて緊急対応機関につながるようになっている。ふたつめは1215MHzで、地上での捜索隊へ届く周波数だ。GPS機能が内蔵されていれば、PLBがあなたから数十メートルの範囲の位置を救助員に知らせてくれる。

PLB使用上のアドバイス

- 誤った信号を送信すると、高額な罰金を科せられてしまう。
- 本当の非常時のみに使用すること。
- PLBは防水ホルダーの中に保管する。
- PLB購入時にあなたの血液型など救急医療情報を登録しておくと、救助された際に役立つ。

HOW I SURVIVED:
殺人バチから逃れるには──ジーザス・リーバス

ナショナル ジオグラフィックの探検家であり、アナコンダの専門家でもある私は、浸水したベネズエラ平原を旅しながら危険な生き物を探し、研究している。しかし、巨大なヘビだけが日々で遭遇する危険とは限らない。

ベネズエラで雨季の真っただ中のある日、友人のアレハンドロは、アナコンダを探す私の手伝いをしてくれていた。彼はボートから、私は川岸を歩いて探していたのだが、私は夢中になっていたため、アレハンドロを乗せたボートを見失ってしまった。しばらくアレハンドロを探していると、やっとボートを見つけた。しかしそこには、誰も乗っていなかったのだ。ボートは川面で、枯れ木の周りをクルクル回っており、彼の名前を叫んでみたが返事はない。そして、誰もいないボートから400〜500m下った場所で、やっと彼の弱々しい叫び声が聞こえてきたのだ。

彼は消え入るような声で川の向こうから、「ミツバチに襲われ格闘の末、なんとか川に飛び込んだ」という。好戦的なミツバチと人が遭遇すれば、ほとんどの場合、激しい攻撃を受ける。それは、遭遇時に誤った対応をしたためだ。ハチが攻撃するのは、潜在的な敵から自分たちの巣を守るためだ。彼らは危険を感じると羽音を立て、人のそばを飛び回ることで存在をアピールする。まるで、「ここから出て行け」といわんばかりに。

すぐに立ち去れば、ハチは人が脅威ではないと認識する。しかし、多くの人はパニックを起こし、慌てて手でたたいたり払ったりする。するとハチは、その人が脅威であると見なして攻撃する。ひとつの巣には6万匹ものハチが生息する。その全てを殺すことは、とうてい不可能だ。

1匹を殺してしまうと、巣にいる姉妹のハチたちに(働いているのはすべて雌)、「この人は危険ではない」と思わせるのは非常に難しいだろう。ハチは、刺せば自ら死んでしまう。刺してこない場合、「あなたは刺す価値もない」と警告しているわけだ。

一刻も早く、アレハンドロを病院に連れて行かなければならない。しかし、怒り狂ったハチの巣のそばで、クルクルと回っているボートだけが、私たちの唯一の移動手段だ。ハ

ナショナル ジオグラフィックの研究者、生物学者のジーザス・リーバスは、『ナショナル ジオグラフィック』誌やテレビ番組に数多く登場している。

チはエンジン音と日中の暑さで怒っており、ボートを取り返すにはとても面倒な状況だ。大きなエンジン音はすでに防御体勢に入っているハチを怒らせているのだ。

　ハチに襲われた時の本能的な反応は、刺された痛みから騒ぎ立て、叫び出し、わめきちらすというものだ。しかし、ハチに襲われた時にとるべき行動は、同行者に危険を知らせるために「ハチだ！」と1回だけ叫べばよいのだ。そして、素早くその場を離れる。逃げるのは、水中よりも陸の方がよい。水中にはワニや毒を持つ淡水エイ、電気ウナギなどの危険な水生動物がいるからだ。

　アレハンドロは、数えきれないほどたくさんのハチに刺されていた。もう、泳いでボートを取り戻すしか救いの道はない。雨季にはピラニアがいるが（どの季節にもいるのだが）、数はそう多くないので大した脅威ではない。確かではないが、90m先に見えたのは、体長約3mのオリノコワニだと思う……。

　いうまでもないが、私がこの地域にワニを多数戻したのだから、川の至る所でワニがよく見られるのは当たり前なのだ。しかし、今、最も重要なことは、ボートの周りにハチが群がっているということだ。私は麦わら帽子を耳が隠れるまで目深にかぶり、サングラスをしっかりかけ、ボートまで泳いで行った。ハチが入ってこないように、帽子のつばが水面すれすれのところまで体を沈めた。幸いにもサングラスをかけていたので、自分がどう進んでいるかもよくわかった。私は回転し続けるボートに近づき、後方にさっと回り込むとエンジンを切った。再び安全な水中に体を沈め

ると無数のハチが私の帽子を攻撃し、羽音を立てて威嚇しながら周りを飛んでいるのが分かった。恐怖心と闘争心を抑え、ハチが私に気づかないよう心から祈りながら、水の中から体を起こした。そして、ハチの巣から離れるため、キールをつかんでボートを川の中心へとゆっくり引っ張って行った。

　数百メートル行った所で、やっとハチから解放された。私がアレハンドロの顔から抜いた針の数は90本以上だったが、頭にも同数ほどの針が刺さっていた。追い払おうとした手や腕も針だらけだ。最低でも300か所は刺されていただろう。

　戻る途中、彼の容態が悪化した。繰り返し嘔吐し顔色は真っ青、今にも気を失いそうだった。病院に運び入れたのは2時間後だった。医師たちは、このような緊急事態に慣れているらしく、すぐに処置を施した。幸運なことに、アレハンドロにアレルギー症状はなく、合併症も起こしていない。彼が生き延びた理由が、体が頑丈だったからなのか、単にあきらめなかったからなのかは分からない。しかし、かなり後になって彼から聞いたのだが、彼は神にこう誓ったそうだ。

　「もし、この災難を乗り越えられるなら独身時代に別れを告げ、故郷に戻って、高校時代からの恋人と結婚します」と。

　後に彼は、その誓いをちゃんと守った。

1800年代の半ば、ナチュラリストのヘンリー・デイヴィッド・ソローは、メイン州の森へ意気揚々とでかけていった。彼はテント、虫よけ剤、地図、コンパス、植物の本、オノ、ナイフ、食料、調理用具を荷物に詰めていた。バーチバークカヌーで川や湖を渡り、水辺にテントを設営して、森の恵みをたっぷり堪能した。彼と仲間たちは持ってきた食料に加え、ヘラジカの肉や魚、ユリ根、カンボクの実、お茶用のツガの葉、ブルーベリー、ラズベリーを旅の途中で調達していたのだ。

　「陸路を行くときは、まるでベリー狩りをしているようだった」と、後にソローは述べている。

　ソローは、仲間たちが森林を恐れていることを知っていた。森は美しい場所だが、慣れない人にとっては暗く得体の知れない場所でもあるのだ。ソローは、「私は採ってきたスベリヒユをゆで、申し分のない量の料理を作ったが、それでも仲間はたびたび空腹に苦しんでいた。しかしそれは、体が食べ物を欲しているのではなく、豪勢な食事を楽しみたいという欲求からくる空腹感だった」と書いている。

　彼はまた、英語の「savage」（未開の、荒涼とした）は、ラテン語の「sylva」（森）が語源であることを、鋭く指摘している。

　森林は確かに未開の地であり、危険である。しかし、サバイバルの知識を持ち、生き抜こうと努力する者にとって、温帯林は地球のいかなる気候の土地よりも生還できる可能性の高い場所なのだ。

TEMPERATE FOREST
温帯林

72　74　78　82　88　94　96　100　102　106

PREPARATION

準備

　毎年、何千もの人が森林で遭難している。食料や水を調達する道具や火をおこす道具、シェルターとなるアイテムを持っているにもかかわらず、なかには死に至る人もいる。

　19世紀、北米を大西洋側から太平洋まで、初めて調査したルイス＆クラーク探検隊は、ポーポーの果樹や苦いセッコウボクの実など、北部の平野やロッキー山脈で1年を通して手に入る食物を食べて生き延びた。当時の開拓者たちはチョークチェリーの実やザイフリボクの実を採っていた。また、山の男たちは、ワナを仕掛けて捕らえたビーバーの皮をはぎ、丸々と太った体と太い尾に含まれている脂身を食べていたのだ。

　開拓時代以来、北回帰線から北極圏の下まで広がる北アメリカの温帯地域のほとんどで、都市開発が進んできた。そのため現代では、人々は森で迷っても近くに文明が存在することを知っており、自分が遭難することはないだろうと考えている。また、落葉樹と針葉樹が茂った森は水が確保しやすく、植物や狩猟の対象となる動物も豊富だ。それでも準備を怠ってはならない。コンパス、地図、火をおこす道具、水、そのほかこの章で薦めたアイテムは持っていこう。特に温帯林では寒暖の差が1日の中でも激しく、急に雨が降ったり風が強く吹く可能性がある。そして最後に大切なのは、「予期せぬことは起こるものだ」と心に留めておくことだ。

極端な環境とは

　夏は暑さが厳しく、冬は身も凍る寒さになるなど、温度差が極端に大きい気候は、トラブルを招く。海の影響が少ない内陸部に行くほど、極端な気候となる傾向にあり、同じ場所でも、季節によってその様子は変化する。これは、野外生活を試みたクリス・マッカンドレスが、アラスカで気づいたことでもあった。

　ジョン・クラカワーのノンフィクション『荒野へ』にあるように、1992年の春、マッカンドレスが荒野に足を踏み入れたときに渡った穏やかな流れの小川は、夏の終わりには危険な激流へと姿を変えていた。マッカンドレスは身動きがとれなくなり、ついには餓死することになったのだ。

装備品のヒント

温帯林は季節や場所によって状況がかなり異なるため、旅に出る時期の平均気温や天気予報は必ずチェックしよう。体温の約半分は頭部から逃げていくため、頭を保護しながら体温を調節するアイテムは必需品だ。寒い時期なら羊毛の帽子を必ず携行する。広いつばの帽子は日光や雨から目を守ってくれる。頭に綿のバンダナを巻いておけば、水に浸して手軽に体を冷やす道具にもなる。

靴と靴下は地形や気温、耐久性を考慮して選ぼう。重いブーツは長距離を歩く登山などにはよいが、数日のハイキングには不向きだ。靴と靴下は足をしっかりと包み込み、足首を支え、土踏まずにフィットしたタイプでなければならない。そして、ほとんどの旅で必需品となるのは透湿防水タイプの靴だ。汗を逃し摩擦を減らすために、足に直接当たる靴下は薄手の物にしよう。その上に羊毛や化学繊維の靴下を重ねて履くことで、クッション性を高め、寒さから足を保護できる。

ほかの環境同様、温帯林でも重ね着は重要だ。絹や通気性のよい化学繊維でできた丈の長い下着の次にゆったりとした服を着て、断熱材の役割を果たす空気の層をつくる。このとき、しっかりと腕や手首、首を覆うことを忘れずに。次に着るのは、2番目に着た服から出る湿気を吸うための服で、暑くなったら簡単に脱げる物にする。最後に着る上着は厳しい気候に耐えられ、雨や寒さ、日光から体を保護するタイプでなくてはならない。通気性がよい、またはベンチレーション機能のあるタイプを選ぼう。耐水性のあるジップオフパンツは、さまざまな気温に適応するのでお薦めだ。

essentials

何を持っていくか

天気予報、現場の状態、行動計画、個人の好みを考慮した荷造りをしよう。

● 靴：気温や地形に合った、くるぶしの上まであるブーツ。透湿防水タイプがベスト。

● 靴下：2足を重ねて履く（薄手と厚手）。

● 下着：気候を考慮して選ぶ。化学繊維は乾きが早い。

● 中間着と上着：腕、手首、首を覆う役目を果たすもの。脱ぐのが簡単で通気性がよく、雨、寒さ、日光から体を保護する働きがある物を選ぶ。

● ズボン：素材が化学繊維のもの。ファスナーですそが取れて半ズボンにも長ズボンにもなるジップオフパンツ。または、すそを巻いて長さが調節できるタイプが活用できる。

● 帽子：気候よって羊毛のキャップ、つばのある帽子、バンダナなど。

● 手を保護する装備：気候や環境によってミトン、防水性の手袋。

● バックパック：インナーフレーム式で、胸部を支えるスターナムストラップとウエストベルトのあるタイプ。

● 寝袋：周囲の気温に適応したフード付き。

● ビビィサック：テントの設営が無理な環境で、寝る場所を快適にするアイテム。

● テント：大きさや使用する場所の地形、重さ、使いやすさを考慮して選ぶ。

● その他：水を浄化する道具、ナイフ、火おこしの道具、料理道具、サバイバル・キット、シグナルミラー、ホイッスル、地図、コンパス、GPS（全地球測位システム）、防水シート（タープ）、サバイバルブランケット。

FIRE
火

　枝を折ったときに「パキッ」という音がすれば、たき火に利用できる証拠だ。湿っていたり、ぬれていたりする枝や生木では火はおこせない。地表に転がっている枝や丸太は、地面の水分を吸っている可能性がある。立木についたままの、枯れ枝を薪（まき）として使おう。立木の枯れ枝は雨が降っても風の働きで乾燥しており、外側がぬれていても中は乾いている。

　森林で火をおこす場合も、ほかでおこす場合と同様、火口（ほくち）とたきつけを使う（基本的な火のおこし方はチャプター2を参照）。火口は、さまざまな植物から作ることができるが、火口のひとつは、グレープフルーツほどの大きさにしよう。乾いた草、ガマの穂綿、カバの外樹皮、カエデの内樹皮などが適している。

　ヘンリー・デイヴィッド・ソローがメイン州を旅したとき、連れていたネイティブ・アメリカンは、ストローブマツやツガ、アメリカシラカンバの樹皮を火口、たきつけの材料として愛用していた。地面に転がっている枯れた丸太の内樹皮は粉末状になっている場合があるし、腐って乾いた木も同様に役に立つ。また、枯れ葉や枯れ枝は細かく砕いたり、折ったりして使える。こうした素材は、まるでマッチのように火のつきがよく、火口に最適なのだ。

火をおこす

　火花を出すには摩擦が必要になる。マッチはこの原理を利用しており、フリント式ライターもヤスリとフリントで火花を発生させる仕組みだ。たとえ燃料がなくなったとしても、フリント式のライターで火花を出すことはできる。また、火打ち石と鋼を打ち合わせても火花が出る。マグネシウム合金を火打ち石として使用すれば、より大きな火花を出すことができる。銀色の板状の金属の片側に黒いフリント部分が付いたマグネシウムの着火材は、一般に広く流通している。マグネシウムは塊ではなかなか燃えないが、ナイフで削り取った破片を乾燥し、発火材として火口中央のくぼみに置けば、簡単に引火するのだ。マグネシウムは3000℃近くで燃え、火口をたちまち燃やしてくれるだろう。

火はテントから十分離れた場所でおこし、煙が入らないようにテントのファスナーは閉めておく。

達人の心得（ガールスカウト） たきつけは三角すいの形に組み、頂上の真下に空間ができるようにする。この空間に、片手いっぱいの火口を置く。火をつけたマッチを火口の下に入れ、火が火口の上に伝わるまでそのまま待つ。その後、新たな火口とたきつけをくべる。

ソローのマッチ

　マッチはぬれてしまったら使えない。ソローは連れていたネイティブ・アメリカンに、「どうやって森の中で火をおこすのか」と尋ねると、そのネイティブ・アメリカンは箱に入ったマッチと火打ち石、鋼、キハダカンバでできた火口を取り出した。「カヌーが転覆して、この道具も火薬もぬれてしまったらどうするのか」とさらに尋ねると、「それなら、どこか火のある場所が見つかるまで待つ」と答えた。そこでソローは勝ち誇ったように、水が入らないようにきっちりと栓をした小瓶に入ったマッチを見せ、「これなら、全てが水にぬれてもマッチは乾いたままだ」と説明した。ネイティブ・アメリカンは何も言わず、大きく目を見開いていたと、ソローは述べている。

how to
薪に適した大きさに木を切る

① 細い枯れ枝は手で折る。

② 太い枯枝はワイヤーソーか、オノを使って切る。

③ 大きくて丈夫なナイフは、オノの代わりになる。ナイフを木に当て、石で上から打ちつけて切る。

④ オノを安全に振り下ろすには、安定した足元を確保することが肝心だ。滑らない靴を履き、平らな地面の上に真っすぐに立つ。

⑤ しっかりと打つために、オノは両手で持ち、短いストロークでスムーズに振る。

安全な火の扱い方

　日照りで乾ききった草地、真上に木の枝が覆いかぶさる場所など、周囲の植物に火が移りやすい場所で火をおこしてはならない。また、何かあったときはすぐに消せる大きさの火を保つようにすることだ。

　そして、風が吹いていると火をおこすのは難しいが、一度火がついてしまえば、風により火はたちまち燃え広がってしまうことを忘れてはならない。30cmほど掘り下げた場所でたき火をすれば、風で燃え広がることもなく、燃焼に十分な空気も供給される。もしくは、大きな石と泥で作った壁で風を防ぐこともできる。その場合、泥岩やそのほかの多孔質の岩は熱で割れる恐れがあるため、使用しないようにしよう。消火の際は、火がくすぶって再び燃えだすことがないように、しっかりと水をかける。しかし、水をかけすぎると、次に同じ場所でたき火をするときに火をおこしづらくなってしまうので注意が必要だ。

　万が一、火が周囲の草むらに燃え移ったら素早く消そう。森林火災は風があるとあっという間に広がってしまう。自分のいる方向とは反対側に火が燃え広がってしまったら、風上に逃げよう。もしも、自分のいる方向に火が迫ってきたら、川、広い空き地、谷間など、延焼を食い止められるような場所に逃げる。

防水マッチ

　マッチにパラフィンをコーティングすれば燃焼時間が長くなり、しかも、防水効果が生まれる。出発前に、防水マッチを自宅で作っておこう。まず、湯せんでろうそくを溶かして、木製のマッチにコーティングする。ろうそくを溶かすときは、調理に使用しない使い古した鍋を使うか、鍋の内側に沿ってしっかりとアルミ箔を敷く。溶けたろうの中にマッチを入れ、数秒たったらピンセットを使って取り出し、マッチの頭を上にして発砲スチロールに刺して固まるのを待つ。

　ろうが固まったら小さくて水の入らない、ふた付きのマッチケースに入れる。ケースのふたの内側には、マッチを擦る薬剤を貼っておこう。このような容器に入れておけば、水が入ってくることはない。ケースには十分な量のマッチを入れておくべきだが、詰め込み過ぎは厳禁だ。ケースを振れば、マッチが手のひらに落ちるような状態が理想的。爪で頭の部分のろうを削り落としてから使う。

マッチが湿ったら

- 髪の毛にこすりつけてみる。静電気がマッチを乾かすのを助ける。
- 擦る対象物に対して垂直に、かつ鋭角に勢いよく擦ってみる。
- 湿ったマッチに火がついたら、ろうそくなどマッチより長く燃える物に火を移し、火口に火をつけるまでの時間に余裕をもたせる。

how to
熱反射板の作り方

1. たき火の近くで、なおかつ火が燃え移らない位置にくいを2本打ち、約90cm離れた場所に同じように2本のくいを打つ。
2. ペアになったくいの間に枝を入れ、次々と積み重ねていく。ぎっしりと積み重ね、丈夫な壁を作る。
3. ペアになったくいの先を、麻ひもか植物で作ったロープで結び付ける。(ロープについてはチャプター1の「自然の素材からロープを作る方法」を参照)
4. スペースと材料に余裕がある場合は、もうひとつ同じ熱反射板を反対側に作る。座る際は顔を火の方に向け、背中を一方の熱反射板に向ける。

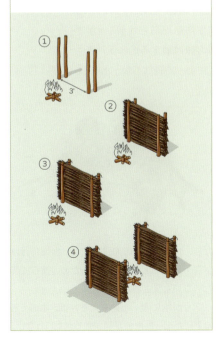

熱反射板を使う

　たき火の熱が拡散するのを防いでくれる熱反射板は、座る場所の反対側に設置しよう。暖かさが増すだけでなく、煙が上に上るようになる。大きな岩や木の切り株を背にして座れば、さらに暖かさが増す。岩や切り株が2枚目の熱反射板の役割をしてくれるのだ。

　左の図のように、熱反射板を木で作ることもできる。④のように1対作るのもよいだろう。また、たき火の上に、斜めになった丸太の高い壁を作るのも有効だ。まず、たき火から1mほどの場所に2本のくいを打ち、次にたき火に近い場所に少し長めのくいを2本打つ。くいの間隔は、短いくいの長さに合わせる。そして、短いくいから長いくいに向かって、2本の生木の丸太をそれぞれ斜めに立て掛け固定する。このとき丸太はたき火の上付近まで延びる長さにする。最後に、斜めになったその2本の丸太の上に、生木の丸太を地面と平行に積んでいけば、斜めの熱反射板が完成する。この壁は、向かい側を通常より暖かくするだけでなく、たき火の燃焼時間を延ばすこともできるのだ。

　強化ポリエステルをアルミニウムでコーティングしたサバイバルブランケットは、効果的な熱反射板としても使える。軽くて簡単に折りたため、持ち運びに便利なだけでなく、驚くほど熱を反射するのだ。ただし、アルミニウムのコーティングがはがれると、熱を反射する効果はなくなるので注意すること。自分が座る方向の反対側、暖かさを一番感じる場所に、穴を開けるのではなく、巻末資料で紹介されているような結び方で結んでつるそう。ほかにも、がれき、特に大きな金属のがれきが熱反射板に代用できる。

水 WATER

雨水は、重力によって海へと流れる。そのため、水を探すなら谷底や崖の下、岩のくぼみ、割れ目など、森林内の低地がいいだろう。幸運にも小川の近くにいる場合は、キャンプ地よりも上流で水をくむこと。下流の水は、洗濯やトイレに使用する。冬場は雪や氷を集め、煮沸することで水を確保できる。しかし、それらを口の中で溶かすことはしないように。病気の原因となる不純物を含んでいる場合があり、凍った水を溶かすために熱が奪われると体温が著しく下がり、肉体的なストレスを引き起こすことがあるからだ。冬以外の季節では、緑の植生が水の手掛かりだ。草原がある場所やヤナギが何本も育っている場所は、水路があることを示している。

未開地の水はほとんどが微生物に汚染されているが、多くの方法で水を浄化することが可能だ。市販のフィルターを使って微生物を除去したり、薬品で自然水を浄化したりする。指定量の浄水・殺菌用のヨウ素剤や塩素系タブレットなどを水に加えると、有害な微生物を死滅させることができ、さらに水を煮沸して浄化すれば、薬品特有の味は消えるだろう。微生物はおよそ80℃で死滅する。水の沸点は高度によって異なるが、水を10分間沸騰させ、冷ましてから飲むのが一番安全だ。

動物を追跡して水を探す

人間と同じように、動物にも水が必要だ。そのため、野生生物に目を光らせておけば、水を得ることができるかもしれない。通常、ハチやハエは巣から数キロ圏内にとどまり、水を得る手段を知っている。カエルも水場の近くにいるはずだ。日が暮れたら、カエルの鳴き声に耳をすましてみよう。草食動物は、早朝と夕方に水を摂取する。ぬかるみや泥地にたくさんの足跡がないか探してみよう。ただし、ヘビや大型の肉食動物は、水場に行けば餌があることを知っているため、彼らに襲われないよう注意すること。

アリが木に登った跡をたどれば、木のうろなどにたまった水分が見つかるかもしれない。

山の湧き水や氷河の水は比較的きれいだが、土壌からの汚染には注意が必要だ。

> **達人の心得** 通常、人間1人が一日に最低必要な水の量は約2ℓ。しかし、あまり体を動かさず、涼しい環境にいれば1ℓでも支障はない。水の保管にはキャップの付いた2ℓの飲料水用ペットボトルなど、有害な物質を含まない飲料水用の容器に水を入れておく。

飲用可能な水源を知る

　たとえ輝くほど澄んだ水流だとしても、汚染されていないという確証を得ない限り、清潔だと決めつけるべきではない。大自然の中で獲得した水は、ろ過したり煮沸したり、フィルターや薬品を使用して浄化することで飲用可能となる。

　山を流れる水は、雪や氷河が解けたものであることが一般的だ。しかし、雪や氷は空から降ってくる段階ではきれいだが、地面に落ちたり、解けて地面の上を流れたりすると、土壌の汚染物質が混ざってしまう。

　水は山のふもとや渓谷、峡谷へと流れる。緑の植生は水がある証拠となる。平地では、雑木林やヤナギの群生地が湾曲に途切れている場所に、入江や川があるはずだ。雨水は岩のくぼみ、大きな葉、空洞の幹にもたまっている。化学物質で光っている水や、臭いのある水は使わないこと。

飲用可能な水

- 降ったばかりの雨水。
- にごりなく白く輝いている雪や氷。灰色になったものや色の付いたものは避ける。
- 植物に付着した露。
- 植物が吸い上げ蓄えた道管の水。
- 微生物に汚染されているかもしれないため、湖や小川の自然水には注意する。

葉やつる植物、露から水分を得る

日中は暑くて夜は冷える、寒暖差のある気候の場合、気温が下がると大気中の水蒸気が凝結する。それが車のボンネットといった金属体に付着していれば、なめたりふき取ったりすることで水を得ることが可能だ。

樹木は地中から水分を吸い上げており、健康な葉をつけた枝をビニール袋で包めば、水を集めることができる。ビニール袋の中で葉が呼吸をして水蒸気を放出するため、水分が袋にたまるのだ。木から切った葉や、ちぎり取った葉も袋の中で同様の蒸散作用を行う。石の上に葉を置き、棒を立てて袋がしぼまないようにしよう。低木でも問題ない。ビニール袋をかぶせるときは、葉が袋に触れないように注意すること。

一部の植物は、天然の水収集器になる。英語で「ピッチャープラント」と呼ばれるつぼ型食虫植物は、つぼ状の葉の中に水を蓄えている。ただし、この水はろ過して昆虫を取り除くこと。つる植物を切断すれば、水分が滴るほど多くの水分を蓄えている。毛細管現象によって水が道管を上昇し、切り口から出てくるため、できるだけ高い場所を切るようにしよう。そして、切断部から滴る水が容器に落ちるように、つるを曲げて水分を集める。なかには有毒なつる植物もあるので注意が必要だ。つる植物の乳液や、皮膚に刺激を与える液体は飲んではならない。液体が安全かどうか確信できない場合は、この章の89ページで説明する可食性テストを行うこと。

how to

露から水を集める

① 清潔な衣服かタオルを足元に巻きつけ、適当な位置で縛る。清潔な衣服がない場合は、ズボンや靴下よりも地面に触れることの少ないシャツなどの中から、最も汚れていない物を選ぶ。

② 露が降りる早朝、衣服かタオルがずぶぬれになるまで低木や背の高い草の周りを歩く。そして、衣服かタオルを絞り、その水分を容器にためる。容器がない場合は、衣服かタオルをそのまま吸飲する。大気中の水蒸気が凝結しただけの清潔な水である露は、汚染された地面に落ちなければ飲むことができる。タオルを手に持ち露を含ませ、それを絞るのもいいだろう。早朝の露が蒸発する前に行うことが肝心だ。

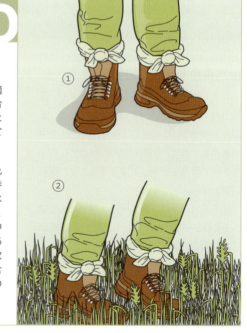

魚から水分を摂取する

　魚には、飲用可能な体液が蓄えられている。魚の頭が下になるように持ち、尾ビレに近い背骨を切る。次に魚の頭を上方へ傾け、飲むことができる髄液を排出する。また、目玉付近の体液も吸い出し、水分を摂取しよう。魚にはそれほど多くの体液はないが、生存者は体液を飲むことで心理的に大きな喜びを得ると報告されている。

　しかし、水の代わりとして動物の血液を飲まないこと。血液は塩分が高く、食料と同じように消化されるため、体の水分が奪われてしまうのだ。また、血液に病原体が含まれている可能性もある。

essentials

飲用可能な水を得る

温帯林なら水は川や湖だけでなく、どこでも獲得できる。空気や土壌、生物から水分を摂取する方法を探そう。

- 雨水を防水シート（タープ）にためる。
- 汚れのない表面下の雪を集める。
- 衣服に露を含ませる。
- カエデにナイフで切り込みを入れ、切り口から染み出た樹液を集める。
- 地下水を採取するため土壌を掘る。
- 魚から飲用可能な体液を抽出する。
- つる植物をできるだけ高い位置で切断し、毛細管現象によって水分が道管を上昇して切り口から出てくるのを待つ。

水を求めて掘る

　水は沼地を掘れば見つけることができる。30cmほどの深さまで穴を掘り、そこに水が染み出てくるのを待とう。初めは泥っぽいが、何度か水をかき出せばクリアになるはずだ。この水は浄化すれば飲むことができる。動物の死体が近くにある場所や悪臭がする沼、緑色のヘドロに覆われている沼は汚染されている可能性が高いため、こうした場所から水を集めるのは避ける。

　地中に水が流れているかもしれない場所をこまめに探そう。地下水は高度のより低い場所へ向かって流れている。水を求めて掘るのに適した場所は、緑色植物が茂る土地のあいだ、砂利や土でできた水のない河床、そして海岸砂丘だ。砂丘の間にある海岸線に穴を掘れば、その穴の底に淡水がたまる。あるいは、その穴にたまった海水の上澄みが淡水であることが多々ある。もし海水しか穴の中になければ、蒸留してから飲料水にしよう。

未浄化の水を飲むとかかりやすい病気

- ジアルジア症：症状は激しい腹痛や下痢。犬にはこうした症状が出ないこともある。
- 鉤虫症（こうちゅうしょう）：症状は倦怠感（けんたいかん）。動物や人間がかかる。
- クリプトスポリジウム症：症状は悪心、腹痛、脱水症状、嘔吐、発熱。

SHELTER

シェルター

　温帯林でシェルターの設置場所を決める際は、日中の空気は暖かく、夜間の空気は冷えるということを覚えておこう。空気は冷却されると密度が高くなるため、冷たい空気は沈み、低地に向かって流れていく。よって冷え込む夜は、谷やくぼ地の非常に冷たい風を避けるため、風が吹きつけない斜面の途中にシェルターを設置する。夏の暑い時期の場合は、涼しい空気が取り込めて、なおかつ洪水の可能性がない場所にシェルターを作ること。

　シェルターを設置する場所は、常識的に考えて選択すればよい。水や薪、燃料がすぐに入手できる場所がいいだろう。救助を待つ場合は、上空から見つけてもらえるよう、人目につく場所にシェルターを作る。それが不可能であれば、シェルターの外側に目立つ色の衣服を結び付けておく。そうすれば、誰かの目に留まり救助されるかもしれない。

　キャンプ地では、料理といった作業よりも、まず先にシェルターを設置する。テントをたたむ際に毎回同じ方法で行えば、各部品がどこにあるのかすぐに分かり、素早く整然とテントを組み立てることができる。また、シェルターは適切な大きさであることが大切だ。大きなものを購入したり、設置したくなる誘惑に負けてはいけない。正しい大きさは、自分の身を保護するだけの広さがあり、体温を逃さない適度な狭さであることだ。

ざんごう型シェルターは作るのに労力を要するが、雪深い森の中では急場の寒さをしのぐことができる。

テントを設営する場所

テントの最適な設営場所は生木の下だ。幹や枝が枯れ、倒れたり落下したりする可能性のある木からは離れること。水源の近くが理想だが、あまり近づきすぎてはいけない。突然の洪水によって設営場所が押し流されてしまったり、水の流れる大きな音が、動物やほかの人間が近づく音をかき消してしまう可能性があるからだ。平坦地で、風が当たらない場所に設営することが望ましい。また、夏季には水場であった場所が凍り、場合によっては冬季にそこでキャンプをすることになるかもしれない。

日没までにキャンプ地を見つけ、テントの設営と夕食の調理を終えておこう。それには、日没の2～3時間前から、テントを張る適切な場所を探し始めるようする。

どこに設営するべきか

- 平坦地で乾燥している場所。
- 危険がともなわない程度に水源が近い場所。
- 木など天然の風よけが近くにある場所。
- 雪で作った壁など、人工的な風よけが近くにある場所。
- 入り口は光と暖気を取り入れるため、太陽の方向に作る。寒い場合では風下に作る。
- 開けた場所か低木の間。

テントを設営するべきでない場所

夜間は冷たい空気がたまるため、低地は避けること。地面に大量の昆虫がすみついている場合もある。動物の巣穴の上や、動物の足跡のそばにテントを設置するべきではない。動物がテント内に侵入したり、その地域に出没する捕食動物に襲われる可能性があるからだ。急斜面にテントを設置すると、夜間、滑り落ちる可能性があるため避けたい。地面が枝や岩だらけの場所も、テントが破れるかもしれないため避ける。ぬかるんだ場所や、嵐が来たら水がたまりそうな河床、谷間、氾濫原などにも設営するべきではない。木が1本しかない場所、土地が隆起している場所などには雷が落ちやすいため、テントを設営して自ら災難を招かないよう注意すること。

強風が吹いているときは特に、落下物の危険がない場所を選ぶ。どんな樹木であれ、枯れた枝のある場所は避ける。ポプラやスギなどの軟木は、生木であっても風で折れてしまうことがある。

どこに設営するべきでないか

- 中州のように川に囲まれた場所（洪水の可能性がある）。
- トイレに使用されている場所の下流。
- 雪崩、泥流、落石、落雷などの危険がある場所。
- 倒れる可能性のある枯れ木の下。
- ぬかるんだ場所。
- 嵐で折れ、落下するかもしれない枯れ枝の下。

温暖な気候でのシェルター

簡易シェルターを、落ち葉や折れた枝などの落下物で作ることができる。

まず、支柱となる枝を用意し、一方を地面に着け、もう一方を木の幹のような頑丈な何かに立て掛ける。そして、支柱の両側から、大きな棒状のものを逆V字型になるよう端から斜めに置いていく。そのとき、棒の角度を調節して自分の体が入るくらいの広さを確保すること。また、雨や雪を防ぐことができるだけの勾配を持たせる。

この骨組みに小さな枝や葉をかぶせて屋根を作る。上から草、葉、マツの葉といった軽くて乾燥した、熱を逃さないものを90cmほどの厚さに敷き詰め、吹き飛ばされないように、その上に枝を重ねていく。中にも葉などを敷いて断熱性を高めること。仕上げに屋根から落ちてきた枝葉を積み重ねてドアの代わりとし、シェルターに入ってからそれを入り口の前に引き寄せ入り口をふさぐ。

防水シート（タープ）と棒を使ったシェルター

- 大きな防水シート（タープ）と3本の棒を使って、差し掛け小屋の変形を造る。
- まずはいちばん長い棒を、腰の高さになるよう木に立て掛けて固定する。
- 残る2本の棒は、立て掛けた長い棒を中心に両サイドへ、ハの字に地面に置く。
- 防水シートを長い棒にかぶせ、地面に着いたシートの裾を内側に折り返し、ハの字に置いた地面の棒の下にくぐらせる。
- 地面の棒によって固定された防水シートを引っ張って側面のたるみを取り、シートを折り返した部分は床として活用する。
- 防水シートが動かないように、内側の縁に小さなくいを立てる。

how to
簡素な差し掛け小屋を造る

1. 洪水の恐れがある水路や低地を避け、安全で快適なキャンプ地を決める。そして、長く頑丈な枝を見つけ、木の低い枝に立て掛ける。立て掛ける枝の位置は低い方が、小屋の断熱性を高めることができる。
2. シートのようなものがあれば、①の長い枝についている余分な小枝などを折り、きれいにしてからその上にかぶせる。そして両端のすそをくいで固定する。
3. シートがなければ、葉のついた枝を見つけて①の長い枝に立て掛けていく。
4. 隙間がある場合はコケ、岩、葉など、入手できるもので埋め、雨風や雪をしのぐ。

厳しい気候でのシェルター

冬場に森林でシェルターを探すのは簡単だ。トウヒやモミのような常緑樹の葉が茂った大枝が幹の根元の土を覆い、自然の屋根の働きをする。近くにある常緑樹の枝を折るか切り、大枝の下の開いているスペースを覆うように、斜めに並べて差し掛け小屋を造ろう。大枝全体に防水シート（タープ）を広げれば、雨の滴や地吹雪を防ぐことができる。柔らかい葉のついた常緑樹の枝（ネバネバするトウヒの針状葉は避ける）を地面に敷けば、寝る場所が作れる。

子供のころ、雪の室（むろ）を作った経験がある人ならご存じのとおり、雪には高い断熱効果がある。最も簡単な雪のシェルターは雪洞だ。雪洞は、大きく厚さのある雪だまりや吹きだまりを掘って作ることができる。雪だまりや吹きだまりは、一般的に川岸や尾根で風が当たらない場所にできるが、雪崩の起こらない場所を選ばなければならない。新雪や柔らかい雪、粉雪も避けた方がいい。雪洞の入り口は、雪が降り積もらないように、風向きに対して45度の位置に作る。暖かく保つために、内部が広くなりすぎないようにしよう。

また、個人用の小さな雪洞をいくつも作るより、グループでひとつの雪洞を使った方が効率がいい。人が雪洞に入ったら、入り口は雪やバックパックで部分的に覆うが、新鮮な空気を取り込むため、換気用の小さな穴を地面の近くに確保する。さらに、一酸化炭素を排出するため、最も高い部分に棒を使って小さな穴を開ける。小さなろうそくが1本あればじゅうぶん暖まるし、体温でも暖まる。床面に防水シート（タープ）や常緑樹の枝を重ね、寝る場所も作ろう。

---

essentials

ざんごう型のシェルターを作る

「雪の夕べに森の中で身動きがとれなくなる」という状況は、ロバート・フロストの詩のようにロマンチックなものではない。穴の中に入って温まり、生き延びなければならないのだ。

● **正しい位置に作る**：位置を決めるときは風の影響を防ぐため、足元から頭に向けて風が吹くようにする。

● **穴を掘り出す**：雪をブロック状に切り出し、寝袋より少し大きな細長い穴を作る。雪のブロックは約20〜30cmの厚さにする。

● **屋根を作る**：三角形のブロックを切り出し、足元の地面に垂直に立てる。これが屋根の支えになる。穴の上に雪のブロックを斜めにもたれかかるように立て掛け、中央が高くなった屋根を作る。ブロックは穴の縁に沿って細く削った溝にブロックの下の部分をはめ込む。

● **寝る場所**：防水シート（タープ）、木の枝、柔らかい常緑樹の針状葉など、断熱効果のある物を敷いた上に寝る。雪の上に直接寝ないように。

● **入り口をふさぐ**：雪やバックパックを使って入り口をふさぐ。ただし、換気口を作ることを忘れないようにしよう。

● **ほかの方法で屋根を作る**：枝を積み重ね、その上に雪をかぶせれば屋根ができる。

● **雪でドームを作る方法**：常緑樹の大枝を重ねた上に、大量の雪を厚くかぶせる。ドームの上部は最低30cm以上の厚みにし、地面に近い部分は最低60cmの厚さにする。水をかけて雪を固めるか、2〜3時間自然に固まるのを待つ。風向きに対して90度の位置に入り口を作る。土台にした常緑樹の枝は抜き取るが、何本か残して寝る場所を作ろう。

テントの中で夏の雷雨に見舞われたら、持ち物はテントの端に置かないようにする。

温暖な気候のときシェルターで気をつけること

　穏やかな気候のときにテントを使いキャンプをするのは、のどかなことのように思える。暖かい春や夏、初秋の夜などは眠るのに最適な気温となり、森には鳥や虫の鳴き声が響き渡る。しかし、夏のシェルターにも危険は潜んでいるのだ。

　火はテントから離れた場所でおこし、決してテントの中で使わないこと。火災を引き起こすだけでなく、火から出るガスには窒息性の化学物質が含まれるからだ。燃えかすがテントの中に入ってくるのを防ぐため、火はシェルターの風下で使うようにすること。テントには防火加工が施してあるが、経年劣化とともにその効果は薄れてくる。換気のため、テントのメッシュパネルや換気口のフラップのチャックを開けるが、この際、メッシュ部分のチャックをしっかり閉め、害虫が入らないように気をつける。蚊がテント内に入り込むと、退治するのに大変苦労する。そして、テントに穴が開いたら、すぐに修繕すること。

　雨よけのフライシートが正しく取り付けられているか確認する。テントとフライシートが接触していると、テントの内側に結露ができ、側面を伝って寝具に染み込んでしまうからだ。枯れた大枝の下にテントを張ると、嵐で枝が落ちるので危険だ。また、簡単に枝が落ちる木の下も避けよう。雷雨の際、野原の中ではテントのポールが最も高い物になるため落雷の標的になることも忘れずに。

　けもの道にはテントを張らないこと。クマなどの夜行性動物を引き寄せないように、シェルター内には食べ物を置かず、においも付かないようにしよう。また、料理をしたときの服を着たまま寝ないこと。

注意すべきこと

- シェルターに侵入するヘビや害虫。
- 一酸化炭素の発生（テントの中でストーブや火は使わない）。
- 落雷。
- 強風により落下しそうな大枝。
- クマなど大型動物を引き寄せる食べ物のにおい。
- 大水、洪水。

厳しい天候のとき

冬のシェルターは比較的断熱性が高くなるが、暖をとるために火をおこし密閉すると、シェルター内に一酸化炭素がたまり、暖かい時期よりも危険性が増す。不完全燃焼により発生したガスが血流に取り込まれると、ヘモグロビンが酸素を吸収する力がなくなる。一酸化炭素は何日もかけて血液中にたまることもあれば、致命的な量によって、気づかぬうちに人の命を奪うこともあるのだ。一酸化炭素ガスは無色、無臭で急に意識を失ったり、倒れたり、頭痛や激しい吐き気に襲われることが多い。一酸化炭素中毒になった人が出た場合は、すぐに新鮮な空気が吸える場所に移動させ、必要なら人工呼吸を行う。雪で作ったシェルターには、最低2か所に換気口を設ける。1か所は低い位置に開けて空気を取り込み、1か所は高い位置に開けて空気とガスを排出すること。

雪のシェルターはもろいので、定期的に点検をする。激しい吹雪により外部が削られた場合、雪で壁を作れば風をよけることができる。また、風で吹き飛ばされた部分に新しい雪を詰めて修繕しよう。内部は暖めすぎると屋根が弱くなり、シェルターが崩壊する可能性があるので気をつける。換気口は必ず開けておこう。入り口に印を付けて、周囲にある目印になりそうな物との位置関係を確認しておくと、吹雪の中でも入り口が探しやすい。

注意すべきこと
- シェルターが狭すぎると、空気の流れが制限されたり止まったりする。
- 有害ガスの蓄積。
- 内部の暖めすぎによる壁や天井の強度の低下。
- 湿って冷えた衣服やブーツによる体調不良や足のトラブル。
- 雪崩。
- テントの設営方法を間違えたことにより断熱効果が失われ、内部に付いた結露が凍結する。

雪の中でシェルターを作った後、その中に入って温まると服が湿っていたり、ぬれていることが多い。寝る前に、ぬれた服は脱ぐようにする。脱いだ服は自分のひざの裏側に置いて、体から出る熱で温めて乾かすことができる。足はしっかりと温め、乾いた状態を保とう。冷えきったブーツは布にくるみ、ひざの裏側に置く。

洞窟、岩の割れ目、枝が低く垂れた大木は風や雪を避けるのに役立つが、落石、シェルターにこもる有害な空気、洞窟をすみかにしている動物に気をつける。

達人の心得（ガールスカウト） 雷は、その場所で最も高い物に落ちることが多い。積乱雲が立ち込める、空が暗くなる、稲妻が走り雷鳴が響く、風が強くなるなど、嵐の兆候を確認したらシェルターを確保しよう。外で雷雨に見舞われたら、木などの、ぽつんと立つ高い物から離れる。

食料

森の中は食べ物であふれている。問題は食べられる物を判別する能力だ。1992年8月、アラスカの荒野である若い男女が、さびついたバスのドアに張られた衝撃的なメモを発見した。そのメモには、次のように書かれていた。

「SOS」「助けてください。ケガをして死にそうです。衰弱しきって、ここから歩いて出られません。独りぼっちです。冗談ではありません。どうぞお願いです。私を助けてください。よろしくお願いします。クリス・マッカンドレス　8月？日」

マッカンドレスは24歳の春、憧れの作家ジャック・ロンドンさながらに荒野に足を踏み入れた。目的は1人になって自分の心を見つめ直し、自分探しをすることだった。米を1袋とライフル、そして本を何冊か持ったが、その中に食べられる植物を判別するための本も忍ばせた。夏の間は何とか自力でしのぎ、歩いて荒野から出るつもりだった。

やがて若い男女に加え、ヘラジカ狩りに来た3人の猟師が古びたバスのところにやってきた。そのうちの1人が勇気を振り絞りバスに入り、中にあった青い寝袋を揺らした。その中には、マッカンドレスのなきがらが横たわっていた。体重は約30kgで皮下脂肪はほとんどついていなかった。マッカンドレスはなすすべもなかったようだが、作家のジョン・クラカワーは彼の死を調査し、死因は野菜による食中毒と考えた。クラカワーは当初、マッカンドレスが毒草と食べられる植物とを間違えたと結論づけたが、さらに調査を続けるうちに、彼が判断を間違えたのは別の点だと考えるようになった。

マッカンドレスは野生のイモ類の毒性のない柔らかい根を食べ、旬が過ぎて根が硬くなってくると、その植物の種を食べた。その種に、毒性アルカロイドが含まれていたのだ。マッカンドレスの周囲には、自然の食べ物がたくさんあった。にもかかわらず、命を落としたということが大事な教訓である。食べようとしている物が安全であると確信できない限り、可食性テスト（次ページのテスト手順を参照）をせずに食べてはいけないのだ。

毒性試験

明らかに食べ物と判断できる、安全な植物だけを食べるようにする。食べられるキノコと毒キノコを間違えるように、植物をとり違えることで予期せず中毒になる場合があることを、決して忘れてはならない。

しかし、サバイバルな状況に追い込まれた多くの人々は、植物の種類を区別する専門的な知識を身につけていない。そのため『米陸軍サバイバル全書』などでは、植物が食べられるかどうか判断するために、「可食性テスト」をすることを勧めている。

このテストは13のステップから成り、全て行うと24時間かかるため、周囲で簡単に手に入る植物だけに絞って、テストを行うようにしよう。

essentials

マツやトウヒの針葉からお茶を作る

マツやトウヒの針葉にはビタミンCとビタミンAが多く含まれる。

- 新鮮なマツとトウヒの葉を集める。トウヒの葉は鋭く角張っていて小枝を完全に覆い、小さなナイフのように指にちくちくと刺さる。
- 葉を石でたたきつぶし、沸騰したお湯に入れる。
- 水と葉の混ざった液体を火から下ろし、5〜10分漬けてから飲む。

世界標準可食性テストの手順

- 植物を葉、茎、根、芽、花などに分ける。1回につき、植物の一部分だけをテストする。
- 強い香りや酸味がかったにおいがしないか、かいでみる。ただし、においだけではその植物が食べられるかどうか判断できない。
- テストの8時間前から食物を取らず、植物の部分を手首かひじの内側に置き、パッチテストを行う。通常15分以内に反応が起こる。
- テストの間、反応対照を明確にさせるため、浄水した水とテストする植物以外は何も体に取り入れてはいけない。
- パッチテストで問題がなければ、ゆでるなどしてアクを抜き、テストする植物の一部を小さく切り取り、それを舌にのせる。
- 3分たって焼けるような感じや、かゆい感じがなければ、そのまま舌の上に15分間のせ続ける。
- それでも反応がなければ、植物の破片をかんでから口の中に15分間入れておく。このとき飲み込んではいけない。
- 不快な感じがしなければ、それを飲み込む。
- 8時間待ち、その間に体調が悪くなったら胃から吐き出し、水をたくさん飲む。
- 特に体調に変化がなければ、同じ方法で下ごしらえした同じ植物を約4分の1カップ食べる。さらに何も食べない状態で8時間待つ。それでも大丈夫なら、テストした植物のその部分は、テストの方法で下ごしらえすれば食べても安全ということになる。

達人の心得 一般に温暖湿潤な日本は約5000種の植物が自生し、可食性をもつ木の実や野草は250種以上を数える。しかし、植物によっては食べられる部分とそうでない部分がある。また、火を通して食べられても、生では食べられない場合もあるので注意しよう。

食べられる植物

　以下にあげた食料となる植物と動物は、温帯林で手に入る物の一部で、確実に同じ物と確認できれば食べることができる（詳細リストは巻末資料を参照）。

- ドングリ：広葉樹林で簡単に手に入る。オーク類の木から実を採りそのまま食べると、タンニンが強すぎて非常に苦いが、殻のついたドングリをお湯の色が黄色くなるまでゆでると、苦味を取ることができる。何度か水を替えてゆでる必要があるかもしれない。タンニンが取れたら、フライパンでいって乾燥させる。そのままでも食べられるし、粉末にして食べることもできる。ゆでたドングリをいってからひけば、コーヒーの代用になる。
- クログルミ：緑色の殻を触ると、手が濃い茶色に染まる。中の実はビタミン、脂肪、タンパク質が豊富だ。
- ゴボウ：ゴボウの花のいが状の房は、衣服に付くとなかなか取れない。このいがに発想を得て、面ファスナー・ベルクロ（マジックテープ）が誕生した。しかし、いがは食べないこと。食べられるのは葉と茎をつなぐ葉柄（ようへい）部分。皮をむき調理してから食べる。
- クローバー：葉は生でも調理しても食べられる。花と根も食べることができる。
- ヒナギク：若葉は生で食べられる。
- タンポポ：この植物は、いざというとき雑草からすばらしい食料へと変わる。花、芽、茎、若葉は生で、根は塩水でゆでてから食べる。
- ネズ：ジンに独特な風味を与え、漢方としても利用されるネズの実は、熟して紫色になる前は苦味が強すぎて生では食べられない。乾燥させてからひいて粉末にし、小麦粉に混ぜて火を通してから食べる。

食用に向く植物

- ドングリはどこにでもあり集めやすい。
- タンポポの葉は味も良く栄養価も高いうえ、手に入りやすい。
- カエデの木は甘い樹液をはじめ、いろいろな部分が食べられる。
- ラズベリー、ブラックベリー、クワの実は種類を確認しやすい。

食べてはいけない植物

- キノコ類、白いベリー類、赤い植物は安全であることを確信できない限り食べない。
- 毒性が高い花には、キツネノテブクロ、ルピナス（テキサスブルーボネットなど）、トリカブト、キンポウゲ、名称に「デス」（death：死）がつくデスカマスなどがある。
- 野生のトウゴマの種。
- トチの実（日本のある地域では食べるが、アクが強く、アク抜きに技術が必要）。
- 汚染された水の中に生えている植物は、必ずゆでてから食べる。ジアルジアやそのほかの寄生虫がいる可能性がある。
- うどんこ病や菌が発生した跡がある植物。
- 乳白色や濁った色をした樹液の植物。
- 豆、球根、種がさやに覆われている植物。
- 苦い味、せっけんの味がする植物。
- 幹の堅い部分や葉からアーモンドの香りがする植物は、シアン化合物を含む危険性がある。

食べられる動物

　ほとんど全ての動物が栄養分になる。しかし、動物は命を守ろうとして逃げるので、植物に比べて手に入れるのが難しい。

　ほ乳動物は明け方と夕暮れ時に移動することが多い。一日中牧草を食べている動物もいれば、ウサギのように主に夜、食事をする動物もいる。足跡、ふん、果物やナッツ、野菜をかんだ跡など、動物の痕跡を見つけよう。ウサギはワナを使ったり、棒や石を投げたりして簡単に捕まえられる動物だ。しかし、残念なことに、ウサギの肉はカロリーが低く必須栄養素にも乏しいため、19世紀に毛皮を取ったワナ猟師はウサギしか食べるものがなく、餓死したという報告がある。ライチョウも石で捕獲できる。たとえ石が命中しなくても遠くには逃げないので、二度、三度と狙える（日本では天然記念物に指定され捕獲禁止）。

　昆虫の幼虫は、じめじめした川岸や倒木の中や下、腐葉土の中などで見つけることができる。幼虫は基本的に火を通してから食べる。シロアリやアリは、皮をはいだ枝木をアリ塚に突っ込んでから引き抜くことで集めることができる。生のまま食べることができるが、なかには強力な毒針を持つアリもいるので注意する。バッタは焼いて足と羽を取り食べることができる。

　サバイバル本の著者ブラッドフォード・アンジアは、のろまのヤマアラシを「ずぶの素人でも、空腹で弱りきっていても、こん棒1本あれば簡単に殺すことができる動物」として薦めている。頭をたたき、ひっくり返して腹部を切り開く。大きな肝臓は「驚くほどおいしい」とアンジアは記している。

　小型動物の多くは、比較的簡単にワナで捕まえることができる。ワナを仕掛けている間にほかの食料を手に入れるよう心がける。ワナは簡単な物から、手の込んだ物までさまざまだ。精巧な物を作るのは難しく時間もかかる。サバイバル本の著者コーディ・ランディンは、初心者がワナを作るのに、労力を費やすべきか疑問視している。かなりうまく捕獲しない限り、手に入れた肉を調理するエネルギーなども考えると、獲物から得られるカロリーが消費するカロリーに見合わないというのだ。

　ワナができたら、動物の餌場や水場の近くに仕掛けてみよう。このとき、動物の巣のそばにワナを仕掛けると警戒されてしまうので避ける。ワナは動物が暴れても押さえつけられるようにしっかり作り、できればうまくカムフラージュするとよい。

食用に向く動物

- 狩猟動物のなかでは成長したキジが味もよく、肉もしっかりついている。
- 動物の子どもは脂肪分が少ない。
- 年をとった動物は肉が硬いことが多い。
- 虫は比較的捕まえやすく、タンパク質を多く含む。
- ヤマアラシは簡単に殺すことができて、肉もおいしい。
- 鳥やその卵、淡水魚は簡単な仕掛けで捕まえることができる。
- 幼虫は葉の裏についているもの以外は食べることができる。

食べてはいけない動物

- スズメバチ：どう猛で刺されると痛く、毒を持つ。
- 明るい色をした昆虫：毒性の可能性あり。
- ヒキガエル：毒性。
- ハコガメ：肉が毒性の可能性あり。

how to
ワナの作り方

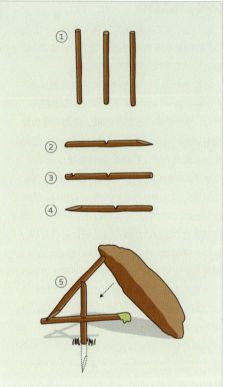

1. 同じくらいの長さの枝を3本用意する。1本は地面に垂直に、もう1本は水平に、最後の1本は斜めに置いて使う。
2. 垂直用：中央にV字の切り込みを入れ、一方の先端を削る。
3. 水平用：中央に溝を彫り、一方の先端近くにV字の切れ込みを入れる。
4. 斜め用：中央より少し端寄りにV字の刻みを入れ、もう一方の端を削る。
5. 組み立て：地面に突き刺した垂直用の枝の中央の切れ込みに、水平用の枝の中央の溝を組み合わせる。斜め用の枝の切れ込みを、垂直用の枝の上端に合わせ、削った端を、水平用の枝の切れ込みに差し込む。水平用の枝の端に餌を付け、斜め用の枝の先端に重しを付けて、その餌を食べた動物の上に落ちる位置でバランスを取る。

魚を捕まえる

　魚は危険を感じる場所では餌を食べない。魚が安全な場所だと感じて隠れていそうな場所を探そう。川岸の影になっていて見えない場所や、水中に落ちた木や岩の影に好んで隠れている。流れが速い川では、比較的流れが緩やかな、大きな岩の下流側に隠れているかもしれない。

　すべての淡水魚は火を通して食べることができる。ヤリで突くか、竿で釣るか、網を使って捕まえる。棒や石で岩壁に細いじょうごのような形を作り、進入路の穴を開け、魚を追い込んで捕まえる方法もある。ただし、トゲを持つナマズを捕まえるときは注意が必要だ。特にアメリカナマズはヒレにあるトゲやひげに刺されれば痛いうえ、刺し傷などケガをする。

　Tシャツから玉網を作ることもできる。まず、すその折り返しの部分に2か所穴を開け、先端が2つに分かれた枝を2本準備する。そでに枝を差し込み、それぞれ逆のそでに向かい押し込む。ちょうど枝の先端が出会う部分に穴を1つ開けて枝の先端を結び、2つに分かれている方の端を折り返しの穴に差す。そでや首の部分を結んで、口をふさぐ。川底を引きずる余計な部分を切り取る。

たき火は必要最低限に抑えて燃料を節約し、環境への影響を最小限にする。

達人の心得（ガールスカウト）　食べ物はテントの中やダッフルバッグ、箱の中に置かない。ネズミなどの動物が衣類や箱をかみ切って中に入り、食料を食べてしまうからだ。しっかりと片付けをしておけば、アリや昆虫は寄ってこない。

how to

たき火を使って料理するためのトライポッドの組み立て方

1. 3本の丈夫な枝を三脚状に立て掛ける。
2. 重なった先端部分をしっかりと結ぶ。
3. 4本目の枝を結び目に縛り下げる（先端が上向きに何本かに分かれしている枝を見つけるか、ナイフやオノを使って作る）。
4. 鍋の取っ手を4本目の枝分かれした先端部分に掛ける。
5. 掛ける高さを変えれば、加熱温度の調節ができる。

たき火での料理

　生のままで食べられる物は多い。ただし、動物の肉や淡水魚、植物は寄生虫や微生物を殺すために加熱する必要がある。鍋と火とスプーンがあれば、最低限の料理が可能だ。ふたが付いている鍋を使うことで、落下物や風で飛ばされてくるゴミなどから、中の料理を守ることができる。鍋と火は、風の当たらない場所に置く。フリーズドライ食品も、主食を作る時に一緒に鍋に入れれば燃料の節約になり、片付けの手間も省ける。料理をする前には、全ての調理器具と手をきれいに洗うこと。調理用のキャンプ用コンロは燃料別に種類が豊富だが、串焼きや石焼きなど、調理器具を使わずに調理する方法もある。

応急処置

温帯林で必要になる救急キットは、基本的には郊外や田舎に滞在する際に準備する救急キットと同じだ。しかし、温帯林の場合は、有毒な植物や動物を考慮しなければいけない。また、場所によっては、過酷な気候条件も考慮する必要がある。温帯林ではチャプター1で取り上げた基本の救急セットに加えて、蚊よけ剤、ヘビやダニにかまれたりハチに刺された場合に備えた薬が必要だ。

低体温症や日焼けといった、さまざまな症状に備えるに越したことはないが、ケガを想定し優先順位別に準備しなければいけない。よくあるケガから順番に、切り傷、捻挫(ねんざ)、打撲、骨折だ。そして、一番ケガをしやすいのは手。オノやナイフを使っているときの事故が多い。次に多いのは足やつま先のケガだ。

出血がひどい場合は、すぐに止血を行う。消毒された包帯を直接傷口にあてれば、血は止まるはずだ。腕や手の止血は脇の内側、ひざ下の止血は力を入れると確認できるひざ裏の2つの靱帯(じんたい)の間を押さえれば、血の流れを止めることができる。

サバイバルで足は重要である。ぬれたまま放置せず、マメができたら早めに治療する。

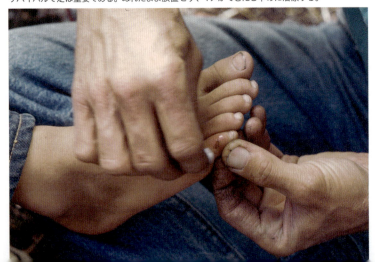

正しい準備

　森へ足を踏み入れる場合は、必ず救急キットを持っていく。常服薬と痛み止め、下剤、解熱剤も入れること。消毒液、ガーゼや包帯は、切り傷や捻挫の治療に役立つ。料理用に持っていく重曹、塩も使える。はさみやピンセットがあれば、患部を切開したりトゲを抜いたりできる。応急処置の簡単な説明書きを持っていけば、ケガを正しく治療することができるだろう。

マメの治療
- せっけんと水で洗う。
- 消毒済みのとがった物で刺す。
- そっと押して液体を出す。ガーゼをあててプラスチックテープで固定する。
- プラスチックテープを患部に直接あてると、通気性が悪くなり治らないので避ける。

達人の心得　骨折かどうか不明な場合は、骨折として処置する。外傷があれば、傷を手当てしてから処置し、開いた傷口付近の骨が折れている可能性がある場合は、感染を防ぐため、患部の消毒と消毒済みの止血帯を使う。大事なことは処置をする前に、患部を不必要に動かさないことだ。

虫に刺されたら

　虫に刺された部分を水につける。重曹と水を傷口につければ、腫れを抑える効果が期待でき、不快感も減るだろう。さらに、土を塗ることでも同様の効果が期待できる。ハチに刺されたときは、針を肌から抜き傷口を洗い流す。その後、氷で冷やすか、アスピリン、カラミンローション、重曹、肉の軟化剤を減菌外傷パッドにつけて、刺された部分にあてる。

落下したら

　落ちた人の意識がない場合は脈があるか、呼吸をしているかチェックする。緊急時には、心肺蘇生マッサージを行う。出血の有無を確認し、手足だけでなく、髪に隠れた頭皮や口、鼻、骨盤、腹部もチェックする。包帯やガーゼで押さえて出血を止める。捻挫の場合は外傷パッドや包帯などをあて、骨折の場合はつり包帯を使うか、添え木をあてて痛みを和らげる。腫れているところは氷で冷やす。

虫に刺されたり、軽傷を負った場合の治療
- 刺された部分や傷をつまんで毒を出し洗浄する。
- 感染してしまった場合、熱い塩水につけるか温湿布を張る。
- 腫れがある場合は、生卵の殻の内膜を湿布代わりに使う。
- 減菌外傷パッドをあてる。

大きなケガの治療
- 開いた傷口を洗ってはいけない。
- 傷口を空気に長時間触れさせない。すぐに包帯やばんそうこうでふさぐ。
- 指で傷口に触れない。
- 簡単に抜けそうな場合のみ、消毒済みの道具で刺さった物を体から抜き取る。

危険を察知する

　温帯林では過酷な気候条件に合わせて、サバイバルの方法を変えなければいけない。嵐になれば視界が悪くなり、低体温症になる恐れもある。また、普段は何でもない道も、嵐の後ではどろどろの悪路になってしまう。さらに、過酷な状況下でのハイキングは、通常よりも時間がかかり、より多くの食べ物が必要になり、火をおこす回数も増えるのだ。

　川にも危険が潜んでいる。通常、川は迂回できない。森の中を曲がりくねって流れている場合は特に視界が限られるため、川を渡る安全な場所を見つけることは難しい。川の流れが緩やか、または足場になる石がある「自然の橋」を見つけよう。

　森に潜む危険な動物にも注意が必要だ。クマやピューマに出くわす可能性は低いが、万が一襲われた場合に備えて、対処法を知っておかなければならない。ヘラジカは、鋭い牙やつめを持つ肉食動物のような凶暴な外見ではないものの、攻撃的で危険な動物である。しかし、森での身近な危険動物となるのは、ヘビなどの小型動物や昆虫だ。

大きな動物

アメリカ大陸の原野で出会う危険な大型動物の代表がクマやピューマ、ヘラジカである。ハイイログマは警戒心が強く、刺激したり怖がらせたりしなければ攻撃的になることはない。一方、アメリカクロクマは好奇心が強い。一度獲物を襲いはじめると、途中でやめることはめったにない。

クマは人間よりも速く走れて、力も強い。そのため、実際に襲われる前に攻撃の兆候を見つけて、対処するのが懸命である。ハイイログマは犬のように耳を伸ばし、時にはうなって敵を威嚇する。ハイイログマに襲われた場合、死んだふりが有効だ。足を広げ、両手を首の後ろで組んでうつぶせになる。ひっくり返された場合は、そのままもう一度うつぶせになるまで回転する。ハイイログマが傷口をなめ始めるまでは戦わない。しかし、アメリカクロクマの場合は対処法が異なる。死んだふりをしても攻撃をやめないのだ。アメリカクロクマが攻撃をやめるまで応戦しなければいけない。石や棒を使って、鼻や目を攻撃しよう。

ピューマは通常、人目を避ける。ピューマに出くわしたら、走ってはいけない。子供を抱きかかえ、両腕を伸ばしコートを広げるなどして自分を大きく見せよう。そして、落ち着いた声で話しかけ、ゆっくりと後ろに下がる。

ヘラジカとは十分な距離をとる。恐怖心から攻撃してくることはあっても、人を食べることはない。ヘラジカが気づいていない場合は、注意を引かないようにする。決して近づいてはいけない。ヘラジカが視界から消えるまで、そのままその場所に立っていよう。もし気づかれたら、落ち着いた声で話しかけ、後ろへ下がる。

ヘラジカ

威厳のある見た目の姿にだまされてはいけない。温帯林に生息する動物の中では、最も攻撃的な動物である。クマやピューマの鋭い牙やつめに対して、草食動物のヘラジカは敵を角で激しく突き、足で敵をしつこく蹴り、踏みつけ、時には敵を死に至らせる。

子を守るヘラジカや牛は、特に春や初夏に攻撃的になる。また、雄の牛は秋の交尾期に警戒心が強くなる。ヘラジカが生息する地域へのハイキングに、犬を連れて行ってはいけない。ヘラジカは犬に対して攻撃的な反応を示すからだ。仮にヘラジカに出くわしたら、十分な距離をとり、ゆっくりと後ろに下がる。ヘラジカは人間を食べない。襲われたら走って逃げ、木の後ろに隠れるか、高い場所に登ろう。もし、地面に倒されてしまったら、胎児のように丸まって頭を守り、じっと耐える。

テントにクマを寄せつけない
- クマが寄ってくるようなにおいを出す物を持ち運ばない。
- できる限り体や服を洗って体臭や食べ物のにおいを落とす。
- 食事の後、食べ残しをそのままにしない。
- テントの中で料理をしたり食事をしたりせず、食べ物の保管もしない。
- 食べ物のにおいが付いた服を着たまま寝ない。
- 小便はトイレか離れで済ます。トイレがない場合はにおいを最小限に抑えるため、石や地面にする。小便のにおいは野生の動物を寄せつける。

クマから身を守る

　クマが生息する地域でハイキングを行う際は、大人のクマを突然驚かせないように、歩きながら大声で歌う、話をすると有効だ。それでも不安なときやひとりでハイキングをしている場合は、背中にクマよけの鈴を縛り付けるかクリップで留める。人間がクマに遭遇したくないように、クマも人間に遭遇したくはない。しかし、驚いたり怖がった場合は、人間を襲うこともある。特に、子や獲物を守っているクマは危険である。万が一クマに出くわしたら、できる限り距離をあける。なぜなら、クマから逃げることはできないからだ。

　木登りでもクマには勝てない。可能ならゆっくりと離れる。無理ならば、グループのままで行動しクマに話しかける。手を振り、獲物ではなく人間であると知らせる。唐辛子スプレーをクマの顔に噴射すれば、逃げる時間を稼げるかもしれない。しかし、クマを怒らせてしまう可能性もある。唐辛子スプレーは大きなサイズを使い、手元に準備して攻撃されたときにだけ使用する。自分の目に入るのを防ぐため、できれば風上から短時間噴射する。

クマに関する事実

- アメリカでクマに殺されるのは、3年で約1人しかいない。
- いくつかの簡単な手順を踏むだけで、クマと出くわす確率を減らすことができる。
- テントの中に食料を保管しない。
- 食料は袋に入れて、高い位置の枝に投げ掛けておく。
- ゴミを適切に処理する。
- クマににおいが届かないように食料を保管する。
- 食べ物のにおいを消す。料理した服で寝ない。
- 犬を連れてハイキングに行かない。犬はクマを怒らせ、攻撃的にする可能性がある。

how to

クマよけバッグの作り方

1. 食料と汚れやにおいの付いた衣類は、それぞれ別のビニール袋に入れてしっかりと封をする。ビニール袋の重さは、大体同じにすること。ロープの一方の端に袋を結び、もう一方には石を結ぶ。
2. テントのある場所から見える範囲内で、丈夫な枝がついた木を見つける。ロープに付けた石を投げて、地面から数メートル離れた枝にロープを掛ける。
3. 石を引っ張り、袋を持ち上げる。石を取り外して、かわりにもう一方のビニール袋を結ぶ。
4. 棒を使ってふたつめの袋を空中に押し上げ、2つの袋が同じ高さでぶら下がっている状態にする。

ヘビに注意する

　ヘビは人間を避けようとするため、毒ヘビにかまれるよりも、自然の中で見つけた食べ物や水から感染した病気で命を落とす危険の方がはるかに大きい。北アメリカで最も一般的な毒ヘビといえば、ガラガラヘビだ。ガラガラヘビは人間の存在に気づいていれば尾部を振り鳴らして自分の存在を知らせるため、避けるのは簡単だ。

　ヘビにかまれないように、ヘビが隠れている可能性がある草むらや茂みのそばで寝ない。穴や裂け目などの暗い場所は、確認せずに手や足を入れない。また、地面に倒れた木を飛び越えないこと。まずは木の上に立って、向こう側にヘビがいないか確認する。自然の中を歩く際はどこででも、足元をしっかり見なければいけない。

　ガラガラヘビ、アメリカマムシ、ヌママムシはクサリヘビと呼ばれている。英語では、目と鼻の間に穴（ピット）があることから「ピットバイパー」と呼ばれている。マムシは夜行性で赤外線感知器官であるピット器官を使い、獲物の位置を知るのだ。

> **達人の心得**　日本にはハブ、マムシ、ヤマカガシの３種類の有害なヘビがいる。特に沖縄、奄美大島などに生息するハブは、体長は2.2ｍにも達し猛毒を持つ。12〜２月は岩の下や穴で生活し、３月から森林、畑地、墓地、人家近くなどで活動する。草むらを歩く場合は必ず、棒などで周囲を探ること。

ヘビ以外の動物

　統計的にみると、ヘビよりも虫による被害の方が多い。毎年、ヘビの毒で死亡する人よりも、ハチに刺されて、アナフィラキシーショックを起こして死亡する人の方が多いのだ。温帯林に生息する虫やクモを次にあげる。

　サソリは腐敗した有機体に生息し、夜行性である。靴の中に侵入させないように、靴は寝るとき地面に刺した棒に逆さまにしておく。

　ドクイトグモはがれきの下や洞窟、地面に倒れた木の内部、岩の隙間に生息する。クロゴケグモは倒れた木や岩の下、日陰に生息する。体には赤い砂時計の形をした模様がある。

　ダニは木や草に潜み、ロッキー山紅斑熱やライム病のキャリアであり、ダニから病気が感染するには数時間かかると専門家はいう。定期的に体をチェックし、特に茂みを通った後はなおさらである。虫よけ剤を服にかけておけば、ダニよけに効果が期待できる。ズボンのすそを靴下に入れるのも効果的だ。

SIGNALING
救難信号

　世界共通の遭難の合図は、3つ1組になった通信信号だ。立ち上る煙をサッと毛布で遮り、3つの煙を浮かべさせ、救助隊に警告を伝えることができる。3発の銃声、30mごとに設置した3か所の火も同じメッセージを伝えることができる。

　冬場は雪の上に、足跡で簡単なメッセージを残せる。南北の方向に沿ってメッセージを書くと、それぞれの文字の影が伸びてコントラストを作り出す。文字に常緑樹の枝を加えると、文字がより目立つようになる。丸太を組んだり、岩場では岩を積み重ねたり、草原では草を踏み固めたりして、大きな文字を作ることができる。文字の長さは12〜30mが理想的だ。文字のなかでも「SOS」は単純で効果的なメッセージだ。さらに、大きな矢印を地面に描くことで、あなたが向かった方向やこれから行く方角をパイロットに示すことができる。

　叫び続けると声はすぐにかれてしまうので、音で注意を引きたい場合はホイッスルを使おう。ホイッスルの音は人の声より遠くまで響き、聞く人が音の出所を探りやすい。ホイッスルが3度鳴れば、遭難を意味する。冬場の結露はポリスホイッスルの管を詰まらせる可能性があるので、管のないものを携帯する。子供にもホイッスルを持たせ、使い方を教えておこう。

救難信号に最適の場所

　信号を送る場所を見つけよう。川沿いの開けた土地や雪原、もしくは光と影、または森の緑とのコントラストを作れる所がよい。尾根の上の信号も目立つ。地面に寝転がると体の輪郭を上空からより大きく見せることができる。森の中でも火で注意を引けるが、火が広がって危険な状態になるのを避けるため、火の大きさを調節しなければならない。

木の一番上の枝を下に引っ張るのもいい方法だ。周囲と違った揺れ方をさせることで目を引くことができる。

火を使った救難信号

　森の中で救助隊の注意を促し、同時に暖をとる最善の方法は火だ。夜間は火をなるべく大きくし、日中はなるべく煙を上げた方が発見されやすくなる。信号火（シグナル・ファイヤー）から上がる煙や炎は、夏場、山火事の兆候がないか監視している人や飛行機に発見されやすいのだ。火に油を注ぐと厚く黒い煙が立ち、生木やその葉を火に入れると、濃く白い煙が辺りを覆う。夜間は遭難信号を作るために、空き地に1本だけ立っている木に火をつけるといい。信号火は80km先からでも見える。水場のそばにいる場合、いかりやロープで固定したいかだを3艘(そう)作り、その上で火を燃やすと目立つだろう。

信号火のコツ
- ■ 大きなかがり火：夜間に最適
- ■ 煙の出るたき火：日中に適している
- ■ 3つの煙：世界共通の遭難信号
- ■ 30mごとの3つの火：明確な救難信号

how to
火を使った救難信号

1. 救助隊の飛行機から火や煙が見えるような、広い空き地を探す。薪をテント型に組み、すぐには火をつけず、予備の燃料をたくさん横に積み重ねておく。

2. 煙を発生させるものをかき集め、火の横に山積みにする。暖かい時期であれば、白い煙は周囲の森の緑とコントラストをなす。緑の草やシダ植物、コケを集めよう。冬場は油やゴムを火に入れ黒い煙をおこし、雪や葉の落ちた木々から目立つようにする。

3. 信号を送るタイミングに備えて、大きな枝やシートをかぶせておけば、燃料や煙をおこす材料を乾いたまま保管できる。

4. 救助隊の飛行機が見えたら火をつける。風があって煙が上がらない場合は、燃料を使って火力を強め、煙が上に立ち昇るようにする。火を消さないよう注意する。

ナビゲーション

　深い温帯林の奥に分け入るとき、「ウッズ・ショック」にかかる場合がある。この用語は1873年、雑誌『ネイチャー』の記事に登場した空間認識の混乱状態で、自然界で道に迷った人の多くがかかる症状だ。木の枝が視界を遮り、周囲に目印がない深い森では、ウッズ・ショックは特に精神的なダメージを与える。
　ウッズ・ショックは、恐怖やパニックと同様に対処することができる（チャプター1を参照）。高度など、地形の詳細が書かれた地形図は恐怖を緩和させる。さらに、高度計やコンパス、GPS（全地球測位システム）などを持っていれば効果的だ。地形図は同じ高度の地形が等高線で結ばれているため、丘や低地、尾根や河川などが分かるようになっている。米国で最も一般的な地図、米国地質調査所発行の地図は1/2400の縮尺で、地図上の30cmが地上の7.3kmに相当する。この地図は、当初、経緯度7分30秒ごとに区切られていたことから、「7分30秒地図」とも呼ばれている。これは適度な縮尺で、周囲の地形を確認するのに適した詳細情報が得られる。ナビゲーションに役立たないほど小さくなく、ハイカーが地図のグリッド線からすぐに出てしまうほど大きくないからだ。

ウッズ・ショックを避けるため、地図やコンパスで自分のいる位置を把握しておく。

essentials

行動計画

森林に入る際は計画を立て、出発前に旅程表を信頼できる人に渡しておこう。記すのは下記のことだ。

- **目的地と行き帰りの予定ルート**：予定しているルートにマーカーを引いた地形図のコピーが理想的。

- **出発時刻と帰宅予定時刻**：旅は想定より時間がかかることも多く、予想外のトラブルで時間を取られる場合もある。時間は数時間、長めに見積もっておく。

- **交通手段と同行者**：出発地までの乗り物、同行者の氏名、年齢、服装、病歴等の情報は救助隊が捜索する際に役立つ。

- **旅行の目的**：マウンテンバイカーはロッククライマーとは装備が異なり、目的地も違ってくる。遭難したグループが何をしようとしていたかを知り、彼らがどんな装備を持っているかを知ることで、救助隊が遭難したグループの旅程を再現しやすくなる。

- **靴型**：グループのメンバーの靴型を保管することで、救助隊がより確実に彼らの足跡を特定できる。靴型を取る簡単な方法は、出発の直前にアルミ箔を上から踏みつける。1枚1枚にそれぞれの名前のラベルを貼り、車のダッシュボードに入れておくとよい。

- **帰着連絡**：行程が計画通りに進んでいたら、グループのリーダーは必ず、信頼できる人2名に連絡を取るべきだ。そうすることで、誤って捜索願を出されずにすむ。

水流を見つけ流れに沿う

大きな水流と川は地形図に示されている。もし小さな流れに行きあたったら、川の流れに沿って下れば、より低い土地に流れる大きな河川にたどり着くだろう。鉄道の発明以前、川や水路は交通の要だった。通常、川をたどれば人里に出られる。しかしこれは、常にいえることではない。川が湿地で終わることもある。たとえばユタ州とネバダ州にまたがる一帯では、川は巨大なグレートソルトレイクに流れ込むか、砂漠の中に消える。

高所では、川は深い渓谷などを形成しているので、流れをたどるのは難しいだろう。低地では、川は曲がりくねり湿地帯や沼地をつくり出す。どちらの場合も、川岸から離れたところで流れに沿って進んだり、沼や湿地を横切ったりするのは比較的簡単だろう。もしくはいかだを組み、流れの緩やかな広い川筋を下るという方法もある。

当時17歳であったジュリアン・ケプケの、川の流れに従ったことで救出された生還劇は有名だ。1971年、彼女や十数名の旅行者が乗った飛行機が落雷に襲われ、ペルーのジャングルに墜落した。ケプケは自分の置かれた状況を注意深く観察し、深いジャングルの茂みに遮られ、救助隊が彼女たちを見つけることは難しいだろうと判断した。そこで彼女は民家を見つけようと川に沿って歩く道を選び、苦難の末、遭難から11日目に救出されたのだ。ほかの人々は墜落地点で救助を待ち、死亡してしまった。

樹皮などに付けられた目印、ケルン、そのほか道しるべの利用法

深い森林での経験に富んだハイカーは、常に全体のルートを頭に描き確認する癖がある。道に迷った場合、この頭の中の地図を使いルートをたどるのに役立てるのだ。必要なら、明るい色のリボンやテープで、通った道に目印を付けておこう。巻尺状のテープをバックパックにくくり付けておけば、岩場や木々の中で道しるべを作るのに役立つ。石や小枝で作った矢印も、方向を示すのに利用できる。

そのほかの道しるべとしては、石をひと塊に積み上げたケルンや樹皮に付けられた目印などがある。ケルンは、手近に転がっている石を積み上げればよい。ハイカーへの道しるべとして作られたり、山頂に到達した記念として立てられていることもある。ほかの人によって積まれた石には、敬意を払おう。山登りのエチケットは、各ハイカーがひとつずつ積み上げた石を崩したり、場所を移動させたりしないことだ。ケルンを積み上げる場合、石でけもの道をふさいだり、巣穴を隠したり、植物を傷つけたりしてはいけない。

樹皮につけられた目印は、胸の高さの木の薄い皮をオノや頑丈なナイフで上から下に切り込みを入れて作る。行き帰り両方のハイカーのために、ルートの両サイドの木に目印が付けてある場合もある。また、ルート沿いの木にひと刻みだけ目印が入っている場合もある。曲がる地点では少し長めの切り込みが加えられ、元の目印とワンセットで刻まれている。長い切り込みが元の切り込みより右下に刻んである場合は、「右へ曲がれ」。長い切り込みが元の切り込みより左下の場合は「左に曲がれ」の意味だ。3本の垂直な切り込みは「道の状態が悪い」など警告を示している。

定められたルートがある場所では、さまざまなタイプの道しるべのシステムがある。出発前にルートごと目印の種類と意味を確認しておこう。

歩きながら地図を作る

もしも、地図を持っていなかったならば、自分で地図を作るのも得策だ。地図は水場や食物を探したり、迷った仲間を捜しに出るときなど、キャンプ地から離れるとき非常に役立つ。

地図を作る場合、まず、見晴らしのいい土地を探そう。たとえば、1本だけ離れて立つ木の上などから森を見ると、地形の輪郭がよくわかる。そこから、見える範囲で尾根の数と方向を記録する。尾根間の隠れた低地は、水場の可能性もあると覚えておこう。そして、目立ってとがった石や木、河川など、全ての特徴を記録する。もし、1か所で多くの時間を過ごすなら、食料を調達できる場所やけもの道、手作りをする道具の素材や石を集めやすい場所なども地図に加えるとよい。

コンパスを持っているなら、目的物の方向を地図に書き入れておこう。そのほかのサバイバル・キット同様、コンパスは普段から使いこなし、緊急時でも楽に使えるようにしておくこと。ひもでコンパスを結び、首から下げておけば、両手が使え便利だ。

how to

自分なりの地図を作る

1. 周囲の土地の高低差を把握するため、自分なりの尺度と方法で等高線の基準を決める。見える範囲の尾根をその基準にあてはめて記入しておく。

2. 分かりやすい目印として、特徴的な形の木や石を書き加えておく。

3. 食料の隠し場所や獲物を捕るための釣りの仕掛けやワナなどのありかも記入しておく。見た目が同じ種類の木がたくさんある森では、見失いやすい。

4. 地図に空白を残しておき、周囲の追加情報を書き加え、定期的に情報を更新する。

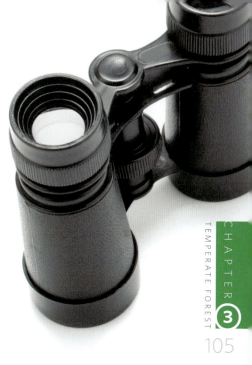

達人の心得　正確に方位を知るには、コンパスを水平に保持する。また、磁気をもつものや磁気に反応するものの近くでは磁針に狂いが生じるので注意する。特に高圧線、自動車や航空機、鉄条網、滋鉄鉱を含んだ岩などは、狂いを生じさせるため10〜50mほど離れる必要がある。

ケルンは周囲の手近に転がっている石で作られる。頂上到達の記念であることが多い。

HOW I SURVIVED:
独り、ヘビにかまれて —— D・ブルース・ミーンズ

頭を垂れ、地表をつぶさに観察しながら歩いていた。するとヒガシダイヤガラガラヘビが、突然現れた。私はちょうど次の1歩を踏み出す直前、鼻先の2歩手前で立ち止まった。私は2〜3枚写真を撮り、レンズ越しに短い尾を観察した。全長は90cmほど。さほど大きくはなく、2歳を少し過ぎた、まだ成熟しきっていない雌だろう。

ヘビが私に顔を向けたとき、私は手足を伸ばして硬直してしまった。私の動きに驚いたヘビは、ガラガラと音を立ててとぐろを巻き、閃光のように素早い動きをした。

全ては、あっという間の出来事だった。攻撃したヘビがとぐろに戻るのには、ほとんど時間はかからなかった。私は右手の人差し指の先に軽いチクっとした痛みを感じ、深紅の血の玉が小さく浮き出てくるのを見て、状況の深刻さを悟った。

私は人里から離れた場所でたった独りだ。助けてくれる者は誰もいない。私はヘビの小さなかみ傷から、血ときれいな血清を吸い出した。状況を判断し、冷静になるよう努めたが、窮地に立たされているのに変わりはない。これから私は、ヘビの毒が全身を巡る前にカヤックまで歩いて戻り、カヤックを漕いで湾を横切り、助けを呼ぶために車を運転しなければならないのだ。

かみ傷がわずかに痛みだしたが、それよりも心配だったのは、かまれた数秒後から、腕の上部と両手の甲がピリピリと痛み始めたことだ。以前、ヒガシダイヤガラガラヘビにかまれた私は、4分後に気絶したことを思い出した。今回は1分も無駄にできない。私はバックパックを背中に回し、カヤックのある方へ猛然と一直線に歩き始めた。

私はパニックになっていた。安静にする、という緊急時の医療的な決まりごとには目をつむり、助けられるまでは意識を保たなければならない。そのことだけを考えていた。私は走ってはいなかったが、しっかりした意志を持って歩いていた。かまれてから、ちょうど10分後に、ヘビがいた場所から約800m離れたカヤックを置いた場所にたどり着いた。

私の足は震え、両足と両腕がピリピリと痛み、麻痺したような状態に襲われた。額と口、こめかみがしびれて痛んだ。指は腫れ上がり

D・ブルース・ミーンズはナショナル ジオグラフィックが支援する生物学者。アメリカ東南部の海岸平野の保全に努めている。

ひどく痛んだが、傷口自体は、普通の刺し傷程度の痛みしかなかった。

　私はカヤックに倒れこみ漕ぎ始めた。パドルを握り力いっぱい漕いだが力は入らず、ひどく効率が悪かった。手、腕、足やつま先まで、見る見るうちに麻痺し、傷口のピリピリとした痛みも徐々にひどくなってくる。のどが異常に渇き、漕ぐ手を休めて水の容器を探し出し、一口飲んだ。歯の付け根もチクチクと痛み出し、舌もしびれてきた。

　ヘビにかまれてから21分後、ようやく岸にたどり着いた。岸に着き、足を動かそうとするのだが、ピクっとけいれんするだけだ。カヤックの縁をつかみ腕に力を入れても、体を起こすことができない。そこで、カヤックを右側に倒し、横向きに水の中に転がり落ち、カヤックからなんとか体を引き抜いた。しかし、立ち上がろうと努力をするのだが、不自然にねじれた体勢で地面に倒れこんでしまう。私の両足は完全に麻痺しており、全く動かせなかったのだ。

　車まで腹ばいで進んだときが、この苦難の中でも最もつらい場面だった。体のコントロールを失い、クリのイガのトゲが手の平に刺さっても、それを取ろうとする余裕はない。片手に刺さったトゲを、もう一方の手を使って取り除くのは恐らく不可能だっただろう。

　私は砂の中で死んでいくイメージを必死で振り払い、悲嘆にくれて顔を伏せたい衝動と闘った。歯を食いしばり、自分の決意を頭の中で繰り返した。そして、車のドアレバーを支えに体を起こし、ドアを開け、苦労しながら車のシートに体を滑り込ませた。両腕は、しびれてピリピリ痛みはしたが、幸いまだ動いてくれる。両手を使って苦労して左右の足を支えにクラッチをきり、アクセルを踏み込む。なんとか車を発進させることができたが、ほぼ制御不能な状態。車はエンジンを吹かし、見事に道路脇の茂みに突っ込んでしまった。

　そのおよそ3分後、なんとか1.6kmほど走った場所に、助けを求められそうな建物の駐車場を見つけた。私はイグニッションをきり、縁石の所で車を急停車させ、運転席から舗装道路に不格好に転がり落ちた。その際、でこぼこした花崗岩のアスファルトに手やひざをしたたかに打ちつけた。しかし、四肢をばたつかせ、木の葉のように震えていた私にとって、駐車場の固い地面の上を歩くことは不可能だった。そこで、私は寝そべり、転がりながら移動するのなら、比較的楽にできることを発見した。

　はたから見たら、それは奇妙な光景だっただろう。大の大人が駐車場のアスファルトの上を転がっているのだ。しかも、途中でむこうずねをひどく打ち、右の親指を切ったことは、後から気づいたほど慌てている状態だ。

　命懸けの苦難は、建物のドアノブにたどり着いたときに終わることになる。鍵が掛かっていないことを祈りながら、ノブを回した。ドアはカチリと開き、私は肩から倒れこみ、床の上に転がった。そして大声で叫び始めた。「助けてくれ！」3度目の「助けて」がホールに響いたとき、男が私の方に駆けてくるのが見えた。彼が救急隊へ電話をかけてくれた瞬間、私は、自分の命が他人に託された、と安堵感を得たのだ。

もし、これがフィクションだとしたら、すばらしいストーリーだと評論家たちが絶賛するほどの物語がある。

　良家に育ったペルー人のイザベル・ゴーディンは、重くたっぷりとした絹のドレスといういでたちで、1769年にアマゾンの熱帯雨林に足を踏み入れた。大西洋岸で待つ夫と再会するには、4800kmに及ぶアマゾン川流域を下っていくのが、最良の手段だと彼女は考えたからだ。しかし、その長い旅は結果的に、9人の同行者は飢えと乾き、病気、そして略奪者の襲撃によって命を落としてしまう。荷役の雇い人たちも、彼女を置き去りにしたのだ。

　彼女は救出されるまで2か月近くの間、ジャングルの中をさまよい歩いた。現地の人間以外が彼女のような過酷な状況下で、たとえ数日間でも生き延びた例は、2世紀にわたるアマゾン探検史上ほかにない。ゴーディンは植物の葉にたまった水を飲み、卵や果実を食べた。毎朝目覚めるたびに「神様が今日も自分を守ってくれた」と感謝し、よろめきながらも先へ進んだ、と彼女は回想する。

　現在でも、人間が不用意に足を踏み入れるとジャングルは牙をむく。彼女もジャングルの中でありとあらゆる苦難に遭遇し、生命の危機に直面した。彼女は暑さ、湿気、のどの渇きに苦しみ、暗く、草木の根が絡まり合った地表に足を取られた。シェルターも蚊帳もなく、服装も適切ではなかったためアリにかまれ、蚊やヒトヒフバエに刺された。それでもゴーディンは夫と再会することをあきらめず、歯を食いしばった。彼女の生還が奇跡に近かったことと、彼女の同行者たちの悲劇的な死は、ジャングルがいかに過酷で、不用意に立ち入ることがいかに危険かを物語っている。

SWAMP & TROPICAL
湿地と熱帯雨林

110　112　116　119　122　126　130

PREPARATION
準備

　熱帯雨林の高温多湿の気候は、どんな人間にとっても大きな負担になる。ジャングルの旅を成功させるには、まず、健康状態が良好でなくてはならない。また、旅に出る前から運動する習慣をつけておくべきだ。以上の条件がそろっても、環境に順応するには最低でも1週間は必要となる。

　ジャングルでの装備は、できるだけ軽くする。湿気の多い中で重い荷物を担いでいると、熱中症にかかる恐れがあるからだ。想定される感染症に対しての予防注射を受け（この章の「応急処置」を参照）、専用の装備や殺虫剤、涼しくて害虫などを寄せつけないような衣服を準備することも必要だ。旅が長期にわたる場合は、地元の人に気候や地形、どのような危険があるかなどについて相談するか、現地ガイドを雇う。地元の人なら、どの川にヒルやピラニアがいるか、どの道路が洪水などで通行止めになっているかなど、必要不可欠な情報を提供してくれるはずだ。

　しかし、現在の熱帯雨林は昔のような暗い原生林ではない。探検家のジョン・ウォールデンは、かつて、セオドア・ルーズベルト元米国大統領が行った南米の旅、「疑惑の川」をたどる旅に最近参加した報告で、「現在は伐採搬出用の道路や鉱山労働者が通る道が、張り巡らされている」と語っている。そして、「ある村では住民たちが発電機を使い、衛星テレビで『スタートレック』を見ていた」ほど、文明化が進んでいるという。

熱帯雨林とジャングル

　年間の降水量が2000mmを超える温帯林、もしくは熱帯林を熱帯雨林という。そこでは、密生した樹木の枝葉からなる林冠が森林の上部を覆い、地表に草や低木などの下草はあまり育たない。一方ジャングルは、地表まで日光が差し、草木が絡まるように密生した熱帯の地域全般をいう。低地の熱帯雨林では、森林の地表面（林床）から約30mの高さに葉の生い茂った林冠があり、年間の総雨量が1万1400mmにも及ぶことがある。高地の熱帯雨林では、常に霧がかかっており、コケやシダなどの植物が何層にも生い茂り、通り抜けるのは非常に困難だ。海岸に沿った熱帯のジャングルは、マングローブの湿地に囲まれていることが多く、そこには、海水の塩分に耐える木が群生している。

essentials

熱帯雨林および湿地への旅に必要な装備

ジャングルは湿度が高く温暖で微生物や昆虫が非常に多いため、一般的な装備に加え、それに対応した下記の装備が必要だ。

- ハイキング用の靴：軽く履き心地がよく、履き慣れたもの。乾きやすく、くるぶしの上までしっかりサポートし、靴底の溝が深いもの。

- 予備の乾いた靴：キャンプ内で履くための、靴底の溝が深い、ハイキング向けサンダル（Chaco［チャコ］、Teva［テバ］、KEEN［キーン］などのメーカーがある）。

- 靴下：乾きやすい合成繊維かウールのものを数枚。

- ズボン：生地が薄くゆったりとして軽く、丈の長いもの。すそは靴下の中に入れてヒルなどの侵入を防ぐ。

- シャツ：ゆったりとした長袖。脇と背中がメッシュになった風通しのよいもの。通気性のあるポリエステル製かナイロン製、またはそれらの混紡がよい。

- レインウエア：雨がっぱ（ポンチョ）、または軽く透湿性のあるレインジャケット（たとえばゴアテックスやナイロン製のもの）。

- 軽い帽子：まぶしさや暑さ、林冠からの落下物などから目や頭を守るため、つば付きのものを選ぶ。

- 地図：ナビゲーション用の地図はぬれないようにラミネート加工を施す。

- 防虫：蚊帳、モスキートネット、殺虫剤、虫よけクリームなど。

湿気と密生した植物への対応

昼間は汗と湿気でどうしても体や衣服がぬれるが、夜の間に必ず乾かす。足がぬれていると感染症にかかりやすく、皮がむける恐れもある。皮膚病を予防するために衣服も洗い、きちんと乾かさなければならない。衣服が湿っているとカビが生えるので、乾きにくい綿製のものは避ける。サハラ砂漠以南のアフリカでは、ヒトクイバエのウジがたかるので、衣服を地面に置いて乾かしてはならない。

地図は湿気とカビを防ぐため、ラミネート加工を施す。地図とコンパス、GPS（全地球測位システム）を組み合わせると、地形的な位置確認はできるが、密生した植物の間を通って目的地まで到達するための、実用的な情報はあまり得られないので注意が必要だ。

気候に順応する

- 暑さと高い湿度に備える。
- ジャングルの気候による体への影響を最小限に抑えるため、普段から自分の最適体重を確認しておき、その体重を維持する。
- ジャングルに入る前は、最低でも4日間ほど暑く湿度の高い環境で運動する。
- 少なくとも4日から6日間は、ジャングルの中で体を慣らす。
- 雨や植物の露でぬれる場合に備え、体がぬれている状態に慣れておく。汗をかくことで体を冷やす効果もある。
- 夜間は体、特に足を乾かす。
- 熱中症に注意する。同行者全員が熱中症の兆候について知っておく。

SHELTER
シェルター

　熱帯雨林の中で、テントは必ずしもお薦めできない。たとえば、南米大陸では、ヘビやそのほかの地上に生息する生物が、わずかな穴さえあればテントの中に入り込んでくる。また、高温多湿気候のため、テント内は蒸し風呂のようになる。さらに、ジャングルではテントの設営に適した場所が少なく、整地にも時間がかかる。トゲのある植物などによってテントの底に穴が開かないよう、完全に整地するのは難しいのだ。誰かが以前にジャングルを訪れ、残していったシェルターを寝床にするのが、最も快適な方法だ。

　自分でシェルターを作らなければならない場合は、地面より高い場所を選ぼう。避けるべきなのは、湿地や河床の近く（豪雨で突然氾濫する恐れがある）、アリが群がっている場所など。寝床は湿気が少なく、虫や有害な小動物が侵入してこない、地面から離れた場所に作る。シェルターには、プラットホーム型、ハンモック、防水シート（タープ）を使ったＡ字型などがある。

　夜ぐっすりと眠るためには、蚊帳と殺虫剤が不可欠だ。緊急の場合は泥を肌に塗っておこう。蚊帳は自分の肌に触れないようにする。網を通して、蚊に刺されてしまうからだ。熱帯雨林の名称に「雨」が付くとおり、突然の風雨がしばしば激しい勢いで襲ってくる。好天気が続くと思ってはいけない。常に豪雨に備えることが肝心だ。

以前に訪れた人が残していった整地された地面や建造物、プラットホームなどを活用しよう。

how to

屋根付きプラットホームベッドの作り方

1. 寝床と自分、屋根を支えるのに十分な長さの、丈夫で太い枝を4本、ベッドの柱として地面に打ち込む。あるいは、ちょうどよい間隔で生えている木を探す。

2. 自分の体重を支えられるだけの強度がある横木を4本選ぶ。地面から少なくとも30cm上の位置で、垂直に立てた4本の柱に切れ込みを入れ、2本の横木を切れ込みの位置に縛り付けける(チャプター1の「自然の素材からロープを作る方法」を参照)。

3. 寝床と屋根、それぞれの頭側と足側のフレーム用に、短めの横木を4本選び、そのうちの2本を長い横木のすぐ上の位置で、垂直の柱に縛り付ける。

4. 屋根も寝床から約1.5m上の位置で柱に切れ込みを入れ、上記の工程を繰り返す。

5. 細くて丈夫な枝をたくさん集めて2本の長い横木に直角に渡し、寝床の床板を作る。その上に木の葉や草を敷き詰め、軟らかい寝床にする。

6. 屋根にも同じく 5 の工程を繰り返し、防水のために防水シート(タープ)か大きめの木の葉をかぶせる。蚊帳を屋根の下側から寝床の上につるす。

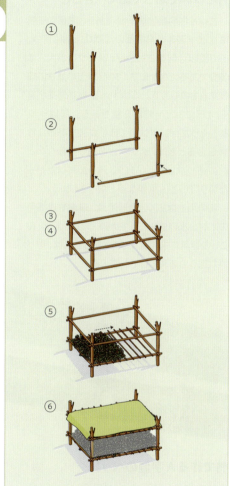

ハンモックをつるす

ハンモックをつるせば、地面より高い位置に手早く寝床を作ることができる。しかし、ハンモックを快適な状態に調節するには、ちょっとしたコツがある。寝ているときに体の中心部が地面に触れず、なおかつ、落ちてもケガをしない高さに調節することだ。ハンモックのロープを蚊帳の脇の部分に通してつるすとよいだろう。ハンモックの2か所の結び目は、非常に大切だ。結び付ける先が水平なものであれば「ふた結び」、木の幹のように垂直なものであれば「キャメル・ヒッチ」と呼ばれる結び方がふさわしい(巻末資料を参照)。

竹について知っておくべきこと

　竹はイネ科植物の一種であり、温帯から熱帯地域一帯と米国南部の湿潤な低地に育つ。その種類は何百にも及び、高さや茎の太さは多様である。なかには、30m以上の高さに成長するものもある。竹は木本(もくほん)植物で成長が速く、1日に30cm伸びる種もある。茎は一見もろそうだが、実は驚くほど丈夫である。竹林を通るときは、ナタで竹を切り払わないと前に進めないことがあり、通った跡はとがった切り口が並ぶ危険な道となってしまう。

　茎の用途は広く、調理用具、運搬や建築用の木材、水の供給源、布地を作る繊維、火おこしの道具にもなる。先をとがらせれば、ヤリや穴掘りの道具としても使える。

竹の利用法

- 太い茎の節と節の間の空洞を鍋として利用し、湯を沸かしたり肉を焼いたりできる。
- 茎のしっかりした部分を約3mの長さに切ってつなぎ、いかだを作る。
- 太い部分を一般の建築用木材のように使って、シェルターを作る。
- 若木の茎を曲げて先端を地面に近づけ、ひもで結ぶなどして固定する。先端部分を切り落とし、真下に容器を置いておくと、竹から水滴がしたたり落ち、一晩で容器に水がたまる。
- 太い茎は、穴掘り用の道具として利用できる。

竹で作るA字型のベッド

　竹で作るA字型ベッドの構造は、プラットホームベッドと似ているが、四隅の支柱は2本ずつA字型になるように傾け、頂点で交差させ三角形にする。竹は切ったり曲げたりして、ベッドの枠を作ることができる。寝床の床面はプラットホーム型シェルターと同様に作り、前後どちらから見てもA字型になるように組み立てる。屋根や壁の役目をするタープやシートがなくても、大きな葉で屋根を作ると、水をよくはじいてくれる。ヤシの葉、オオガマ、バナナの葉は理想的な屋根の材料だ。ヤシのように葉柄(ようへい)が長い葉は、細い枝にその葉柄を巻きつけて並べ、隣接する葉の柄を編み込むようにして固定する。

　縦に割った竹を上向きと下向きに交互に並べて屋根面を作り、へりに縦割りにした竹を利用して水路を設ければ、水を集めることができる。

essentials

虫に関する推奨事項と禁止事項

熱帯雨林には無数の虫がすんでいる。かまれたり、刺されたりしない予防法、また予防ができなかったときの対処法を知っておこう。

推奨：ディートやペルメトリンなどの虫よけ剤を使う。使用説明書を熟読のこと。

推奨：蚊帳や虫よけ剤がない場合は、皮膚に泥や油を塗る。

推奨：ハンモックやタープをつるすロープにも虫よけ剤を塗布する。

推奨：虫に刺されたり、ダニがついたりしていないか定期的に体を調べる。特に頭皮や脇の下、ひじの内側、足のつけ根など関節の内側に注意。

推奨：ベッドの上には蚊帳をつるす。蚊は蚊帳を通して刺すので、眠っている間に寝返りをうって蚊帳に接触しないように注意する。

推奨：害虫は上から落ちてきたり、はってきたりする。髪の毛の中に入り込まないように、頭は常時覆っていること。

推奨：蚊を寄せつけないように、蚊遣火（かやりび）をたく。

禁止：ジャングルや熱帯雨林の中をはだしで歩かない。

禁止：香水を付けたり、香料入りのせっけんを使ったりしないこと。香りでミツバチやスズメバチが寄ってくる。

禁止：花模様の衣服を着ないこと。これも害虫を引き寄せてしまう可能性がある。

禁止：ぬれた衣類を地面に置いて乾かさない。虫が衣類の中に卵を産みつけるかもしれない。

熱帯雨林の虫

熱帯雨林には人間をかんだり、刺したりする虫が無数にいる。植物が生え、動物がいるあらゆる場所には必ず虫がいるものだ。眠っている間に蚊やアリなどの害虫のえじきにならないように、寝具は地面から離し、虫よけ対策を怠らないことだ。

なかでも、最も一般的な害虫といえばアリだ。低地の熱帯雨林にすむアリの数は、全ての脊椎動物を合わせた数よりも多い。米国の生物学者エイドリアン・フォーサイスは、「どこに足を置こうと、どこに寄りかかろうと、どこに座ろうと、そこにはアリがいる」と書いている。命は取られないまでも、この世で最も痛い体験のひとつが、ネッタイオオアリにかまれることだ。このほか、ヒアリ、ツツガムシ、ダニ、スナノミ、ヒトヒフバエ、スズメバチ、ミツバチ、そしてサソリなどの害虫がいる。

防虫スプレー

ディートを15〜30％含む強力な防虫スプレーは、蚊、ダニ、ハエ、ツツガムシ、ノミ、そしてブヨを避けることができる。しかし、含有濃度がこれ以上高くなると、自分の健康を害する恐れがある。また、特にヌカカに効果がある防虫スプレーもある。

防虫剤は、足首やひざ下、腰にスプレーする。靴下を履いて、履き口の部分にもスプレーし、長ズボンを履いてすその折り返し部分からふくらはぎまで帯状にスプレーする。シャツにも軽く振りかけ、両手にスプレーして、髪の毛にもこすりつける。顔、首、耳にもつけておこう。そして、少なくとも1日に一度シャワーを浴びるか洗い落として、つけ直すこと。

FOOD
食料

植物は生い茂り、いつでも果実がたわわに実っている。しかし、生態系は層を成しており、食料採取は単純には運ばない。生物学上、食物が最も豊かな層は林冠であり、最も乏しいのが森の暗い林床だ。一番おいしそうな果実には手が届かない、ということかもしれない。1981年にアマゾンの熱帯雨林で、過酷な3週間を生き延びたイスラエル人の若者ヨッシ・ギンズバーグは、高い枝になっている果実を収穫する斬新な方法を思いついた。石に釣り糸を結びつけ、果実でいっぱいの枝の上方を目がけて投げる。落ちてきた石を拾って糸の両端を持って引っ張ると、枝がポキンと折れて果実が降ってくるというわけだ。

　植物の中でもバナナは豊富にあり、用途も広い。バナナの果実は生でも、加熱しても食べられるし、幹を根元近くで切って真ん中をくりぬいておくと、そこに水がたまる。探検家のヘンリー・モートン・スタンリーは、1878年に次のように書いている。

　「バナナは、涼しくて心地よい日陰を作ってくれるだけではない。ウガンダの農民にとってバナナは、パンやジャガイモの代わりであり、デザート、ワイン、ビール、薬、家やフェンス、ベッド、布、鍋、テーブルクロス、荷物を包むものから、糸、ひも、ロープ、スポンジ、風呂、日よけ、帽子、そしてカヌーまで作ることができる。バナナさえあれば人は幸せで、太り、繁栄する。なければ飢え、満たされず、悲しみに沈み、絶えられず死を覚悟している」

　食べられる動物の中で数が多いのは昆虫だ。ヤシオオオサゾウムシの幼虫は珍味である。川魚も当然、満足のいく食事となる。カメの肉は最後の手段としよう。多くのカメは現在、絶滅の危機に迫られているからだ。19世紀のアマゾンの博物学者ヘンリー・ウォルター・ベイツは、現地の女性たちがカメの内臓でサラパテルスープを作る様子を伝えている。胸部の肉はその脂で焼いたり、ミンチにして穀粉と混ぜたりして調理するのだ。

食料を見つける

　林冠に実っている果実を探そう。ナショナル ジオグラフィックが支援する探検家、ウェイド・デイヴィスは、コロンビアの熱帯雨林で遭難したとき、バナナの皮やレモンなどを見つけて1週間生き延びた。果実の中で鳥やサルが食べるものは、人間も食べられる可能性が高いが、なかにはある種の毒を含む果実がある。鳥やサルは消化器官でその毒を中和できるが、人間にその真似はできない。食べてもよいか否か分からない果実は、可食性テスト（チャプター3を参照）を行う。

　ココナツ、サゴヤシ、サトウヤシの若い茎は食べられる。サゴヤシは茎の中に芯があり、ゆでると米のように食べられる。成長したサゴヤシを開花直前に切ると、その内部から人ひとりが1年間食べるのに十分なデンプンが採取できる。このデンプンを採るには、茎を半分に切り、白い芯をすくって、できるだけ細かくたたきつぶす。これを練ってデンプン質を含む液を抽出し、この液をこすのである。しかし、全てのヤシが食べられるわけではないので注意しよう。伸びた先端をそのまま、または加熱して、セロリのようにおいしく食べられるヤシもある。イザベル・ゴーディンは、アマゾン川流域でヤシの中心部（彼女はこれを「ヤシのキャベツ」と呼んだ）を食べて生き延びたのだ。

　地面周辺にある鳥の巣を探そう。卵を採って生で食べることもできるし、巣に戻ってくる親鳥を捕まえて食料にすることもできる。

　若い竹の茎は、地面から5～10cmの部分をナタで切る。この茎を割って、中身の軟らかくて白い部分をすくい取ってゆでて食べると、アスパラガスのようだ。

　南米の熱帯雨林の乾いた地面では、ブラジルナッツを見つけよう。脂肪分と栄養分が豊富で、アマゾン探検家の多くがこれで命をつないだ。1913～1914年にかけて、アマゾン川を探検してブラジルの原野を通り抜けたセオドア・ルーズベルト元大統領も、このブラジルナッツを食べた。

　熱帯地域にはサトウキビも生えている。外皮をむいて、中身を生のままかじろう。

食用に向く植物
- ヤムイモ
- ヤシの芯
- ココナツ
- マンゴー
- サトウキビ
- 野生イチジク
- ブラジルナッツ

食用に向く動物
- ミツバチの成虫と幼虫。
- 鳥とその卵。
- カピバラなど良質な肉の動物。
- ナマズ。
- 毛の生えたクモ（ルブロンオオツチグモ）は毛をむしって、薪などの燃えさしでローストする。

達人の心得　日本において、野生動物を食料の対象として捕獲するのは、特殊な技術が必要だ。野生動物を捕獲しようとするよりは、そのエネルギーを山里へ一刻も早く下りるために使ったほうがよいといえる。どうしても、空腹を抑えたい場合は移動しながら、食べられる植物を探す。

食べてはいけないもの

毒々しいほど色鮮やかで人目を引くものは、おそらく危険な食料源だろう。極彩色のカエルやヒキガエル、ヘビ、サンショウウオなどは、食べたり触れたりしてはいけない。こうした鮮やかな色は、毒を持っていることを意味する。分泌される毒素の中には、大型動物を殺すのに十分な猛毒性の生物もいるのだ。

ジャガーやペッカリーは、狩猟の対象にしてはいけない。刺激を与えなくても、襲ってくる可能性がある。同様にピラニアにも近づかないこと。ピラニアは水中で動くものは何であろうと襲いかかり、その肉をかみちぎるからだ。貝や甲殻類は、寄生虫が付いていることがあるので、生で食べてはいけない。また、植物ではトウゴマは避けること。トゲが付いたさやの中の種子は嘔吐を引き起こし、時には致命的になる。

エノキは熱帯地域の水辺で生育する。その葉はやりの形をしており、鋭いノコギリ歯状になっていて、種子に毒性がある。マチンの果実はオレンジに似た大きさと形状で、その色は白色からイエローレッドまで幅広い。この木はインド原産だが、多くの熱帯雨林に近縁種が存在している。これも種子に毒性がある。

食料は必要以上に採取し、手元に蓄えないこと。つるに付いたままの果実は長持ちするが、摘み取ってしまうと、たちまち傷んでしまうからだ。

達人の心得 熱帯では、湿度と気温により体力を失いやすい。食料を確保するためには、最小の労力を心がける。知識さえあれば、ジャングルには簡単に手に入れられる食料源がある。また、体力と同様、湿度と気温により傷みも早いので、豊富にあるからといって必要以上に採取しない。自然に生息している食料源は、冷蔵庫に収められた食料より鮮度が高いと認識しておこう。

食事の準備をする

熱帯雨林やジャングルの中では、食料はできるだけ速やかに調理をして食べるべきだ。微生物が繁殖する高温多湿の環境下では、木から落下した果実やさばいた動物の肉など、生の食材はあっという間に傷んでしまう。

魚は、内蔵をすべて取り除いてさばく。魚をバナナの皮で包み、できるだけ強く樹皮で縛り、完全に火が通るまでしっかりと焼く。または、炭で熱した石の上で調理するとよい。

カピバラやバクなどの肉は、丈夫な竹の中に入れて調理する。竹をナタで45度の角度で斜めに切り落とすと、容器として利用しやすくなる。そして、竹の余分な節をくり抜いたらその中に肉を置き、Y字型の枝を使って火の上につるす。肉を調理したら、好きなだけ食べて、その残りは竹筒の中に入れ、切り落としたもう片方の竹をふた代わりに閉めておく。このように竹筒の中に保存しておくと、肉は3〜4日は日持ちするだろう。

野菜を焼くには地面で火をおこすか、地面がぬれていれば、土と生木で土台を作ってその上で火をおこす。ヤムイモ、タロイモ、野生バナナ、キャッサバなどを炭で焼く。新鮮な果実は皮を取り除き、おいしく食べよう。

FIRST AID
応急処置

　微生物は高温多湿の中で急速に繁殖し、その種類は多種多様で、膨大な数の昆虫によって運ばれる。また微生物は、不衛生な水や人間との接触を通して増殖し、衛生設備が不十分な所では健康問題へと発展する。

　腸管感染症は、抗生物質の投与で治療できる。また、下痢はさまざまな細菌やウイルス、あるいは、人の排せつ物に汚染された食物の中で発見される寄生虫などが原因となる。予防策としてまずは、殺菌した水、あるいは炭酸水（炭酸化作用で殺菌できる）だけを飲むようにする。次に、しっかりと火を通した料理を食べることだ。そして、自分で皮をむいた果実だけを食べる。下痢の治療には下痢止め薬がある。また、経口補水塩は軟便によって失われた、体内水分を補給する働きがある。もしも、経口補水塩がない場合は、オレンジジュースに塩と砂糖を加えたものを飲むとよい。

　皮膚感染症の多くの原因は、衣服や皮膚を乾燥した状態に保っておけないことから始まる。ここですぐに、抗生物質製軟こう剤は使用しないこと。軟こうを塗布すると、傷口が湿気を帯びて汚れがついてしまうからである。感染した患部は、日光に当てて乾燥させると大抵は治癒する。皮膚感染症の予防には、まめに入浴し、皮膚を外気や日光に当てて乾燥させること。また、足を乾燥させて清潔に保つために、靴下は履き替えることだ。時々、足や靴下、ブーツにパウダーを振りかける。そして、就寝中は靴を脱ぐ。髪の毛を短くしておくと、虫などがつきにくくなる。

ハリナシミツバチなどの熱帯雨林の昆虫は、よく人間の汗に含まれる塩分を求めて集まってくる。

赤みや湿気を帯びる皮膚疾患の治療

表面的な皮膚疾患に対しても迅速に対応しよう。たとえば浸水足とは、小川を渡ったり、ぬれた地面を歩く行動を繰り返す人に、よくみられる皮膚疾患である。足の裏が水につかっていることが多く、乾燥させる機会がないために皮膚が柔らかくなり、白くなってしわができる。非常に靴擦れになりやすく、歩くと痛みが生じる。

また、腰の高さまで水に入るような場所を歩かなくてはならない場合、足だけでなく体のほかの部分も皮膚がこすれ、傷ができやすくなる。たとえば、太もも上部の内側などは赤みを帯びて炎症を起こしやすい。こうした炎症には、ワセリンやベビーオイルを使用し、傷の予防と軽減を図る。デニム生地は水が抜けにくく、直接水が肌に触れるので、密林を歩くには適切ではない。軽くて薄い生地のズボンが最適だ。

真菌や細菌は高温多湿となった皮膚で成長する。たむしや水虫は、肌が完全に乾燥していないと発症するのだ。

皮膚疾患の予防

- こまめに入浴し、体を外気や日光に当てて乾燥させる。
- 清潔でゆったりとした、よく乾いた服を着る。
- 足は乾燥させる。足にパウダーをつけて、靴下を頻繁に履き替える。
- 下着に触れる部分の肌が湿気で蒸れないように、下着を着けないことも考慮してみる。
- 夜間は足を乾燥させ、可能なら日中でも足を乾燥させる。
- 夜間は靴を脱ぎ、脱いだ靴下は靴の中に入れておかず乾かす。
- 汗をかいた服や、ぬれた服のままで就寝しない。
- 皮膚がヒリヒリしたり、虫などにかまれた傷は経口抗生物質で直ちに治療する。

---

essentials

ジャングル用の救急キットに入れておくもの

傷口は清潔にして乾燥させる。かまれたり刺されたりした傷は、大小にかかわらず必ず手当てする。

- 感染症のための抗生物質。
- 下痢止め薬（市販薬でよい）。
- 足の疾患に抗真菌性クリーム。
- 一般的なアレルギー反応に対応した抗ヒスタミン薬。
- ヘビにかまれたときに用いるエラスチックバンデージ。
- アドレナリン（エピネフリン）を入れたペン型自動注射器。重度のアレルギー反応に。
- 塩酸リドカイン。激しい痛みを伴う刺し傷の緩和に。
- 経口補水塩。
- 虫よけとアタマジラミの治療用にペルメトリンクリームとシャンプー。
- すり傷予防と、皮下に寄生したヒトヒフバエのウジに塗布するためのワセリン。

虫によるかみ傷や刺し傷の治療

皮膚を傷つけ、感染症にかかる危険性が高くなるので、虫にかまれても傷口をひっかいてはいけない。アシダカグモなどによる、かみ傷や刺し傷の痛みの緩和には、リドカインを使用する。また、このほかにかみ傷や刺し傷による痛みを緩和させる方法として、泥や灰を皮膚に塗ったり、ココナツの果肉、冷湿布、つぶしたニンニクなども有効だ。

服やブーツなどは地面に置かないようにし、着用前には必ず振り払うこと。湿気を帯びた衣服を野外に放置しておくと、服の陰になった暗い場所に、サソリやクモが時々潜んでいることがある。サソリによる刺し傷は、激しい痛みを伴う。刺された患部は清潔にして、包帯で覆って治療する。サソリにかまれた患者に対しては、慎重に手当てをする。

蚊は、ただ煩わしいだけではない。世界の熱帯地域では、ハマダラカが媒介となってマラリア原虫を広めている。マラリア原虫は人間の血液に侵入し、肝細胞と赤血球を破壊する。その結果、毎年200～250万人もの死者が出ている。虫よけ剤を使ったり、刺されないような服装にしたり、蚊帳などを利用して予防しよう。虫が最も活動的になる早朝や夕方は、特に注意すること。

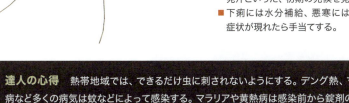

感染症の原因

- 腸チフスやコレラ：衛生設備が整っていないことによる糞口（ふんこう）感染。
- マラリアや黄熱、デング熱：蚊が媒介して広がり、感染する。
- 赤痢や下痢：汚染された水を摂取することで引き起こる腸管感染症。
- 住血吸虫症：不衛生な水に傷口が接することで感染する。
- アフリカ睡眠病：ツェツェバエにかまれることで感染する。
- 鉤虫（こうちゅう）：はだしで土の上を歩くことで感染する。

マラリアの予防と治療

- 蚊帳、モスキートネット、虫よけ剤を使う。
- 早朝や夕方に移動する場合は、長袖、長ズボン、靴下を着用する。帽子は常にかぶること。
- キャンプ地では、生木を燃やし蚊遣火（かやりび）をたく。
- 感染後1～3週間で現れる悪寒、発熱、頭痛、発汗といった、初期の兆候を見逃さない。
- 下痢には水分補給、悪寒には体を温めるなど、症状が現れたら手当てする。

達人の心得 熱帯地域では、できるだけ虫に刺されないようにする。デング熱、マラリア、黄熱病など多くの病気は蚊などによって感染する。マラリアや黄熱病は感染前から錠剤の服用によって予防できるが、ほかの病気には予防策がない。長袖、長ズボンの着用とよどんだ水辺では野営しないこと。

危険を察知する

　探検家のヘンリー・モートン・スタンリーは、中央アフリカの熱帯雨林とジャングルを旅した経験を、古代エジプトの「十の災い」にたとえている。「ジャングルには、トラですら通り抜けられないほどトゲだらけの下草が厚く茂っていて、空気に含まれる毒気は濃度が高く、クロロホルムよりも早く体に回りそうだ」。さらに、「『恐怖に次ぐ恐怖』がジャングルを支配した」とスタンリーは記し、「頭上のボア（大蛇）、足元のヘビ、サソリ……。吸い込む空気にはマラリアが、道には 通称『熱湯アリ』がはびこっていて、かまれた人間は気が狂ったように飛び跳ね、もがき苦しむことになる」と述べている。

　熱帯雨林やジャングルに生息する生き物は、現代の旅行者にとっても同じように危険だ。虫は皮膚に襲いかかり、ヘビはめったに姿を現さずかみつくことはまれだが、毒ヘビの種類が多く、その毒素は強力で激しい痛みを引き起こす。さらに、かみついたり刺したりする魚や爬虫類が、大小の川を泳いでいるのだ。

　しかし、マラリアについてスタンリーの考えは間違っていた。マラリアは空気中に漂っているのではなく、蚊によってもたらされるからだ。熱帯雨林で繁殖した微生物は、宿主に侵入する機会をうかがっている。常に清潔を心がけ、浄化した水だけを口にし、虫に刺されないように体を保護し、できるだけ頻繁に皮膚の汗や汚れを拭き取る必要がある。

蚊よけネットを体にしっかりと取り付ける。穴が開いたときに修理できるよう、針と糸を携帯する。

害虫

熱帯雨林やジャングルに生息する膨大な数の害虫を、ここですべて網羅することはできないが、一般的な害虫について述べよう。

現在、米国南部で見られるヒアリは、もともとは熱帯地方の生き物だ。刺されると痛みを感じるが、ネッタイオオアリほどではない。アリにかまれると、なかに透明な液体がたまった、のう胞ができることがある。のう胞が破裂したときは、抗生物質を用いた治療を施さなければならない。重度のアナフィラキシーショックが見られる場合には、エピネフリンのペン注射が必要になるかもしれない。

ツツガムシは草の多い場所に群生する。熱帯地方に生息するツツガムシは、温帯地方に生息するツツガムシに比べ、より強い炎症とかゆみを引き起こす。ブーツ、靴下、ズボンのすそに虫よけスプレーを吹きかけ、かまれないようにしよう。ジャングルに生息するマダニは、温帯林のマダニと同じくほ乳類の動物に寄生し、病原菌をまき散らす。ジャングルを歩く場合、マダニやほかの害虫がついていないか、定期的に体をチェックすること。特に、スナノミは人の親指のつめの中にもぐり込み、卵を産みつける。感染したときは、ノミを完全に取り除かなければならない。ノミの除去は、二次感染を防ぐため清潔な状態で行う。スナノミから身を守るには、ジャングルの中を決して、はだしで歩かないことである。

ヒトヒフバエは、卵を蚊の腹部に産みつけ拡散させる。蚊が人間を刺すと、ヒトヒフバエの幼虫は蚊を離れ、人間の皮膚の下に入り込む。ヒトヒフバエのウジを除去するには、呼吸のための穴にマニキュア、湿らせたタバコ、ゴムの木の樹液、ワセリンなどを塗りつけて外に出てくるように促す。

ジガバチやスズメバチ、ミツバチは、ジャングルで盛んに繁殖している。また、いわゆる「キラービー（アフリカナイズドミツバチ）」は、もともとアフリカの乾燥した地域に生息していた。しかし、1950年代にブラジルの研究所から逃げ出し、北上して1990年代に米国南部に到達した。キラービーは、セイヨウミツバチより攻撃的だが、捕食性の殺し屋だという話は誇張である。実際は、自分の身を守るためにしか刺すことはない。とはいえ、複数のハチに刺されれば、痛みを感じるし、強いアレルギー反応を引き起こす可能性もある。

そのほかの危険な生物

- サンゴヘビ：神経毒で死に至らしめる。
- マムシ（ナンベイハブ、ブッシュマスター）：血液と筋肉に作用する毒で死に至らしめる。
- モモミヤシとそのほかのトゲのある植物：ひっかき傷や、深い切り傷の原因となる。
- ソーグラス：鋭い葉で皮膚を切る。
- ヤドクガエル：皮膚から分泌する毒が、開いた傷口に付着してしまった場合などは、死に至ることがある。
- コウモリ：狂犬病を媒介する。洞窟の中で粉状になったコウモリのふんを吸い込むと、病気になることがある。
- ピラニア：かまれると痛む。手足の指をかみ切る。人間を死に至らしめることはない。
- 淡水エイ：逆トゲのある毒針を持ち、刺されると非常に苦しい。
- デンキウナギ：人間を失神させ溺れさせるぐらいの、強い電気を帯びている。
- ジガバチ、スズメバチ、ミツバチなど：刺されると痛み、アレルギー反応を起こすこともある。
- サソリとクモ：かまれると痛みを引き起こし、死に至ることもある。

ガラガラヘビのような、マングローブの上に横たわる水辺のヘビにも気をつける。

水にすむ危険な生物

　アマゾン川流域で暮らす現地の人々が最も恐れる水生生物は、クロコダイルでもカイマンでも、ピラニアでもない。クロコダイルは、乾季には川の浅瀬などに多く、生息地がはっきりしているので避けやすい。また、クロコダイルもカイマンもめったに人間を襲わない。ピラニアは、人間の指や肉をかみちぎることはあっても、死に至らしめた例は確認されていない。

　では、最も恐れられている水生生物とは何か。それはカンディルと淡水エイだ。カンディルは、水の中で小用をたしている人間の尿道に入り込む、小さな寄生性ナマズの仲間だ。ヒレに付いた返しが尿道に固く食い込むため、激しい痛みを引き起こし、手などで容易に取り出すことは不可能に近い。体内に侵入し、感染症を引き起こし、死に至ることもあるので注意が必要だ。現地の人は、ウイトという果実から作ったお茶を飲ませて、魚を体の外に排出させる。

　淡水エイは、澄んだ川の砂や泥の下に隠れていて見えない。踏まれると、逆トゲの付いた尾で足を突き刺す。傷は痛み、そこに菌が入って化膿する。現地の人が澄んだ川の浅瀬を歩くときは、隠れたエイを追い払うため、自分の前の砂を棒でかき回しながら慎重に進むほどだ。

　ヒルは、湿地やジャングルの小川でよく見られる。毒はないが吸盤が皮膚を破り、そこから病原菌が体内に入り込む可能性がある。ズボンのすそをウールか化学繊維の靴下の中、あるいはブーツに押し込むか、ゴムバンドで縛るかして、ヒルがズボンの中に入り込むのを防ぐようにしよう。

水辺にすむヘビに注意する

　アナコンダは、世界で最も大きいヘビである。アマゾン川流域では体長約9mにもなり、毒はないがシカの成獣と同程度の大きさの動物なら締め上げて、つぶすことができる。そのため、この生き物の力にまつわる、数々の言い伝えが残されている。

　18世紀に書かれた、アマゾンの熱帯雨林旅行記の作者であるスペイン人は、現地の人が「ジャクママ」と呼ぶアナコンダについて、実に明快に、次のように述べている。

　「そのヘビは、ぎょっとするような大きさをしており、その性質は極めて有害である。大抵とぐろを巻いて横たわり、捕らえられる距離まで獲物が近づいてくるのを待つ。ジャングルのどこにでもある朽ちた木と見分けがつきにくいため、獲物を捕らえて空腹を満たすことができるのだ」

　アナコンダのそういった評判に触発されて作られた映画もある。映画のなかでアナコンダは稲妻のごとく素早く動き、大人の人間を生きたまま飲み込む。しかし、真実はそれほど面白いものではない。アナコンダはめったに人間を襲わず、襲うとしても、それは危険を察知し、身を守るときだけである。かんだり、締めつけたりして威嚇することはあるが、人間を食べたという記録はない。民間伝承では、アナコンダが水辺で人を襲い食べてしまった、という話がいくつかあるが、そのような行動が正式に記録されたことは一度もない。

　熱帯雨林の川や小川のほとりには、水辺を好むほかのヘビも多く見られる。川岸に沿って歩くとき、カヌーやいかだ、小船に乗り降りするときには注意が必要だ。水から離れても、ヘビが隠れていそうな場所に足を踏み入れてはいけない。熱帯雨林の道を歩くとき、丸太を横切らなければならない場合は、常に丸太の上に足を乗せ、丸太のある場所から1歩離れた地面に降りるようにする。ヘビは、丸太の下の地面など、暗くて涼しい場所によく隠れているからだ。

how to

ヒルを取り除く方法

1. ヒルを焼いて落とそうとしてはいけない。皮膚に傷ができ、感染症を引きおこす危険がある。ヒルの体の細い部分にある口の吸盤をつめではがして取るが、また吸いつこうとするので、素早くステップ **2** に移る。

2. 口の吸盤がはがれている間に、別のつめを使って後ろの吸盤もはがす（ヒルの体の太い部分にある）。

3. ヒルを落とすと、ヒルが分泌した血液凝固を妨げる物質のため、かまれた部分からかなり出血する。抗生物質を使って、通常の出血と同じように皮膚の止血処置を行う。

ナビゲーション

　ジャングルを歩くとき、やみくもに行動してはいけない。草木の少ない場所を選び、うまく歩く方法を探そう。一般的に尾根の稜線は比較的歩くのが楽だといわれている。川を渡ることが少なく、通常は下草も厚くならないためだ。また、風が抜けるため虫が少ない。二次林や草木が生い茂り、川を覆っているような場所は、できる限り避ける。ジャングルの土壌は、あっという間にその性質が変わるので、注意しなければならない。雨が降ると赤土は泥になり、稲田はぬかるみ水浸しになる。水浸しになった地面は、渡るのが困難だ。

　大きな川は、熱帯雨林の高速道路だ。いかだに乗るか、丸太で作った浮きにつかまれば、速く前に進むことができる。捕食動物や急流、操縦が利かなくなる恐れのある峡谷など、狭い水路には注意が必要だ。また、常に前方の様子を観察すること。イザベル・ゴーディンは、いかだの転覆によって死にかけ、アマゾンの熱帯雨林を歩いて旅をする羽目に陥った。川を下っていて、通過するのが難しい場所に差しかかったときは、溺れるリスクを回避するために陸路を通るようにしよう。

　コンパスやGPSは、自分の位置を確認する助けになるが、目的地に最短で到達する道を教えてくれるわけではない。草木が生い茂ったジャングルでは、地図やコンパスが使いにくくなり、密生する植物が邪魔をして、重要な目印が発見できない可能性もある。その場合は歩きやすい道を選び、歩数を数え、方角を調べ、デッドレコニングの方法で、どのくらい進んだかを確認していく。または、地図にある小川に沿って歩く。

ジャングルを抜ける

　つたや枝を押しのけて進むと、切り傷や刺し傷を負うことになる。葉の茂った場所では、虫にかまれることもあるので、茂みを避けて前進する。しかし、ナタを使って道を切り開くのは、必要に迫られたときだけにする。ジャングルでは目の前を見るのではなく、広い範囲を見渡すようにしよう。草木の少ない場所やけもの道を、より多く発見できるはずだ。

湿地を移動する

　湿地は移動するのに、最も難しい地形である。水深は浅いが歩いて横切るのは難しく、不可能に近い。さらに、深さがないため、ボートでの移動も困難を伴う。また、湿地で位置や方角を確認することは、地形に目立った特徴がなく困難である。低木や草、樹木の景色は単調で、水路の区別がつかないのだ。

　ジョンボート（角型平底の小船）は、湿地を移動するのに適している。船体は長く、深さもない。しかも平底である。幅が狭いので、水路が行き止まりでもバックさせることが容易だ。カヌーも湿地に適している。カヌーはジョンボートより幅が狭く扱いやすいので、障害物をよけて進むことができる。しかし、周囲を見渡すために立ち上がれる、ジョンボートほどの安定性はない。

障害物を避ける

　高温多湿という気候に加えて、うっそうと生い茂る草木地帯を通り抜けるのは困難を伴う。そのような熱帯雨林や湿地を移動する人たちの苦労は絶えない。最も厄介な植物は、おそらく竹だろう。竹はナタで切らなくてはならない。ただ、真っすぐに生えている竹ならよけて進むことは可能だ。湿地を歩くとペースが遅くなり、1時間に90〜450mしか進めなくなることもある。雨季なら、ボートを使った方が移動しやすいかもしれない。

how to
南十字星から方角を割り出す

1. 天の川をたどって、ぽっかり穴の開いたような黒い部分、暗黒星雲（コールサック星雲、石炭袋とも呼ばれる）を見つけてみよう。南十字星はそのすぐ横にある。南十字星の東側と南側の星は、夜空の中でも最も明るい。

2. 十字を描くように一番高い星から、長辺を下ろす。

3. 長編の長さを4.5倍に延ばした所が、天の南極に当たる。天の南極から視線を地平線まで垂直に下ろして、ぶつかった所が真南の方角である。

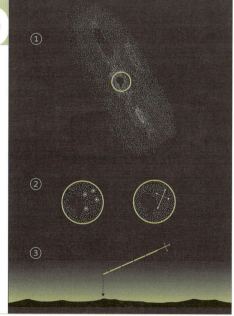

ジャングルを移動するコツ

ジャングルでGPSがない場合、距離を測る方法のひとつに歩測がある。概算では人が1km歩くのに、1300歩かかるといわれている。しかし、歩数は歩幅や通行する地形によって変わる。起伏の多い地形を歩いたときに距離を割り出せるよう、事前に測って自分のペースを知っておこう。

ジャングルの道を歩く場合、あてずっぽうではいけない。道は植物で覆われているかもしれないし、地図上の印と合っていないかもしれないからだ。仮に迷ってしまったら、通過した所が地図にあるかを探してみる。目的地を確かめるには、歩測を利用する。また、地図やGPSと現在地を照らし合わせてみる。そして、地図上で川や山などの目印を探す。引き返すのをためらってはいけない。引き返す場合は、足跡をたどるか、草木をナタで切り落としながら足跡を残し戻る。また、ジャングルに入る予定があるなら、新型のGPSを購入しよう。古い型だと、うっそうと茂るジャングルの中では、十分に機能しないことがある。既存のGPSが古い型の場合は、川沿いの広い場所か空き地で使用すること。

ナタの上手な使い方
- 軽く振る。
- 茎や枝が行く手をふさぐような倒れ方をしないように、なるべく根元の方で下に向かって切る。
- とがった竹の切り株はそのままにしない。足で踏み抜く危険性がある。
- つる植物は、刈り取った部分が道に落ちてくるかもしれないが、踏み越えていける。
- 体力を消耗しないために、無駄な刈り取りは行わない。
- 虫やヘビ、植物のトゲなどに注意して、棒を使って植物をかき分けて進む。
- ナタに驚いて逃げ回る虫に刺されないよう、肌のチェックを頻繁に行う。

熱帯雨林で霧が出たり雨が降ったときの視界

熱帯雨林の天候は高温多湿、多雨、そして、漆黒の夜という予想どおりの特徴を持つ。熱帯の雨は、大抵短時間の豪雨である。雨が降るのは午後か夕方で、決まって同じ時間帯にやってくる。土砂降りになると視界は極端に悪くなり、移動も困難になる。雨がやんだ後も濃い地霧は何時間も続き、太陽が出てやっと霧が晴れるという具合だ。

熱帯雨林の高地は、霧や湿ったもやに包まれることがよくある。視界が悪く、地形が険しい地面は滑りやすいため、山地のジャングルでの移動は困難を極める。

うっそうと茂るジャングルの中では、頭上を覆う林冠が太陽を遮るため、日光がほとんど届かない。星や月、太陽の影で方角を知るのが難しくなることを知っておこう。

マングローブの湿地

マングローブの生える湿地の移動は、困難を極める。根や枝、つるが絡み合い、カーテン状になるため視界が遮られる。水の流れが水路を形成し、いかだやボートで移動できることもあるが、マングローブの根に阻まれてスムーズに通れないことが多い。コンパスやGPSを使えば方角は分かるが、マングローブのため直進するのは難しい。『米陸軍サバイバル全書』には、マングローブの湿地帯は避けるべきだと書かれている。「もし迷い込んでしまったら、歩いて出なくては助からないかもしれない」とも記述されている。

マングローブの湿地帯には、カニやナマズなどの野生動物が多数生息しているので、狩猟や釣りができる。しかし、ヒルやワニ、ヘビなども多いので注意が必要だ。

沼沢林の種類

マングローブは、樹皮によって種類の見分けがつく。レッドマングローブは水の豊かな所に生息する。水上から地中に伸びる気根と地中から水上に伸びる膝根が絡まり合って、根のカーテンを作る。

ブラックマングローブの根は、あまり密生せず、ほとんど絡まない。そして、ホワイトマングローブにいたっては、根の絡みが最も粗い。沼沢林はほかにも、シダとヤシが生い茂るヤシ沼沢地、高い木の林冠で覆われている森林性沼沢地、そして、塩分耐性のある低木やココヤシの木が混在する、海岸沿岸域湿地などがある。

how to
水分を含んだもろい地盤 「流砂」からの脱出法

① もがかないこと。何でもいいので、近くにある頑丈な枝をつかみ、流砂の上にあおむけになる。

② 枝まで届かなければ、流砂と体の接する面積を増やすため、背中を反らせてゆっくり足を砂の上に乗せながら開く。

③ 流砂は液体だと思って、体を浮かせようとすること。歩いて出ようとしてはいけない。片足を上げるともう一方の足へ重さが移動するため、その足が沈んでしまう。両足が砂上に出て体が浮くように、あおむけの状態を続け、接する面積を増やしていく。

④ 体重を分散させながら手足をヘビのように動かし、ゆっくり固い地面へ進む。

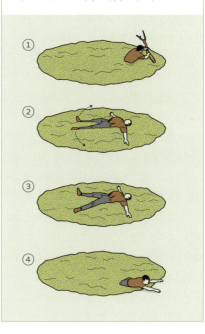

HOW I SURVIVED:
熱帯雨林での意外な落とし穴——ミレヤ・メイヤー

絶対に何か変だ」と、感じたときのことは覚えている。それは、手を切ってから4日後くらいだった。手を切ったのは、南米の秘境である熱帯雨林を歩いているときだ。私はサキ（かわいい顔で長いしっぽをした南米熱帯産の珍しいサル）の研究のため、ジャングルに初めて足を踏み入れたのだ。

南米北東部のガイアナ共和国の熱帯雨林に潜む、「危険な存在」の毒ヘビやジャガーなどばかりに気をとられていたため、小さなかすり傷のことなど気にも留めていなかった。だが、念のため傷口に抗生物質製剤軟こうを塗っておいた。ところが今や、私の両手は水膨れ状態で、風船のように腫れている。しかも、ひざと太ももに、かすり傷とは関係のない別の症状が現れ始めたのだ。赤い筋とぱっくり開いた擦り傷跡だ。原因は何か、そしてどう手当てをすればいいのか、不安混じりに考えてみた。とりあえず、抗生物質製剤軟こうをもっと塗っておいた。

状況が違えば、すぐに医者かその類いに診てもらうのだが、もちろんここには衛星電話もインターネットもない。近くに村がないのだから、病院があるはずもない。たき火のそばに座り、どうすべきかを決めようとした。この探検を打ち切るという選択肢はなかった。多額の助成金が掛かっていたし、共同責任者をがっかりさせたくもなかった。彼は苦労して、私たちをここに送り込んでくれたのだから。

しかし、私の両手はますます腫れを増し、もはや普通に歯を磨いたり、ズボンのジッパーを上げることさえできなくなっていた。

いつもは穏やかな現地の人たちが、嫌悪感をあらわにするのを見て、初めて自分の両手がいかに醜いかを痛感した。彼らは、私に両手を隠すように言った。蒸気によるやけどだと思ったらしい。「そうよね、確かにひどいわね」と、私は心の中でつぶやいた。別の症状も悪化し、赤い筋が腹部にまで広がっていた。「弱虫」のレッテルを張られるのを覚悟のうえで、帰ることを決心した。

いったん帰ると決めたはいいが、村まで歩いて帰るためのボートを手配するのに、さらに2日間を要した。森の中をボートで移動しているとき、以前は当たり前のように使っていた両手が「なんと便利だったのだろうと」改め

ナショナル ジオグラフィックが支援する若手探検家のミレヤ・メイヤーは、珍種や絶滅危惧種の野生霊長類の保護活動をしている霊長類学者。

て実感したほどだ。

　村の中心部に着くと、大きい（そして唯一の）「病院」に駆け込んだ。待合室には患者よりも犬や鶏の方が多い。なんとも始末に負えないほどの病院だ。医者は私を個室へ案内し、やけどをしたときの状況を聞いた。「やけどではない」と私が言っても、その医者は信じてくれず、やけど患者を治すのに使う銀色の軟こうを塗り始めた。それから小さい机に歩み寄り、使い回されたのは明らかな、開封された数本ある注射器の中から1本を取り上げた。「この注射は効くからね」と医者が言ったとき、「もうここにいてはいけない」と私は直感した。探検を切り上げるだけでなく、ガイアナを去る決心をしたのだ。

　「通院患者全員に新しい注射針を使うのはとても高くつく」と医者は言い訳したが、私は謹んで注射を辞退し、米国に戻る手配を始めた。航空便はどの便も満席で、キャンセル待ちの人も大勢いた。しかし、折よく係員が次の便に席を取ってくれた。私の両手を見るに堪えないというのが、彼らの本音だろう。飛行機が着陸すると、「メインターミナルに移動するための車いすと、付き添い人が来るまで待つように」と乗務員に言われた。よっぽど具合が悪そうに見えたようだ。マイアミの病院まで、母は心配して面会に来た。私の両手を見るやいなや、母は泣き出した。その時点で私の両手はすでにバレーボールほどの大きさまでに膨れ上がっていたのだ。

　あるとき、私の病室の外で、主治医が看護師に話しているのを聞いてしまった。医者は「あの症状は、私も見たこともない最悪の状態の敗血症で、処置が1日遅ければ、あの患者は死んでいただろう」と言っていたのだ。母には、心配をかけたことを謝った。

　私はそれから、さらに10日間入院した。点滴を打たれ、感染症予防の強い抗生物質と、腫れを止めるステロイドを投与された。そして私は、少しずつ両手の自由を取り戻そうと努めた。私の症状は全身性（血液）感染症だった。今となってはあれが全身性感染症の兆候だと分かるが、もし、あの赤い筋が、足から腹、そして胸までに広がっていたら、私は死んでいたはずだ。抗生物質製剤軟こうを塗っても治らなかったのは、湿気のせいで傷口が乾かなかったからだ。また、軟こうに付いた汚れが、感染症を一層悪化させたのだ。

　このことを学んだ後、私は2回の探検に出かけた。どちらのときも、明らかに全身性感染症にかかったと思われるメンバーがいたので、私は2人の命を救うことができた。2人とも小さなかすり傷から血液を感染させた。毒の入った部分が赤い筋になり、心臓に向かうなどとは、思いもよらなかったようだ。

　私は教訓を2つ得た。ひとつめは傷口を乾かし、赤い筋が現れたら直ちに治療を受けること。ふたつめは、熱帯雨林で注意すべきものは、毒ヘビやマラリアを媒介する蚊だけではない。小さな切り傷も、非常に危険だということだ。

高所で生き延びるのは難しい。ナンド・パラードは、生還できる確率について考えた結果、こう結論を出した。
　1972年、パラードと彼の所属するウルグアイのラグビーチームの仲間たちを乗せた飛行機が、人里から隔絶された標高約3600mのアンデス山中に墜落した。墜落の衝撃にもかかわらず乗客のほとんどが助かったが、辺りは雪で覆われ、動物も植物も見当たらない不毛の土地だった。生存者は低酸素に苦しみ、少し動くだけでも動悸が激しくなる。しかも、標高5000m級の切り立った山々が周囲を取り囲んでいる。夜になると、気温は氷点下をはるかに下回った。パラードは「我々は、滑稽なほど場違いな場所にいた。まるで、砂漠にいるタツノオトシゴのようだった」と述べている。そして、「ここでは命ある物の方が異質なのだ。山々がそうした異質な物に対して寛容でいられるのは、ほんの少しの時間だろう」と考えた。
　ロッククライミングの経験はなく、寒さにも慣れていなかったパラードと2人の仲間は、それでも山を脱出し、助けを呼ぶことに成功した。彼らは飛行機のシートクッションで即席の断熱材を作り、瓶や金属の板を利用して水を集めた。回収したがれきで雪の中を進むソリのような道具を作ったりもした。パラードと仲間たちには、夏のラグビー大会に出かけるだけの備えしかなかったにもかかわらず、知恵を出し勇気を振り絞ったおかげで72日もの間、雪山で生き延びることができたのだ。

CHAPTER 5
HIGH MOUNTAINS

133

HIGH MOUNTAINS
高　山

134　138　140　142　144　146　148　156　158　164

PREPARATION
準備

　「山」とは何を指すのか、人によって意見は違う。北アメリカ大陸に入植してきた人々にとって、アパラチア山脈の900m級の山でさえ、恐れの対象だった。しかし、アンデス山脈に住み始めた人々にとって、それは単なる丘にしか見えなかっただろう。そうした考えの違いが、時として大きな障害を生じる。山に入る場合、登山を予定している山の高さを確かめておこう。山の高さは、標高や周りの地形からどれだけ起伏しているかを基準に分類されている。米国では起伏量が300～900mで、頂上が樹木で覆われている山を低山とし、高山は起伏量が900m以上で頂上には樹木がなく氷河があり、1年を通して雪に覆われている山を指す。このような高山でのサバイバルは薄い空気、急激に変化する極端な天気、岩や小石が多く足元の悪い地形、雪崩、食料の不足に備える必要がある。また、重力も問題だ。パラードは「登りは戦いだが、下りは降伏することに近い。もはや重力と戦う必要はないが、今度はうまく付き合わなければならないのだ」と述べている。パラードは即席のソリで下ろうとするが、時速100km近い速さで雪の吹きだまりに衝突し、ソリを使うことを断念した。

　しかし、雪山では救助隊に発見される可能性があるのなら、その場を動くことは控えるべきだ。やむをえない状況なら、昼間のうちに最も安全なルートに沿って下山しよう。

念入りな計画と準備

登山の準備は体を慣らすことから始める。小高い丘から徐々に高い山を歩き、自分の体が登山に耐えられるかどうかを判断する。足の筋肉と心肺機能を鍛える運動。コンパスや高度計の使い方、地図やGPS（全地球測位システム）の扱い方も練習しておく。事前のルート計画はもちろん、天候によって計画を変更できるように準備をしておくことも大切だ。気温の突然の変化に備えて、重ね着のための衣類、日焼け、風焼け、凍傷防止の準備も必要だ。高カロリーの食物も携行しよう。

高所に慣れるためには

- 標高2400m以上の場所では、高度順応の時間を取る。
- 登山中は2700m付近で2泊する。
- さらに標高の高い場所では、1日に300mだけ高度を上げ、高山病のリスクを減らす。
- 一度、ある一定の高さに順応できれば、登ったり下ったりしない限り、順応したままでいられる。
- 順応できない場合は、ゆっくり行動する。2400m以上の高度では、アセタゾラミド（ダイアモックス）を処方してもらうことも検討しよう。
- 順応には個人差があること、なかには順応できない人もいることを忘れずに。

高山で飛行機が墜落した場合のサバイバル

飛行機の墜落事故では、捜索は広範囲に及ぶ。救助隊はフライト計画と最後に記録された位置情報を手掛かりに、大まかな墜落現場を割り出すことしかできないだろう。高山で飛行機が墜落した場合、生存者は救助を求めて動くよりも、墜落現場にとどまった方が助かる確率が上がる。しかし、寒さや風、雪にさらされている。あるいは雪崩や落石の危険がある、食料が不足している場合などは、現場から離れる必要があるだろう。

ほかにも生存者がいるなら、2人1組の偵察隊を編成し、周辺の地形を確かめよう。偵察隊はお互いが目で確認できる距離を必ず保って行動し、戻ってこられるように目印を付けながら歩く。ただし、夜に偵察をしてはならない。暗闇の中では、どんな危険が潜んでいるか分からないからだ。現場を離れるならば、シェルターになりそうな地形を探す。石を積み、穴を掘るなどして、体を守る場所を確保しよう。同時に3か所でたき火をして、捜索隊へ救難信号を出してみる。

やるべきこと

- 燃料に引火しないことが確認できるまで、機体には近づかない。
- 機体は上空から目立つ。安全だと分かったら、機体の近くに戻ろう。
- 残骸はシェルターや信号に使える。残骸の中には食料が残っている可能性もある。
- 墜落現場から離れなくてはならない場合は、自分がどの方向に進んだかの印を残し、山を下ろう。

達人の心得（ボーイスカウト） 高山の行動で度々直面するのが、人里から隔絶されているが故に起こる問題だ。山にでかけるなら、ほかのトレッキング同様に相応の道具や食料が必要となる。また、人里離れた山中では、自力で問題を切り抜けるだけの心構えがより以上に要求される。

衣類の基本の装備

衣類は重ね着が基本だ。最も外側に着るパーカーやレインウエアは、防水加工が施され、気密性の高いフード付きのウエアを選ぶ。頭部から体の熱が逃げていくのを防ぐため、耳あて付きの防寒用帽子を装備するか、筒状になった羊毛のネックウォーマーをかぶってから上着のフードをかぶるようにする。羊毛の5本指手袋をミトンの下にはめるのが、手を寒さから守る最も有効な方法だが、スペアの靴下も緊急時には手袋として代用できる。足元は靴下を2足重ね、ふくらはぎまでの深さがある防水タイプの履き慣れたブーツを履く。また、高山では空気が薄く、晴れると日差しが強くなる。雪も日差しを反射する。サングラスと日焼け止めも必需品だ。両

目を覆うサイズのダンボールを用意し、目の位置に合わせて細くスリットを入れた物でも、サングラスの代用品となる。

特別な装備

荷造りをする際、可能であれば、極寒の気候から自分を守るアイテムを入れておこう。軽量だが丈夫な素材で作られたアイテムは、体を動かすのがつらくなる、標高の高い場所で特に役に立つ。たとえばゴアテックス素材は、防水透湿性に優れており、雨や風から体を保護し、発汗による湿気を外に放出してくれる。化繊の下着も発汗に対して有効だ。

山用のアイテム

- 寒冷地用の水筒。ステンレススチール製で気密性の高い真空二重構造、唇に冷たい金属が当たらなくてすむシリコンの飲み口付きのタイプ。
- 雪を溶かして飲料水を作り調理をするガスコンロ。バーナー部のメンテナンスを怠らないように。
- ドーム型テント。風で飛ばされないように、ある程度まで雪の吹きだまりの中に埋めて固定する。
- PLB（パーソナル・ロケーター・ビーコン）や衛星を使用するロケーター。こうした機器は一般的に通信が良好な場所で有効だ。高所でのみで使用し、電池の無駄遣いは避けること。

マルチに使えるポリエチレン製のバッグ

ポリエチレンでできた、軽量で視認性のよい派手な色のバッグを持っていこう。一時的に雨や風をしのぎ、広げて水を集めるのにも使える。また、上空を飛ぶ飛行機への信号としても役立つ。体にしっかり巻き付ければ防寒にもなる。余分な布やシートなどを断熱材の代わりに詰めて巻いてもいい。冷たい川を渡らなくてはならないときには、衣服をこのバッグの中に入れて水につからない高さに抱えて渡れば、衣服がぬれない。

登山のテクニックを学ぶ

　山の急斜面は外洋や極地などと並んで、地球上で最も危険が潜む場所である。断崖との遭遇、緩んだ石や氷など、事前に気づく危険な場所だけでなく、なかには落石や雪崩、クレバスなど、前もって察知するのが難しい危険も潜んでいる。

　もし、急勾配の山を登る予定なら、国際山岳ガイド連盟（IFMGA）認定の山岳ガイドに専門技術を学ぶか、スクールに入ってトレーニングを積む必要がある。岩や雪、氷の道を登下山する方法、登山道具の安全な扱い方を繰り返し練習しよう。小規模な雪原歩行、氷河歩行、絶壁登攀などを訓練し、規模の大きな山で実践に臨む。しかし、何よりも忘れてはならない「装備」は、警戒心と的確な判断力だ。

急勾配の岩壁や氷の壁を登るための道具

- ザイル、ヘルメット、ハーネス、ロッククライミング用シューズ
- プロテクション（支点確保）として、カミングデバイス、ナッツ、チョック、ピトン、ボルト
- 連結システムを作るカラビナとスリング
- アイゼン
- ピッケル、アイスアックス
- アイススクリュー

達人の心得（ボーイスカウト）　出発に向けて、数日間の天気予報をチェックする。旅の途中では自分の天気に対する感覚も駆使しよう。仮に悪天候で足止めされた場合、山に登る機会は次もあると考えあきらめること。

天候を確認する

　テレビやラジオの天気予報とその地域の天候状況を必ず比べ、リスクを見極める。携帯できる天気予報用の情報端末があれば、地元の天気予報が分かる。こうした端末は嵐などの悪天候を予測するとアラームが鳴るので便利だ。雲の形は天気の変化を表している。積雲は不安定な天気を意味し、積乱雲に発達すれば雷を伴う嵐になる恐れがある。空の高い位置に巻雲が現れたら、翌日は悪天候の可能性がある。遠く離れた山の尾根に雪粉が吹き上がっていたら、強い風が吹く前兆だ。

気をつけたい悪天候

- 激しい雷雨：午後になって積雲が発達してきたら要注意。登山を中止してシェルターを探そう。
- 雷：稲光と雷鳴の間隔が何秒あるかを数える。数えた秒数を3で割れば、どれだけ離れた場所で雷が鳴っているかがキロ単位で分かる。地面が乾いた場所で身をかがめ、金属性の物を捨てる。最後の雷が鳴ってから30分は警戒を解かない。
- 移動性の嵐：低い雲が発達していないか、高さの異なる位置に雲が出ていないか、発達した巻雲が低い位置に出ていないかを確認する。冬なら大雪になる可能性もある。
- 霧とホワイトアウト：晴れるまで前に進めない。
- あられ・ひょう：粒が大きければ重傷を負う恐れがある。

火 FIRE

　高所での火は貴重だ。 100m高度が上がるごとに、気温は0.6℃下がるといわれている。標高が高くなると最初に薄い空気と寒さが人間を襲う。燃料になりそうな木々も少なくなってくる。「樹木限界」はスコットランドで標高約600mから、コロラド州南部では約3600m、南米のエクアドルでは約4600mから始まる。それ以上標高が高くなると、高山植物しか生えなくなる。この高度で燃料の代わりになりそうな物は、墜落した飛行機の残骸、草、低木のヒースくらいだろうが、事実上、燃料となるものは全くないといっていい。

　激しい風雨や雪の中では火おこしも、火を保つのも難しくなる。風の中で火をおこすなら、地面を掘り下げた場所か突風が吹き込まない自然のくぼ地、半円状に積んだ岩壁の陰で行う。岩壁では大きくて安定した石を積み、隙間を泥で埋めて火床を作る。森林限界より下の高度で枯れ木を探すのなら、太いマツの枝がお薦めだ。マツの枝を裂き、屋根のある乾いた場所で火をおこそう。同じ方向から常に風が吹きつけるのであれば、防水シート（タープ）で火を守ることができる。雪の中では、岩や飛行機の残骸などで溶けた雪で火が消えないように土台を作り、その上で火をおこす。

岩など自然にある物を使って風や雪、雨を遮断しよう。

標高が高い場所での調理

標高が高い場所は気圧が低いため、海抜0mの沸点100℃よりも低い温度で水が沸騰する。標高約1600mでの沸点は約94℃、約3000mでは約90℃だ。調理する場合、加熱する時間と水の量を増やすこと。水分が早く蒸発するため、水をこまめに加える。ドライフードは、調理の前に通常よりも長く水に浸しておく。

コンロと燃料を持っていく

- 薪(まき)や燃料が乏しい場所、あるいは全くない場所で火を使う場合、コンロがあると重宝する。コンロは頑丈で、標高が高い場所でも簡単に火がつけられるものを選ぶ。さまざまな種類の燃料が使える、マルチフューエルのものがベストだ。コンロは常にきれいにし、寝る前には火を消す。
- ホワイトガソリン:気温に左右されずに使用することができ、風にも強い。腐敗した古いガソリンは使わないこと。
- ガソリンと灯油:たまったすすを、定期的に取り除く必要がある。
- アルコール:比較的炎の温度が低いため、食料の加熱時間が増える。
- ブタン:氷点下になると液体のまま気化しないため、ブタンにプロパンを混合させたものを使用する。
- 航空燃料:寒さで凍るため、着火する前に温めておくこと。調理用に使ってはならない。非常時に火をつける場合は、航空燃料と灯油を1対4の割合で混合させたものを使う。

how to

火を持ち運ぶ

1. 行動中、火を次の移動先まで運ぶ場合や信号火(シグナル・ファイア)を作るために、火を燃やしたままにしておく場合は、飲料水の金属缶やそのほかの缶、非可燃性の容器(ネイティブ・アメリカンは動物の角を使用)を見つける。そして、とがった物で容器の側面を突き、穴を開ける。
2. 容器の底にコケなどの燃えにくいものを敷き詰め、その上に火を置く。
3. その火の上に、燃えにくい物をさらにかぶせる。火との間にあまり空間を持たせても、詰め過ぎてもいけない。空間が大きすぎると火の燃焼が強くなり、空間を詰めすぎれば火が消えてしまう。

水 WATER

　ナンド・パラードは、アンデス山中で過ごした72日間について、こう記している。「寒さは、我々にとって常に最大の苦しみだった。しかし、この試練が始まったころ、我々が直面した最大の脅威はのどの渇きだった」。空気が薄い土地では、血液に酸素を送り込むため、人間の体はより活発に働きだす。空気の少ない環境から一定の酸素を吸収しようと、呼吸が速くなるのだ。そして、息を吐くたびに、体は水分を失う。山中の冷たい風は海面の暖かい風よりも乾燥しているため、さらに人間の体から水分を奪っていく。

　登山に慣れていない者は、すぐに脱水症状になってしまうだろう。登山者は体内の水分量を減らさないために、多量の水を摂取しなければならない。終日山登りをする場合、1人当たり最低5〜6ℓの水を持ち歩くことをお勧めする。

　流れの速い水流は通常、山脈から流れてくる。これらの水もほかの自然水と同様、飲む前に浄化するべきだ。雪や氷を飲料水にするには、まず溶かすこと。雪の塊を直接口に入れて水を摂取すると、一時的にのどの渇きを癒せるかもしれない。しかし、冷たい雪を溶かすために体の熱が奪われるため、脱水症状を促進させてしまう。また、口をケガする可能性もある。地面から取った雪には、微生物が含まれているかもしれない。

水を得ることができる場所
- 岩場では泉を見つけよう。多孔質の石灰岩から水が染み出ている場合がある。
- 崖（がけ）の下。
- 粘土質の絶壁。粘土は水分を含んでいる。絶壁の側面に緑の植生があれば、そこには水分があるかもしれない。
- 乾いた河床。湾曲している場所の外側を掘ってみよう。そのすぐ下を地下水が流れている可能性がある。
- 鉱山跡や、鉱石の集積場が近くにある場所の水には注意すること。汚染されている恐れがある。

essentials

雪を溶かす

雪や氷をそのまま口に入れるべきではない。体から熱を奪い、余計にのどが渇いてしまう。火や太陽の光、体温を使って溶かそう。

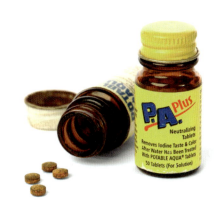

- 地面に近い場所から雪を集める。下の方が押し固められているため、表面に近い雪よりも多く水分を獲得することができる。

- 氷や雪はコンロの火で溶かすか、太陽の光を反射する色の濃い物の上に置いて溶かす。その際は色の濃い物の中心部をへこませて、そこに水を集める。色の濃い布や平らな岩が望ましい。

- 氷はある程度の大きさに砕いておくとより早く溶け、燃料の消費を抑えることができる。

- 少量の雪を鍋で溶かし、水になったら少しずつ新たな雪を加える。必要な分だけを溶かし、適度な温度になったら飲むこと。

- セーターなど、水が浸透しやすい素材の物をきつく結んで袋状にし、その中に雪を詰める。それを火のそばにつるして容器を下に置き、滴り落ちる水を集める。その際、あまり火に近づけないよう注意すること。

- 手で雪を握りしめて溶かし、水を得る。

- 雪を透明なボトルに入れておき、太陽の光で溶かす。

- 自分の体を使う以外に雪を溶かす方法がない場合は、雪を防水性の袋に詰めて衣服の間に入れて体温で溶かす。

- 水が清潔かどうか確信できない場合は、煮沸すること。浄化した水を冷ますために、雪や氷を入れてはいけない。

雪や氷から水を得る

溶かして飲料水にするなら、雪よりも氷を選ぶ。氷は雪のように断熱性に富む空気の層がないため、雪よりも少ない加熱で非常に多くの水分を得ることができる。雪を溶かすなら、上層よりも地面に近い下層のものがよい。圧縮された分、水分の量も多いからだ。

氷河は氷の川で、高山の頂上から低地へと流れている。小川は氷河の縁から発生しているが、小川から獲得した水は砂や土をろ過する。氷河はきれいに見えるが、微生物に汚染されていないという保証はない。疑わしいときは、浄化してから飲用水にしよう。

雪と氷を浄化する

- サバイバル時には、燃料を節約すること。人里離れた場所に積もった汚れのない雪は、恐らく浄化しなくても問題ないだろう。
- 雪が汚れているように見えたら、ろ過した後、しっかりと煮沸する。
- 浄化用のヨウ素剤や塩素系漂白剤のタブレットなどで消毒する。
- 0.4μろ過膜でろ過すれば、細菌を取り除くことができる。

SHELTER
シェルター

　たとえ南国であっても、山は氷で覆われているかもしれない。標高が高く、不毛な山頂では風や氷、雪から身を守るシェルターなどはほとんどないだろう。そして、山の上に立ち込めた空気が冷やされ、雨や雪を降らせ、山道や頂上に突風が巻き起こる。

　標高が高い場所では、急な天候変化に気をつけるべきだ。突然の嵐は致命的になることもある。ジョン・クラカワーが1996年に体験した、自身のエベレスト登山をつづった著書『空へ』の中で、彼は山頂に登ったとき、「いくつかの細い雲」に気づいたと記している。しかし、彼は体が揺さぶられるような激しい嵐に遭うとは思いもしなかったのだ。その嵐は一緒に登った何人かの仲間を襲い、死に至らしめることになる。

　樹木が生育不可能となる限界線より、さらに高地にシェルターを作る場合、材料が少なく非常に難しい。岩壁のくぼみに入れば、風や雪から多少は身を守れるかもしれない。また、石を積み重ねれば、風よけやシェルターの代わりにすることもできる。その場合、あらゆる隙間を埋めて、手持ちの敷布や代用品で天井を作る。森林限界より高地にある氷だらけの環境では、防水シート（タープ）や雪のざんごう、雪洞などで素早くシェルターを作ろう。そして、山で行動する際は、「嵐が来るまでの時間を予測せよ」という軍隊のルールに従おう。シェルターを作る時間があればすぐに作り始め、もしなければ、前夜過ごしたシェルターへと引き返すことだ。

雪のドームを作る

　防水シート（タープ）を使い、雪のドームを30分で作ろう。雪で小さな山を作り、防水シートか布で覆う。その上に屋根として固めた雪を少なくとも30cmほどの高さまで載せる。屋根が固まったら、防水シート下の部分を掘り出し、防水シートか布を取り出す。そしてドーム内部空間を広げる。屋根に換気口を開け、入り口に雪を積み上げ、部分的にふさぐ。内部に防水シートを敷いて体を横たえるスペース確保する。

how to

雪でざんごう型のシェルターを作る

1. 少なくとも150cmは積雪している場所、たとえば、硬くなった雪の吹きだまりなどを見つけ、シャベル、鍋、枝などを使って掘り、ざんごうを作る。柔らかい雪はざんごうの脇に積み上げておく。

2. 雪が持つ断熱性を最大限に活用するため、ざんごうは最低でも90cmの深さになるように掘ること。自分が横になれるだけの十分な長さと幅を持たせる。雪の上に直接横にならなくてすむよう、底に防水シート(タープ)、枝、マツの葉などを敷く。

3. 枝とマツの大枝を交差させながらかぶせ、上部をふさいでいく。入り口用に少し開けておくこと(入り口は風下にする)。

4. 掘り出した雪でざんごうの上に30cmほどの小山を作る。枝をずらして入り口をふさぐが、風下に換気口を開けておくこと。

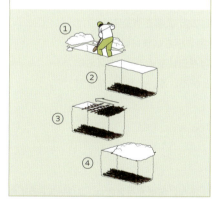

雪洞を作る

- 広い場所に深く積もった雪、あるいは吹きだまりを掘る。約90cmの深さまで掘ったら、直角下方にさらに掘り進める。
- 入り口はなるべく雪が降り積もらないように、風向きに対して45度の位置に作る。
- 屋根は少なくとも45cmの厚さを保つこと。
- 雪洞の中に入ったら、入り口を部分的に雪かバックパックでふさぐ。
- 空気を換気するために、小さな穴を地面と屋根に開ける。

低酸素症の危険を理解する

- 空気が薄くなる標高2400mあたりから症状が出やすくなる。嘔吐(おうと)、頭痛、心拍数の増加を引き起こす。
- 標高が高くなれば危険度も増す。症状が軽い場合はその場にとどまり、さらに上へ登らなければ3〜7日で治まることもある。
- 標高3600m付近になると、誰でも発症する恐れがある。
- 標高が極めて高い場所では、肺や脳に水分がたまる、危険な高所肺水腫や高所脳浮腫になる可能性がある。症状は、せき、息切れ、呼吸困難、錯乱に始まり、歩行時のふらつき、方向感覚の喪失、幻覚、社会的離脱などへと進行する。
- 子供、大量飲酒者、肥満の人に発症する可能性が最も高い。
- さらに標高の高い場所で過ごす前に、まずは現時点の標高に体を順応させる。
- 高度を上げるにつれ、食事における炭水化物とタンパク質、水分の摂取量を増やす。

達人の心得(ガールスカウト) 標高の高い場所に順応するには、数日間の休息と水分の大量摂取がよいだろう。症状が治まらない場合や悪化した場合は、体調を崩した最初の場所まで約600〜900m下山する。それでも良くならなければ、医師の診察を受けること。

FOOD
食料

　標高が高い場所で激しく体を動かすと、1日に1万5000kcalを消費する。しかし、世界で最も高い山脈の頂上では、食物となる植物はほとんど生育していない。さらに、標高4800mを超えると空気はかなり薄くなる。高所登山者は、高カロリーの食べ物の持参が必要だ。

　標高が低い場所では、魚やシカなどの獲物が豊富だ。ホウセンカの根など一部の野草からは、必要なビタミンを摂取できる。また、岩に生えた地衣類からも、栄養を取ることが可能だ。毒を持つ地衣類は少ないが、どの種類も全て一晩水につけておき、それから不快な酸味を抜くために煮込む。高所に生える多くの樹木は、芽や若い枝、樹液、内樹皮など、部分的に食べることができる。マツやトウヒの針状葉を煮込むかつけておけば、ビタミンが豊富なお茶ができ、木の実や小さな枝には、栄養分が含まれている。しかし、樹種が分かるものだけを口にすること。ネズミサシの実は、そのままでも調理してでも食べることができる。一方、ヒマラヤスギはどの部位にも毒が含まれている。

登山に持参する物

　山の中では、携帯用のガスコンロが重宝する。雪や氷を飲料水にするために溶かしたり、暖をとったり、調理するために使う。薪や燃料が少ない岩だらけの土地や氷に覆われた土地、雪深い土地へ行くときは、なおさら必要だ。

　ほかに持参すべき物は、フリーズドライ食品、非金属性の真空二重構造容器に入れた水、栄養価が高く炭水化物が豊富な軽食、温かい飲み物を作るための粉末ドリンク（体を温めるだけでなく士気をも高める）、包装されているアメだ。

手に入れやすいタンポポ

　セイヨウタンポポは、低山の日当たりのよい場所に育ち、全ての部位が食べられる。にが味はあるが、葉、花、芽はサラダとして、根はゆでて食べることができる。タンポポはチコリと同じキク科の植物のため、根をいって粉状にすればコーヒーの代用にもなる。ビタミンAとビタミンC、カルシウムを多く含み、乳白色の樹液はのりとして使える。

高地の食料

- シカ：世界各国の中低山に生息する。
- アカシカ：一般的にシカよりも大きく、あまり目にしない。「ギャング」と呼ばれ、群れで移動する。
- 魚：涼しい山の小川にはマスが多く生息する。マスの下に静かに手を入れ、えらに指を差し込めば、素手で捕まえることができる。
- シロイワヤギ：険しい山の上に生息し、その毛皮は厚く暖かい。捕獲するときには必ず鋭い武器を使うこと。
- ウサギ：ワナを仕掛けるか狩りをして捕まえる。しかし、栄養価が低いのでウサギを食べてもすぐに、エネルギー切れになってしまう。

食べてはいけない植物

　ヒマラヤスギは全ての部位が有毒だ。シュロソウはドラセナに似た植物で、猛毒を持つ。デスカマスはデスリリーと呼ばれる有毒植物で、花は6弁で花弁はハート形をしている。カルミアは約2.5～3mの高さに育つ低木で有毒だ。房状に咲く白い花にはピンク色の斑点がある。ポイズンアイビーは北米全域に広がり、その平らで光沢がある小葉は、のこぎり歯状をしていて3枚葉を持ち有毒だ。

樹皮、針状葉、マツの球果を活用する

- トウヒの先端が角張った鋭い針状葉をゆでると、ビタミンCが豊富なお茶が作れる。
- カバの木の内樹皮は生でも食べられるし、細長く切ってスパゲティのようにゆでても食べられる。樹液も木から採ってそのまま飲むことができる。
- ロッキー山脈南部産のマツの実は、いっても生でも食べられる。ひいて粉にすることもできる。
- マツの木は全ての種の種子内にある胚乳が食べられる。しかし、種が小さすぎて食用に向かないものもある。春には若い球果をゆでたり焼いたりして食べられるし、若い枝先の樹皮をむいて食べることができる。

植物や動物を食べるのは緊急時のみ。登山をする場合には、全ての食料を持参しよう。

応急処置

　高地でのケガは、高地特有の深刻なケガに発展する恐れがある。酸素が薄いため低圧低酸素状態になり、精神疾患および身体的疾患も引き起こされる。そのため、より以上に疲労感が残り、体が思うように動かず、しかも、注意力が散漫になることでケガが多くなる。強風にあおられて転倒しないように注意が必要だ。また、落石や岩盤の崩落により骨折するようなことがあれば、かなり深刻だ。特に単独で行動している人にとっては、捻挫さえも命取りになりかねない。しかし、出発時に体調を整えておき、警戒心と的確な判断力をもって時間をかけて環境に順応することで、ケガの危険性を減らすことができる。

　寒さ、強い太陽の日差し、薄い空気、脱水症状、氷や浮き石によるケガ、清潔な環境においても感染症には気をつけよう。赤道付近ではマラリア原虫を保有する蚊が、標高約1800ｍの高地にも生息する。山の小川は一見無菌のように見えるかもしれないが、ジアルジアなどの寄生虫が多く生息し、もしこれに感染したら、すぐに下山して医療機関で治療を受ける必要がある。また、高地では人々が狭い生活空間を共にすることが多いため、仲間同士の接触による感染の可能性が増える。

山から負傷者を搬送する

　ケガ人を山から運び出すのは、かなりの重労働になる。基本的には捜索救助隊にヘリコプターで搬送してもらうのが最善の方法だ。しかし、雪山から自力でケガ人を運ばざるをえない場合は、ソリか担架を使うことを考えよう。ソリを使う場合、急に滑り落ちるのを防ぐため、人がソリの前を歩きブレーキをかけながら下る。1人で短い距離を運ぶ場合は、ケガ人を肩に担ぐファイヤーマンズキャリー法か背負い法を行なう。

　2人で運ぶ場合は、1人がケガ人のひざの下を持ち、もう1人が脇の下を持つと疲れずに長い距離を搬送できる。でこぼこの場所を安全に歩くには、斜面を斜めに進み、谷側の足を進行方向に対して45度下向きに着くようにする。搬送する距離が短く、ケガ人に意識がある場合は、2人の救助者が自分の右手で相手の左手首を握り、左手で相手の右手首を握って「座面」を作り、そこにケガ人を座らせて搬送する。

凍傷を防止する

衣服は清潔で乾燥した状態に保ち、汗をかかないように気をつける。靴下が湿ったらすぐに履き替える。特に強風の際には、顔と手を保護し、肌を露出させないようにしよう。服は空気の層ができるゆったりとした重ね着にする。血流が悪くなるので、きついブーツを履くのは避けること。

グループで行動する場合は、露出した皮膚が凍結していないかどうか、お互いに確認しよう。凍結した部分は素手で温める。

essentials

高山病の治療

いちばんよい治療法は、低い場所に移動することだ。これを怠ると死亡する場合もある。

● **急性高山病（AMS）**

一気に高所に登ったとき、低酸素状態に体が順応できず発症する。頭痛、嘔吐、倦怠（けんたい）感、悪心、目まい、睡眠障害、体重の減少などの症状が出る。炭水化物を摂取することで、症状を軽減できる場合がある。症状が出ていなかった高度まで下山し、回復したらあらためて時間をかけて登るようにしよう。数日かけて体を慣らせば、症状が消える場合がある。

● **高所肺水腫（HAPE）**

約2400m以上の高所まで一気に登ると症状が現れる。2日目の就寝時に発症することが多い。息切れ、のどの違和感、せき、呼吸困難に加え、錯乱や幻覚といった症状も出る。治療しなければ死に至る。携帯用の酸素缶があれば与え、発症したら直ちに下山させること。

● **高所脳浮腫（HACE）**

通常、高所肺水腫に続いて発症する。症状はほかの高山病と似ているが、重度の見当識障害が現れ、歩行時に上体がぐらつく。高所脳浮腫を発症すると12時間以内に死亡する可能性がある。

how to

凍傷に気づく

1. 露出していた皮膚が赤くなったり痛んだりする場合は、その部分を覆うか避難する。

2. 患部が凍結し始めると不快なほど冷たくなり、感覚がなくなったり刺すような痛みを感じたりすることがある。皮膚は赤くなり、次第に白くなる。

3. 軽い凍傷は患部が手の指なら脇の下に入れ、足なら衣服で覆うか仲間の腹にあてて温める。マッサージや火にあてたり、雪でこするなどしないこと。

4. 重い凍傷は病院で治療を受ける。現場で患部を解凍すると痛みを伴い、感染を起こす危険性もある。

高地と皮膚

高地は空気の層が薄いため、強い紫外線が降り注ぐ。紫外線が氷や雪、岩に反射し、低地に比べ短時間でひどい日焼けをしてしまう。曇天や時々雲が出るような天気でも、皮膚が炎症を起こす場合もある。露出している皮膚には、最低15SPFの日焼け止めをこまめに塗り予防しよう。

危険 HAZARDS

　天候の変化は、山での危険を引き起こす要因のひとつだ。山の天候は安定せず、ときには急激に変化する。特に切り立った岩壁での天候変化は、逃げ場がないため危険要素が多い。

　太陽の熱で空気が暖められる、あるいは周囲の山に空気がぶつかり上昇気流が生じることで、尾根や山頂には強風が吹きつける。高所の山では斜面に雪が何層にも積もり、気温の変化などで安定性を失うと雪崩が発生する場合もある。山間や谷などのくぼ地で発生する霧は、登山者の視界を遮る。特に標高約1800m辺りは、雲に覆われ降水量が多くなる。岩が露出した山頂に大雨が降ると、山道はまるで川の洪水のようになるだろう。また、夏には稲妻が発生し、冬には雪が積もってクレバスやくぼ地を覆ってしまう危険も潜む。

　低山では高山の頂上のように寒くなることはないが、それでも悪天候には見舞われる。嵐や激しい雨が1か所に停滞した場合、高山でも低山でも登山道が滑りやすくなり、鉄砲水が発生する可能性もある。岩場では雨を吸収する土がないため、嵐で降った雨水が激しく流れていくのだ。峡谷で行動する場合、雨による増水時に急流を渡らなければならない危険を伴う。また、高山でブリザードに見舞われたら、視界が遮られ身動きが取れなくなってしまう。

危険を察知する

　樹木限界より高い場所での危険は、強風、雪、雨、あられ、ひょう、雷。雪に隠れた雪庇や雪崩地形。氷河や年間を通じて凍ったままの川には、深いクレバスが潜んでいる。また、急斜面にできた氷河から、氷の塊が落ちてくることもある。

　樹木限界より低い場所での危険は、大雨による雪崩や洪水の発生だ。ハイキングなど身近な場所でも、雨が降ると登山道に生える草や低木が滑りやすくなるだろう。

ブリザードで引き起こされるホワイトアウトは方向感覚を失い、道が分からなくなる。その場合、先に進もうとせずシェルターを探そう。

変わりやすい天気

　天候は常に一定ではない。同じ場所でも時間ごとに雪や晴天、強風や大雨など次々に天候変化が発生する。遮る物がない山頂は、激しい暴風雨に襲われるが、風下や天然のシェルターになりやすい谷間では、嵐の影響はほとんど受けない。地形が違えば、嵐を受けとめる状態も変化するのだ。山間では斜面の方角が異なることで、太陽や風の向きも異なる。そのため、場所によっては局地風が吹いたり天気のパターンが変わったりする。

　暴風雨は、山頂で方向を変える場合がある。夏の激しい雷雨は地形の影響を受けて、局所的に発生することもあるのだ。嵐が西側から近づいてくると、山全体が悪天候に見舞われる可能性が高い。特に冬季は、風速約56km/h、水平方向での見通せる距離が約400mというブリザードが、冷たく湿った毛布のように厚く山を覆ってしまう。

　山の近くに湖など大量の水がある湿気の多い場所は、空気とともに水分が上昇し、冷えると、山腹に何日も続けて降水をもたらすことがある。また、風上では雨や雪が降りやすい。標高が高い場所の多くは気温が低いため、風が強く吹くと体感温度がさらに下がり、肌を露出していると凍結するほどになる。

悪天候の前兆
- 太陽や月の周りにかさが現れ、明るくなる。
- 標高の高い場所に移動していないのに気圧が低下したら、高度計を確認したうえで悪天候に備える。
- 巻雲が低く垂れ込め厚みを増してきたら、翌日か翌々日には嵐になる。
- 雲が垂れ込め、積乱雲が発生する。
- 風向きが変わり、急激に気温が上昇する。
- 雲の層が何層もでき、全体的に動きながら厚みを増している。

達人の心得（ガールスカウト）　外で吹雪に見舞われたら、シェルターを探そう。テントを張る、差し掛け小屋を造る、風よけを探す、雪洞を作るなどして風を防ごう。体がぬれないように気をつけ、レインウエアなどを着込む。

雪崩を理解する

雪崩は、高所登山者にとってかなりの脅威だ。表層雪崩は最もその危険性が高く、そのほとんどは30〜45度の斜面で発生する。それより斜度が小さい場合、積もった雪に力がないため、大きな板状の表層雪面は動かず雪崩は起きない。また、斜度がこれより大きければ、斜面に積雪しないため雪崩の危険は少なくなる。

斜面の上部が岩壁になっている場所は、そこから落ちた岩などの振動で雪が動き、雪崩が発生する恐れがある。また、雪崩に見舞われた場合、雪崩の流れに巻き込まれた木や岩に当たり死亡することもある。

凸状斜面は岩が外側に隆起しているため、凹状斜面に比べて雪崩が起きやすい。雪が積もった深い裂け目、山の風下側の雪が積もった場所（風上側は雪が固まっている）、新雪が深く積もった急斜面も同様に危険だ。

斜面への新たな積雪、雨、気温の上昇、落石、人間や動物の体重などをきっかけに、雪崩は発生する。雪崩を予測することは大変難しいが、少なくとも急な気温上昇、降水など大きな環境の変化には注意を払う。地元の雪崩の専門家に相談することなく、雪の積もった斜面を横切ったり危険を冒して侵入したりするのはやめよう。

雪崩に巻き込まれたときの対処法

即座に行動できるように対処法を学んでおくことで、自分と仲間の命を救えるかもしれない。

- まず大声を出す。雪に飲み込まれる前に、近くにいる人々に自分の場所を知らせる。これにより、人々は被害者が埋没した場所が特定しやすくなる。
- 雪の表層に体を出しておくために、水泳の背泳ぎの動きをする。息は鼻で行う。
- 片方の腕を空中に突き上げる。手が雪から出ていれば助けてもらえる。
- もう片方の腕は、顔と胸の前で曲げエアポケットを作る。
- 埋没してしまったら、じっと静かにしている。動くと酸素を消費する。
- 救助者の音が聞こえたら叫ぶ。救助はすぐに始まる。
- 被害者が出たら、すぐに捜索を開始する。時間の経過とともに、窒息死する可能性が急激に高まる。
- 斜面の下方では、被害者は深く埋没していることが多い。
- 雪崩被害者の捜索に使う、プローブという棒を決まった方法で雪に突き刺していくと、時間はかかるかもしれないが、被害者の場所を特定するのに役立つ。

雪崩地形を移動する

- 基本的に雪崩が発生する可能性のある場所に足を踏み入れない。しかし、どうしても横切らなければならない場合は、1人ずつ静かに通るようにする。
- 午前中の日陰の時間帯に移動する。日差しが強くなり、気温が上がると雪崩が発生しやすくなる。
- 倒木、折れた枝などがあったら、そこは頻繁に雪崩が起きているアバランチパス（雪崩地帯）の可能性がある。迂回して尾根側を通る。
- 発色のよい明るい色の雪崩ひも、ビーコン（雪崩捜索用電波送受信機）、シャベル、プローブを持ち歩く。これらの正しい使い方も確認しておこう。

高所で形成される氷の危険性

氷河は陸地で形成された河のように広がる氷塊だ。移動を続けているものと、過去に移動し、現在は止まっているものがある。氷河にできる水の流れは、氷が解け深く削られたことにより、とても温度が低く冷たい。横切る場合には、足を取られやすいので注意しよう。クレバスは、傾斜が変わる斜面や崖などに氷塊がぶつかり、圧力が加わることでできる深い割れ目だ。移動を続ける氷塊に最も大きな力が加わった場所に対し、垂直に割れ目が生じる。また、クレバスは雪に覆われると見えにくくなる。落ちれば当然ケガをする。しかも、単独での脱出は難しい。アイスフォールは、氷河が崖から流れ落ちてできた氷塊の集積場所だ。ここでは、氷雪崩も頻繁に起こる大変危険な場所だ。決して足を踏み入れないこと。

雪庇は、岩の尾根に張り出して積雪した、まるで雪の軒下のようもの。安定せず、人間の体重でも崩れる可能性がある。不用意に踏み入れ、転落しないように気をつける。

小川の危険性

- 氷河上でも、突然の雨で急速に水流が変化する。
- 日中に気温が上がると、氷河の水が解けて水量が増える。
- 多くの早瀬や滝には危険が潜む。
- 水の流れが速い場所では、登山者はバランスを崩しやすい。
- 寒冷な環境では、肌がぬれるだけで健康に重大な被害を及ぼす。

> **達人の心得（ガールスカウト）** 雪崩の危険性が増す場所と現象は、過去に雪崩が起きた痕跡のある場所や急斜面。新たな積雪がある場所やタイプの違う雪が何層にもなっている場所。特に、ふかふかの柔らかい雪やざらめ状の雪、スラブ状に固まった雪の層が、1層もしくは何層か入っている場合は要注意だ。また、気温が氷点前後まで上がっている場合も危険信号だ。

雪崩の頻発地アバランチパスは折れた木で分かることがある。そのようなルートは避けて歩こう。

山の微気候

　山の天気はさまざまな条件に左右されやすい。そよ風が吹く晴天から、急に強い雨を伴う強風に変わることもある。また、山頂を境目に晴れと雨が分かれている場合もある。
　斜面によって太陽の強い日差しに暖められた大気が風となり、局所的に天気の変化がある「微気候」が引き起こされる。低気圧の前線が通過し、山頂と谷間の標高差から気象変化を起こすこともある。登山者は常に、山の微気候に備えておかなければいけない。

霧ともや
- 山の地形と空気の流れの相互作用によって、山では霧やもやが日常的に発生する。
- 風が山にぶつかる場所は、風上で長時間にわたって霧が発生したり雨が降る。
- 逆転層は層をなして下降してくる層雲によって発生する。暖かい空気の下に閉じ込められた冷たい空気の層が谷にたまると、もやが発生することが多い。
- 濃い霧の中、登山を続けるのは不可能だ。コンパスや地図、高度計が役に立つ。

雷雨
- 山の尾根や頂上では上昇気流が起こるため、雷雨が発生する。最も発生しやすい時間帯は午後である。
- 雲に近い尾根や山頂は避ける。
- 雷が近づいてきた場合、素早く、できるだけ標高が低い場所へ移動し避難する。
- 水や金属、一本立ちする木には近づかない。
- 稲妻に打たれず、しかも地面からの通電から身を守ることのできる、安全な避難場所を見つける。
- 開けた場所で雷雨に遭ったら、通電を避けるため、バッグの上に乗り体を丸める。

さまざまな風

　地峡風、または谷風と呼ばれる風は、日差しによって生じた大気の温度差によって発生し、山々の間を吹き抜ける。日中の風は山頂に向かって吹き上げ、夜間は下方に吹き降りる。滑昇風は高度が上がるにつれて冷却されるため、もやを発生させながら吹き上がる風。逆に滑降風は下に行くにつれ暖められ、乾燥した空気を運んでくる。

変化に富み、標高差のある地形が山の微気候を発生させる。

砂漠の山での危険

砂漠の山で体を動かせば、脱水症状を起こしやすくなる。標高が高い場所を歩く場合、慣れない場所での行動によるストレスに加え、夏は38℃を超える乾燥した空気によるストレスも感じる。乾燥した風と日差しによって日焼けが生じ、唇が割れたりする。よほど体力がある人以外は、誰もが疲れてしまうタフなコンディションだ。

砂漠の山で、水を見つけられることはまずない。そのため、温帯の山を行動する場合に比べ、多くの水と食料が必要だ。また、初めて砂漠を旅した人の多くが、昼と夜の寒暖の差に驚く。山の場合、太陽が西の山に突然沈むため、寒暖の差が特に顕著である。夏でも必ず上着を持って行くべきだ。

砂漠の山道は、慣れない人にとって危険な場所が多い。地盤が緩く、砕けた石や砂利が層になっており、特に浸食された花こう岩の層を歩くのには注意が必要だ。まるで、不安定なボールベアリングの上を歩いているようなものである。さらに、木や植物がないため、道を見つけにくく、見失いやすい。しっかり道を頭に入れておかなければ、迷ってしまう可能性が高いのだ。

ほかの場所で吹く風と同じように、砂漠の山の強風も火をおこし、シェルターを作る作業を妨げる。また、風は砂やホコリを巻き上げるため、歩行を困難にさせる。道を見失い、ケガをしないためにも、砂やホコリが巻き上げられている場所からは避難すること。移動が困難な場合は、風下になっている岩陰に隠れ、飛んでくる砂の直撃を避ける。適当なシェルターがない場所では、風に背中を向けて座り、口と鼻を覆い、目を閉じる。

地形がもたらす危険
- 峡谷は迷路のように入り組んでいるため、その土地に詳しい人以外は、足を踏み入れないこと。
- 幅の狭い渓谷、スロットキャニオンの場合、夏には何キロも離れた場所で降った雨が原因で洪水が突然起こる可能性がある。
- 硬い地面や、むき出しの岩が露出した上を歩けば、足首を捻挫したり骨折したりする危険性が増加する。
- 浮き岩を踏み外すとバランスを崩し、砂漠に生息するトゲのある植物の上に倒れてしまうかもしれない。

危険な動物
- アメリカドクトカゲ：神経毒があり、かまれると激痛が走るうえ、まれに死に至ることもある。
- サソリ：日中は隠れていて、夜に行動する。朝はブーツの中や衣類を振り、中にサソリが隠れていないかをチェックすること。刺されれば、まれに死に至ることもある。
- ガラガラヘビ：登山や下山の際、手を伸ばした先や足を踏み出す着地面をチェックする。尾部を振り鳴らす音が聞こえたら立ち止まり、辺りを見回しヘビを見つけ、ゆっくりと遠ざかる。

砂漠地帯以外の山にすむ危険な動物

まず第一に、大型動物を急に驚かせてはいけない。動物が察知しやすいよう、事前に大きな声で会話をしたり、歌ったり、定期的に手をたたくなどする。大抵の大型ほ乳類は、人間から近づかなければ攻撃的になることはない。大型動物を驚かせても、その場にとどまり、すぐには逃げ出さないようにすること。獲物だと勘違いされ、追いかけられる恐れがあるからだ。動物を刺激しないように、安全な距離までゆっくりと後ずさりしよう。

アメリカクロクマは、獲物にジグザグに近づき歯とつめで攻撃する。たとえ人間が頭の後ろで両手を組み丸くなって死んだふりをしても、攻撃をやめない。ハイイログマは、獲物に向かって一直線に攻撃をしかけてくる。前足で捕らえてから獲物を揺すり、頭や首など急所をめがけてかみつく。丸くなり死んだふりをすることで、やりすごせる可能性もある。アメリカクロクマと同様、基本は襲われないように集団で移動することで、リスクを減らすことができる。

ピューマを発見した場合、近づいてはいけない。最近の報告では、ほとんど人間を襲うことのなかったピューマが、生息域の開発が原因で以前より人を襲うようになった。

ヘラジカはおとなしそうに見えても、人間に対して攻撃的である。雄は重さが450kgになることさえある。

クマの攻撃から命を守る

- クマは次の状況によって人間を攻撃する。侵入者によって驚かされたり、縄張りが侵略されたと感じる。追い込まれるなど、何らかの理由で脅威を感じる。また、腹をすかせている。
- 獲物を捕らえたばかりのクマ。子連れの雌グマには近づかないこと。
- 一度人間から餌をもらった経験のあるクマは、餌をもらえると期待して近づいてくる。もらえなければ、攻撃的になることがある。
- クマの視力は悪く、人間だと認知できないことがある。声をかけたり大声で叫んだりしよう。

ヘラジカの攻撃から命を守る

- 雄のヘラジカの攻撃は蹴る、踏みつける、枝角で刺すの3パターン。倒されたら踏みつけられる前に、体を転がして逃げる。
- 雄のヘラジカは秋の発情期に、特に攻撃的になる。
- 冬の間に出産した子連れの雌ヘラジカは、子育てのため春と夏は攻撃的である。近づかないように。
- 犬をヘラジカに近づけない。犬がほえると、ヘラジカは非常に攻撃的になる。
- ハイキング中にヘラジカに遭遇したら、ゆっくりと後ずさりして別の道を進む。

クマの痕跡を見つける

クマは堂々とした動物であり、隠れることはあまりしない。突然、クマと遭遇しないためには、その習性と痕跡を知っておく必要がある。クマは縄張り行動があり、その印として、木をかじり、つめを立てマーキングを行う。殺した獲物を後から食べるために土や木の枝、草で覆い隠しておく習性もある。隠された獲物は悪臭を放つため、腐食性の鳥が集まっていることも多い。体を樹皮にこすりつけた毛が残っている。植物の花の部分だけを食べ、好物のベリーの実を食べ散らす。ふんには骨や毛、草、葉、ベリーなどの種が残っている。

クマをやり過ごす

クマをやり過ごす最善の方法は、遭遇を避けることである。クマは驚かされたり、怖がっているときが最も危険だ。雨が少ない時期や乾燥した夏が終わった直後の秋は、食べ物が少なく、腹をすかせたクマや冬に向けて食料を確保しようとしているクマは、気が立っているので厄介だ。

クマの生息域で行動する場合、移動は日中に行い、歩くときは会話をするか歌う、鈴などをバックパックにつるし、常に音が鳴る状態にする。川を渡る場合は、川のせせらぎで音がかき消されてしまうことを忘れないように。また、人間のにおいも、クマに存在を気づかせる大きな要因だ。しかし、風向きが変われば、届かなくなる可能性もある。条件がそろえば、自分たちの進行方向に対して風を背に受け歩き、クマに存在を知らせることもできる。先の見えない曲がり角や尾根を越えるなど、前方に何があるのか分からない場合は要注意だ。こちらに気づいていないクマが、向こう側にいる可能性もある。深い茂みの中を通過することは避け、登山コースからやむをえず外れる場合は注意が必要だ。

山の中の森を歩くときは、木に付いたつめ跡や、ふん、足跡など、クマがいた兆候があるかどうか目を配る。動物の死骸があったら、できるだけ距離をとる。クマが殺した獲物であれば、すぐに戻ってくるかもしれない。

登山道や自然公園のコースをスタート地点から歩き始める場合は、クマの居場所に関する情報を持っている公園管理官のアドバイスに従う。大きな自然公園ではクマに無線発信機を付け、突然の遭遇から人間とクマの両方を守る措置がとられている。

essentials

アメリカクロクマとハイイログマに襲われたら

どちらのクマに襲われているかによって、対応は異なる。

- **アメリカクロクマ(ブラックベアー)**:死んだふりをしてはいけない。何でも手元にある物を使って応戦することだ。鼻を殴ったり、棒で目を突いたり、唐辛子スプレーを顔に吹きかける。目に石を投げる。逃げたり、木に登ったりしない。クマの方が速く走れるうえ、木登りも得意である。

- **ハイイログマ(グリズリー)**:手を頭の後ろに組み、うつぶせで死んだふりをする。丸くなるか足を広げて、クマにひっくり返されないようにする。もし、あおむけにされた場合は、再びうつぶせになるまで転がる。ほかの選択肢がうまくいかなかった場合にだけ応戦する。ハイイログマが自分の傷口をなめ始めたら、獲物を食べようとしていることを意味する。クマが傷口をなめ始めるまでは、動かずにクマが立ち去るのを待つ。

ピューマの対処法

- ピューマは通常人を避ける。
- ピューマに遭遇したら、叫んだり、逃げ出したりしない。獲物だと勘違いされてしまう。
- 自分の姿を大きく見せる。両手を広げて、上着を広げる。
- 一緒にいる仲間と体を寄せて、大きなシルエットを作る。
- 音を立てて、物を投げる。かがんで拾い上げることはしない。
- 犬をしっかりと自分の側に寄せる。ピューマは犬を食べる。

SIGNALING
救難信号

　山での救難信号は、標高と地形によって方法が異なるが、まずは雪に大きくシンプルなメッセージを書くことで、捜索機に救難信号を送ることができる。

　文字は雪の上を何度か歩いて、深い溝を作り、その影の明暗によって浮かび上がらせる。日差しを利用する場合、赤道

上であれば正午を除いて、東か西からメッセージに日が当たれば影ができる。そのため、南北にメッセージを記すようにしよう。赤道上以外の場所では、太陽の高さがいちばん低い方角に向かって垂直に文字を記しておけば、文字に影ができる時間が長くなる。

　雪を積み上げて、国際的に認知されている「SOS」や「モールス信号」で救難信号を記してもよい。残雪の上に常緑樹の枝や石を並べれば、同じようにメッセージを記すことができる。ポイントは背景となる素材の色や形に対して、コントラストをつけることだ。

　光を反射する研磨された素材は、遠く離れた場所から救難信号を送るのに最適である。飛行機の墜落現場には、ガラスや研磨面を持つ金属があり、化粧室の鏡もある。米軍は1980年代まで山から山へ合図を送るのに、鏡の反射を利用していた。その方法は、前述のような反射材を使えば現在でも効果的である。光を使った救難信号は、山頂など標高の高い開けた場所から送るのが効果的である。そのような場所で夜には火を使い、昼間には煙を使って救難信号を送ることも効果的である。

　霧やもや、吹雪の中では、ホイッスルを使えば効果的に方向を知らせることができる。笛は人間の声よりも方向の特定がしやすく、疲労で音が小さくなることもない。助けを求めるときは、3回鳴らす。

how to

即席の鏡で救難信号を送る

1. ガラスの破片や研磨された金属、または、アルミ箔を鏡の代わりにして片方の手に持つ。もう片方の手を伸ばして、その前にかざし指でV字を作る。即席の鏡を小刻みに動かし、指で作ったV字の間に反射した日差しが通るように調節する。そして、V字の間から標的を定める。

2. 自分から見て、太陽と捜索機の角度が90度以下の場合、ほぼ、鏡面は捜索機方向を向いた位置になる。

3. 太陽と捜索機の角度が90度以上の場合は、鏡をより浅い角度（太陽の方）に傾ける。

4. 上記どちらの場合も救難信号を送る対象へ、太陽の光を鏡で中継するような意識をもって手で調整する。

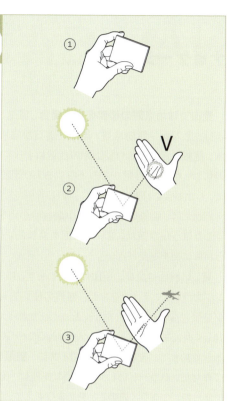

危険な急勾配を登る場合、専用装備と練習が必要だ。プロのトレーニングを受けるか案内人を雇う。

NAVIGATION
ナビゲーション

登山では地点間の移動を行う場合、直進が一番の近道とは限らない。また、急勾配や雪崩地帯、岩壁、落石が堆積している崖錐やがれ場、氷河、尾根など、地形や登山道の状況によっても移動時間は著しく異なる。時には、急峻な岩壁を登り下りするより迂回したほうが、同じ行動時間で、しかも楽に移動できる。

たとえば、装備をセットして小峡谷や小川を越える苦労を考えれば、迂回したほうが得策だ。また、斜面を直線的に登るより、ジグザグに登るほうが体に負担をかけない。

難しい斜面は登攀、下山にかかわらず、ロープの使い方や結び方、ピトンやカラビナ、チョックなど、器具の使い方について専門的なトレーニングを受けなければならない。しかし、サバイバルな状況下での登山では、難しく考えず行動することも大切だ。アンデス山脈でのナンド・パラードがそうであった。彼は2人の仲間と共に、装備なしで5000m級の山を登ってみせた。パラードいわく、成功の秘密は「山を細かく分けて考える」ことであった。つまり、先のことをあまり考えず、目の前の数メートルを進むことに意識を集中したのだ。後に彼は、「一歩ずつ足を踏み出すことだけを考えていた」と語ってる。

集団での登山では、最も経験のある人を先頭にし、2番目は最も経験の浅い人が歩く。

山の表面地質を理解する

　山の表面地質によって、登山者の歩行方法は変わる。登山道は雪や氷、砂、砂利や石で覆われていることが多く、どんなに足腰のしっかりした人でも油断してはいけない。冷たい雨が降り、地面が鏡のように滑りやすいスロープでは、アイゼンやスパイクなど滑り止めを装着し、岩棚などの上を歩く。小石の多い道は、小石に乗らないように注意する。小石がボールベアリングの働きをするからだ。崖錐を歩く場合、石が重なり安定した場所に足をかける。そして、バランスを取りながら踏み出す。また、通過する場合は落石に注意する。

　がれ場とは、岩が崩れ堆積した石の層。細かい石から、ゴルフボールや野球ボール大の石が広がっている場所だ。ここでは、特別な歩き方が求められる。登りは、靴のつま先をがれ場に蹴り込む。少なくとも親指のつけ根まで蹴り込み、足場を確保する。下りは、足首まで斜面に埋め込むようにし、すり足で小幅に歩く。ひざは軽く曲げておくと安定する。

危険なクライミング

　ロープやアイゼン、カラビナなど、登攀道具に頼らない登山を「フリー・ソロ・クライミング」という。登山において最も危険なスポーツのひとつだ。通常、身長の倍以上の高さから滑落すれば命取りになる。さらに、下る途中で足掛かりが見つからず、壁にしがみついて動けなくなる場合も同様に危険だ。

　ロープと経験豊富なガイドなしに、崖の登り下りを試みるべきではない。米国国立公園局の調べでは、1970〜1990年の間、ロープを持参しなかった14人もの登山者が亡くなっている。もし、ロープを使わずクライミングを試みるのなら、短い落下距離でも落下した場合のリスクを想定する。また、落石がありそうな場所ではヘルメットをかぶる。

　パラードは登山道具を一切持っていなかったにもかかわらず、そのことが特例として功を奏し、アンデス山脈から脱出できた。彼は「もし登山について少しでも知識があったら、絶望していただろう。しかし、幸運にも私たちは何も知らなかった」と語っている。

単独行動とグループ行動

- 単独登山者は常にルート上で注意を払い、ケガのリスクを最小限にしなければならない。たとえば山で骨折をした場合、グループなど仲間がいるときと比較して、単独の登山者の方がより深刻な状況になる。
- グループは経験のあるリーダーが登山の指揮をとる。基本的に行動中はリーダーがルートを決め、周囲の状況に応じて変更すべきだ。
- ルートの設定はグループのなかで最も経験が少なく、体力のないメンバーを考慮して、決めなくてはならない。
- グループ行動の場合、メンバーそれぞれの疲労度や凍傷、高山病にかかっていないかなどを確かめ合う。単独登山者は自己管理を徹底する。
- 落石の被害を最小限にするために、崖錐やがれ場を通過する場合、上方にいるグループは下方のグループが安全な場所にいることを確認し、通過する。
- 単独でもグループでも、登山ルートはスタートからゴール地点まで、技術や体力を考慮し、計画的に設定されていなければならない。

体重を前方にかけバランスを取る。後ろにのけ反ってはいけない。

斜面を登り下りするテクニック

　岩盤や雪の下のもろい場所を知るため、地形について下調べをする。そして、その情報を最大限利用しよう。登りのときは急な坂は直登せず、勾配に対し、斜めに角度をつけて横切る。直登しなければならない場合は、足首をそろえ、つま先を外側に開き、体重を足裏全体にかける開脚登高（かいきゃくとうこう）の技術を使う。

　下りの際、斜面が凍って滑りやすくなっていたら、ジグザグに角度をつけて下りる。斜面ががれ場の場合、地面が硬く、乾燥した急傾斜でなければ真っすぐ下りる。また、スピードの調節も大切だ。斜面を駆け下りるとコントロールを失い、転ぶ恐れがある。斜面を下る場合どんな地面でも、小幅で慎重に歩を進めることが基本だ。頭と足と地球の重心が一直線になるように立ち、足元の斜面に対して垂直に立たないこと。できる限り、シューズの接地面を大きく保つ。登りのときは、1時間に5〜10分は休憩を入れ、息切れが強くなったらペースを落とし、頻繁に休憩をとる。また、訓練を受けずに、技術を要する難しいクライミングは行わないこと。

落石への対処

　地面に凍りついている石は、雪解けとともに流れ出す。地割れの隙間で凍った水や雨水の噴出により、大量の石を削り出し押し流すのだ。気温の変化が激しい、もしくは大雨の時期は、岩肌が露出した場所を避けて進む。岩肌の下に岩が積み重なっている場合、特に気をつけよう。壁面の崩れた跡や雪の上に散らばる石、崖錐に落ちている細かい砂粒も落石のサインとなる。斜面では体重をかける前に、足場が安定しているかチェックする。石がひとつ崩れただけで、がけ崩れの引き金になることがあるのだ。不注意で石を転がしてしまったら、「落（ラク）！」と叫ぼう。落石はクラッシュ音やヒューと風を切る音、ギシギシとこすれる音がする。落石の兆候を感じ逃げられない場合は、斜面に伏せ頭を覆う。

氷、雪の上を歩く

氷や雪に覆われた斜面は、足場がかなり不安定だ。つま先やかかとを雪に突き立て、しっかりと足掛かりを作る必要がある。これは、がれ場を歩いているときも同様である。雪の表面の硬さによって、靴のかかとを突き立てる角度も変わってくる。たとえば、雪が硬い場所では、鋭く、角度をつけて切り込む必要がある。アイゼンはつめを氷に突き立てて使うが、氷のかけらや雪が詰まると、倒れてしまうことがあるので注意が必要だ。

環境への影響

世界一の標高であるエベレストは、その高さと雄大さで有名であるが、長い間、登山者が残していくゴミが問題になっていた。登山者は飲み物の容器や酸素ボンベを山のように放棄していった。この酸素ボンベは、酸素欠乏に陥る標高の高い斜面で、特に多く使用され放棄される。こうした秩序の無い行為が環境に悪影響を与えたため、1998年ネパール政府は、ボトル入りの飲料水の持ち込みを禁止した。そして、この事態を憂慮した登山者たちが1tを超えるゴミを回収する、という運動が続けられた。特に最も深刻な環境汚染をもたらす、使用済みバッテリーや燃料容器の回収に焦点が当てられたのだ。

清掃登山隊のスポークスマンはCNNで、「この過酷な運動は、この山を体験するひとつの方法でもあるが、今まで山をいいように利用してきたことへの返礼でもある」と述べた。

人が立ち入ることで本来の美しさが損なわれた山は、エベレストだけではない。標高が極度に高い場所は、空気中に微生物が存在しない。そのため、遺棄されたゴミや食べかす、そして、エベレストの場合は遭難者の遺体といった有機物は朽ちることなく、長い間斜面に残っている。生死に関わる状況下で先を急ぐ場合以外は、全てのゴミは持ち帰り、山を訪れた痕跡を残してはいけないのだ。

---

essentials

氷、雪道を通過するとき

氷や雪のトレイルは足場がさらに不安定になるため、登山がより難しくなる。

- 急勾配の雪に覆われた斜面を登る場合、勾配に対して斜めに横切る。ジグザグ模様を描きながら歩くこの方法は、登りやすいだけでなく、山登りの際にかかる荷重負荷を足や太ももなど、さまざまな筋肉に分散し、負担を減らすことができる。

- 雪に覆われた斜面上で方向転換をするときは、谷足を軸に旋回する。

- 斜面で片足が滑り出したら、もう片方の足に重心を移す。

- 雪で覆われた急勾配の岩壁では、岩壁に対して正面を向き、後ずさるように一歩ずつブーツで雪を蹴りつけ、足場を作りながら下りる。足場が体重を支えられると確信が持てるまでは、先に進まない。

- スリップしたらすぐに、体が谷など危険な方に向かわないよう方向転換する。両手、両ひざ、両足、もしくはピッケルを使って滑落停止を同時に行う。

氷河を安全に渡る

複雑で難易度の高い地形では、氷河が格好のルートになることもある。しかし、氷河には、アイスフォールや深いクレバスなど、多くの危険が潜む。氷河を渡る場合、登山者は互いをロープで結び、各人の間隔は約9m離し、誰がいつ落ちてもいいように備える。また、深いクレバスは救助作業が難しく、長い時間を費やす。クレバスに取り残された登山者が、引き上げられるのを防寒服がないままの状態で待てば、低体温症にかかる危険性がある。

グループのリーダーは、氷河を渡った経験が豊富な人を選び先頭を歩かせる。ただし、クレバスへ頻繁に落ちる危険性が高い場合、最も経験が少ない人に先頭を歩かせ経験者を救助作業にあてる場合もある。

氷河横断のポイント

- 周囲より一段高くなっているところか、雪の上を歩く。急がずペースを保つこと。
- 毎時間5〜10分の休憩をとる。道順や進行具合の確認、または調整が必要な場合、十分な時間を割くこと。
- グループが一塊となって行動する。
- 足は常に乾いている状態に保つ。予備の靴下と包帯を持ち歩く。
- 夜キャンプをする際は、火で靴を乾す。
- 露出している肌全体に日焼け止め剤を塗り、強い太陽の光に注意する。雪や氷の反射光により、雪目や重度の日焼けを引き起こす。
- 氷に覆われた川を渡るときは、長めのポールを自分の正面に持つ。ポールは氷の状態をチェックし、バランスを取るために使える。また、氷が割れたときもポールが左右に引っ掛かり、放さずにいれば、割れ目から体を引き出すことができる。

how to

スノーシュー（雪靴）を作る

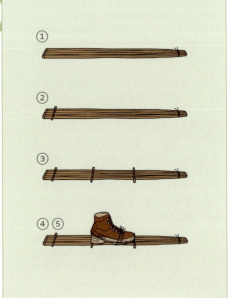

1. 長さ約90cm、直径約2.5cm以下の真っすぐな枝を両足用に5本ずつ用意し、片方の端を結び合わせる。
2. もう片端は、枝の間隔を開け端から5cmのところに横木を固定し、扇形にする。
3. 枝の中央に、ブーツのつま先とかかとを支える横木を取り付ける。
4. つま先が幅の狭い方を向くように、横木にブーツを縛り付ける。
5. つま先部の横木にひもを結び付け、そのひもをブーツ側面に数周し、かかとは動くようにする。

渓流を渡る

　渓流を渡る場合、一般的に水位が低くなるパターンが多い早朝に行う。この傾向は、氷河を水源とする渓流で特にみられる。そして、川幅が広い浅瀬や水の流れが遅い場所を探そう。川を渡る場合、靴下はぬらさないように脱ぎ、靴は履いていた方が安全で歩きやすい。また、流れに対して上流に角度をつけて渡る。水中に入ったら、足は水面から出さず、水中につかったまま川底を探るように、すり足状態で進む。足にかかる圧力がさらに増し、バランスを取りやすくなる。

　滝や反流、乱流、大きな岩の周りにできる渦の付近、底が見えないような所は渡らないこと。

ピッケルを用いた滑落停止

　訓練を積み重ね、高い登山技術を持つ登山者にとって、ピッケルは急勾配の雪斜面での滑落を止める、優秀な道具だ。落ちる場所により、滑落は命取りになりかねない。そこで、滑落停止のメカニズムを解説しておこう。

　登山中、普通に歩く場合は、ピッケルを杖のように使う。斜面をトラバース（横断する）する際は、山側の手でピッケルのヘッド部分を握る。そして、滑ったその瞬間、即座に斜面側へうつぶせに体を倒し、谷側の手で本体部分を握り、反対の手でヘッド部分を上から押さえ、両手を使いピッケルを体の前で構える。肩の位置でピッケルを雪に突き刺し、胸の前で雪を押さえつけるようにする。体が安定するようにひざは開き、両足が突き出るようにする。そして、背中を丸め、ピックとひざに最大の圧力がかかるようにする。

　下りのときは、ピッケルのヘッドを持ち、スピッツェ（ヘッドのとがった方）をいつでも雪に突き刺せるようにしておく。斜面がきつい勾配のときは、斜面に向き合いキックステップでつま先を雪に蹴り込み、ピッケルで雪を刺しながら下りる。雪崩の危険やがけの心配がない場合は、お尻でソリのように「グリセード」することで、早く下山することができる。グリセードは斜面に背を向け、ひざを曲げて座る。靴底（アイゼンなし）を雪面に着け、ピッケルのシャフトを体の前で斜めに構え、ヘッドは雪に触れさせブレーキ代わりに使う。

滑落停止の技術補足

- ピッケルを持っていない場合、滑落したら山の斜面を向いてうつぶせになる。ピッケルを使った滑落停止と同じように、ひざになるべく体重をかける。両手は上半身の落下を止めるブレーキの働きをする。
- 滑り出したら、アイゼンのつめを雪に立てない。アイゼンが雪に食い込むと滑落の際に足首を痛める可能性がある。
- 滑落停止を可能にする要素は、雪の硬さや下降の角度、登山者がどれだけ早くこの作業を行なえるか、という迅速性だ。判断が遅れると、スリップした体が加速していく。急勾配で加速すれば、滑落停止はさらに困難になる。

HOW I SURVIVED:
エベレストでの滑落 ——トミー・ハインリヒ

私は1998年の春、ネパール側のサウス・コル（南麓）のルートから、エベレストを登頂する探検隊の写真・映像撮影班として参加した。出発の数日前、私は商業登山ツアーを主催する、故スコット・フィッシャーの家族に会いに行った。スコットは私の友人で、1996年5月10日、同行していたほかの7人の登山者と共に亡くなった。その事故はエベレスト登山史上、恐るべき最悪の事故だった。

私は彼の家族に、エベレストへ何か持って行こうかと尋ねた。家族は私に、スコットの遺体から何か私物を回収できないか、と聞いてきた。スコットの遺体は、彼が亡くなった約8200m地点に今も横たわっている。これほど標高の高い地点で死亡した登山者の遺体は、搬送が困難であることから、ほとんど回収されない。人目につく場所に残された数々の遺体は、人間の生命のはかなさと自然の驚異を象徴する。

私は、荷揚げのために山に登る探検隊を撮影しながら、彼らと行動を共にした。予定のポイントに荷を揚げ下山を始めると、2人の有名なシェルパであるババー・チリ・シェルパと彼の弟ダワ・シェルパが、スコット・フィッシャーの遺体が横たわる場所へ私を連れて行ってくれた。しかし、その場に着くと、彼らは後ろを振り向きもせず下山を続けた。私が遺体に触れると、私の身に災厄が降りかかると信じ恐れたからだ。

私はスコットの遺体に近づいた。彼はライトブルーのダウンスーツに身を包み、安らかに横たわっていた。所々雪に覆われていたが、頭はバックパックで保護されており、足とブーツはむき出しだった。私は1時間以上もその場で過ごし、物思いにふけったりスコットに話しかけたりした。

彼の遺体から私物を選ぶのは、つらい作業だった。私は彼のアイゼンとブレスレット、結婚指輪のついたネックレス、小物を入れたポーチを取り、家族の待つ家に持って帰れるように自分のバックパックに入れた。

私は下山しようと決めた。しかし、私が座っていた岩棚からふもとへ続く尾根に戻るには、かなり距離があるとすぐに気づいた。雪が岩壁に沿って積み重なり、氷のステップを

トミー・ハインリヒ。登山家、映画製作者、写真家。アルゼンチン人として、エベレスト初登頂に成功した。

作っていた。私は片足をステップに乗せ、硬くて頑丈であることを確かめた。そして、私は一段目に全体重をかけた。

次に起きたことを、私は説明できない。突然何かに激しくぶつかり、斜面の硬い氷に顔をしたたかに打った。さらに地面をバウンドしながら、左の前腕から真っ逆さまに急落するのを、ピッケルで止めようとした。しかし、ピッケルと自分をつないでいたストラップがほどけ、無情にもあっという間に外れていくのを、恐怖のうちに見ていた。そして、ストラップはピッケルと共に、突然視界から消えた。

私の体はさらに加速しながら、斜面を落下し続けた。ピッケルもなく、絶望の中でも私は足とアイゼンでなんとか滑落停止を試みた。しかし、その努力は逆効果となり、私の体は回転し始めた。頭を硬い氷にぶつけ、次は背中、腕と何度もぶつけ、スピードもどんどん増していった。私は顔を伏せていたので、回転しながらなすすべもなく猛烈な勢いで転がり落ちた。ぶつかる度に骨に響く激痛より、この無限の回転を止める方法が全くない、ということの方がつらかった。しかし、私はあきらめなかった。絶望感を振り払い、両手両足で自分自身の体を丸め、特に頭を保護した。その体勢でひとりの登山家の横を猛スピードで通り過ぎた。その瞬間、斜面の先が終わっているのが見え、何もしないでいれば死ぬだけだとはっきり認識した。これが私の最後の滑落になるだろう。助かる希望が全くない状態で、数秒が数時間に思えた。そう考えながらも「生き延びたい」という願いはあった。

突然、すべてが暗闇と静寂に包まれた。落下が止まり、体はどこにもぶつからなくなった。頭を雪の中から引っぱり出し、自分の体が比較的柔らかい雪の中で止まっているのを、信じられない気持ちで眺めた。そこは、高さ数百メートルの岩棚の端から、ほんの少し手前だったのだ。私がこの特別な場所に出合わなければ、山から一直線に空中に投げ出されていただろう。私はエベレスト約8200mの地点でケガは負っていたものの、命がある状態で横たわり、あえいでいた。身動きがとれず、数分間地面に横たわり、息を吸うのに必死だった。両腕と両足は動かせたので、骨折はしていないようだった。頭や腕、足から出血していた。私はのろのろと酸素マスクを取り出した。体が回復するために何より必要な、酸素を渇望していたのだ。

そこは落下地点から200mほど落ちた場所だった。落下中にすれ違ったのは、スウェーデンから来たトーマスとティナ・シェーグレンだった。彼らは真っ先に私を助けに来て、山から下ろして医者の元へ連れていってくれた。私は鼻とあばら骨を1本骨折していた。そして、左手首の腱の一部が切れていた。

この滑落の経験すべてから学んだことは、私にいくら経験があっても、どれほど優秀なクライマーであっても、小さなミスや注意不足が一瞬のうちに命を奪うこともある、ということだ。今私は、再び生きるチャンスを与えられたと思っている。それは、注意と賢明さと謙虚さを持って、行く先に何が待ち構えているかを見据えながら、賢く人生を楽しむチャンスだと思う。

1815年8月、北アフリカ沿岸沖で商船が沈没し、船を失った船長のジェームズ・ライリーは、サハラ砂漠に足を踏み入れることになった。その時点で、彼の体重は109kgだった。
　同年11月に彼が救出されたとき、体重はわずか41kgに減っていた。救出されるまでの間、彼の肉体は砂漠の過酷な環境に痛めつけられていたのだ。風と砂で肌はボロボロになった。日中の暑さはすさまじく、「夕方には卵が蒸し焼きになっている」と言うほどだった。一転、日が暮れると今度は寒さに震えた。のどの渇きは耐えがたく、口を湿らせるために、彼はラクダの尿を飲んだ。飢えに苦しんだのは船員たちだった。自分の腕をかむのをやめようとせず、縛っておくしかない者もいたのだ。そのような状況でも、ライリー船長は喜んでラクダの血を飲み、カタツムリを食べ、植物が見つかればどんなに少量でも口にした。
　しばらくして、西サハラに住むサラーウィー族が、身代金を目当てに一行を捕らえた。それからの数百キロにおよぶ移動には、砂漠のことを知り尽くしているサラーウィー族でさえ手を焼いていた。雪山のような砂丘を移動するのは時間がかかり、水はたまにしか見当たらず、嵐に遭ったり、まともな目印がない条件で進路を決めるのにも手間取った。
　やっとのことで英国領事が身代金を払って一行が解放されたとき、ライリー船長は一時、意識障害に陥った。彼は自分の助かる可能性が、いかに低かったかを最初から自覚していたのだ。

IN THE DESERT
砂漠

168　172　174　181　186　191　193　197　199　202

PREPARATION

準備

　砂漠は地球の総面積の5分の1を占めており、岩場の多い台地や高い山々から、砂丘、ワジ（砂漠地帯の涸れ川）、塩性湿地にまで及んでいる。砂漠の定義はさまざまだが、一般的には乾燥し、不毛で、寒暖の差が大きい傾向がある。57.8℃以上という地球上での最高気温は、サハラ砂漠で記録されている。一方、ゴビ砂漠では冬の気温が－40℃にまで下がる。

　砂漠では、年間の降雨量が250mm以下ということも珍しくなく、南米のアタカマ砂漠には何百年もの間、一滴も雨が降っていない地域さえある。相対湿度が5％という最も乾燥した地域では、細菌は死滅し、死体はミイラ化し、ほぼすべてのものがそのままの状態で保存される。サハラ砂漠には、第2次世界大戦当時に付いたトラックのタイヤ跡が今も残っており、ローマ時代の兵士が落とした硬貨がよい状態で発掘されている。

　このような気候の中を移動するのは簡単ではないが、不可能ではない。人間は何百年にもわたって砂漠で生活しながら、その地に生息する動物のように環境に適応してきた。水を見つけて保存したり、シェルターを作ったり、最適な時間帯に移動したりする方法を身につけてきたのだ。現在、砂漠を旅しようとする者は、過去の経験から学ぶことができる。ただ実行にはしっかりとした準備が必要だ。

皮膚に刺さったウチワサボテンのトゲは、ピンセットやくしを使って取り除ける。

砂漠を知ろう

砂漠の環境は、地球上のどこよりも過酷だ。そこで、遭遇する予期せぬ事態を切り抜けるには、創意工夫と臨機応変さ、そして環境についての知識が必要だ。砂漠は山地、高原、砂丘の3つのタイプに大別でき、それぞれはっきりと異なった特性がある。

気候以外に共通するのは、地形が不規則で凹凸が激しいことだ。雨が降ると水が鋭い三日月刀で削るように、砂や乾いた土を侵食する。ワジやアロヨ（共に涸れ川の意）は、深さ約2m、幅約3mほどのものから、深さと幅共に100m以上に及ぶものまである。鉄砲水が地面を削って小渓谷を形成し、砂や石を堆積させ、時には砂漠に花を咲かせることもある。しかし、水分が蒸発すると、砂漠は元の荒涼として乾燥した土地に戻る。暑さや照りつける太陽、険しい地形ばかりでなく、目印になるものがないということも、このような地域を移動する場合の問題だ。

山地の砂漠

- 丘や山が散在し、それらの間に乾燥した盆地が広がる。
- 鉄砲水が起こりやすく、その結果深い渓谷が形成され、砂や砂利が堆積する。
- 地形の凹凸が激しいため、このような地域を移動する際は、稜線（りょうせん）をたどるか谷間を歩くか、山地を登り下りするしかない。
- 雨が降ると植物が一気に生い茂り、浅い湖ができることもある。
- 水分の蒸発が速く、植物もすぐに枯れる。
- 米国のグレートソルトレークのような高地の湖の水は、水分の蒸発によって塩分の濃度が高くなり、飲料水には向かないことがある。

高原の砂漠

- ごつごつした岩場が広がり、起伏がないのが特徴。
- 中東ではワジ、南北アメリカ大陸ではアロヨと呼ばれる涸れ川の渓谷では、岸壁が切り立っており、移動が制限される。
- 植物の生えていない平地や谷底は、鉄砲水が発生することがあるので、キャンプ地にしてはいけない。
- 干上がった湖底は目印がないため、位置の確認が難しい。
- 気温が高く空気が澄んでいると距離感が失われ、遠くのものが近くに見えることがある。

砂丘の砂漠

- 典型的な砂丘が続く砂漠はまれで、サハラ砂漠では全体の10分の1以下である。
- 通常は平たんで、風によって砂が波の形になったり、吹き寄せができたりする。
- 砂丘の高さは350mに達することもあり、長さは15kmから25kmに及ぶこともある。
- 砂が移動するため、植物の生育は限られている。低木は180cmほどの高さまで育つ。
- 雨はめったに降らず、地表水もまれにしか見られない。
- 砂によって摩擦が減り地表が滑りやすくなるので、砂丘では移動速度が遅くなる。
- まぶしい太陽の光で目を傷めやすい。
- 砂混じりの熱風、直射日光、照り返し、地面から伝わる熱などによって、気温が非常に高くなる。
- 強い太陽光と高い気温によって、蜃気楼（しんきろう）が発生することがある。

essentials

砂漠の旅に必要な装備

日中の乾燥と高い気温に備えて荷造りをするが、砂漠では日没後に寒くなることを忘れないようにする。

● 水と浄水装置。

● ブーツはくるぶし以上の深さのあるもので、軽く、通気性がよく、防水タイプではないもの。

● 日焼け止め剤は、SPF30（日焼け止め指数）以上。衣服の生地が薄ければ、その下の肌にも塗る。

● サングラス・ゴーグルは、壊れた場合に備えて2個用意する。

● 帽子はつばが広く、砂漠の風で飛ばないように、あごひもが付いたもの。

● 衣服は薄い色で、ゆったりとして、重ね着のできるもの。砂と同じような色であれば虫が寄りにくい。

● ウインドブレーカーとそのほかの防寒着。

● バックパックは外にフレームが付いているものか、後ろがカーブしていて背中に密着しないもの。背中との間に隙間があれば、汗が蒸発しやすい。

● ハイキング用のステッキは、バランスをとったり、動物から身を守ったりするのに使う。

● 懐中電灯は夜間に歩く際に必要。

● バンダナまたはハイテク冷却素材の布。ぬらして首に巻けば気化冷却で涼しくなる。

● 双眼鏡は遠方の目印を発見したり見分けるのに役立つ。

器具に関する注意事項

砂漠は道具にとっても過酷な環境だ。高温と、風で吹きつけられる砂のせいで、さまざまな道具が故障する。メッキされていない金属は、日中の高温と夜間の結露のためにとてもさびやすい。金属製の道具は、使うとき以外は外気にさらさないようにしよう。それらを砂漠で使用した場合は、使用後に金属面を乾いた布できれいに拭き取り、潤滑油を薄く塗っておく。

ガラスの表面は、風で吹きつけられた砂によって傷がつきやすい。特に砂嵐の間は、カメラや双眼鏡など、ガラスが使われているものはビニール袋に入れ、表面に砂ぼこりがつかないように保管する。カメラやそのほかの道具は、気温差によるくもりや結露に注意し、風通しがよくカビが生えにくい場所で使うようにする。

目を保護するにはゴーグルが役に立つ。メガネのレンズは砂で傷がつきやすく、コンタクトレンズも高温で乾燥し、砂だらけの環境では装用しにくく不向きだ。

金属製のものは、砂漠の容赦ない日差しにさらしておくと、熱でゆがんでしまう。金属製の道具の片側が直射日光に当たり、反対側が陰になっていると、温度の低い方へ曲がる。ライフルの銃身は、このような「熱による湾曲」に弱い。

木製のものは高温や乾燥によって縮むため、シャベルやこて、オノなどの取っ手が外れることがある。オノを使用中に、刃の付いた頭の部分が外れて飛んでいくと非常に危険だ。使用前にゆるみがないかを確認しておく。革製の部分もひび割れしやすいので、保湿用の油で手入れをしよう。

essentials

砂漠での服装に関する注意点

紫外線防止指数（UPF）が明示された、紫外線を通さない特殊な生地でできた服を着るようにしよう。服を選ぶ場合は、熱を反射し体を保護するという、2つの重要な機能を備えたものを選ぶとよい。以下の頭文字COLDER（コールダー）のアドバイスを実践しよう。

- **CLEAN＝清潔**：衣服は汚れると、体を冷す層としての機能を失う。

- **OVERHEATING＝過熱**：体から出た熱がこもるので、通気性の悪い服は着ない。

- **LIGHT-COLORED＝薄い色**：色の薄い、ゆったりとした長袖の服を重ね着しよう。何枚も重ねることで保護機能が増す。長袖と長ズボンで肌の乾燥を防ぐ。

- **DRY＝乾燥**：ぬれた服は、防寒機能を失う。汗が残らない速乾素材の下着を着て、防水加工のパーカを携帯しよう。

- **EXAMINE＝点検**：服が破れたり汚れたりしていないか、毎日チェックする。破れは広がらないように、すぐに繕（つくろ）っておこう。

- **REPAIR＝修繕**：破れたらすぐに直すため、砂漠用のサバイバル・キットに、基本アイテムの入った裁縫セットを入れておこう。

how to

即席のサングラスの作り方

1. 布や革、樹皮などを、アイマスクのように両目を覆う大きさに切る。

2. 左右の目の位置に、細く水平の切り込みを入れる。切り込みは、ものは見えるが光は極力入ってこない幅にする。

3. 目の下にすすを塗り、まぶしさを軽減する。紫外線が砂や白っぽい色の岩に反射して、眼球の表面を傷めることがあるため。

4. 糸かひもでアイマスクを固定する。

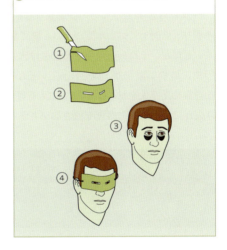

ゴミは適切に処分しよう

砂漠は見た目は険しいが、実は非常にダメージを受けやすい。

地面が土の場合、人間の出すゴミは、水源や涸れ川から少なくとも約180m離れた場所に、15〜20cmの深さの穴を掘って埋めるようにする。そうしておかないと、嵐などで掘り起こされたゴミが貴重な水たまりを汚し、その水を飲む人間や動物を危険にさらしてしまうからだ。

岩場や浅い砂地、もしくはゴミを埋めた場合の影響がわからない場所では、ゴミは持ち帰るようにする。

FIRE
火

　砂漠では、火は必要ないかもしれない。砂漠の夜に適したシェルターと衣服の用意があり、きれいな水が確保されていれば、火で暖をとったり水を浄化しなくてもすむはずだ。

　しかし、草木が生えていない砂漠では地面の熱は逃げやすく、日没後すぐに気温が下がり、夜になると驚くほど寒くなる。夜のたき火は、暖をとる手段であると同時に、遠方からでも見える救難信号にもなる。服が汗や突然の豪雨でぬれた場合は、火で乾かすことができる。また、夜行性の捕食動物を追い払ったり、火を囲む人々に癒やしを与える効果もある。

　砂漠には燃料となるものがあまりないので、軽量なコンロやランタン、木炭などを持っていった方がよい。燃えやすい植物は枯れたサボテンや低木などだが、それらを入手する前には入念に観察をすること。そういった植物に鳥や小動物が、巣を作っているかもしれない。砂漠公園の多くは、薪（まき）を集めたり火をおこしたりすることを禁止しているので確認しておく。たき火ができる場所では跡を残さないよう、灰は埋めるか持ち帰ろう。

> **達人の心得**　簡単に火が付く火口（ほくち）を用意しよう。乾燥した細い枝があれば最適。太い枝しか見当たらなければ、ナイフで周囲をけば立たせると燃えやすくなる。湿った流木は、中まで削ると乾いているかもしれない。

砂漠で火をおこす

　砂漠で火をおこすのはとても危険だ。乾燥した気候のため、火花が下生えの植物に簡単に燃え移ってしまう。火によって傷みやすい自生植物も多い。しかしながら砂漠の環境において、火が健全な役割を果たしている場合もある。米国アリゾナ州トゥーソン近郊のリンコン山脈がその一例だ。5年から15年に一度の割合で山火事が起こり、燃えやすい余分な植物を焼き尽くして植物が再生される。

　もし砂漠で危機的状況に陥り、暖をとる目的や救難信号、調理、水の浄化などのために火をおこさなければならない場合は、風よけを使い、広めに草などを取り除き、火はできるだけ小さくする。

火きり板の上で、弓と火きり棒を使って火花をおこす原始的な方法。

砂漠に燃料を持参する

　砂漠に燃やすものがないといっても、心配はない。市販の小型燃料を持参すればよい。

　携帯用コンロや缶入りのゼリー状アルコール燃料などは、明かりになったりお湯を沸かしたり、小さなシェルター内を暖めたりする熱源としても十分だ。缶入り燃料コンロは、カートリッジに入ったブタン、イソブタン、プロパンなどを燃料としている。液体燃料コンロは、通常ホワイトガソリンや灯油を使っている。

　エスビットやヘキサミン、トリオキサンといったタブレット型の燃料はすぐに着火し、数分間過熱できる。ろうそくや防風ランプは、夜間の照明として役に立つ。

　飛行機や車の事故で遭難した場合は、ガソリンやオイルが燃料として使える。その場合は砂と混ぜて、慎重に火をつけること。燃料を新たに追加するときは、急に燃え上がらないように注意しよう。

　赤い炎を出す手持ち用の発炎筒は、夜間でも遠くから見え、救難信号に向いている。

砂漠で燃料を見つける

　砂漠には天然の燃料もある。問題はそれを見分けて、探し出せるかどうかだ。サボテンや砂漠に耐性のある植物は、火をおこす燃料源になり得る。しかし、枯れて乾燥した植物の中に鳥や動物が巣を作っている場合は、自分が生命の危機に直面していない限り、その植物を燃料にしてはいけない。

砂漠で燃料となるもの
- 枯れたヤマヨモギやそのほか低木の茂み。
- 乾いた草をより合わせて束にしたもの。
- バッファローや牛、ロバ、ラクダなどのふんを乾燥させたもの。
- 動物の巣に使われていなければ、枯れたサボテン。
- メスキート（ネムノキ科の低木）の枝。
- ポプラやヤナギの枝。
- アカシアの枝。
- 古いオコティーヨ（多肉植物）の根元の樹皮。ワックス状の成分が含まれており着火しやすいので、火口に最適。
- ポプラやネズミサシの内樹皮も、火口に向いている。
- 使われていない鳥やネズミの巣。

water
水

「砂漠において、水は生命に必要なのではない。生命そのものなのだ」

　サハラ砂漠に不時着して遭難したアントワーヌ・ド・サン=テグジュペリは、救助された後にこう書いている。「水は、この世で最も貴重で、かつ最もデリケートな財宝である。混ざり気を認めず、不純を受け入れない誇り高き神だ。しかし、水は、純然たる幸福を無限に広げてくれる」。

　砂漠で最も重要なことは、生き延びることだ。そこでの水は、モハベ砂漠の暴風雨と同じくらい珍しく、飲料水となればさらに希少だ。もし水がなくなってしまったら、生き残れるかどうかは時間との闘いとなる。

　砂漠を移動するには、必要量の大部分の水を持っていかなくてはならないが、水は重い。1ℓの水はおよそ1kgで、2日分の水は20kg以上になる。それゆえ、携行品は必要最低限とし、水を運ぶようにする。旅程が2日以上になる場合は、必要に応じて補充できるように水源を見つけておかなくてはならない。ルート上のどこかに水を保管しておくこともできるが、緊急時にその水だけを頼りにするのは無謀だ。というのも、置いておいた水は、動物やほかの旅行者に持っていかれる可能性があるからだ。

達人の心得　軽度の脱水であれば、水を飲むことで回復できる。普通の水でもよいが、少量（水の分量の0.9％程度）の塩を加え、体液に近い濃度の電解質を含んだ水の方が吸収しやすい。その際、水の温度は10〜15℃前後に冷えていると吸収が速い。

飲み物がないときは食べない

　体温が上昇し過ぎると、体は熱を下げるために汗をかく。熱が高ければ高いほど、それを冷ますために大量に汗をかかなければならないのだ。

　汗をかくことで、最も多く体から水分が失われる。発汗による脱水を抑えるためには、まず体を完全に覆うこと。そして、体を使う作業を減らすことだ。特に日なたは避け、風にも当たらないようにする。風は皮膚を乾かし、体から水分を奪ってしまう。

　消化には水分が必要になるので、飲み水がない場合は食べない。

水は安全に効率よく運ぶ

　容器が水漏れしていないか点検しよう。水筒を開けて中身が半分に減っていたら、目も当てられない。

　水を運ぶにあたって、容器はひとつではなく、複数に分けること。移動中は水筒を携帯し、そこから飲むようにする。または、キャメルバックのように水筒を背負い、口元のチューブから水を飲める便利な用具を利用しよう。水を取り出しにくいと定期的な水分補給ができず、汗の量に見合った水分を飲めなくなる「自発的脱水」を引き起こすことがあるためだ。少ない回数で一度に大量の水を飲むのではなく、たとえすする程度でも、少量の水をこまめに摂取しよう。

　水の温度は10〜15℃に保つようにする。これは、体が水分を吸収しやすい適温である。水は砂漠へ出発する前に丈夫な容器に入れて凍らせるか、断熱素材の中に入れておく。また、ぬらした布で容器を包んでおくと、気化熱が奪われて冷却できる。キャンバス地の水入れ袋は水が徐々に染み出て内容量の約1割を失うが、同じ原理で遮熱効果が働く。空になれば袋はごく軽くなり、丸めて小さくすることもできる。のどが渇いてから飲むのでは遅い。のどが渇いたと感じるときは、すでに脱水状態になっている可能性があるからだ。

脱水症状の5段階を認識する

　のどの渇きが、即座に脱水症状の始まりと考えるのは間違っている。水が欲しいと感じるときはすでに、体内で1ℓかそれ以上の水分が不足している。定期的に水を飲んで水分を補給し、汗をかかないようにしよう。

　20世紀初頭、セントルイスにある公立博物館の研究者だったW・J・マクギーは、脱水状態を測る尺度を考案した。広く用いられているこの尺度は、「落ち着きがなくなる」「口が渇く」「舌がはれる」「舌が干からびる」「汗をかく」の5段階から成り、各段階で体重は5％ずつ減少する。「落ち着きがなくなる」という症状には、不平を言う、感情が不安定になる、疲労や不安を感じるといった状態も含まれている。

そのほか脱水症状の危険な兆候
- 暗く、沈んだ目になる。
- 舌の真ん中に深い溝ができる。
- 尿が出にくくなる。
- 尿の色がレモン水よりも濃い色になる。
- 尿の色がとても濃く、臭いがある。

---

essentials
電解質不均衡の治療

長時間にわたって大量に発汗したときに真水を飲むと、電解質のバランスが崩れて、低ナトリウム血症を引き起こす。その症状は、目まい、失見当識、吐き気、けいれんである。対処法は休息と水分補給だ。脱水症状を改善する飲み物として、世界保健機関（WHO）が次のような材料を使った簡単な飲み物を薦めている。

- ろ過、殺菌などの処理を施した水：1ℓ
- 砂糖、または蜂蜜：小さじ2杯
- 塩：小さじ2分の1
- ベーキングソーダ：小さじ2分の1（手に入らない場合はなくても可）

以上をよく混ぜて飲み、水分補給をする。

どれだけ飲めばよいか

水の摂取量について一般的なガイドラインはあるが、すべての人に当てはまる厳密な規定量というものはない。汗の量、体脂肪率、代謝量、胃内容排出（胃の中の食物が腸に出ていくこと）の状態によって必要摂取量には個人差があり、とりわけ何を飲んでいるかによっても変わってくる。必ず自分の必要摂取量の目安を知っておくようにしよう。

水分補給のヒント

- 気温が38℃を下回るときは、1時間に0.5ℓ程度の水を飲む。
- 気温が38℃以上のときは、1時間に1ℓ程度の水を飲む。
- 体を使う活動をしているのであれば、もっとたくさんの水を飲む。
- のどが渇いてから飲むのでは遅い。のどの渇きを感じるのは、すでに脱水症状を起こしている可能性がある。

飲める水を見分ける

砂漠のよどんだ水は、命取りになりかねない。周辺にある鉱山の有毒物質や農場の化学肥料、または、天然の化学物質によって汚染された水は、全く飲用には適さない。ヒ素、硫黄、鉛、セレン、そのほかの毒素を含有していることも、決して珍しくないのだ。

飲める水かどうか判断に困ったときは、水たまりの周りに動物がいた形跡がないか探してみよう。その土地の動物は、飲める水を見分けることができる。また、さまざまな植物が元気よく育っているか確認しよう。雑草だけでは、植物が生き生きと育っているとはいえない。多くの雑草は、汚染物質に対する耐性が高いからだ。石油などの臭いがしたり、虹色に輝く油膜が張っていないか観察しよう。

ひどくのどが渇くと、液体を見つけたら、どんなものでも飲みたくなるものだ。しかし、汚染された水を飲むと体が弱り、きれいで安全な水を探すことがさらに難しくなってしまう。この場合、体が衰弱する危険を冒すよりも、のどが渇いたまま移動する方が得策だ。

---

essentials

水を発見する

砂漠では、次のようにして水を確保できることを知っておこう。

- サボテンやアオノリュウゼツランのような植物を切る（方法は次ページを参照）。
- 湿り気のある土壌を掘る。このような場所は干上がった河床（かしょう）か、地下水面が高い場所であるのかもしれない。地面のすぐ下に、水がある可能性がある。
- 石灰岩のような多孔質の石を探す。内部のくぼみに、水が染み出ていることがある。
- 溶岩流や峡谷の岩壁に染み出ている水を探す。
- 干上がった河床をたどって水源まで行ってみる。水源ではまだ、水が滴っている可能性がある。
- 干上がった河床のカーブの外側を掘ってみる。水が染み出てくる可能性がある。
- 卓越風の風下側にできている、砂丘のふもとを掘ってみる。
- 露を布きれで吸い取って絞る。
- ポプラとヤナギを探す。サボテンよりも大量に水分を必要とするこれらの植物が生えているということは、水源があるしるし。

how to

サボテンから水を手に入れる

① まず、タマサボテンを見つけよう。トゲだらけで円筒形をしていて、てっぺんにピンク色や黄色の花が咲いている背の低いサボテンがそれだ。見つけたらナイフで上部を切り落とす。トゲが刺さらないように注意しよう。

② 棒切れやスプーンで中身をつぶしながら、どろどろになるまで混ぜる。

③ どろどろになった果肉をバンダナのような薄い布でこす。口やカップで液体を受け止める。液体は美味とはいえないかもしれないが水分を補給できる。布がなければ、どろどろになった果肉をかんで水分を摂取する。果肉を食べてはいけない。

植物から水を手に入れる

植物の汁は無味ではない。飲むときは、粉末の飲み物のもとを混ぜれば、味をごまかせる。あらかじめ植物に毒がないことを確かめること。果肉をかんで含まれる液体を吸えば、植物そのものを食べるよりも速く水分補給ができる。キタハシラサボテン、ベンケイチュウほか、病気を引き起こしやすいサボテンの芯をかんではいけない。

岩から水を手に入れる

高い場所に上って水たまりを探そう。日陰にある砂岩に浸食でくぼみができ、水がたまっていることがある。また、花こう岩の割れ目を探しておけば、早朝、岩から出る露をなめることができる。

水を採取できる植物

- 細い葉の植物。ユッカの幅広い基部とアナナスの葉には水分がある。
- アオノリュウゼツラン（リュウゼツラン科植物）。緑色の幹の下部の茎を切る。茎を薄切りにして分け、樹皮を取り除いて髄をかむ。
- トゲの生えている西洋ナシ。小さなトゲは、ナイフを使うか直火にかけて取り除き、皮をむく。
- 自然に生えている砂漠のひょうたん。サハラ砂漠で見られる。ひょうたんのつるとオレンジ程度の大きさの果実を見つけ、種と花を食べる。さらに若枝をかむ。
- 砂漠の植物の根を掘り起こす。60〜90cm程度の長さに切って皮をむき、水分を吸う。

隠れた水源を見つけよう

- エルグ（砂砂漠）では、地面を深く掘る。
- 山のふもとでオアシスを見つけよう。風下側を探すこと。
- 岩が浸食されてできたくぼみに、水がたまっている場所を探す。藻はシャツですくって取り除く。
- 井戸や風車を見逃さないように。

生き物の後をつけて水の在りかを知る

目をこらし、耳を澄まして、飛んでいる虫を見つけよう。ミツバチ、スズメバチ、クマンバチは、水場まで飛んで行ける場所にすんでいる。ハチが飛んで行く方向を見極めれば、水のある場所が見つかるかもしれない。

湿った土の周りで飛ぶハエや動物のつめ跡は、最近まで地表に水があったしるしだ。

草食動物は通常、夜明けや夕暮れに水を探す。姿が見当たらないときは、足跡を探そう。決まったルートがあるかもしれない。

鳥は水のある所を拠点に移動する。腐肉を食べる鳥と、餌から水分の多くを取る猛きん類は例外だ。1855年に西アフリカの砂漠で探検家リチャード・フランシス・バートンの命を救ったのは、1羽の鳥だった。36時間、飲料水なしに歩いたバートンは、夕暮れ時に丘に向かって飛んでいくサケイを見つけた。「鳥は少なくとも1日に1回、水分補給をするはずだ」と考えたバートンは、泉へ急降下する鳥を追い、のどの渇きを癒やすことができた。

とどまるか、先へ進むかを決心する

砂漠で遭難したとき、最も発見されやすい方法は、その場を動かず救助を求める合図をすることだ。ただし、道が分かっているなら先に進んでもよいし、自分の足跡をたどって引き返すこともできる。決断の決め手となるのは、今どれだけの水が残っているかということだ。

最善策は、その場を動かないことだ。出発前に旅行計画を友人や家族に渡してきた場合は、特に救助に来てもらえる可能性が高い。救助を待つ間、必要な水の量は1人当たり1日最低4ℓ程度。ただし、全員が日陰にいて、体を動かさずにじっとしていられることが条件だ。待っていても救助が来る見込みはないと分かっている場合や、予定ルートから大幅にそれてしまった場合、または、誰かがひどくケガをしている場合は、その場を動くという選択肢もあるだろう。

まず、歩かなければならない距離と時間を計算し、必要となる水の量を割り出そう。夜間に動く方が涼しいが、速度は遅くなる。

行程を計画する

- 日中30kmを歩くには、少なくとも8ℓ程度の水が必要。
- 同じ距離を夜歩くなら、少なくとも4ℓ程度の水を用意する。
- 夜間、水を飲まずに歩き続けると、30km程度で体が衰弱する。
- 日中、水を飲まずに歩くことは、無謀な行為だ。
- 水がないときは、生き残れる確率を考える。1日か2日のうちに死ぬのを覚悟で夜間に約30km歩くか、それともじっと座って3日間生き長らえ、救助される可能性に賭けるかの選択になる。

達人の心得 食事をすると内臓が活発に活動し、栄養分の消化と吸収時には発熱（体温上昇）する。すると、全身の水分が減少してしまう。特にタンパク質は摂取時の発熱量が多いので、水が不足しそうな場合は、肉や木の実など高タンパクの食事は避けよう。

essentials

緊急時の節水法

十分な量の水があり、こまめに少量の水分を摂取するのが理想だが、それができない場合は次のようにする。

- 日光を避ける。
- 歩いたり活動をしたりするのは夜間、夜明け、夕暮れ時だけにする。日中はじっとして体を覆っていること。
- 水を制限しないで、必要に応じて飲む。水を節約しても体が必要とする水の量を減らしたり、体が水を消費する速さを抑えたりすることはできない。
- 鉱物に汚染された水や尿を飲まない。飲用に適さない水は、体を冷やすのに使う。
- 衣服は脱がない。肌を露出すれば日に焼け、汗が蒸発しやすくなるので、脱水症状が早まる。
- 風をよける。風に当たると体の水分の蒸発が加速し、脱水症状が起きる。
- 食べない。消化は水を必要とするため、体内のほかの部分から水分が奪われることになる。

飲み水を浄化する

砂漠の水は、概して山の水ほど清潔ではない。寄生虫やふん、動物の死骸、鉱物、化学物質などで汚染されている。未処理の砂漠地域の水を飲むことは、さまざまなリスクを高めることになる。

浄水方法

- 浄水処理を始める前に、目の粗いこし器を使ってゴミを取る。
- 薬品による浄水処理には、ヨウ素、塩素、過マンガン酸カリウム、二酸化塩素が用いられる。これらは持ち運びしやすいが、浄化するのに時間がかかる。また、寄生虫に対しては、必ずしも効果があるわけではない。
- マイクロフィルターを使って水をろ過すれば、素早く飲料水を作ることができる。セラミックフィルターとカーボンフィルターを一緒に使うなどして、複数のフィルターを組み合わせれば、寄生虫や化学物質を除去できる。
- 煮沸すると汚染物質は凝縮する。しかし、毒素の中には沸点が低いものもあるので、汚染水を沸騰させた水蒸気は浄化されているとはいえない。一方、海水を沸騰させた蒸留水は飲むことができる。蒸留水は、水を沸かしている鍋の上部を布きれで覆って集める。

よどんだ水たまりは注意深く調べよう。雨水には、たまっている間に汚染物質が混入する。

太陽蒸留器の設置を検討する

　太陽蒸留器の有効性については、いまだ議論の余地があるようだ。『米陸軍サバイバル全書』のように、その有効性を保証している文献もあるが、この装置によって得られる水の量は、それを設置するために失う水分（汗）よりも少ないだろうという意見もある。『究極の砂漠ハンドブック（The Ultimate Desert Handbook）』の著者であるマーク・ジョンソンは、長年砂漠で太陽蒸留器を使って飲料水作りを試してきたが、成功したのは1回か2回だけだったと報告している。

　いずれにせよ、太陽蒸留器の設営に時間がかかるのは事実で、どれだけ長い時間をかけても得られる水の量はごくわずかだ。しかしながら、命がかかったサバイバルの状況下では、時間を投資することも必要だろう。その場合、地面を掘って蒸留器を作るのは、暗くなってからにすること。そして、できるだけ作業を楽にし、汗をかいて失う水分量を最低限にする。

　太陽蒸留器は、地面に掘った穴を透明なビニールシートで覆ったものである。閉じ込められた水蒸気が太陽光で暖められてシートの表面に凝結するのを利用したものだ。

太陽蒸留器の作り方

① 湿り気のある土壌や干上がった河床、または低地で日当たりのよい場所を選び、直径約60cm、深さ約60cmの穴を掘る。

② 穴の中心に容器を置く。ストローのように使えるチューブがあれば、容器から地表まで伸ばしておくと蒸留器を壊さずに水を飲むことができるが、非常時にはチューブがなくてもよい。

③ 穴をビニールシートで覆い、周りに石や砂を載せて固定する。ビニールシートの中心に重しとなる石を置き、くぼませて円すい形にする。円すいの頂点が容器の中心の真上にくるように調節する。太陽熱によって閉じ込められた空気と地面が暖まり、シートの下面に水蒸気が凝結する。水滴は重力で円すいの頂点に集まり、真下に滴り落ちて容器に水がたまる。

SHELTER
シェルター

　砂漠のシェルターは、手の込んだものである必要はない。多くの砂漠で夜は冷え込むが、命を脅かすほど寒くはない。空気はかなり乾燥しているので、蚊やハエといった夜間の害虫は、それほどわずらわしくないだろう。また、荷物やテントなどで巣をふさがなければ、サソリやヘビ、そのほかの砂漠の生物は通常、寝ている人間に近寄ることはない。

　テントは日光、砂、雨、そして風を遮ってくれる。そのほか寝袋、防水シート（タープ）、あるいは毛布があれば、夜、気持ちよく眠るのに十分だ。目の細かいメッシュ素材のテントは、日陰などに設置するか防水シートを上に張ると、冬以外の季節であれば内部の気温は快適に保たれる。グレートベースンのような高地の砂漠では、冬になると厚手の毛布、寝袋、クッションなどが必要になる。

　シェルターは、枝葉、石、砂などで間に合わせることができる。寝床や屋根を作れるほどの木は見つけられなくても、草やそのほかの植物だけで、しっかり断熱できる。そして、シェルターは安全な場所に設置する。警報が発令されることなく、鉄砲水、雷、暴風に襲われることがあるからだ。

　砂漠へ持ち込む荷物が何であれ、重量は軽くしておこう。そうすれば、最も貴重な資源である水を十分に持っていける。

風よけに岩層を利用するとよい。ただし、低地の場合は鉄砲水に注意する。

砂漠のシェルターの重要性

　砂漠のシェルターの中は、ぐっと涼しく感じるだろう。日陰の気温は、直射日光が当たる場所よりも11〜22℃低くなる。また、日陰では砂や岩石の熱も伝わりにくい。ところが、砂や岩石に日光が当たると、周囲の外気温よりも平均で16〜22℃も高くなる。シェルターがなければ、炎暑で脱水症状を引き起こし、熱中症の危険性を高めることになる。

　高地にシェルターを設置すれば利点がある。たいてい地表の気温は低く、標高の高い地域では涼しい風が流れる。ただし、その場合でも熱風と砂嵐は起こり得る。風よけを作ったり、シェルターを岩陰に設置したりするなどして身を守ろう。

シェルターについて

- シェルターは直射日光から体を守ってくれる。砂を掘って上部を覆った「砂漠の日よけシェルター」内の気温は、外気温よりも16〜22℃ほど低い。
- シェルター内では、脱水症状の進行が緩やかである。日差しや風は体内水分を奪う。
- 風通しのよい日陰は、体温を下げてくれる。
- シェルターは、夜間の冷え込みや突然の暴風雨によって生じる低体温症を予防できる。砂漠の冒険家であるミシェル・ヴューシャンジュは、1933年に出版された書籍の中で、「炎天下にいるときよりも、寒さの方がよほどつらかった」とサハラ砂漠での体験を書きつづっている。

essentials

砂をシェルターとして使う

砂漠にはシェルターを設営するのに必要な材料が乏しいが、砂と岩石を使ってシェルターを作ることができる。

- 砂は断熱材になる。体を冷やすことも温めることもできる。

- 砂を掘ってその中に体をうずめると、暑さも寒さも緩和できる。フランスの飛行家であるアントワーヌ・ド・サン＝テグジュペリは、サハラ砂漠での厳寒の夜を生き抜いた体験を「砂を掘ってその中に横たわり、顔以外の体がすべて埋まるまで砂を思いきりかけた」と書き記している。

- 体を砂で覆うと汗が蒸発しないため、脱水の進行を遅らせることができる。

- 砂はその重さを利用して、防水シートの端を適切な位置に留めることできる。ざんごう型シェルターを設営するときに便利。

- 砂や岩石は日陰を作るために、植物の上から垂らしかけたパラシュートを固定する重しにもなる。

- 砂丘は風よけになる。風下側のふもとに身を置くか、シェルターを設営するとよい。

- 砂を使ったシェルターの設営や、砂を利用した建物を造る作業を進めるにあたり、風は厄介な存在となる。シェルターを作るときは、風向きを考慮すべきである。また、シェルターや防水シートを押さえるために使っている盛り砂は、定期的に作り直す必要があるかもしれない。

達人の心得　帽子のつばが作る日陰は、強烈な直射日光から顔や頭部を守るために最も効果的だ。首や顔まで覆える日よけ布の付いた帽子なら、より安心できる。

アパッチ式の枝葉を使ったシェルター

枝葉を使ったアパッチ式のシェルターは、米南西部のネイティブ・アメリカンの伝統的な住居だ。枝葉の使い方によってはシンプルにも、あるいは手の込んだシェルターにもすることができる。さらに、草ぶきの壁は通気性もよい。

円すい形のシェルターは、風向きが変化しても影響を受けない。光を反射する素材でシェルターを覆っておけば、いずれの方向からでも捜索救助隊に見つけてもらいやすい。

how to
アパッチ式の枝葉を使ったシェルターの作り方

① 約3mの長さの枝を5〜6本集める。枝の上部が交差するように45度の角度で斜めに立て掛け、円すい形になるよう設置する。

② さらに支柱となる枝を増やし、同様の方法で枝を斜め掛けにする。

③ 曲げやすいヤナギの枝やロープを使って、横方向に固定していく。

④ 植物の乾燥した葉を集め、下から上へと覆っていく。

how to
ざんごう型シェルターの作り方

① 45〜60cmの深さで、快適に横たわれる長さの穴を掘る。穴の周囲4辺のうち、3辺に砂を盛る。

② 空気口を残し、掘った穴の上部をふさぐように、防水シートか植物の葉をかぶせる。その縁を砂か石で押さえる。

③ 防水シートがもう1枚あれば、先に敷いた防水シートの縁に石か砂を追加して積み上げる。その上に2枚目の防水シートをかぶせ、たるみのないようにピンと張ったら、縁を石や砂で押さえる。こうすることで、2枚の防水シートの空間が断熱層になってくれる。1枚目との空間が30cmあると理想的だ。設営できたら穴の中に入り、昼間の猛暑が過ぎ去るのを待とう。

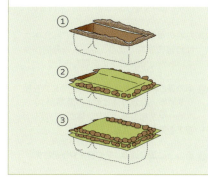

車を砂漠用シェルターとして使う

使えないと思うものを賢く利用しよう。動かなくなった車は、とても便利なシェルターとなる。直射日光の下では、金属板やガラスがある車の室内は、まるでオーブンのように熱せられる。しかし、車のシートは夜にはベッドの代わりとなり、車内は風雨が過ぎ去るまでぬれずに暖かくいられる場所となる。

日中の猛暑の間、車やトラックの車体の下には、くっきりと長方形の車の影ができる。止めたばかりなら、エンジンや排気管が冷えるのを待って、この日陰を利用するとよい。

砂漠地帯を捜索する救助隊にとって、車は目につきやすいだろう。救難信号を送るための道具として、ルームミラーやドアミラーを外して利用し、自分の存在を他者に知らせることができる。

essentials

砂漠用シェルターに関する推奨事項と禁止事項

魅力的なシェルターには、すでに何かがすんでいる可能性がある。先住者が戻ってくるかもしれないので注意する。

推奨：日差しを避ける。

推奨：シェルターは北半球では北向きに、南半球では南向きに設営すると、太陽からの影響を軽減できる。

推奨：シェルターの開口部は、卓越風に対して90度に設けると、風からの影響を軽減できる。

推奨：シェルターは水源から、歩いてすぐの所に設置する。

禁止：シェルターは河床や洪水氾濫源に設営してはいけない。また、ヘビやサソリが好む涼しくて湿気の多い場所、あるいは動物の痕跡があるような場所は避ける。

禁止：害虫の有無を確認せずに、シェルター内でくつろいではいけない。落ち着いたころに害虫が出てくるからだ。中に入っても、しばらくは注意を払うこと。

禁止：立坑内でキャンプをしてはいけない。

how to

車シェルターの作り方

1. 掘る道具として使うために、ホイールキャップを取り外す。
2. 左右の後輪の間から掘り始め（フロントには前輪の車軸があり、地面との隙間が少ないため）、車体の下に空間を作ろう。
3. 車の長さに合わせて、車体の真下に穴を掘り進める。自分の体と車との隙間が10〜20cm程度になるように、体がすっぽりと収まる深さまで掘る。
4. 車の下に滑り込み、その日をやり過ごす。

> **達人の心得（ボーイスカウト）** 防水シートは、最もシンプルなアウトドア用のシェルターである。その重さはわずか1kgほどで、幾通りにも使い道がある。シェルターそのものに使ったり、荷物にかぶせて日差しや嵐から守ったり、調理場の屋根として利用できる。

立坑の危険性

　地面にぽっかりと空いた天然の洞穴や人が掘った穴を見ると「安全なシェルターを見つけた」と思うだろう。だが、早合点はしない方がいい。

　涼しくて暗い洞穴には、ネズミ、ハチ、ガラガラヘビだけでなく、クマやそのほかの危険な捕食動物が身を潜めていることがあるからだ。また、洞穴内の空気はよどんでいて、有毒ガスが発生している可能性がある。不意に地面が抜け落ちることもあるかもしれない。

　木材などで補強され、廃坑となっている立坑なら安全なように思うだろう。しかし、その木材は古くて朽ちかけているだろうし、地面にはさびた鋭い金属片が落ちているかもしれない。立坑周辺の水は地下からの有害な物質で汚染されている可能性もある。立坑そのものが安全であっても、ヘビやサソリがすみかにしていることもあるのだ。

日陰になる場所は最大限に利用しよう。ただし、洞穴や岩石の裂け目などはよく調べること。

FOOD
食料

　砂漠では十分な食料を見つけようと思ったり、それを求めたりしないことだ。こうした極限の環境では、動植物の存在はほぼ皆無だ。また、それほど厳しい環境ではなくとも、狩猟をしたり食べられる植物を探したりする行動は、かえって体力を消耗する可能性が高い。つまり、砂漠で食料を探すという決断は、勝ち目のある賭けでなければならないのだ。体は早急に水分を欲しがり、一方で消化には水分が必要になる。これらを併せて考えると、食事量を減らしたり、数日間、飲まず食わずで過ごすという選択もある。いずれにせよ、砂漠の炎暑の下では食欲が落ちるものだ。

　ここで役立つルールをあげておこう。飲料水が十分にないときは、何も食べてはいけない。ただし、水を携帯している、あるいは飲料水となる水が十分に見つかった場合は話は別だ。食べることは体力維持につながり、精神的に前向きにもなれるからだ。ただし、その地域で手に入れた食料を食べるときは、くれぐれも気をつけること。誤って食用に適さない植物を食べたり、汚染された飲み物を口にしたりすると、嘔吐（おうと）や下痢を引き起こすことがある。どちらの症状も脱水を加速させる。

　また、必要な食料は持っていくようにする。できれば、軽量で長期保存がきく食品が望ましい。その場合、調理のときにたくさんの水が必要な食料は避ける。卓上コンロと燃料も荷物の中に入れておこう。

日中の暑さが収まってから調理用の火をおこす。ただし、火をおこすのは必要なときだけにしよう。

軽量で腐敗しない食料を持っていく

砂漠を移動する人にとって、食料の選び方とその保存方法が課題になる。生鮮食品は強烈な暑さで、あっという間に傷んでしまう。フリーズドライ食品は腐らず、軽量で持ち運びに便利だが、食品を戻すのに貴重な水を使わなければならない。缶詰食品は安全だがかなり重く、荷物を背負うとなると負担になる。また、バッグや布袋などに入れた食料は、夜間になると空腹な小動物を引き寄せてしまうことも覚えておこう。

こうしたことを考えると、軽量で調理のときに水をほとんど必要とせず、腐りにくい食料をいろいろと持っていくことになる。食料は出発前に凍らせておくと、食事の時間までにバックパックの中で自然解凍ができる。豆料理を巻いたブリトーなどを冷凍した料理は、砂漠を移動するバックパッカーたちのお気に入りだ。

食料に関する情報

- 生鮮食品は栄養価が高く、食べると気分転換にもなるが、炎暑の下ではすぐに傷んでしまう。果実、乳製品、精肉などは特に注意が必要だ。
- 砂漠を移動する人は、乾燥食品やフリーズドライ食品を持っていくことで、食料の腐敗を防ぐことはできる。しかし、こうした食品を戻すには貴重な水が必要になる。
- 調理済み缶詰食品は腐敗もしなければ水も必要ないが、重量がある。
- 砂漠に生息するネズミやコヨーテ、そのほかの動物に食料を荒らされないようにする。布製の袋はそれほど強度が高くないので、ネズミにかじられたり、地中にすむ動物たちに狙われやすい。食料を入れた袋は、地面から離してつるしておこう。

how to

げっ歯動物対策用の袋の作り方

1. 食料は密閉できる袋、あるいは丈夫な袋に入れておく。小穴などが開いていないものが望ましい。
2. 袋にひもを取り付け、袋から離れた位置でひもに結び目を作る。
3. 幅広の空き缶に穴を開け、結び目を作った所までひもを通していく。もし結び目が空き缶の穴を通ってしまうようなら、缶がしっかりと止まる大きさの結び目になるまで、何重にも結ぶ。
4. 地面から120〜150cmほどの所に袋をつるす。空き缶は、げっ歯動物がひもを伝ってこないようにする、ネズミ返しとなる。

食料を持っていく

携帯に便利な加工食品は種類が豊富だ。それらは、傷みにくくて溶けにくく、栄養豊富で体によい。すぐに食べられる軽食やサバイバル用の食料が必要な場合に備え、それらの食べ物を荷物に入れておこう。

携帯に向く食品

- グラノーラバー、フルーツバー、トレイル・ミックス、ナッツ。
- ピーナツバター。
- アメ。
- ベーグルやトルティーヤのような堅いパン。
- 少量のチキンやツナが入った真空パック。
- チェダー、スイスチーズ、マンチェゴ、ペコリーノ・ロマーノのような水分が少ないハードタイプの低脂肪チーズ。ブロックの方が傷みにくく長持ちする。
- 調理済みの豆。冷凍ブリトーは一般的だ。乾燥した豆やパスタは、調理に水が必要になる。クスクスの方が調理の水が少なくてすむ。
- 粉末のスポーツドリンクは体内の電解質のバランスを保ち、浄化処理した水の味をごまかすことができる。
- スナック菓子や塩辛い食べ物は、避けた方がよい。塩分が多いと後でのどが渇く。

食料を探す

どこかで立ち往生して孤立してしまい、持ち合わせが何もなければ、食料を自分で探すしかない。地球上で最も過酷な環境といえる砂漠では、それは簡単なことではない。しかし、創意工夫と生き残る意志があれば、体力を維持するために必要な食料を見つけることができるだろう。

砂漠で食べられるもの

- 昆虫：多くの成虫と幼虫が食べられ、タンパク質が豊富だ。寄生虫を殺すために火を通す。
- 爬虫（はちゅう）類：トカゲとヘビは砂漠で最も一般的な脊椎動物だ。
- 甲殻類や軟体動物：砂漠の海岸線に沿った浅瀬で探そう。4月から10月に見つけた軟体動物は避ける。
- げっ歯類動物：ネズミやウサギなど。
- サボテンの実：細かく硬いトゲに注意する。
- 干上がった河床と河川流域に生えた草。
- 水。

食べられる植物

食事を取るには、消化を促すためや調理するために水が必要になる。「食用」と分類される植物の多くでも、正しく調理しなければ胃に負担がかかる。砂漠の植物は、調理しても吐き気をもよおすことがあり、その場合は脱水をさらに早めてしまう。探したい植物が分かっていて、採集や調理の過程で体の水分を失うことがない場合にだけ、食料にする植物を探そう。

食用に向く植物

- ヒラウチワサボテン、キタハシラサボテン、ベンケイチュウ、モハベユッカ、ウチワサボテンの熟した実。
- オコティーヨの芽の根元。
- 草は若い茎、新芽、若葉を生のままか調理して食べる。沸かしてお茶を作る。
- ユッカは花を生のままか調理して食べる。実はゆでて皮をむき、種を取る。根は食べてはいけない。
- ナツメヤシの実。
- サバクアマランサスの芽と葉。生のままか調理して食べる。

食べられる動物

鳥、ヘビ、昆虫、げっ歯類動物は、砂漠で食用にできる最も一般的な動物だ。それらの小さな生き物に対しては、石や枝が有効な武器となる。動物はまず気絶させてから殺す。

鳥は羽をむしって内臓を取り除く。心臓、砂のう、肝臓、首は食べられる。そのほかの動物は、皮をはいで内臓を取り除く。有害な寄生虫を殺すために必ず火を通す。

食用に向く動物

- トカゲ：投げ縄で捕獲する。皮をはぎ、内臓を取って調理する。
- ヘビ：石か枝で気絶させる。死んだことを確認するまで、二股に分かれた枝で頭部を固定する。皮をはぎ、内臓を取って調理する。
- ウサギ：枝を投げつけて気絶させる。
- イナゴ：イナゴが見つかったら、それは災いではなく幸運である。洗礼者ヨハネも食したといわれている。あぶり焼きにし、頭、足、羽を取り、胴体を食べる。
- ウズラ：棒切れを投げつけて気絶させる。

how to

ソーラーオーブンの作り方

1. 段ボール箱、透明のビニール、アルミホイルを用意する。箱の上面の3辺を切り、ふたを作る。その際、縁を約2.5cm残して切り、ふたを折り返す。

2. ふたの裏側に、テープかのりでアルミホイルを張り付ける。さらに、箱の内側もアルミホイルで覆う。より多くの熱を吸収しオーブンの効率を高めるため、箱の底に石を敷く。

3. 太陽が高く昇っているときに、クッキングバッグか金属の容器に入れた食材を、箱の底に敷いた石の上に置く。箱の開いている部分を覆うように、透明のビニールをテープで貼る。日光がふたの裏に貼り付けたアルミホイルに反射して、透明のビニールに直接当たるように、箱の角度を調節する。箱が熱くなり調理が開始されるまで、少なくとも1時間は食材をそのままにしておく。泡が出始めたら、食材が調理されている証拠だ。

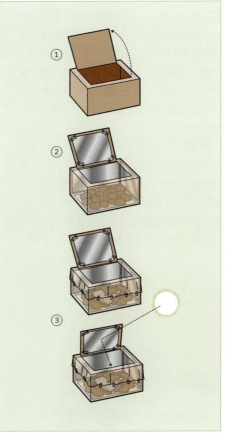

砂漠で食料を調理する

　砂漠において食べることは、十分な水を飲むことに次いで2番目に必要なことだ。少しでも多くの水を持っていくために、調理用のコンロ、容器、器具などは最小限にとどめる必要がある。そこで重宝するのが、小型で簡易な折り畳み式コンロだ。これは地面に直接置いて、金属製のスタンドにカップや缶を載せることができる。お茶やスープを作るためのお湯を沸かすには最適だ。

　折り畳み式コンロは、圧縮した固形燃料を使用する。砂漠は木や低木などの天然の燃料に乏しいが、コンロの台（ごとく）の下に草や枝を集めて火をつけるだけでも、簡単な食事を作るくらいの火力は得られる。熱くなった物をさらに煮こむには、ろうそくを使う。道具は、ふたの付いたアルミ製の小鍋とカップ、フォーク、スプーンがあれば十分に調理できるだろう。

　砂漠では、煮るのが最も良い調理法である。なぜなら、固形の食べ物だけでなく、栄養豊富なスープも一緒に取ることができるからだ。穴の中に置いた石の上で食材を焼いたり、平らな石を焚き火の近くに置き、石をフライパン代わりにして食事を作ることもできる。

　肉は干して、カビや細菌が繁殖する原因である水分を減らすと、保存することができる。火をおこして肉を煙でいぶすと早く水分が抜け、周りにできた薄い膜が肉を保護する。日光や風、火の熱を使って乾かすこともできる。

　ガスボンベが必要な大型のコンロは、大人数の食事を調理するためにはよいだろう。ただし、荷物が非常に重くなり、飛行機に乗るときの荷物検査に引っ掛かる恐れがある。

how to

干し肉の作り方

① 肉を約6mmの厚さの細長い形に切る。

② 支柱を2本立て、動物が届かない高さにひもを張る。

③ 肉をひもに通すか、ひもの上に掛ける。

④ 肉と肉がつかないようにし、折り重なっている部分は広げる。

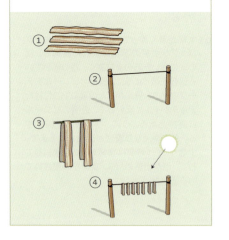

FIRST AID
応急処置

　砂漠を渡る者への最も適切な医療アドバイスは、問題が起きる前に予防することだ。そして、脱水症状やそれに続いて起こる熱中症を避けるため、十分な水分を取る。刺したり、かんだりする動物や、サボテンの鋭いトゲに注意する。転倒や水膨れのリスクを減らすため、適切な靴を選ぶ。さらに、ケガや病気をしたときに備えた用意もしておくことだ。経口補水塩、抗ヒスタミン薬、下痢止めの錠剤、そのほか不測の事態に対処するための応急処置の道具を持っていこう。

　また、熱中症の処置は非常に重要だ。熱中症は次にあげる順番で進行していく。

　熱けいれんはけいれんを起こした筋肉を伸ばした後、水を飲ませる。可能であれば休ませる。

　熱疲労は暑さと水分不足によって起こる。患者は、目まい、寒気、吐き気、または軽い意識障害の症状を訴えるかもしれない。熱疲労はショック症状の一種なので、ショック症状と同じ処置を行う。日陰に寝かせ、足を少し高く上げる。そして、ひとつまみの塩と冷え過ぎていない冷たい水を飲ませる。12〜24時間は、体力を消耗しないようにする。

　熱射病を発症して体が熱を放出できなくなった場合は、救急医療が必要となる。体温の上昇が、脳の細胞と生命維持に関わる重要な臓器に損傷を与える恐れがあるからだ。まず、皮膚が乾燥して赤くなる、脈が速くなる、ふらつき感からけいれん、昏睡状態に至る運動機能の喪失などの症状に注意する。症状が認められたら衣服を脱がせ、手足に水をかけ、あおいで肌に風を送り、体温を下げるようにする。できれば、冷たい水をためて患者を浸すとよいが、水の使用が限られるときはぬらした布をあてる。ひとつまみの塩を溶かした冷たい水も与えておく。状況が許すなら、できるだけ早く患者を病院に連れていく。

砂漠でかかりやすい病気

砂漠でかかる病気は、煩わしいだけのこともあれば、死に至ることもある。兆候を見分け、何の症状かを理解する方法を知ろう。

一般的な病気

- 日焼け：直射日光や砂、明るい色の石に反射した日差しが原因で起こる。
- 熱けいれん、熱疲労、熱射病：脱水症状によって起こる。
- 低ナトリウム血症：発汗によるナトリウムの損失を補えないことから起こる。
- 目の炎症：まぶしい光で視力を失うことがある。吹きつける砂は結膜炎の原因になる。
- 下痢：食べ物や水の中にいる寄生虫が原因となって起こる。

essentials

必需品

砂漠の環境に必要な物を加えた救急キットを持参しよう。

- 浄水タブレット
- 水膨れ予防のためのテープ
- 抗生物質製剤軟こう（かみ傷、かすり傷、刺し傷、虫さされのため）
- 抗ヒスタミン薬
- 日焼け止め剤
- 日焼けしたときにつけるローション
- ばんそうこう
- 弾性包帯（捻挫したときやヘビにかまれたときの処置に使用する）

how to

ガラガラヘビにかまれたときの応急処置方法

1. ガラガラヘビから注入されたヘモトキシンが血液を破壊するので、できるだけ早く患者を病院に連れていく。その間、以下の手順に従う。
2. 患者を横に寝かせて、動かさないようにする。
3. 傷口をきれいにし、消毒をして包帯を巻く。
4. かまれた腕や足は動かさないように固定し、心臓より少し低くする。
5. 気道を確保する。必要に応じて、アナフィラキシーショックと同じ処置をする。
6. 以下をしてはいけない。傷口の周りを切る、温めたり冷やしたりする、止血帯を使う、食べ物、アルコール、痛み止めを患者に与える。
7. 吸引装置を使って毒を抽出する（専門家は、この処置の有効性に疑問を呈しているが、患者に安心感を与え、気持ちを落ち着かせることはできるだろう）。

HAZARDS
危険

　砂漠はさまざまな矛盾を抱えた場所である。太陽に焼かれた砂や石は、灼熱の地をイメージさせるが、何もない土地では夜が異常に寒くなる。誰もが水がないことを恐れるが、砂漠でよく知られる危険のひとつは鉄砲水だ。また、気温が高いと上に着ている服を脱ぎたくなるが、貴重な汗を放出しないためには、むしろ重ね着をした方がよい。太陽や風の危険性は、地理的にまるで条件の異なる山岳地帯や極地の場合とよく似ており、露出した肌を焼き、無防備な目から視力を奪う。

　ジェームズ・ライリー船長は、自分を捕らえたサラーウィー族から受けた苦難はいうまでもなく、砂や風、暑さ、のどの渇き、飢えなどの試練とも闘いながら、なんとか正気を保とうとした。しばらく彼は、石で頭を殴って「発作」を治めようと考えてもいた。そして、神秘的な何かを求めて砂漠を訪れる人々のように、彼もまた自分の命を「運命に委ねる」決意をした。このように、何もない灼熱の砂漠は、詩人や神秘主義者、夢想家たちを試練にさらしてきた。

　砂漠を征服することはできない。生き残るためには、砂漠を理解して従うしかない。その方法は、砂漠で暮らす生き物が教えてくれる。涼しい場所でじっと動かず、水分を失わないようにし、夜になってから行動するのだ。

米国南西部に暮らす、このナバホの人のように、砂嵐に巻き込まれたら口と鼻を覆う。

砂漠にある危険を知る

　砂漠には、しかるべき敬意を表さなければならない。

　砂漠に潜む危険を知っていれば、その危険に備えることができる。砂嵐、水の氾濫、脱水症状、そのほかの潜在的な危険について何も知らなければ、いとも簡単に砂漠で死ぬことになる。

　ほとんどの者は、主な砂漠の危険について知っているにもかかわらず、重大な危険のひとつを見落としがちだ。それは、転落だ。勾配の険しい道を歩くときは気をつけなければならない。

考えられる危険

- 水膨れ：旅の前に履き慣らした、足に合った靴を履く。
- トゲのある植物による刺し傷：ウチワサボテンやほかのサボテンのトゲが刺さると、傷ができて痛む。
- 日焼け。
- 熱によるケガ、病気。
- 脱水症状。
- 汚染された水による病気。
- 転落：砂の上は、しっかりと踏みしめながら歩く。
- かみ傷、刺し傷：感染を予防する処置を施す。アナフィラキシーショックに注意する。
- 暴風雨の危険：鉄砲水、落雷、低体温症。
- 砂嵐の危険：目の損傷、脱水症状、露出した肌の損傷。

達人の心得　砂漠で転落を防ぐには、歩く速度をきちんと管理し、疲れているときは無理をしないこと。転落した場所の高さが約4.5mあれば、頭蓋骨が割れてしまうこともある。単独で行動している場合は、特に注意する。

予期せぬ天候

　鉄砲水とは、まさにぴったりの名前だ。なぜなら、砂漠の国でどこからともなく現れ、旅行者を驚かすからだ。

　砂漠の地形にその原因がある。洪水を起こす嵐は、約160km離れた場所で発生することもあるため、旅行者の視界に入らず音も聞こえない。夏の雷雨は、瞬時に発生し、砂漠を局地的に水浸しにすることが多い。地表に植物がないために、あっという間に水が流れてしまうのだ。以前の嵐で表面が削られ、岩のように硬くなった河床に水が集まり流れ出る。砂や砂利をいっぱいに含んだ大きな波が、まるで貨物列車のように、峡谷や干上がった河床をごうごうと音を立てて進むのだ。

嵐への備え

- 出発前に地元の放送局や新聞で、その地域の天気予報を調べておく。できるだけ地域を限定した予報を入手する。場所が少し違うだけで、気候が大きく変化することがある。
- 旅行する地域の季節ごとの天候の特徴を知り、自分のいる場所の近く、あるいは、離れた場所で雨が降る兆候がないか空をよく観察する。
- 干上がった河床や峡谷の底に、決して車を止めてはいけない。
- 洪水が起こったとき、水が流れてくる場所にいた場合は、すぐに高台に移動する。やむをえない場合は、装備を捨てていく。
- 水の流れが速い場所には、水深がどんなに浅くても近寄らない。
- 鉄砲水に巻き込まれないために、幅の狭い峡谷や切り立ったがけの間にある涸れ川を歩くのは、安定した高気圧で上空が覆われているときだけにする。

砂を理解する

　砂の上を旅することは、ほかの地形を旅することとは全く違う。砂の上を歩くには、とても大きなエネルギーが必要になるのだ。できるだけ疲れず、ケガをしないように移動する方法を知ることは、砂漠で生き延びるために欠かせない。

砂への対策

- 砂の上を歩くときは、通常の2倍のエネルギーが必要だとして計画を立てる。
- 柔らかい砂に足が沈まないように、靴底が平らなブーツを履く（サンダルは歩きやすいかもしれないが、足の甲に日焼けによる炎症を負う可能性がある）。
- くぼ地や高い場所、風上にある斜面などを歩き、柔らかい砂の上は避ける。こうした場所は風の力で砂が圧縮されている。
- 砂は日光を反射するため、目を傷めたり、日焼けによる炎症を負ったりする危険性がある。
- 砂丘では砂が移動するので、植物の生長が妨げられる。
- 柔らかい砂の上を車で走れば、人家から遠く離れた場所で動けなくなっても仕方がない。どうしても車を運転しなければならない場合は、夜間もしくは早朝の、砂が湿っている時間帯にする。

砂嵐を切り抜ける

　砂嵐を軽く見るべきではない。2500年前、カンビュセス王の軍隊は、サハラ砂漠の砂嵐に巻き込まれて行方不明になった。現代の嵐の風速は、時速約160kmにもなる。アラビアのロレンスは、アラビア半島北部で起こったカムシン（乾燥した熱風）の砂嵐を、息もできないような灼熱地獄として描写し、「昼には強風が吹く」と彼は書いている。そして、「その風はあまりに乾いているので、干からびた唇はぱっくり裂け、顔の皮膚がひび割れてしまう。砂でざらざらしたまぶたは、つぶろうとしても開いてしまい、縮こまった目の玉をむき出しにしてしまう」と。

essentials

砂嵐のなかで生き延びる

風をしのぐシェルターに避難して待つ。

- 時間があればテントを張るかシェルターを作る。風をよける物の後ろになる場所を選ぶ。
- 何もない場所にいる場合は、風が吹いていない方の丘のふもとに横向きに寝転がる。
- 吹きつける砂から身を守るために、肌全体を衣服で覆う。
- 砂を吸い込まないように、口と鼻を覆う。
- メガネやコンタクトレンズを外す。吹きつける砂で傷がついてしまう。
- 持っていれば、ゴーグルをかける。
- 目印となる砂丘が位置を変えるかもしれないので、石を積み上げて進む方向をしるす。

米アリゾナ州ソノラ砂漠に生息するコヨーテのように、動物は人の食料や水を狙っている。

動物に襲われる危険性に注意

砂漠に生息する動物は、乾燥状態に順応している。ほとんどは無害だが、なかには人間に危害を加える動物もいる。

ガラガラヘビは、餌の温かさに引き寄せられ、大抵夜間の涼しいときに狩りをする。人がかまれる原因の6割は、ヘビを追い込んだり怒らせたり、いたずらをした場合だ。残りの4割は不注意によるものだ。よく見えない所に手や足をつっ込んだり、じっとしているヘビを触ったりすることなどが原因である。ガラガラヘビは通常、自分より小さい動物しか襲わない。ヘビから逃げるよう訓練されていない犬を砂漠に連れていく際は注意すること。

サソリに刺されることで命取りになることはほとんどない。しかし、北米にすむ生き物の中で最も危険なのは、黄色や茶色の半透明の体をしたアリゾナバークスコーピオンだろう。強い神経毒を獲物に打ち込むサソリだ。サソリは暗い所を好み、古い建物や脱いでおいたブーツの中などにいることがある。

病気をまき散らす刺咬性生物だけでなく、刺咬性昆虫にも気をつけよう。

危険な生き物

- ミツバチやスズメバチ：巣をつついてはいけない。複数箇所を刺されると大変危険。
- ハエ、ノミ、シラミ、ダニ：水分のある所に寄りつき、病気をまき散らす。野犬やネズミにも注意。体内に寄生虫がいるかもしれない。
- クロゴケグモやドクイトグモ：かまれると痛みを感じる。枯木や廃墟などにすみつく。タランチュラは凶暴に見える割には無害。
- コヨーテ：食料や水を狙う。
- ペッカリー：脅かすと危険。
- ガラガラヘビを含むクサリヘビ。
- ドクトカゲ：動きは鈍く、つついたり触ったりしなければ、ほとんど危険はない。

SIGNALING
救難信号

　砂漠地域で救難信号を送ることは、とりわけ重要だ。砂漠で生き延びるためには、1か所にとどまり救助を待つしかない。遠方と連絡を取る方法があれば、自分がいる大体の場所を救助隊に知らせ、それから正確な位置を絞り込んでもらう。例年の捜索救助活動状況も知っておくとよい。米国国立公園局では、毎年約4000件の事故処理にあたっている。半数の約2000件は、ケガや病気が原因だ。救助隊に自分の居場所を速やかに知らせることができれば、生存率は高まる。

　明るい日差しと砂漠の澄んだ大気の下では、光の信号は遠くまでよく届くので利用する。鏡や反射する金属は性能のよい信号器となる。夜間の暗闇の中では、信号火（シグナル・ファイヤ）は視認性に優れ、何キロ先までも明かりが届く。

　どんな信号を使う場合でも、救難信号は3つ1組（たとえば3つの火、3回の銃声など）で表す。救難信号は、よく見える所に作らなくてはならない。尾根や丘の上、平らな場所の真ん中などが目に留まりやすい。色の付いた照明弾は一度しか使えないので、救助隊の姿が見えるか、近づく音が確認できた時点で、速やかに発射しなければならない。たき火はあらかじめ準備しておいて、救助が来たらすぐに点火する。また、実際に飛行中の航空機に信号を送る前に、太陽光線を特定の標的に向けて反射できるよう、鏡などで練習をしておく。対空信号を使うときは、地面全体の色と対照をなすよう、信号の色や設置する地面を選ぶこと。

PLBを使う

　PLB（パーソナル・ロケーター・ビーコン）は船乗りやパイロットの業務用に長年使用されてきたが、最近は広く一般に使われるようになってきた。重さは450gほどで、ポケットに入るものもある。起動させると救難信号が発信され、衛星回線を通じ救急対応機関へと送られる。解読された信号から、地上での発信者の位置が分かるようになっている。

　救急対応機関では、メッセージの発信者の情報をデータベースで解析する。登録されていれば、本人の医療情報も確認できる。ただし、PLBの使用は非常時のみに限る。

砂漠での最適な信号の送り方

　もし遭難してしまったら、携帯品の中で信号の代わりになるものがないか探してみよう。発想の転換を図るのだ。目的はあくまでも救助隊の注意を引くこと。荷物や車の中を思い出してみよう。カメラのフラッシュは強い白光を発する。携帯電話は高台からなら使用できるかもしれない。車のクラクションを鳴らせば、澄んだ大気中なら遠くまで聞こえるし、ヘッドライトは夜間、短時間ならつけておいてもいい。航空機や車の残骸から手に入れた金属片は、鏡の代わりになるだろう。

救難信号に使えるもの

- 手鏡：砂漠の強烈な太陽光線を反射させると、700万燭光（しょっこう）、ろうそく700万本分の明るさにもなる。必要なら車からルームミラーなどを取り外して使う。
- 光沢のある明るいオレンジ色の布：目立つように布をシェルターや地面の上に広げる。遭難を知らせる「X」の形を作ろう。
- 信号火（シグナル・ファイヤ）：暗闇の中でビーコンの役割をする。
- 懐中電灯：高台で使い、「SOS（トントントン・ツーツーツー・トントントン）」と点滅させる。
- 照明弾：飛行機の音が聞こえてから発射すること。
- 黒煙：タイヤやエンジンオイル、ガソリンなどと砂を一緒に燃やす。

AMラジオを使う

　今はハイテクの時代。しかし、不思議なことに、砂漠で最も重宝する通信機器は1920年代から変わっていない。

　実は、AMラジオでは重要な情報を得ることができる。夜間、AMラジオの電波は大気に当たって跳ね返り、長い距離を進む。米国海洋大気局は旅行者に対し、悪天候の情報を発信している。何キロか離れた所に雷雨が発生したことが事前に分かれば、鉄砲水に巻き込まれるのを防げるかもしれない。

　海外ではAMラジオは短波受信器としても使え、英語による気象情報が聞ける。

達人の心得　航空機に対して、地上に記号を描いて状況を知らせる。国際民間航空機関（ICAO）が定めた対空信号は、国際的に通用する。以下は、その一部。「LL＝全員無事」「F＝食料必要」「I＝医者必要」「X＝前進不能」「△＝着陸可能」「Y＝YES」「N＝NO」。

NAVIGATION
ナビゲーション

　砂漠に足を踏み入れ生死を分ける状況に陥った場合、どうしても必要なとき以外は動いてはならない。歩くと熱中症になる危険性が一層増すからだ。救助が間に合いそうもないときや、目的地への移動方法が分かっているときに限り、移動するようにしよう。移動の条件は、夜でも十分に視野が確保できる場合か、日の出直後や日の入り直前の涼しい時間帯に限る。日中で気温が最も高い時間帯は、シェルターを設営して日陰に入るようにしよう。

　何度もいうが、水分補給を忘れないこと。移動するのに水分を制限してはならない。長袖・長ズボンはいうまでもないが、重ね着をして肌を露出しないようにする。帽子はつばの広いものをかぶること。強い日差しから目を、日焼けから肌を守ってくれる。足とブーツの手入れも怠らないこと。

　後から来る人に自分の行き先を伝えよう。自分がいた場所の目立つ所にメモを残しておく。あなたの行き先に矢の先が向くように、棒で矢印を作って地面に置く。枝やサボテンに布を結び付け、旗のようにするのもしるしになる。また、GPSやコンパスの使い方を身につけておくと、周りがすべて同じような景色の場所でも動きがとれる。

日中に砂漠を移動しなければならないときは、頻繁に水分を取り、慎重にルートを組むこと。

砂漠に挑む

砂漠には分かりやすい目印がないため、コンパスやGPS、地図に頼ることが多くなる。しかし、確実な目印や人や動物が通ってできたはっきりとした道がなければ、正しい針路に沿って移動するのは難しいかもしれない。視界にあるものすべてを使って、針路を修正するようにしよう。または、デッドレコニングで自分の位置と方角を確認する方法もある。丘の周りや尾根伝いなど、回り道をしながらゆっくり歩こう。

砂漠では地形図に頼りすぎてはいけない。地形図は遠くの砂漠を表すには正確さを欠き、形の変わる砂丘では役に立たない。

日中の移動は熱中症を引き起こすことがある。星の見方を覚えて、夜間に移動すること。

暑さに慣れる

- 砂漠に入る前にはなるべく体調を整えておく。
- 暑さに慣れるために、徐々に運動量を増やす。事前に健全な状態を作っておけば、一層早く順応できる。
- 4～5日後にはほぼ順応する。1～2週間後には完全に順応できる。
- 暑さに順応した結果、水への依存性が増す可能性がある、ということを覚えておく。

デッドレコニングを使おう

砂丘や平地、何もない平原には、位置を見分けるための手掛かりがほとんどない。このような状況では、デッドレコニング（推測航法）と呼ばれる古いナビゲーション方法を使うと、移動距離と方角を正確に推定できる。デッドレコニングは、電子機器がなく位置を把握できないときに役立つ。また、電子機器の精度をダブルチェック（再確認）する、補助的技術としても有効だ。

デッドレコニングは、コンパスから読んだ方角と、歩測から割り出した距離を組み合わせて位置を知る技術だ。スタートして途中で進路を変えるたびに、その移動区間の方角と距離を地図上に記録していき、出発地点との位置関係を推測する。デッドレコニングを行う場合、決めた方角にひたすらまっすぐ進むのが原則だ。山や木などの目印を見つけるなどして、修正しながらまっすぐ歩けるようにする。

実際には、まず進む方角を決め、歩測しながらその方角を目指して進む。事前に自分の歩行速度から区間ごとの所要時間を計算しておいたり、歩数を測ってメートルなどに換算しておいてもよい。そして、転換点に来るたびに、距離を記録する。方向転換するときは、次に進む方角を記録し、その場所から歩測をスタートする。坂の上り下り、柔らかい砂地ででこぼこした岩地では、歩幅が変わることも計算に入れておこう。

デッドレコニングは、特徴に乏しい地形を短距離移動する際に、最もよく利用される。障害物に出くわすなどまっすぐ進めない場合は、前の地点まで引き返してやり直そう。

essentials

熱を吸収する原因

人は砂漠でさまざまな熱源にさらされている。

- 人は日光から直接熱を吸収する。
- 日光は地面で反射するので、日光が体に2度当たることになる。
- 熱くなった地面は、空中に熱エネルギーを放出する。その地面の上を歩くと人は熱せられる。
- 砂地や岩地からの放射熱は、接した人に熱が移動する。
- 人もエネルギーを使うと熱を発する。

ブーツと足を守る

砂漠を歩くと、ブーツと足は酷使される。地面からの放射熱によって、足はブーツと靴下越しにあぶられる。ブーツの中の砂は、靴擦れや水膨れの原因となる。半ズボンをはいていた場合のすぐできる応急処置として、ゲートル（巻脚半）がある。砂と放射熱を防ぐため、帯状の布をひざから足首まで、足の周りに巻きつけるのだ。

ブーツの扱い方

- 革製品用のせっけんを使い、革靴の乾燥とひび割れを防ぐ。
- 地面からの放射熱を防ぐため、厚地の靴下を履く。
- ブーツに穴が開いていたら、砂や小石が入らないよう、エポキシ樹脂（接着剤）でふさぐ。
- 日陰で休憩するときは、ブーツを脱いで足と靴下を乾かす。

蜃気楼にだまされるな

蜃気楼とは、光と熱による錯覚で、遠くの物体が動いているように見える現象。砂地や熱い石から立ち上る暖気の中を光が通ると屈折し、奇妙なものを映し出す。蜃気楼によって、地平線付近の物体は形がゆがみ、砂漠の旅人はまるで水があるような錯覚にとらわれることがある。

その錯覚を取り除くには、過熱状態の砂漠の地面からより高い位置へと移動するか、夜間や夜明け、夕暮れの涼しい時間帯に周りを見回すとよい。

星を頼りに歩く

星によるナビゲーションは理にかなっている。夜間なら、かなりの距離を移動できる。砂漠の空気は澄んでいるため、1年を通して星がよく見える。

星を頼りに歩く方法

- 観測するときは足を止めよう。そうしないとつまずいて転びやすい。
- 北半球で北極星を探すには、北斗七星がかたどる柄杓（ひしゃく）の先の部分を指極星として使う。北極星自体は、こぐま座の柄の部分に位置している。
- 夜が深まるにつれて、おおぐま座は北極星の周りを時計と反対の方向に回る。
- 南半球では、南十字座の長軸を見つける。長さを4.5倍に延長した所が天の南極だ。
- 南北地平線近くの星を目印に移動しよう。地球は自転しているので、15～30分ごとに目印の星が変わる。

HOW I SURVIVED:
砂嵐からの生還——ジョン・ヘア

中国の新疆ウイグル自治区の干上がった湖、ロプ・ノールのほとりで我々が寝ついたころ、以前より予測されていた巨大な砂嵐が発生した。ロプ・ノールはガシュン・ゴビの砂丘の中心に位置していて、1964年から約50年の間、中国の核実験場だった。中国が18年前（1980年）に大気圏内核実験を中止してから、私は外国人として初めて、この地域に入ることを許可された。ガシュン・ゴビの砂丘は世界的に見ても、過酷な環境の土地である。真水は全くなく、あるのは塩分含有量が海水よりも多い塩水のみである。我々がここに来たのは、保護区の南端にあるエリア、絶滅危惧1A類の野生のフタコブラクダを保護している自然保護区を調べるためだった。フタコブラクダは環境に順応して、信じられないことに塩分を含む雪解け水を飲んでいるのだ。

ロプ・ノールに着く前も、移動中に大事件があった。5500m級のアルジン山脈を2台の車で越える予定だったが、雪解け水のせいで越えられなくなってしまったのだ。そのため、荷物運搬用に連れてきた地元のラクダ20頭と一緒に、気温−23℃のなか、3600mの高さまで歩いて登る羽目になった。下山の途中、すさまじい猛吹雪に遭い、ラクダは雪まみれになりながら、凍った河床に転げ落ちてしまった。そして、谷間に落ちた1頭のラクダが氷のクレバス（割れ目）にはまってしまったため、我々はそのラクダを引き上げなくてはならなかった。ほかの谷間でも岩で階段を作り、ラクダが狭い谷間を通れるようにした。

ロプ・ノールのほとりで寝ようとしている今も、風が強くなってきている。誰もが暖かいキッチンテントから離れ、強風が吹き荒れる外へと飛び出し、ロープやくい、大きくはためくテント帆の固定具合を確認した。

私は、テントの中で体を丸めていた。何百キロもの広大な砂漠を吹き荒れている突風が、この小さいテントに全エネルギーをぶつけているかのようだった。風はうなりを上げると、荒々しくテントを引き裂いた。念のため積み上げていた岩や石は崩れ落ち、テントの片側を固定しておいたロープも突然留め具から外れ、私のささやかな生活空間は、すっきり整理されていた状態から、完全な混乱状態

探検家、ナショナル ジオグラフィックの研究者でもあるジョン・ヘアは、サハラ砂漠に生息し、絶滅危惧種に指定されている野生のラクダの保護活動をしている。

へと様変わりした。

　外れたテントの帆が、そこら中の物にバサバサと当たった。ゴミも辺り一面を舞っている。それぞれのテントが風にあおられ、誰も動けず、人を助ける余裕などなかった。巻き上がる砂利や砂の巨大な渦の中では、自分の身は自分で守るしかないのだ。ナイフと懐中電灯を手元に確保し、はかない試みだが、目や耳、鼻や口に砂粒が入らないよう、大きい布を頭に巻いた。寝袋をしっかり着込み、ひざを抱えて横になった。そして、最悪の事態に備えて覚悟を決めた。激しい砂嵐は寒い夜の間中、治まることはなかった。

　翌朝、風がやんだので、我々は状況確認を始めた。残念なことに、連れてきた地元のラクダのうち19頭がいなくなっていた。足跡の向きから、160km以上も離れた南のアルジン山脈の方へ戻ったようだ。そこで、ラクダ飼いのうち2人に探しに行ってもらうことにした。嵐におじけづいたラクダは、ずっと遠くまで駆けていってしまったのだ。我々が追いかけて連れ戻すのは到底無理だろうし、その前に我々の方が渇きや飢えで倒れてしまう。

　我々は食料と備品の確認作業を行った。そして、3日間はしのげると判断した。4日目の朝までに、ラクダを連れ戻すことができなければ、我々は車の所まで歩かなくてはならない。車は400km先の河床に置き去りのままなのだ。ほとんど前兆がなく砂嵐が起こる可能性があるこの時期は、平らで水のない平原を渡るべきだろう。

　移動を余儀なくされた場合は、6人のメンバーそれぞれが、携帯できる荷物だけを運ぶように決めた。そして、具合が悪くて逃げられなかった1頭のラクダには、運べるだけの水を積むことにした。食料は各自が責任を持って携帯することにし、不足分はラクダの餌である硬いトウモロコシからまずいかゆを作って補うことにした。ほかには、肉や魚の缶詰、ゴムのように硬い加工ソーセージ、即席麺があった。そして、何よりも必要不可欠である水は、病気のラクダが倒れて荷物を運べなくなったときのために、各自4ℓずつ運ぶことも決めた。

　ナイフやマッチ、そして必要最低限の調理器具を、メンバー全員に配った。テントやほかの備品はすべて置いていかなければならないため、服は体温保持のため必要な分だけ身に着けていくことにした。私は足が冷えないよう靴下を余分に履いた。

　カメラを持っていくべきかどうか、私は悩んだ。しかし結局、カメラを持っていくことにした。旅は今回が最後になるかもしれないので、記録しておくべきだと思ったのだ。鉛筆とノート、懐中電灯とバッテリーの予備はどれも必需品なので携帯することにした。

　そして、3日目の夕方、長距離の移動に備えて力を蓄えようとしているとき、ラクダ飼いの2人が、いなくなったラクダを数頭連れて戻ってきた。翌日、そのラクダに荷物を慎重に積むと、私は「帰路で荷物を運ぶのに、病気のラクダ1頭だけに頼らずにすんだことは、何ともありがたい」と、感謝の言葉をつぶやいたのだ。

「我々は危険を冒した。そう、危険を冒したのだ。……生きて帰ることができたなら、我々がいかに大胆で忍耐強く勇敢だったかを語り、国中を熱狂させることができたものを」

　これは南極探検家のロバート・スコットが書き残した、イギリス国民に向けたメッセージだ。1912年、この言葉が残された日記が、彼の凍った遺体の近くで発見された。物資を貯蔵(デポ)していた場所まで、残り約18kmの地点で死んだスコットの行動は、二通りに解釈がされている。スコットの探検隊が、適切な装備もないまま極寒の地へ旅立った思い上がりの証であるとの解釈と、これはスコットたちが幾多の困難を乗り越えて、もう少しで生還できる状況にあったことを証明している、という解釈だ。

　隊員は自分たちでそりを引く羽目に陥り、体力を消耗した。物資の貯蔵場所選びも失敗だった。また、スコットは南極点に到達する際、隊員をわずか、5分の1の4人編成に変更したことも負担となった。それに彼らは軽い毛皮でなく、羊毛を着込んでいた。そうしたことが、スコットたちに悲劇をもたらしたのだ。彼らに先駆けて南極点初到達に成功したスコットのライバル、ロアール・アムンゼンは犬ぞりを使い、毛皮を着て、重い荷物は持たずにスキーで素早く移動し生還していた。

　極地とは無慈悲なものだ。資源はほとんどなく、気候は非常に厳しい。地形も複雑だ。スコットはこの極地の状況を、「なんてことだ。こんなに恐ろしい場所はない」と記している。しかし、それでも人間はこの地に適応するすべを学び、生き抜いていくのだ。

POLAR & SUBPOLAR
極地と亜極圏

206　209　212　214　220　224　226　230　236

PREPARATION

準備

　1920年代、探検家のウィルヤルマー・ステファンソンは、「今や北極点で、ハワイにいるのと同じような快適な生活ができる」との持論を展開した。そこで必要なのは、よい視力とライフルだけだと。

　彼のこの極端な説は、彼が極寒のウランゲリ島に送り込んだ5人の若者のうち、1人しか生還できなかった出来事から、誤りであると証明された。しかし、ステファンソンは、ある1点においては正しかった。それは、心構えである。生き残るための準備は自信を持つことから始まる。木々がほとんど生えておらず、資源にも乏しく、時には−50℃以下にまで気温が下がるような環境で、生き抜く方法を知ることで自信を深めていくのだ。

　自ら進んで極地やその周辺まで赴く人々は、十分な食料を持っていかなくてはならない。もちろん、現地で食料を調達するスキルや道具も必要だ。極地に生きる動植物は少なく、それでも、食用の動物を捕らえるためには、銃が必要となるだろうし、魚を捕るにも道具が必要だ。環境に合った服装と凍てつく寒さと暴風をしのぐためのシェルター、暖をとり雪を溶かすための火をおこす道具、そして、雪原や氷原の中を進むための特別な装備がなくてはならない。そうした道具がなければ、後悔することになるだろう。−50℃にもなるような環境では、ちょっとしたミスも許されないのだ。

ナショナル ジオグラフィック支援探検家のボルゲ・オウスランが、南米チリ・パタゴニアの氷原を行く。

極地の環境

地球上で一番寒い地域には、さまざまな天候と地形が見られ、主にツンドラ、極地、亜極圏の3つに分けられる。どの地域の自然環境も非常にデリケートだ。こうした地域では、緊急時にのみサバイバルの技術を使うようにして、環境や動植物のバランスを崩さないようにしなくてはならない。

「北極」は北の極点を中心としたその周辺地域を指し、「南極」は南の極点を中心としたその周辺地域を指す。シベリアからスカンジナビア、アラスカ周辺が亜北極圏だ。そして、北緯66°33′以北が北極圏となり、南半球では、南緯66°33′以南が南極圏となる。ツンドラと同じくこれらの地域でも、低い位置からしか差さない弱い太陽光線が気温に大きく影響している。気温には極端な差があり、100℃近い温度差が記録されている。このような土地では、植物は雪の少ない箇所に点在する程度だ。

ツンドラは北半球では北緯55°以北、南半球では南緯50°以南で見られる。曇りがちで寒く、湿地には低木やコケ類が生え、沼もあ

海氷の種類
- 新しい海氷は乳白色、または灰色をしている。古い海氷は青い。
- 新しい海氷は塩辛いが、古い海氷は真水かそれに近い。
- 新しい海氷は固くて割れにくいが、古い海氷はもろい。
- 新しい海氷の縁はとがっているが、古い海氷の縁は丸い。

る。永久凍土は気温が氷点以上にならない地域に分布するが、地表付近は解けることもある。氷が解けた水はその下の凍った層に阻まれ、地下に浸透することはない。

北極点には氷帽、南極とグリーンランドに大規模な氷床がある。北極海を覆っている流氷は、時期によりその面積は変化する。

極寒の地でのサバイバル

極地でのサバイバルの法則は、寒さが大きな問題となる以外、ほかの地域と変わらない。暑く乾燥した砂漠と同じように、極寒の北極でも周囲へ順応しなければ生き残れないのだ。寒さに戦いを挑もうとし、うまく付き合おうとしない人間には、過酷な運命が待っているだろう。

しかし、正しい方法を知っていれば、極寒の中でも生きることは可能だ。その証拠にイヌイットは、何千年も北極地方で暮らしてきた。彼らは、日照時間が延び、氷が解ける夏に、食料を確保することを心得ている。狩猟も漁もする。シェルター作りや移動のために、雪や氷を有効活用するすべも知っているのだ。

雪の壁の陰で寒さをしのぎ、重ね着をし、たき火や日光などで体を温める。まずは暖かくして落ち着き、的確な判断力と冷静さを保つことが、極寒の中で最も大切な方法だ。

寒さに備えた服装

　環境に適応した服を着ることが、寒さへの基本的な対処法だ。体温を外に逃さず、風や日光から体を保護し、湿気を外に出し、乾きの速い素材がお薦めだ。

　化学繊維は、最も断熱効果が高い。ポリエステルとポリプロピレンは軽くて暖かいうえに、ぬれてもその性能は変わらない。キャプリーン、ゴアテックス・デュラサーモ、シンサレートなど、いわゆるハイテク素材は軽く、こうした素材の服を重ね着することで効果をよく発揮する。ただし、防風性はないため、防水加工が施されたナイロンの上着などの下に着ると効果的だ。ゴアテックスやサプレックスのような防水性に優れた素材は、清潔な状態にしておくと通気性が保たれて快適だ。

　ハイテク素材には、羊毛の衣服をしのぐメリットがある。一方、綿製品はぬれると断熱効果が極端に低下するので、極寒の中で着るのは避ける。

　肌に直接触れる衣服は、乾いていて清潔でなくてはならない。汗やほこりが素材にこびりついていると空気の入るスペースをふさぎ、断熱効果など素材の機能を半減させる。中に着る衣服はこまめに洗い、つるして乾かしておく。付着した氷の粒はたたいて落とし、たき火のそばで乾かしてもよいだろう。

極地で使う道具

- 寝袋の下に敷くマット。雪や氷の上に直接寝てはいけない。
- 外気から身を守るマミー型寝袋。
- テントと、テントを繕うソーイングセット。
- ピッケルと伸縮式のストック。
- スノーシューとクロスカントリースキーの用具（どちらかでもよい）。
- そり、またはインナーフレーム式のバックパック。
- コンロと鍋。専用ボトルに入れた液体燃料。
- 木や雪の塊を切る道具。
- 長い夜に備えたヘッドランプと予備の電池、バッテリー。バッテリーは温めておく。
- ダクトテープ。ドライバー。ブーツ、ポール、スキーの留め具などの予備のネジ。

essentials

寒さ対策として持っていく装備

極地に赴くときは身につける物を慎重に選ぶ。

- レザーブーツはどんな旅にも適応する。
- 防水加工が施されている、もしくは化学繊維でできたインナーを採用しているもの。
- 積雪用のプラスチックブーツ。
- 2足以上の靴下。
- 湿気を逃がすハイテク素材の下着。
- 暖かい空気が逃げない、断熱効果の高い衣服を数枚。
- 湿地などで足元がぬれたり、汚れたりするのを防止するゲーター（スパッツ）。
- 通気性がよく防水加工の施されたパーカとズボン。防水効果を高めるため、縫い目にも防水処理が施されていることが必須。
- ハイテク素材を使用した手を保護するアイテム。ミトンの中にはさらに手袋をはめよう。
- 頭を保護するアイテム。目出し帽は目の部分を除き、首と頭全体を保護してくれる。
- 雪目を防ぐサングラスまたはゴーグル。
- 鼻と頬を守るネオプレンなどの特殊素材でできたフェイスマスク。

火 FIRE

　寒さの厳しい場所では、シェルターと衣服に次いで火が不可欠となる。少なくとも体が発する熱を、風雨に奪われないように保持することができれば、サバイバルには十分だ。肌を覆う暖かくて乾いた衣服数枚と、雪で作った丈夫なシェルター（イグルー）があれば、十分快適に過ごすことができる。しかし、なおかつ火が必要なのは、暖かさ以上のものをもたらすからだ。極地で太陽が出ない季節には安心感を与え、料理を作るためにも役立つ。また、飲み水を煮沸滅菌することもできる。その光や煙は信号として使え、熱はぬれた衣服を乾かすために必要不可欠だ。

　亜北極圏に広がる針葉樹林では薪（まき）が手に入るが、樹木限界以北では、ほとんど手に入らない。そこでは、背の低いヤナギや低木、草、コケ類などだけが、燃料に使える植物となる。海氷や氷河の上、荒涼とした海岸線付近では、流木や動物の脂肪だけが燃料となるだろう。

　雪のシェルター内では、火は小さくおこそう。内部を暖め過ぎるとシェルターの内側から水が滴り、中にいる者をぬらしてしまう。しっかり作られたシェルターならば、ろうそくの炎で十分に暖かい。しかし、有毒ガスが充満する恐れがあるため、隙間のないシェルターは作らないこと。

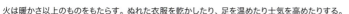

火は暖かさ以上のものをもたらす。ぬれた衣服を乾かしたり、足を温めたり士気を高めたりする。

極地周辺で木を探す

樹木限界を越えなければ、多くの針葉樹が生育している。なかでもトウヒは、薪に適している。春や夏に切ったトウヒの枝や丸太を燃やすと煙が多く出るが、晩秋と冬のものはほとんど煙は出ない。煙がよく出るアメリカカラマツは、信号用に向いている。樹皮に含まれる湿気が煙を発生させるのだ。水のあるところに生えるカバのような落葉樹は、火がつきやすい。セイヨウネズとカバの林は、最北にある森林のなかでも北寄りの地域に生育する。

薪集めでは、簡単に折ったり切ったりできる、乾いた立ち枯れの木の枝を見つけよう。しかし、立木から枝を折るときは注意が必要だ。枯れているのではなく、ただ単に凍っているだけの場合があるからだ。適当な木を見つけたら樹皮を少しはぎ、中の組織をチェックして生木ではないかを確認しよう。

たき火に最も適しているのは、樹皮のはげた丸太だ。しかし、カバの樹皮は、燃えやすい樹脂を含んでいるため、ぬれていても優れた火口(ほくち)になる。樹皮をナイフでそいで使ってみよう。乾いたマツの針状葉も火がつきやすく同じように使える。

北アメリカ、ヨーロッパ、アジアに広がるツンドラには、矮性(わいせい)低木のヤナギがたくさん生えている。60cmほどにしか成長しない背の低いヤナギが密生している光景は、さらに南の山岳地帯でも見られる。この種のヤナギには「木」と呼べそうな部分はほとんどないが、豊富に生えているため、火をおこすのに十分な量を集めることは簡単だろう。

樹木限界を超えた場所では、流木が手に入るかもしれない。1921〜1923年にかけて、ウィルヤルマー・ステファンソンがウランゲリ島に送り込んだ探検隊は、北極海に浮かぶ木の生えないこの島で、多くの流木を見つけてシェルターの壁や天井を作り、余った流木は保管してたき火用にしていたのだ。

極地での燃料

- ガスボンベやゼリー状燃料(持ち運びに便利)。
- 立木の枯れ枝や流木。
- 泥炭が含まれている湿地もある。泥炭はナイフで切り取ることができる。使う際は換気に気をつけること(こうした湿地は資源の宝庫だが、減少傾向にある)。
- 草は束にして縛ってから使用する。
- 乾いて草が混じっている動物のふん(西部開拓期には、バッファローのふんを燃料にしていた)。
- 動物の脂肪(ロバート・スコットの南極探検隊は雪を溶かし馬の餌を作るために、動物の脂肪を燃料にした)。

達人の心得 雪の中でキャンプ用コンロを使用する場合は、自動車のナンバープレートなどを下敷きにすると、周囲の雪が解けてコンロが倒れるのを防いでくれる。木の板など断熱性の高いものを使えば、下の雪はより解けにくい。

風、ひょう、あられ、雪から火を守り、火が消えてしまう要因に用心しよう。

雪や氷に覆われた場所で火をおこす

　雪や氷に覆われた場所で火をおこすには、まず、乾いた火床が必要となる。雪や氷の上に直接薪を置いて火をつけても、雪や氷が解けて火が消えてしまうのだ。生木があれば、それを下に敷いて火をおこそう。

　薪や現地調達したほかの燃料を使って火をおこすときは、3回分の十分な火口、たきつけ、そして薪や燃料を用意すること。そうすれば火が消えそうになったり、さらなる薪や燃料が必要になっても、火を絶やさずにいられる。雨などが降っているときは、薪の樹皮や表面に付着している地衣類を取り除き、薪を割って内部の乾燥した部分を露出させると火がつきやすい。

　周囲には石を積み上げて壁を作ったり、雪のブロックを作ったりして風から火を守ろう。狭い空間では、一酸化炭素中毒にも注意しなければならない。一酸化炭素は無味無臭なので、手遅れになるまで症状に気づかないこともある。どんなシェルターにも換気口を開けておくこと。

　河口に堆積した砂を見つけたら、1kgほどもらっておこう。野球ボールやソフトボール大の石も、見つけたら取っておく。そして、火床に敷いた砂の上で火をおこし、砂を温めよう。温かくなった砂はぬれたブーツを乾かしたり、小さな容器に入れて手を温めるのに利用できる。石は火の近くに置いて温めておく。それを寝床のマットの下に置けば、カイロのように安全な熱源として利用できる。

一酸化炭素中毒に注意する

- 燃焼により発生する一酸化炭素には臭いも色もないため、中毒を起こしていることに気がつかない可能性がある。
- 危険を示すサインには、吐き気、頭痛、めまい、眠気などがある。場合によっては、何の症状も出ないかもしれない。
- 足が動かなくなる場合もある。倒れ込んでしまった人には早急に新鮮な空気を吸わせ、温かくしてあげること。
- 呼吸が止まっている人、あるいは、あえぐことしかできない人には人工呼吸を施す。
- 眠っている間に命を落とすこともある。
- 応急処置が終わったら1日ゆっくり休み、温かくしていれば回復するかもしれない。

水 WATER

　極地周辺で身動きがとれなくなったとしても、水なら周囲に十分ある。しかし、水は雪と氷に姿を変えている。極地に近づくと、豊富にある資源は雪と氷なのだ。

　そのような状況で生き抜けるかは、飲用水が作れるかどうかにかかっているが、氷や雪をそのまま食べてはいけない。ロバート・ピアリーの北極探検に同行したマシュー・ヘンソンは、「雪を食べた先にあるのは死だ」と記している。雪を食べたことで水分が補給される以上に、胃の中で雪を溶かすために体の熱が奪われ、代謝が低下するリスクの方が大きいからだ。

　水は自然の小川からか、氷に開けた穴から手に入れること。氷を溶かすのはよいが、緊急時でなければ雪を溶かすのは避ける。多くの燃料を消費して雪を溶かしても、約280cm³ の柔らかい雪はたった16mℓ の水にしかならない。獲得した水は煮沸し浄化すること。フィルターは凍って使い物にならず、極度の寒さの中では化学処理も効果を発揮しないのだ。

　さらに、寒さや風、乾燥している極地や亜極圏の空気は、脱水症状を促進させる。雪原や氷原を横切って移動するという重労働も、同様に脱水を招く。こうした状況に加え、南極大陸の台地や地球の最北端にそびえる山脈の空気は薄い。そのため、体はひどく食料と水を欲するのだ。

飲用水を得るために水源を活用する

　湖や川では風下側から水をくむこと。通常、風上側よりもきれいで、積もっている雪が薄いためだ。氷が張った湖では、上に乗っても割れないほど氷が厚く、湖岸から離れた場所で水をくむ。アイスドリルを使って氷に穴を開けよう。その穴に再び氷が張らないように、雪の塊や柔らかい雪で穴を覆っておく。氷あるいは雪を溶かして水を手に入れるのは、効率が悪いので緊急時のみにする。

　新しい海氷は塩辛いが、青みを帯びて縁が丸まった1年前の海氷は、塩分が排出されているため溶かして飲むことが可能だ。また、潮の干満の差が小さく、潮流が弱い場所ではときに、氷の上部が淡水になっていることがある。

　暖かくなると、ツンドラ地帯の凍結した氷が解け、茶色の水が地面にたまることがある。この水は煮沸すれば飲用水にできる。

水を凍らせない

　氷や雪から水を得ることはできるが、溶かしたり煮沸したりすることに多くの燃料が必要になる。動物によって汚染されることのない場所から氷や雪を集め、鍋を焦がさないよう底に少しだけ水を入れておこう。

　燃料の消費を抑えたい場合、夏に高緯度にいるのなら、太陽の光を利用して雪を溶かすことができる。濃い色の大きなプラスチック製の容器や防水シート（タープ）を用意し、小石や枝を敷き詰めた上にそれを置いて、中央にくぼみを作る。色の濃い物は光を吸収するため、温度が上がりやすくなるのだ。容器やシートが温められたら、その上に薄く雪を載せ、溶かした水をくぼみに集める。

　水は、気密性の高い真空二重構造のステンレススチール製の水筒などに入れて持ち歩こう。唇を凍らせない飲み口のもので、水筒は布で包んで冷えにくくしておく。初めは温かいお湯を入れておいたとしても、移動しているうちに水は次第に冷えていく。凍る可能性がある場合は、絶対に容器の3分の2以上は水を入れないこと。そうすれば、水が氷になって膨張しても問題はないし、水が容器の中で動くことで凍りにくくもなる。

　夜の間は雪で囲った場所に容器を置いておけば、水が凍ることを防げるかもしれない。その際は約30cmの厚さの雪で囲い、容器のふたはしっかりと閉めておこう。

雪よりもまずは氷を溶かす

- 氷と雪が両方手に入るなら、まずは氷を溶かそう。氷を溶かす方が簡単で、より多くの水を手に入れることができる。
- 塩分をあまり含んでいない氷を選ぶ。塩辛い海氷は、乳白色で硬い。
- 雪は最も圧縮されたものを選ぶ。圧縮された雪は岩層の風上で見つかることが多い。空気をあまり含んでおらず、より多くの水を獲得できる。
- 最も効率よく鍋で雪を溶かすには、水筒の水を少量、雪と混ぜる。そうすれば鍋が焦げない。
- 容器に入れた雪を、服の間に入れて溶かす（皮膚に直接当ててはいけない）。あるいは、浸透性の高い袋に雪を詰め、その袋を火の近くにつるす。袋の下には、溶けて滴り落ちる水を受ける容器を置いておく。
- 色の濃い物の上に雪を置き、できるだけ太陽の光に当てて溶かす。
- 緊急時には雪を素手で持ち、融点に達したら食べる。これは凍傷を招く恐れがあるので最終手段にする。

達人の心得　極地の大洋を旅するとき、浮氷塊は真水を得られる水源になる。浮氷塊の一番高い場所から氷をひとかけら削り取ってみよう。もしその浮氷塊が古いものなら、その塊は塩を含んでいない可能性がある。

SHELTER
シェルター

　その場にどんなシェルターが最も適しているかを見極めるには、周囲の環境が重要な判断材料となる。森林地帯なら、風から身を守ることができるし、シェルターの材料や燃料も豊富にあるだろう。しかし、そこがツンドラ地帯なら雪以外、シェルターを作る材料がない可能性がある。ただし、柔らかい雪は、雪粒の間に空気を含んだ自然の断熱材でもある。極地近辺でシェルターを作る場合は、断熱性を最大限に利用するため、雪を掘るか積み上げるかする方法が基本となる。最も簡単なのは、テントを設営してその外側を雪で押し固める方法だ。雪がテントを風から防ぎ、中の熱を逃さないようにしてくれる。設営においては、太陽の光ができるだけ当たり、風の影響を最小限に抑えられる地形の場所を選ぼう。

　さらに、どのシェルターが適切かを決めるには、自分の持っている道具やその道具をどれだけ適切に使えるかで考える。圧縮された雪を切り出して半球状に積み上げるイグルーを作るには、専用の道具が必要になるだけでなく、膨大な時間がかかる。なによりシェルターの完成を優先するのなら、テントを設営するか、木の根元の雪を掘り、枝を屋根代わりにするシェルターやざんごう型シェルター、雪洞を作る方がよいだろう。設営に時間を要するシェルターは、現在使用しているシェルターを強化するとき、あるいは代替が必要なときに限って作るようにする。

シェルターの床はマットやバッグ、あるいは自然の素材で覆う。雪や氷の上に直接横にならない。

essentials

テントの特徴

テントは比較的、軽くて持ち運びやすいが、極地や亜極圏の寒冷地ではさらに、居住者を暖かく乾いた状態に保つ、より特殊なものが求められる。

- ナイロンは、テントに最もよく使用されている素材。なかでも外側に防水加工が施されているものを選ぶ。

- 防水加工でテントの気密性が高くなりすぎないことに注意する。通気性に優れた素材であれば、結露の発生やその水滴によってぬれるのを防いでくれる。水分を外へ排出し、中に入れない性質であることが大切。

- 断熱性を高めて内部の結露発生を抑えるために、二重構造になったテントを選ぶ。

- テントの縫い目は、水性ウレタンや防水テープで目止めされていること。

- アルミニウム製のポールはブリザードにも耐えられるよう、少なくとも直径8.5mmはあるものを選ぶ。

- 現地の予想される天候を考慮し、適切な運搬法、人数を考える。そして、それに見合ったテントの強度と重量を見極めること。

- テントはスリーシーズン、あるいはオールシーズン対応がよい。形はハイブリッド型がよいだろう。オールシーズン対応のテントは、強度が高いが重量がある。

- 非常に寒い地域では、ドーム型テントを使う。テントを雪で押し固めれば安定し、断熱性も高まる。

- 体温を逃さないために、テントは人数に対して大きすぎないこと。

テントがない場合

極寒の地域で身動きがとれなくなった場合は、まず風と寒さから身を守ることだ。比較的簡単に作ることができる雪のシェルターが、最低限の避難場所となる。

ブロック状に切り出した、乾いた硬い雪を半球状にしてイグルーを作る方法もある。雪の吹きだまりの中を掘って空洞にし、雪洞を作ることもできる。入り口を壁で仕切り、換気口を開けよう。突き出た岩の下は手軽なシェルターになるが、風を防ぐため開口部には壁を設ける。横になったり座ったりできる広さのざんごうを掘る場合、雪か枝で上部を覆うこと。枝などを用いてA字型シェルターを作り、断熱性を高めるために雪で覆う。低い枝のある木の幹周りの雪を、地面に到達するまで掘れば、枝は頭上を覆う断熱材として利用することができる。また、クインジーとは、荷物の上に雪をかぶせて作るドームのことで、後から中の荷物を取り出し空洞を作るシェルターだ。

シェルターに必要な装備

- テントのビニール製補修用パッチ。
- シャベル、スノーソー、あるいはナイフ。雪を切り出して固め、一時しのぎのシェルターを作る際に必要。もしくは、テントを雪で覆う際に使う。
- 保温性を最大限に保てるマミー型寝袋。首や頭まで覆うタイプのもの。
- マミー型寝袋の代わりに、足元が丸みを帯びてファスナーの内側に断熱性を高めるチューブがある寝袋でもよい。
- 寝袋の中綿素材は、化学繊維がよい。羽毛と違い、ぬれても保温力が著しく低下しない。
- 寝袋用ライナーはさらなる保温対策になり、取り外して洗うこともできる。
- 寝袋の下に敷くマット。

シェルターを換気する

- 雪のシェルターには、少なくとも天井に1か所は換気口を開けなければならない。火を使って暖をとることによって、死を招く恐れのある一酸化炭素がたまるのを防ぐためだ。
- 換気口は、開口部と天井の間に45度の角度で開ける。
- ピッケルを硬い雪の壁に刺して穴を開ける。
- 穴が開いているか、定期的に確認すること。
- 安全のため、寝ている間は暖房用の器具を消しておく。
- 入り口、あるいはトンネルから空気を取り入れて換気する。イグルーの入り口にあたるU字型のトンネルは、冷たい空気を排出しやすい。
- 出入り口を完全にふさがず、すぐ外側に雪の壁を作り風よけにする。

how to

クインジーを作る

1. バックパックや荷物、枝などを積み重ねて大きな山を作る。
2. シャベルを使ってその上に雪を乗せて固める。厚さ約90cmのドーム状になるまで雪をかぶせる。
3. 壁の厚さを測る目安にするため、約60cmの枝をいくつもドームに刺す。
4. バックパックなどを取り出し、❸で刺した枝の先端が見えるまで内側の雪を掘り、ドームの内部を広げる。

essentials

断熱効果について

熱は閉じこめられた空気に蓄えられる。空気の層ができる断熱素材は収納と持ち運びに優れ、ぬれても断熱効果が落ちないため、寝袋および寝袋の下に敷くマット素材として最適だ。

● ガチョウの羽毛は、重量に対する保温力が今でもほかの素材を上回っており、同じ量の化学繊維と比較すると、約3倍の断熱効果がある。羽毛は軽く、小さく収納できるが、いちばんの弱点は、ぬれると空気のポケットがつぶれ、単なる羽の塊になってしまうことだ。

● 化学繊維はぬれたときでも断熱効果に優れ、乾きも速い。しかし、羽毛と同じ暖かさを確保するためには、羽毛の3倍の量が必要。防寒用上着のパーカや寝袋には、ポーラガード、ホロフィル、クォロフィルなどが使われる。ポーラガードは断熱性のある細い繊維が層になった化学繊維だ。ほかは、細い繊維の中に空気の層を作ったもの。シンサレート、マイクロフト、プリマロフトは薄いため、重ねることができる。表面を覆うナイロン素材には、防水加工が必要だ。

● 断熱素材を屋根瓦のように配置した瓦ぶき構造は、断熱材同士が重なることで保温性を高めている。

● キルト構造は、楕円形(だえん)のチューブに断熱素材を詰めたもの。ただし、チューブの間にある縫い目から熱が逃げやすい。

● オフセット構造は、複数の断熱層を縫い目をずらして重ねた構造で、キルト構造を重ねた二重構造、空気層がV字形になるV字形構造などがある。これらは空気層が縫い目にかぶるため、熱が逃げにくい。

● 高品質の羊毛は、ぬれても断熱効果を発揮するため、今でも断熱素材として使われている。しかし、経験を積んだ者は、高性能な化学繊維を好む。

地面と雪に体を触れさせない

寝袋と冷たい地面や雪の間に断熱材を敷いて、熱が逃げるのを最小限に抑える。これには、マットや現地で集めた物、自分の荷物などが使える。

発泡素材を使ったマットには2種類あり、気泡がつながった構造のマットは畳むと小さくなり持ち運びに便利だが、気泡が密閉され独立した構造のマットの方が保温力が高く湿気に強い。空気を入れるタイプのエアマットは、中に入れた空気が地面と寝袋の間で断熱効果を発揮する。

常緑樹の大枝やそのほかの植物の枝は、隙間に空気が入っている。枝を地面や雪の上に厚みがでるように交差させながら並べて、その上に寝袋を置く。

バックパックや服にも、空気の層があることを忘れてはいけない。バックパックをひざの下に置き、服を重ねて頭の下に置けば暖かく快適だ。空のバックパックに足をひざ下くらいまで入れて温めるのもよい。

緊急時に体を温める

- 断熱効果を上げるため、寝袋にトウワタやガマなど、空気を含む綿や穂のある植物を詰める。
- 重ね着をした服の間、たとえば重ねた靴下の間などに乾燥した草、ガマの穂、トウワタなどを入れる。
- 植物を乾燥させたものをパラシュートや布に詰めて、間に合わせの寝袋にすることもできる。
- 寝袋は枝の上に置き、地面の冷たさが伝わらないようにする。決して氷や雪の上に直接寝てはいけない。

寝袋の種類

極寒の地では、古いタイプの封筒型寝袋を使ってはいけない。このタイプは軽すぎるうえにかさばり、頭と肩を覆うフードが付いておらず、構造上ファスナーの間から冷気が入りやすい。使用する場合は、中にライナーを入れることで、断熱性をある程度向上することはできる。

マミー型の寝袋は足の部分が細く、頭の部分に小さな穴が開いていて、そこから中に入る。中の空間が狭いので、体温で温める空気の量が少なくてすむ。ただし、穴をひもで開け閉めするタイプは、出入りするのが難しい。体を動かしにくいので、足がつったりすることもあるが、極地の寒さのなかで使うには、断熱性の高いマミー型の寝袋が最適だ。

封筒型とマミー型の中間の形をした寝袋は、中のスペースが狭いので、封筒型より体温を逃がさない。なかでも、上半身の部分が曲線になっていて、ファスナーの内側にチューブがあるタイプは暖かい。

寝袋は乾燥させておく

- 寝袋と地面の間に防水性のマットを敷くと、湿気が上がってくるのを防げる。
- 寝袋を清潔に保つ。
- 寝袋をテントから出し、汚れを振り落とす。
- 丸めて片付ける前に、空気に当てて乾かす。
- 持ち運ぶときは、防水加工された袋に入れてぬれないようにしておく。

達人の心得　強風の中で雪が降れば、ホワイトアウトが起こる。すべての物から色のコントラストが消え、白い空間に取り残されたようになるのだ。無理に動かずじっと待とう。

体温で温め合う

グループで旅をする場合、仲間は互いに便利な携帯式暖房器具のような存在だ。

緊急時には、遠慮せずに仲間と一緒にひとつのシェルターや防水シート（タープ）の下で、体を寄せ合い温め合って生き延びよう。子供や高齢者、体の細い人は体温を失うのが早いため、集まった人々のまん中に挟むようにする。

緊急時には雪に穴を掘り、中に常緑樹の大枝を敷いてシェルターにしよう。

極地や亜極圏で快適な睡眠をとる

　緯度の高い場所でよく眠る方法は、それ以外の場所で快適な睡眠をとる方法とそう変わらない。日中に筋肉を動かして温め、体を疲れさせるのが一番だ。その際、汗をかきすぎて服が湿らないように気をつける。そして、横になる前に小用をたしておこう。真夜中に外に出るのは寒く、寒さのあまり寝袋から出られず我慢するようではよく眠れない。

　寝るときは、さらに厚着をする。特に、靴下は重ね履きすること。また、体温の大部分が頭から逃げるため、かぶり心地のよいニットの帽子をかぶると断熱効果が高まる。よく眠れるように足と頭を温めよう。火の周りで着た服や食事のときに着た服のままではいけない。寝ている間に、そのにおいで動物が近づいてきてしまう。

　シェルターに風や冷たい空気が入らないようにし、火をたき続けるときは、窒息しないようにしっかりと換気しよう。一晩中火を絶やさないために、補充する燃料を手元に置いておく。

　極地は夜が長く、12時間以上寝てしまうことがある。寝ている間、暖かくしていられるのであれば、長く寝ることに問題はない。むしろ、厳しい環境で動くことによって消耗した体力を回復することができるだろう。

夜間に気をつけること

■ 銃を持っている場合、夜はシェルターのすぐ外に置いておく。気温の変化を避けることで、銃が結露することを防げる。弾薬は身につけて温めておこう。

■ 雪のシェルターの中では、雪を掘る道具をそばに置いて寝る。夜中に雪の積もる位置が変わったり、シェルターが崩れたりした場合、掘って脱出しなければならないことがある。

■ 湿ったブーツの中に温めた石を一晩入れておくと乾く。石を熱くしすぎてブーツを焦がさないように気をつけること。

■ ぬれた服は凍りつくような場所につるしておこう。朝になったら、服の水分によってできた氷を振り払う。

FOOD
食料

　極寒の地では、体は通常より多くの食べ物を必要とする。極寒地への旅を計画する際は荷物を軽くし、ドライフルーツ、ナッツ、肉類に加えて、パスタやオートミールなどの乾燥食品を持っていく。寝る前にタンパク質を取ると、夜中、体が冷えないということを覚えておこう。

　主に現地で手に入れられる食料は、魚、鳥、ほ乳動物だ。また、寒さに強い葉状の地衣類で、岩の上に育つイワタケやハナゴケは、しばらく水につけてからゆでて食べることができる。

　植物が育たない土地や氷原では、動物の肉しか手に入らないだろう。しかし、人間は魚と肉を食べていれば、長く生き延びることができる。野菜や果物を手に入れることができないイヌイットは長い間、魚と肉が中心の食事をしてきたのだ。その彼らも、ホッキョクグマとハスキー犬の肝臓だけは、人体に害を及ぼす量のビタミンAを含むため口にしない。南極探検家のザビエル・マーツは1913年、イヌの肝臓を食べ続けたためにビタミンA中毒となり、せん妄、認知症、けいれん、脳出血などで苦しんだ末、亡くなったのだ。

最低限必要なカロリー

　寒いと体に負担がかかり、体を温めるために通常よりカロリーが必要になる。また、雪や割れた氷が広がる地帯を移動するのは困難なうえ、服や荷物も重いため、体を動かすエネルギーを必要とする。砂漠のように乾燥した空気も負担になる。そのため、極地では飢えで死亡するケースが後を絶たない。

　極地では1日に5000kcalを摂取する計画を立てる。これは、温帯地域で大人が必要とする1日1600〜2800kcalより随分多い。

　体を使うときは必要なカロリーの量も増える。極地で標高の高い場所を登る場合は、かなりのカロリーを消費するので、しっかりとカロリーを摂取しておくことが必要だ。

高カロリーな食料
- 高エネルギーの携帯用食品
- アメ
- 脂肪（クジラなどの脂肪。ただし、アザラシの脂肪は避ける）
- ナッツやチョコレート、トレイル・ミックスと呼ばれるレーズンやナッツを混ぜ合わせた軽食
- 蜂蜜、シロップ

植物についての知識

極地では生育期間が短く、植物が発育しにくい。そのため、緯度の高い地域では、高木ではなく低木や地被植物が育ち、地衣類は岩に張りつくように育つ。

アイスランドポピーやルイヨウショウマ属の実など（下のリストを参照）、いくつかの北極圏の植物は有毒だが、肌の炎症を引き起こす植物はこれまで知られていない。また、健康のために、1種類の植物だけを食べ続けるのはやめよう。ある植物のある部位が食べられても、別の部位は有毒な場合もあることを忘れてはいけない。さらに、長期間サバイバルを続けなければならない場合、生き延びるには動物性タンパク質に加え、さまざまな栄養素を含む植物を補充する必要もある。十分なカロリーを摂取するためにも、食べる量を通常より増やすよう心がけよう。

食べてはいけない植物

- アイスランドポピー：花が有毒。
- ルイヨウショウマ属の実。
- サルオガセ属の地衣類：木の上に育つ。酸が強く胃炎を引き起こす。
- キノコ類：食べられる地衣類と毒を持つキノコ類はしっかりと見分ける。
- ルピナスとヒエンソウ：目立つ野草だが有毒。
- ドクゼリ：小さな白い花をつけ、茎は空洞で竹のような節がある。少量でも死に至る猛毒を持つ。

食用に向く植物

- ベリー類：ほとんどすべての集合果が食べられる。
- 矮性ヤナギ：ツンドラ地帯に見られ、よく茂り、約30～60cmの高さに生長する。若葉と皮をむいた若枝は食べられる。葉はオレンジより多くのビタミンCを含む。
- アイスランドゴケ：北極圏のみで育ち、数センチの高さにしかならない。全ての部位が食べられる。ゆでて苦味を取り、保存するためには乾燥させておく。
- ハナゴケ：地衣類は開けて乾燥した場所を好む。木炭に浸して苦味を取り除く。
- 葉状の地衣類（イワタケ）：上部は色が濃く、下部は色が薄い。岩からこすり取り、水洗いしてゴミを取り除く。
- トウヒの針状葉：湯に浸してお茶にする。

穴釣りをするときは、一度開けた穴が凍ってふさがらないように木の枝を重ねて穴を覆う。

緊急時に食べられる動物

　緯度の高い地域の海岸沿いには、魚、カニ、ハマグリなどの二枚貝、カキが多く生息する。何種類かの鳥類は、年間を通して亜北極圏にとどまる。アザラシのような大型動物は、食べ物を探してあちこち移動している。ヒョウアザラシ、クジラ、ホッキョクグマなどの危険な捕食動物も近くにいるかもしれない。

　緊急時に食料がなく空腹になったら、食料源と燃料源としてアザラシを探そう。アザラシはほとんど海の中に潜っているが、呼吸するために海面に顔を出し、雌は春になると出産のために陸地に上がってくる。しかし、捕獲が難しいので、すべての食料を食べ尽くしてしまい、ほかに食料を入手する手だてがなく、生き延びるためにアザラシを殺すしかない場合の手段だ。アザラシが呼吸する穴を氷上で見つけ、そこで棒を持ってアザラシが現れるのを待とう。小さなアザラシであれば、棒で頭を強く殴って殺し、引き上げられるかもしれない。アザラシの生肉、肝臓は食べてはいけない。皮は防水カバーとして使え、脂肪は火を燃やす際の燃料となる。

　残った肉を保存するには、細長く切り冷凍にするか天日干しにする（チャプター6「干し肉の作り方」を参照）。

食用に向く動物

- ほとんどの魚とその卵は食べられる。しかし、魚はカロリーが低いことが多い。
- ハマグリやムラサキガイのような二枚貝類。
- 木の茂った場所には、野鳥やフクロウが生息する。鳥類は夏の羽が抜け替わる時期は飛べないので、捕まえやすい。
- 鳥の卵。
- 木の茂った場所には、ヤマアラシが生息する。ヤマアラシは樹皮を食べるので、低い位置にある大枝の皮をひっかいた跡を探そう。
- キツネとイタチ。
- 狩りをする武器を持っているなら、トナカイ、またはカリブーを捕まえよう。
- アザラシの肉。ただし、アザラシは捕まえにくい。イヌイットはアザラシを捕まえるとき、氷の上をゆっくりと注意深く近づいていき、アザラシが海に滑り込む前に銃で撃つ。海面に浮かんだアザラシは、ボートがなければ引き上げるのは難しい。
- ペンギン（南極にのみ生息する）。

食べてはいけない動物

- クロカラスガイ：猛毒を持つ場合がある。
- ホッキョクザメ：肉に毒がある。
- ホッキョクグマ：クマが出る地域は避けた方がよい。肉食性のホッキョクグマはどう猛で恐れを知らず、人間を食べるといわれている。銃や唐辛子スプレーを所持していないときに攻撃的なホッキョクグマに出くわしたら、生き延びるのは難しい。銃を持っていれば、頭を狙って撃つ。肝臓は有毒なので食べてはいけない。
- ワタリガラス：肉が少ない鳥なので捕まえる価値がない。
- カジカ科の魚の卵：毒を持つ。
- セイウチ：おっとりして見えるが、実際は大変危険な動物だ。

極地での穴釣り

氷に約15〜20cmの穴を開けて、そこから釣り糸を垂らせば魚が釣れる。手で回すアイスドリルを使えば、約30cmの厚さの氷を切ることができる。ただし、人間の体重を支えるには氷の厚みが約10cm必要なので、それより薄い氷に乗ってはいけない。氷の厚さに確信が持てない場合は、乗らないようにしよう。氷の下を水が流れている場合、通常より氷が弱いので気をつける。

2本の棒を十字に結び、そこに針と餌を付けた釣り糸を結び付けていくつも仕掛けておけば、一度に複数の穴で魚釣りができる。1本目の棒は穴に渡せる長さにする。そこに2本目の棒を十字になるようにひもで結び、その先端に釣り糸を結んで垂らすのだ。魚が餌に食いつくと、釣り糸を結び付けた棒が引っ張られ、車輪のように回転して立ち上がる。穴が凍ってふさがらないように、こまめに確認しよう。

足元の水中で魚を見つけたら、岩か木の棒で氷をたたこう。魚が気絶したら氷に穴を開けてつかみ取る。

捕った魚は火で焼いてもよいし、イヌイットがするように、その場で骨を取り除き、切り身を氷の上で凍らせてもよい。冷凍された切り身は、スライスして生のまま食べられる。

達人の心得 氷上や雪上にいるとき、周囲の気温より暖かい風に吹かれたら、風上に水がある証拠だと知っておこう。

how to

穴釣り

1. 水の上に張っている氷に、アイスドリルか氷ノミで穴を開ける。
2. 2本の棒が十字になるようにしっかりと結び、一方の先端に針と餌を付けた釣り糸を結ぶ。餌が引っ張られると棒が回転するように、十字の棒を穴の上に置く。
3. 夜は穴が凍ってふさがらないように、木の枝と雪をかぶせておく。
4. 魚が餌に食いつくと、釣り糸を結び付けてある棒が垂直に持ち上がる。

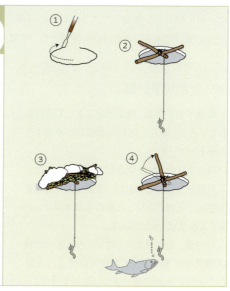

応急処置

極地で最もよくある傷病が、寒さと光に関係している。

凍傷は体の組織が凍って発症する。特に強風が吹いているときに、露出した皮膚が凍傷になる場合が多い。乾いた服を隙間のないように重ね着することが、一番の対策である。症状が現れたらその部分の皮膚を、温かい皮膚に当てると応急処置になる。温めようとしてこすってはいけない。凍傷になった手足は温めると痛みが走る。また、感染症の恐れがあるので、患部を清潔に保つようにすること。症状がひどい場合は入院が必要だ。

低体温症は体が熱を失い、その熱を補えない場合に発症する。震えが止まらない、はっきりと話せない、混乱状態になる、眠気がするなどの症状を周囲の人が示したら、すぐに応急処置をすること。病人をシェルター内で休ませ、毛布を掛けたり、肌を触れ合わせたりして体を温め、乾いた暖かい状態にしておく。温かい飲み物を与えるのも効果がある。ただし、アルコール類を与えてはいけない。

雪目は眼球が、雪などに反射した紫外線によって炎症を起こした状態だ。目に押しピンを指したようなひどい痛みを感じる。サングラスを掛けるだけで予防できる。治療は目を閉じたり、布で目隠しをしたりして休ませる。

よい衛生状態が鍵

栄養不良や病気、睡眠不足によって衰弱をしていると、寒さに対する抵抗力が通常よりも低下してしまう。

なによりも、水分や塩分の補給が大切だ。水分補給を行わなければ、便秘といった軽度の症状から失神といった重度の症状まで、さまざまな症状が起こりえる。

体や髪、服も清潔にしておこう。汚れた服は通気性が悪く、不衛生な体は寄生虫を呼ぶ。十分に水が確保できない場所では、コップ1杯のせっけん水で体を洗おう。乾いた布で体を拭くだけでも、何もしないよりはよい。

救急キットに入れるべきもの
- 化学反応を利用するヒートパック
- 足用パウダー
- リップクリーム
- かみそり（髪の毛をそり霜が降りるのを防ぐ）
- 日焼け止め剤と日焼け用治療薬
- ビタミン剤
- サバイバルブランケット（緊急事態用）

essentials

体を断熱する

極寒の地では肌を隙間なく覆うことで、凍傷の痛みから自分を守ることができる。

- 手首が雪に触れないように、腕の部分が長い手袋をする。

- ゴーグルやスカーフ、帽子または目出し帽（両方でも良い）で頭や顔を覆い、顔を外気にさらさない。米軍では顔にワセリンを塗ると、凍傷になりやすくなると警告している。

- 靴底が防水加工されたブーツを履く。

- 縫い目がふさがれていて、ファスナーの部分が二重になっている服を選ぶ。フラップが重なって前が閉まるタイプのパーカを選べば、風を防げる。

- 気温が氷点下以上であれば、冷たい湿気に長時間さらされて起こる浸水足に注意する。感覚が無くなり痛みを感じるようになったら足を乾かし、きれいにしておこう。また、足用パウダーを使うことでも予防や治療ができる。こすってはいけない。

寒さと物質の変化

極度の寒さの中では、多くの素材は物理的な変化を起こすものだ。救急キットの中の物も例外ではない。典型的な例としては、寒さによって素材が弱くなったり、柔軟性が低下したりする。また、道具の稼働部分が凍ってしまったり、滑らかに動かなくなる可能性がある。

ゴムは寒い場所では硬くなり、圧力がかかると、ひび割れを起こしたり折れてしまうかもしれない。温めてから使用しよう。凍ったキャンバス生地は曲がらず、破れてしまうかもしれない。ガラスは、急激に熱せられたり、冷やされたりすると砕けることがある。革は牛脚油で処理しなければ、ひび割れる。

油は温度が下がると、ドロドロになる。しかし、アルコールは気温が－70℃を大きく下回っても凍らない。水は凍ると体積が膨張する。そのため、いっぱいまで水を入れておくと、容器がひび割れを起こすかもしれない。極度の寒冷地では、水分が凍って、金属が肌に凍りつく可能性がある。極寒の地では、金属に素手で触れてはいけない。

北極や南極では、極度の寒さによって軽傷でもすぐに悪化することがある。ケガは速やかに手当てしよう。

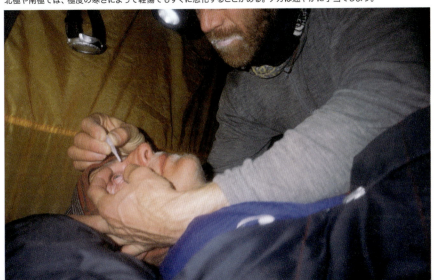

HAZARDS
危険

極地では気づかないうちに危険が忍び寄ってくる。寒さに対してはとても警戒するが、実はよくあるのは汗が原因の危険である。北極を旅する人々は、汗をかいて体が水分を失っていることに気づかず、しばしば脱水症状を起こしてしまう。また、日中は体を動かすことで汗をかき、下着は湿る。夜は呼吸と汗によって、毎晩約500mℓの水分が寝袋の中に放出される。こうして湿った素材は、乾かさずに放置しておくと凍ってしまうのだ。湿った素材は防寒の機能を失い、凍傷や低体温症を引き起こす。

見えないクレバス、解けかけた氷や薄い氷もくせ者だ。不注意な旅行者はこれらに足を取られ、命を落としたり、重傷を負ったりする。北極の代表的な捕食動物であるホッキョクグマは、周囲の風景にとてもうまく溶け込み、人間には見えない。不用意に近づかないことだ。

寒さの中で過ごすこと自体、目に見えない困難が潜んでいる。重い服を着て手袋をはめた状態では、単純作業も複雑な行為になる。ガラスは曇り、無防備な目は雪の上で浴びる太陽光に耐えられなくなるだろう。

脱水症状を起こさない

寒い地域では、自らが吐く白い息によって、水分を放出していることに気づくだろう。しかし、何枚も着込んだ服の下で汗をかいていれば、どれほどの水分を補給しなければいけないのか分からないものだ。南極では一般的に、1日1人当たり、約5.5ℓの水分が必要だといわれている。意識して決まった量を補給するように心がけよう。

雪目が不注意な旅行者を不意に襲うように、脱水症状も突然起こる。口と舌が乾いて、物を飲み込むのが困難になる。さらには体がけいれんし、脱力感を感じるようになる。一般的な手順に沿って治療すること（巻末資料を参照）。血液の流れを邪魔しないように、服が体を締めつけすぎていないかもチェックする。

雪目を治療する
- 雪目はサングラスやイヌイットの雪メガネで予防が可能。
- 雪目になる危険が最も高いのは、高度が高い場所で新雪が積もっているとき。
- 痛みを感じ始めたときは、すでに角膜がかなりの傷を負った後である。
- 症状は目のざらざら感や痛み、頭痛、目の充血。暗い場所で目を休ませれば、元に戻る。

essentials

湿気に気をつける

人間が生きるために必要な水。極寒の地において水は、内外から衣類を攻撃する大敵となる。衣類を乾いた状態にしておくことが、健康、そしてサバイバルのための条件である。

● 防水性のアウターを着る。

● ブーツに防水処理をする。雪上を移動する際は、スキーブーツのようなプラスチック製の靴を履く。

● 暖かい場所に入る前に、衣類についた雪を払い落とすか、体を揺すって落とす。

● 布に雪をこすりつけることは避ける。

● 着込んだ服の枚数を減らし、汗をかき過ぎないように暖かさを調節する。暑いと感じるよりは、少し寒いと感じるくらいがちょうどよい。

● 寝袋ははっ水性のカバーと断熱力の高いマットを一緒に使う。

● 寝袋は中の空気を入れ替えること。日の当たる場所で風に当て、汗などたまった湿気を取り除く。

● 寝袋は防水バッグに入れて持ち運ぶ。

● 湿った靴下や手袋は体温で乾かす。そのほかの衣類は、シェルター内の乾燥棚で乾かす。

● ひび割れを防ぐため、レザーブーツの革を乾かし過ぎないようにする。

● 不注意からずぶぬれにならないために、湖や川に張った氷の上を歩けると思っては絶対にいけない。特に春は危険だ。氷の厚さと強度を必ずチェックすること。

暗闇の中を移動する

いつ生死を分ける状況に遭遇するかは、誰にも予想できない。極寒の地では、そのようなサバイバルの状況のほとんどが、暗闇の中で訪れる。

異変を察知しても慌てず明かりを探そう。移動しなければいけない場合は、グループの全員をロープで結ぶ。最も体力のない人は中央にすること。1歩ずつ足場をチェックし、雪をしっかりと踏みつける。足場が不安な場所では、手やひざを着いて歩かなければならないこともある。その場合、氷や雪に肌が直接触れないように衣類で保護する。

水の音が聞こえる場合は、近くに危険な滝があるかもしれない。暗闇の中で川を渡るのは、あまりに危険なのでやめておく。

割れた氷から転落した場合の対処

■ 脱出したい方向にある、できるかぎり薄い氷を割り空間を作る。
■ 乗っても割れない氷の上へ、体を上げる。
■ 氷に突き刺したナイフやフックをつかめば、体を持ち上げやすくなる。
■ 仲間がいる場合は、ロープまたは棒（両方でもよい）を氷の割れ目から差し入れてもらい、脱出を助けてもらう。
■ 安全な場所までは、体を横にして転がって移動する。氷の上に立つと負荷がかかり、再び氷が割れる恐れがある。
■ 雪の上で転がって、水分を雪に吸収させる。
■ すぐに着替える。体を乾かして温まる。

極地の捕食動物を知る

人間を「食べ物」として見る動物が、極地には生息する。その種類も、蚊やブユから、ホッキョクグマまでさまざまだ。

ホッキョクグマは北極における脅威である。通常は獲物であるアザラシを求めて海岸線にいる。ホッキョクグマが出現する次のような場所では、注意して行動する。氷丘脈、氷山、海岸線付近で島のようになっている氷や、海を漂う氷の塊。ホッキョクグマは攻撃的であり、危険な動物であると肝に銘じておこう。

ハイイログマも寒い場所に出現することがある。しかし、人間に対して攻撃的になることはまれだ。また、ハイイロオオカミも人間から不当な評価を受けている動物だ。ハイイロオオカミは大型の有蹄（ゆうてい）動物を好んで狙い、たまにウサギを襲うというのが捕食のパターンで、人間からは逃げることが多い。

ジャコウウシは捕食動物ではないが、追いつめられると円陣を組んで身を守ろうとする。そのとき、円陣から1〜2頭が敵に向かって飛び出す。イヌイットは食料としてジャコウウシを狩るが、武器を持たない人間は近寄らないこと。同様にセイウチも脅威を感じたときにだけ、攻撃的になる。セイウチは北極圏の海の浅い場所にすみ、体重が2t、体長が3mを超すものもいる。強力なライフルを持たずに近づいてはいけない。非常に危険だ。

ブユについて

- ブユは体長5mm程度に成長する。
- 幼虫の生息場所である川の近くでキャンプをしないこと。
- 亜極圏では、春の終わりから初夏にかけて、ブユが大量発生する。
- 流れが激しく速い川の付近に、幼虫は好んで生息する。
- 動物も人間も、ブユに刺されると激痛が走る。ブユの生息地域が人間が定住場所を決める際に影響を与えるほどである。
- 肌が露出しないよう、頭からネットをかぶる。
- 生木や葉を燃やそう。煙にはブユを寄せつけない効果がある。

強靭なあごをもつ凶暴なヒョウアザラシ。早朝3時、食事をするため漂う氷の下で獲物を待つ。

> **達人の心得**　寒冷地で風が吹くと、肌が感じる温度は気温よりも低くなる。気温0℃のときに風速18mの風が吹くと、体感温度は－10℃ほどになり、－30℃で同様の風が吹くと体感温度は－50℃になる。凍傷予防などの目安にしよう。

ホッキョクグマの餌食(えじき)にならないために

　ホッキョクグマは好奇心が強く、鋭い嗅覚を持っている。食べ物やゴミ、汚れた服の臭いは、ホッキョクグマにとって招待状のようなものである。ホッキョクグマは人がいるテントに顔を入れて、食べ物を探すこともある。クマよけ用の容器に食料を保管し、食べ残しなどは処分する。

　もしも、ホッキョクグマがキャンプ地に入ってきたら、すぐに安全な場所まで避難する。

　ホッキョクグマは獲物に見つからないように狩りをするので、注意が必要だ。手で黒い鼻を隠しながら、氷の上を静かに歩いて獲物に近づくのだ。ホッキョクグマに見つかるよりも先に見つけるようにしよう。犬がいれば警告してくれるだろう。もしも遭遇してしまったら、クマよけスプレーか銃を使うこと。丸腰の人間がホッキョクグマの攻撃から生き残る確率は限りなく低い。

　うなっていたり、シューッという音を立てていたり、あくびをするように口を動かしているのは、攻撃のサインだ。さらに、口に泡があるのは、非常に怒っている証拠だ。ホッキョクグマは風景になじむようにカモフラージュするため、襲われて初めて姿を見ることになるかもしれない。若いホッキョクグマが、最も危険である。

風と寒さを理解する

　極地と亜極圏の気候は、地球上で最も過酷だ。この地域では不規則に強風が吹き、激しい雪が降る。雪と寒さと強風の組み合わせは、サバイバルにとって非常に過酷な環境を作り出す。

　地球上で記録された最低気温は－89.2℃、1983年に南極のボストーク基地で記録されたものだ。北極点や南極点での冬の最低気温は、この記録と比べるとかなり高くなるのが一般的だ。しかし、風と視界の悪さによって、移動が不可能になる場合がある。「地獄とは、私たちを守っている1枚のキャンバス布の向こう側のことだ」と、南極でブリザードを経験したロバート・スコットは書き残している。スコットに同行した仲間の1人は、テントから数歩歩く間に命を落とすかもしれなかった、と書いている。

　体感温度とは、風と寒さによって素肌が感じる温度であり、寒冷地では風が強いほど低くなる。服を着て肌の露出を防げば、風と寒さの影響を抑えることができる。逆に強風の中で手袋をなくせば、一瞬で肌が凍ってしまう。手が届きやすい、衣類の外側のポケットに予備の手袋を入れておこう。

ナビゲーション

ナビゲーションにおいては、極地特有の問題がある。そこは、地理的に目印になる物がなく、磁極に近く、何日間も太陽が出ないときがあるという地域だ。そのため、進む道を見失ったり、コンパスが正確に動かないといった問題が生じる。吹雪によってホワイトアウトが起これば、その中を移動するのは事実上不可能だ。海抜ゼロ地点で視界が悪いため、浮氷群の上を歩いたり、氷丘脈を越えることは困難になる。また、地面に反射した光が引き起こす大気現象は、錯覚を起こす。目指す場所が実際よりも近くに見えたり、遠くに見えたりすることがあるのだ。それは、明るい日差しが影を消し、いつものように物の形やそこまでの距離を判断できなくさせるためだ。さらに、地面に反射した光は、雪目の原因にもなる。

　自然の資源がないため、旅行者は必要な物すべてを運ぶか、引っ張っていくしかない。長期間の旅だと、荷物の重さが100kgを超えることもある。そのために人々は対応策を考えてきたのだ。昔から使われているのが、クロスカントリースキーやスノーシュー、スキンボート、荷物を引く犬ぞりといった方法である。アイゼンやピッケルが充実してからは、通常時、非常時ともに移動は楽になった。

　氷が解ける春や再び凍る秋には、氷の表面は非常に歩きにくい状態になる。暖かい日の後には必ずといっていいほど、突然の洪水が発生する。意外かもしれないが、極地を旅するベストシーズンは初冬である。地面も川も凍り、まるで舗装された高速道路のようになるのだ。極度の寒さや大雪、強風、氷河のクレバスが障害になることもあるが、それ以外は冬の方が移動は楽である。

　しかし、極地の冬の夜は長い。暗闇の中での移動は速度を落とすことだ。

浮氷塊の表面と縁を読み解く

海面に浮かぶ巨大な氷の塊は、直径数キロメートル以下であれば「浮氷塊」と呼び、それ以上のものを「浮氷原」と呼ぶ。「リード」とは長い氷の割れ目で、氷の塊が浮氷塊や浮氷原を削ったり、切り取ったりした跡にできた水の通り道だ。ゴムボートやカヌー、スキンボートで海を渡る場合、浮氷塊は助けにもなるが障害にもなりうる。浮氷塊が海岸線近くに密集して水路をふさいでいる場合は、厄介な障害物になるのだ。しかし、まるで自然の浮輪のように、浮氷塊の上に乗ることもできる。空気で膨らませるゴムボートに乗っている場合は、パンクしないようにとがった氷の縁に近づかないようにし、浮氷塊に上陸したら流されないようにボートに重しをしよう。

陸地との距離を知る手掛かりとして、浮氷塊の縁や表面を読み解く方法を学ぼう。縁がとがった板状の氷が密集していれば、陸が近いことを示している。厚みのない平らな氷は、湾を覆っている氷が流れてきたものだからだ。

灰色の空に差すスポットライトのような光「アイス・ブリンク」は、浮氷塊か氷山からの反射光である。「ウォーター・スカイ」は単純に「アイス・ブリンク」の逆の現象で、遠くから見ると雲の層の下側に暗い帯ができる現象であり、雲が水面の上にかかっていることを示している。同様に「ランド・スカイ」は、陸地があることを示す。こちらは大地を覆う雲の下側に現れる暗い層のことで、下の土地に雪が積もっていない場合に現れる。ランド・スカイはアイス・ブリンクより色が暗く、ウォーター・スカイよりは明るい。

氷の厚さによってできること
- スキーのためには少なくとも5～7.5cmの厚みが必要。
- 釣り、穴釣り、スケート、水くみには、最低10cm。
- スノーモービルには最低18cm。
- それより大型の乗り物なら少なくとも20cm。

氷上を移動する際は、体重と道具一式が支えられるだけの氷の厚みがあるかどうか確認する。

南極大陸北東部の氷河、ブストン・ポイントで発生したブリザード。視界が制限される。

太陽、雪、風を手掛かりに方向を知る

　太陽、雪、風といった要素は、極地、亜極地では当てにならないこともあるが、方向を知る手掛かりにはなる。

　太陽光線は色の濃い物質を温める。たとえば、雪の中の木の幹だ。吸収された熱が雪を解かすので、その木の幹にさらに日が当たるようになり、周囲は雪が解けてくぼみができる。このくぼみの特徴は半円形であることだ。太陽光が多く当たるので、円の最も膨らんだ箇所が南を指す。また、真昼の影は北を向く（夏の太陽が地平線に沿って大きな円を描く北極圏では、この方法は通用しないので注意が必要）。

　丘の南側では雪がより浅く、雪の侵食がより大きくなっている。これは、太陽が多く当たって気温が変化するからだ。太陽エネルギーは針葉樹の生長にも影響する。針葉樹の南側、太陽に向いている方に枝と葉が多くなりやすい。しかし、風が強く一定方向に吹く場所では、風下側の木が最も葉が多い。

　主風向を知っていれば、道案内に役立つ。風に向かって一定の角度を保てば、同じ方向に向かって進むことができるのだ。一定方向に吹く風により、雪は特徴ある形に削られ、植物は曲がって育つ。しかし、その場の地形も考慮しなければならない。海辺では昼間は陸から沖に向かって風が吹き、夜は方向を変えて陸に向かって吹く傾向がある。山地でもその土地独特の風のパターンがあり、それを見極める必要がある。

棒の影を用いて方角を知る方法

❶ 地面か雪面に、少し角度をつけて棒を立てる。
❷ 棒の一番上に、長い糸を結び付ける。
❸ 頭が糸の下に来るように寝転がり、糸の端を手に持ってピンと張り、目の横に持ってくる。
❹ 糸と棒の延長線上に1つの星か惑星が来るまで、頭と体の位置を移動させる。このとき、星はなるべく北極星から離れているものを選ぶ。
❺ この糸をその星の光でできる影に見立て、糸の延長線が地面と触れる場所に目印として石を置く。
❻ 10分後に同じ作業を繰り返す。
❼ 2つの石を置いたポイントを線で結ぶ。最初に置いた石は西方を、次に置いた石は東方を指す。

極地でデッドレコニングを用いたナビゲーション

自分が地図上のどの地点にいるかを確認する目印が、極地地域にはほとんどない。GPS（全地球測位システム）がないなら、移動中の進み具合を測る有効な方法は、デッドレコニングしかない。デッドレコニングとは、直前に通過したポイントからの距離と方向から現在地を割り出す方法である。

この方法は緯度が高い場所ほど困難になる。極の近くでは、地球の磁気がコンパスを狂わせるからだ。さらに、氷や雪の中を歩く場合は、通常のペースで距離を測るとぶれが生じる。

誤差を少なくするために、日々の行程の記録を付けておけば、移動のペースで距離を測ることができる。スノーシューを履いているときもこれは可能だが、こうした大きな物を履いているときは、通常よりも歩幅が小さくなる。スキーを履いているときもまた、ペースを測るときには注意が必要だ。

essentials

極地、亜極地を移動する際のナビゲーション方法

氷と雪の中で道を切り開くには、さまざまな道具の助けが必要。

- スノーシュー（雪靴）は、雪を踏んでも沈まず体を雪上に保つ。
- クロスカントリースキーは、体を雪の中に沈ませないもうひとつの道具。開けた土地でより役立つ。
- ピッケルやアイゼンは足場を作り、体を引き上げるのに役立つ。正しく使うためにトレーニングを受けよう。
- 極地で作動するGPS。ただし、寒い場所ではバッテリーが消耗しやすいので、使わないときは暖かくして保管する。
- 地図とコンパスは、極地以外の環境で使用する場合と同様に使える。ただし、磁気偏差に応じて調整が必要だ。また、極地地域は地図に詳細が書かれていないので注意。
- キャンプを出発する場合は、向かう方向を計算してペースを測ろう。これらの計算を引き返すときに利用する。
- 自分自身の影は短い区間であれば、大まかに方向を示す道具として利用できる。

目の錯覚・雪の中での物の見え方

- まぶしい太陽の光の中では、遠くのものが近くに見える。
- 澄んだ空気の中では、遠くのものが近くに見える。
- 平らな雪面、水面の向こう側は近く見える。
- 単調な色彩の中では、近くのものが遠くに見える。
- 吹きだまりの向こう側は遠く見える。
- 薄明かりの中では、近くのものが遠くに見える。
- 雲に覆われた空の下、雪に反射した光の中では遠くのものがより高く見える。

ナビゲーションの課題

高緯度地方での移動とナビゲーションには、単純なものから複雑なものまで、いろいろなレベルの難しさがある。

最も単純な問題は寒さだ。手袋をしていると地図を取り出して読んだり、GPSを取り出しにくい。さらに、手袋を外すと肌がむき出しになった部分に、ケガをすることもある。

風景が単調なツンドラ地帯では、地図上の目印がほとんどない。たとえ地図上に道筋や地形の特徴が描かれていても、それらは雪に覆われていて見つけられない可能性がある。さらに、極地地域の多くの場所では、詳細が描かれた地図を手に入れることすら難しい。

土地が平坦で明暗差がないため、地形の航空写真や衛星写真を見ても、目立った目標物は見当たらないだろう。

そして、ナビゲーションにおける最も複雑な課題は磁気だ。極地では磁気偏差が大きくなり、磁気異常も発生する。どちらの場合も、北を知るためにコンパスの針を読むのが難しくなってしまうのだ。

極地でコンパスを調整する

- コンパスの針は磁気的な北を指すのであって、地理上の北（極）を指すのではない。
- 北磁極はカナダのバサースト島付近にあるが、磁極は少しずつ移動している。
- 高緯度地方では磁気偏差への対応が必要だ。グリーンランドの磁気は、50度ほど東にずれている。
- 無偏角線は磁気的な東と西とを分けている。無偏角線上では偏差はないが、この線より東側は東に磁気がずれている。
- 磁北付近では、コンパスを使いこなすのが難しくなってくる。
- 磁北上では、コンパスの針は下を向く。

---

essentials

極地地域でのナビゲーション
《推奨事項・禁止事項》

極地や亜極地の地形を障害物ではなく味方につける。

推奨：水流は一番水深の浅い所を渡る。

推奨：氷の厚みが10cm以上あるときは、氷の上を歩く。それより薄い氷の上では腹ばいになって進み、体重を分散させる。

推奨：河川に厚く氷が張っていたら、その氷の上を歩こう。雪で氷が覆われていたら雪が河川の氷を解かし、足元を不確かにするので注意が必要。

推奨：気象変化は行程に影響を与えるので、その変化を空気のようすから読みとる。細く、真っすぐ上がる煙は、好天を意味する。風の変化や重たく湿った空気は、嵐の予兆を示すこともある。

禁止：ブリザードやホワイトアウトの際の移動。

禁止：スノーシューやスキーなしで、雪の中を長時間歩かない。

禁止：風下の谷側に向かって張り出した雪庇(せっぴ)を歩かない。

essentials

スノーシューのさまざまな使い方

スノーシューは深い雪の中を歩くために用いる道具だ。スノーシューは体重を分散させ、体が雪に沈まないように支えてくれる。

● 滑るときはつま先を雪から少し浮かして、足を前方に押し出す。

● 雪を払う程度にだけつま先を浮かせるようにすれば、労力を節約できる。

● 歩くときと同じように足を曲げても、スノーシューの先がすねにぶつからないものを選ぶ。力を抜いて、前後に足を揺らすような歩行を維持する。

● 緩い斜面は真っすぐに上がり、急な斜面はジグザグに上る。斜面を横切るときは、スノーシューを水平に保つ。

● スキーのキックターンのように、片足を軸にして方向転換する。

● 休憩を1時間に5〜10分程度とり、体を休ませ計画を立てたり、立て直したりする。

● スノーシューに付着した雪は落とす。

● 体重を支えられる中で、一番軽量のタイプのスノーシューを選ぶ。重いシューズは力を要する。

● スノーシューを履いて移動する人は、距離を短く見積もりがちだ。到着するころには予想以上に疲れ、予定より遅い時間になっていることを忘れずに。

how to

枝でスノーシューを作る

① 針葉で覆われた、長さ約75〜90cmの同じサイズのマツなどの枝を2本見つける。

② それぞれの枝の一番太い部分、端から2.5〜5cm程の所に、長いひもか丈夫な草を結び付ける。ひもは、靴を枝に結び付けるのに十分な長さを残しておく。

③ 枝の両側、一番手前の大きな葉の下からひもを通して輪を作る。上の枝元近く、ひもの結び目がある方に靴のつま先を置く。足を置いた所で靴を結び付け、つま先とかかとにひもを巻き付けてしっかりと結ぶ。

④ 緑のスノーシューを履く。

達人の心得（ボーイスカウト）　「歩けるのであれば、スノーシューでも歩ける」。これは、昔からスノーシュー初心者にいわれるアドバイスだ。スノーシューを使う場合、知っておくべきことはこれだけといっても過言ではない。体重をかけるべき場所に、確実にスノーシューを履いた足を差し出し、各ステップの間には少しの間をとるようにしよう。

HOW I SURVIVED:
氷原を抜けて——マイク・ホーン

ボルゲ・オウスランと私の目標、それは冬にスキーで北極点にたどり着くことだった。極東シベリアのアルクティチェスキー岬を出発して、約965kmを歩くという計画だ。移動している氷の島と島の間や流氷を抜け、ホワイトアウトで地形の見分けがつかないなか、気温−40℃のホッキョクグマの生息域を進むのだ。

毎朝テントを畳んだ後、最初の2時間は私が先頭に立って、その日に進むべきおおよその方向へと進む。その後、2時間ごとに先頭と後続を交代した。北極圏と亜北極圏を2年かけて旅した経験から、私は今回の探検のナビゲーションの指揮をとることを承諾した。その代わりボルゲは、雪と氷の中で安全な進路を探す役割を担った。この土地の地形について、彼は多くの知識があるからだ。

私たちはこの方法を1か月以上も続けた。出発から5週間ほどたったころ、ひどい嵐が3日間吹き荒れ、強風で氷がきしんだ。氷の塊がぶつかり合うと、氷塊が危険な「リード」を作り出す。リードとは、厚い浮氷塊の間にできた水路だ。やっかいなことに、そのリードは吹きつけられた雪の下に隠れてしまう。私たちは今まで以上に注意しながら進んだ。いついかなるときでも、スキーが硬い浮氷塊の上から、ただ北極海に浮いているだけの雪の上に滑り出さないとも限らないのだ。

この嵐が吹き荒れた天候から3日後、私たちはさらに足場の安定性に不安を抱くようになった。雪がリードを隠し、まるで地雷原の上をスキーで渡っているようなものだったからだ。ある夜私たちは、氷上からスキーが水温0℃を下回る海水に滑り落ちる危険が増していることについて、真剣に話し合った。

そして、危険は承知の上で、これ以上スケジュールより遅れないために、あきらめずやり通そうと決めた。私たちは探検に出発してから、すでに2週間の遅れをとっていたのだ。それは、私たちのルート上にある氷塊の漂流の方向が原因だった。氷塊は私たちが進もうとしていた方向とは逆に動いていたのだ。そのため、冬の終わりまでに目的地である北極点にたどり着けない可能性が出てきていた。さらに悪いことには、これ以上遅れると食料が尽きてしまうのだ。

ナショナル ジオグラフィックがサポートする探検家マイク・ホーン。彼の冬季、北極圏の探検は、『アドベンチャー・マガジン』で特集された。

次の日の朝、依然として嵐はやまず、雪交じりの突風が吹きつけていた。私たちは暗闇の中、ヘッドランプで進路を照らしながら思い切って出発した。1.8mのテレマークスキーを履いていた私が先頭に立ち、9mほど後ろをボルゲがついてきた。一定のペースで滑っていた私は突然、硬い氷に見えるが、海水の上に厚く積もっただけの雪の上に足を踏み出してしまった。雪が私の足元で崩れ、スラッシュ（半分解けた雪）が付いて重くなった私のスキーは、さらに引きずり込まれた。もし完全に海に沈んでしまったら、スキーを捨てなければ助からないだろう。それは、この探検の終わりを意味していた。そして同時に、おそらく私の命の終わりをも意味する。

　スラッシュの中にこれ以上スキーが沈んでいかないように、私はなんとか後方へ倒れ、硬い氷の地面に体を投げ出した。しかし、私のスキーの先端は依然として埋まったままだったので、私は必死に後ろ手で氷をつかみ、体が滑って沈んでいかないようにした。

　一部始終を見ていたボルゲは、私の3mほど近くまで駆けつけた。通常、誰かが湖や川に張った氷の下に落ちた場合は、穴の周囲の氷も非常に薄くなっているので、そこからの救助はほぼ不可能だ。その場合は、ロープで落ちた人を引き上げる。しかし、北極の氷は氷塊なので、端の方までかなりの強度がある。そのため、ボルゲは自分を危険にさらすことなく、私に近づいてこれたのだ。

　ボルゲが私の方に向かって来たとき、私は私を引きずり込もうとする、ゆらゆら揺れる水と重いスラッシュと格闘していた。私は氷の上を後ずさりすることで、なんとか1本のスキーを引っ張り出すことができた。そして、そのスキーをてこのように使って、もう1本も水から引き上げた。そのころにはボルゲも私の側に着き、氷の上に体を引き戻すのを手伝ってくれた。私はすぐに、雪だまりに体を投げ出した。こうすることで、びしょぬれになった衣服の水分を雪が吸い取ってくれるのだ。

　氷点下の中にいた私は、かなり深刻な状況に陥っていた。雪混じりの強風の中、私のぬれた衣服はすぐに凍りつくと思われた。服を乾かさないと、それも急いで乾かさないと、凍傷にかかってしまう。乾いた服に着替えるため、私たちはテントを張ることにした。テントを張るにはかなりの時間がかかったが、なんとか完成した。

　私は着ている物をすべて、下着から靴に至るまで、乾いたものと交換した。それから脱ぎ捨てた、びしょぬれの衣服に雪を積み上げた。これで雪が水分を吸い取り、服がすぐに凍って硬くなるのだ。私は服についた氷を割って、払い落とし、さらに新しい雪でもう一度包んだ。この作業を何度も繰り返した。しかし、完全に服を乾燥させるのは不可能だ。なぜなら北極海の水には塩の残留物が含まれており、それが水分をため込むからだ。私は湿った衣服を身に着けることも考えたが、足の感覚がなくなっていたので、体を温めることが先決だと判断した。

　この出来事によって、私たちは1時間半をロスした。しかし、どうにか私は助かった。そして、予定よりは少し遅れていても、私たちは確実に北極点に近づいていたのだった。

1789年に航海士フレッチャー・クリスチャンが英国軍艦バウンティ号を占拠したことは、多くの人々の記憶にはっきりと残っている。しかし、その後に起こったことはあまり知られていない。

　クリスチャンはウィリアム・ブライ船長と18人の乗組員を、全長約7mのボートに乗せて船から追放した。ボートに積み込まれたのは、キャンバス布、よりひも、帆、水約130ℓ、パン約70kg、ラム酒とワイン少々、コンパス、そして緯度を測るための四分儀である。ブライ船長はとてつもない困難を乗り越えて3618海里（約6700km）を航海し、47日後にティモール島に無事上陸した。

　ブライ船長はしっかりとした計画を立て、それを実行したのだ。彼は、乗組員たちが交代で座ったり横になったりできるようにシフトを組み、水と食料を厳密に配分した。後にそのときのことを「神のご加護に感謝し、20gのパンと140mℓの水という粗末な夕食をありがたく食べた」と、ブライ船長は記している。

　彼は雨水を集め、海鳥を捕らえてその肉を少しずつクルーに分け与えた。皆、飢えと乾きに苦しんだが、海の上で命を落とした者はいなかった。

　水上はひとつ間違えば危険な環境になりうる。体温を保つ、食料や水を十分確保する、あるいは方角を確認することがより以上に難しい。また、太陽や風、水の脅威からも身を守らなければならないのだ。

CHAPTER 8
ON THE WATER

ON THE WATER
水 上

 240　 249　 264　 266　 271　 272　 274

PREPARATION
準備

　　水上でのサバイバルで最も脅威となるのは、脱水症状と溺死、そして体温低下である。

　人間が長時間水中にいても害がないほど水温が暖かい場所は、地球上の地表水のうちごくわずかだ。海や川に落ちたら、とにかく水から上がり、体を乾かし、温める必要がある。低温ショックは溺死の主な要因だ。

　いったん海や川に出たら、最大の課題は飲料水を十分確保すること。荷物の中に新鮮な水と、太陽蒸留器のような飲料水を作る装置を入れておくことを忘れてはいけない。

　この章では、海や川でサバイバルするための方法を紹介する。海では、海流と天候のパターン、船の航路、陸地の位置について知ろう。川では、滝や早瀬をよけて進むルートを探そう。海と川のいずれの場合も持参すべきものが、ナビゲーションや救難信号の発信装置、そして、食料と水の入手に必要な道具だ。ヨットが転覆沈没し、救命いかだに乗って大西洋上で76日間生き抜いたスティーヴン・キャラハンによれば、水上で生き残れるかどうかは、経験と準備、道具、さらに運に左右されるという。そして、運は常に、しっかりと準備をした者にこそ味方するのだ。

水の流れを読む

　動いている水の力は非常に大きい。水路では河床のように、水が岩などの物や地形の上を流れる際に抵抗が生じる。こうした状態の流れは層流と呼ばれ、速さの異なる流れの層を形成する。流れの速さは、川底や川岸近くで最も遅く、川の中央の水面近くで最も速い。大洋や海では、海流が巨大な川のような動きを見せる。海流は熱や大気、地球の自転によって攪拌され、海面や深海で風や潮の干満と連動して流れている。海流は時速7.4〜9.3kmの速さになると乱流となり、その中を航海するのは難しくなる。

河川に関する用語

- エディ：渦になった流れ。
- 早瀬：速い流れ。
- ストレーナー（川の中の障害物）：水は通すがボートなどをさえぎる障害物、丸太など。
- サクション・ホール：滝つぼの中の危険な渦で、引き込まれると脱出が難しい。
- 滝：流れに約1m以上の落差がある場所。

海流と潮流のしくみ

　大洋の海流は通常、北半球では時計回りの方向に流れ、南半球では反時計回りの方向に流れている。暖流と寒流がぶつかる所では、霧や風、大波が発生する。

　救命いかだは船舶のように操縦することはできないが、シーアンカーを使って海流を利用することができる。たとえば、シーアンカーをいかだの前方に取り付ければ、波が来る方向にいかだの向きを保てるため、転覆のリスクを減らすことができる。表層流の方向と速度は、海図に記されている。海流の方向は強い風にも、ほとんど影響を受けない。海岸線の近くでは、陸地へ向かう船舶が潮流の影響を受ける。月の引力によって、潮流は24時間50分の間に4回変化し最大になる。

海や湖などでの救助

- 救助船は救命いかだの風上から、ゆっくり近づく。
- ヘリコプターからは、救助用バスケットやスリング（つりひも）を下ろし、生存者をつり上げる。救助隊員が最初に降下し補助をする場合が多い。救助用バスケットやスリングが使えない負傷者に対しては、バスケットストレッチャー（担架）を下ろすこともある。救助用バスケットの中では、腰を下ろしこと。
- ヘリコプターから下ろされたケーブル類には、それらがいったん水やいかだに触れるまで触ってはならない。静電気で感電する恐れがある。
- 救助隊員は救助活動を始める前に、救命いかだの上にいる遭難者に、いったん水の中に入るよう指示することがある。

essentials

必要な装備

水の上では、多くのものを狭いスペースに詰め込まなくてはならない。水に落とさないようにすべて船に固定すること。

- 救急キット：防水の容器に入れる。
- ヘルメット：カヌーやカヤックに乗る際に必要。
- パドルまたはオール：正しいサイズであること。
- 高カロリー食品と軽食。
- 救命胴衣：全員に1着ずつ必要。
- 浄水器：太陽蒸留器（推奨）など。
- 救命ロープ：長さ30m程度。
- ナイフ：万能型のもの。
- 1人につき1日500mlの水：これは最低限の量でありもっと多い方がよい。
- 発火信号：救難信号用。
- シグナルミラー：緊急事態での救難信号用。
- 釣り道具：娯楽、およびサバイバル用。
- EPIRB（イーパブ：非常用位置指示無線標識）：位置を知らせるために必要。
- GPS（全地球測位システム）とコンパス：ナビゲーション用。
- 補修キット：空気を入れて膨らます膨張式救命いかだ用。
- 耐寒耐水服：船舶が冷水海域にいる場合は乗客全員に必要。

川や海への旅の準備

乗員の人数に合った大きさであることを確認し、出発前に自分の乗る船艇を点検しよう。スティーヴン・キャラハンの救命いかだは6人乗りだったが、直径1.7mの大きさを彼は狭く感じたという。安全面を考えれば、船やボートはグループで乗った方が賢明だ。全員が緊急時の対応法を知っておこう。

船艇が自国の沿岸警備隊（海上保安庁）の認定を受けたものであることや、整備が行き届いていること、そして、定められた安全装具がすべてそろっていることを確認する。船艇の水面への下ろし方、船艇への乗り方と下り方も身につけておく。

選択の余地があれば、自分がボートを制御できないような急流や荒波には乗り入れない。小型の船艇であれば、転覆した際の起こし方と乗り込み方、緊急用の道具の使い方も覚えておこう。家族や友人に旅の予定表を渡しておけば、帰還が遅れた場合に捜索願を出してくれる。

備品類は船に固定し道具はぬれないようにする

船艇が転覆した際に救助の妨げになるものは、すべて取り除いておく。ナイフは必要だが、物に穴を開けたり、人を傷つけたりしないように注意して保管する。そのほかの必要な道具類は、すべてひもで船艇内に結び付けておこう。

ロープを身近に置き、海に落ちた人を救助したり、自分が海に落ちたときにつかまったりできるよう、常に使える状態にしておくこと。

船が水漏れしていないことを確かめ、補修用パッチと接着剤だけでなく、本格的な修理キットが装備されていることを確認する。

転覆しても水にぬれないよう、道具類はビニール袋に入れて密封しよう。

船から避難する方法

　少なくとも平時には、海に出るとき船が沈むことなど誰も考えない。しかし、実際には、近代史における重大な沈没事故のうちの2件が、安全に主眼を置いて設計された船で起こっている。タイタニック号は1912年の航海で沈没するまでは「不沈船」と宣伝されていた。それから75年後、フィリピンの客船ドニャ・パス号が穏やかな夜の海で沈没して3100人以上が死亡し、史上最悪の海難事故が起きたのだ。

　たとえ最悪の事態など考えられなくても、万が一に備えて計画し、準備し、避難訓練を行っておくに越したことはないのだ。

　海に出る船はすべて、緊急脱出計画を用意しておくべきだ。乗組員は救命ボートへの乗り移り方や耐寒耐水服など、サバイバル装具の身に着け方の訓練を頻繁に行っておかなければならない。救命ボートには、水、食料、

救難信号の発信装置、緊急用のキットなど必需品を積んでおき、いざとなったらすぐ海に出せるよう準備しておかなければならない。

　船から避難する前に地理的な位置を把握しておこう。緊急時は非常用ビーコン類を持ち出し、救命ボートに乗ったら作動させる。船が転覆しただけで沈没していなければ、船から離れない方がいい。飛行機で捜索する場合、小さなボートより大きな船の方が見つけやすいからだ。船が沈み始めたら、巻き込まれないようその場から離れること。

塩水と淡水の特性と違い

　海水の約3.4%は塩分であり、淡水とは特質が大きく異なっている。海流によって世界中の海の塩分はおおよそ同じ濃度に保たれているが、塩分の割合は紅海が最も高く、北極海が最も低い。塩は水より重いので、塩水は同量の淡水よりも重い。したがって、淡水を入れて密閉した瓶は海水に浮く。

　海水は密度が高いので、およそ-1.8℃にならないと凍らない。海上の氷は時間がたって塩分が浸出すると、青みがかった色になり飲めるようになる。同様に、海水は蒸発すると塩分を含まない水蒸気になる。そのため、太陽蒸留器などの中で海水を蒸留すれば、淡水ができる。塩は蒸発した水が入っていた容器の表面に、結晶となって残る。

　海の上でも、自然界から淡水を手に入れることができる。雨や露は淡水だ。露が降りたら拭い取り、雨は缶や救命具の浮き袋などで集めよう。容器に海の塩がこびりついていたら、雨をためる前に海水ですすいで落としておく。

　少量なら淡水に塩分が混じっても心配は無用だ。人間の体液の塩分濃度は約0.9%だが、水の塩分濃度がそれよりも低ければ、その水は飲むことが可能で、体から失われた水分を補ってくれる。

天候を予測する

気圧計で測定した数値が下がると、一般的には間もなく天候が悪くなると予想される。

雲で天候を予測することができれば、計器はいらない。さまざまな雲の形と、雲が形成されている高度によって、天気の変化が分かる。巻層雲(けんそううん)は高度約6000m以上に発生する乳白色の薄いベールのような雲で、空一面に広がり、24時間以内に雨か雪が降る前兆だ。高層雲は濃い灰色のベール状で、部分的に太陽を覆い隠し、嵐や激しい降雨降雪をもたらす。高積雲は、底辺が平らで綿菓子のような積雲の集団からなり、通常は晴天のしるしだが、夏は午後に嵐になることもある。積乱雲は大気が山のように盛り上がった雲で、雷雨をもたらす。

また、風向きによって、陸地の存在を知ることができる場合がある。陸地は太陽によって海よりも早く暖められ、日没後は海より早く熱を大気に放出する。したがって日中の大気の温度は、陸地の方が海上よりも高くなり、夜間は陸地の方が海上よりも低くなる。冷たい空気は暖かい空気よりも重いため、地域による温度差は気圧の変化を生み、風が吹く。日中の風は陸地へ向かって吹き、夜間は海に向かって吹くのだ。

ビューフォート風力階級

- **風力0／静穏(せいおん)**
  風速0.2m未満。鏡のような海面。
- **風力1／至軽風(しけいふう)**
  風速0.3〜1.5m。うろこのようなさざ波ができるが、波頭に泡はない。
- **風力2／軽風(けいふう)**
  風速1.6〜3.3m。小さめの小波で波頭は砕けていない。
- **風力3／軟風(なんぷう)**
  風速3.4〜5.4m。大きめの小波。
- **風力4／和風(わふう)**
  風速5.5〜7.9m。波の高さは約0.3〜1.5m。波長が長くなり、白波が多くなる。
- **風力5／疾風(しっぷう)**
  風速8.0〜10.7m。波の高さは約1.5〜2.5m。さらに波長が長くなり、しぶきが立ち始める。
- **風力6／雄風(ゆうふう)**
  風速10.8〜13.8m。波の高さは約2.5〜4m。至るところで白波が立ち、しぶきが多くなる。
- **風力7／強風(きょうふう)**
  風速13.9〜17.1m。波頭が砕けてできた泡が筋を引いて吹き流される。
- **風力8／疾強風(しっきょうふう)**
  風速17.2〜20.7m。波の高さは約4〜6m。波頭の端が砕けて波しぶきが上がり始める。
- **風力9／大強風(だいきょうふう)**
  風速20.8〜24.4m。波の高さは約6m。波頭が逆巻き始め密集した泡が筋を引き、しぶきを上げる。
- **風力10／全強風(ぜんきょうふう)**
  風速24.5〜28.4m。波の高さは約6〜9m。波頭は覆いかぶさるようになり、大きく逆巻く。
- **風力11／暴風(ぼうふう)**
  風速28.5〜32.6m。波の高さは約9〜14m。海面は泡の塊で完全に覆われる。
- **風力12／颶風(ぐふう)**
  風速32.7m以上。波の高さは約14m以上。大気は泡としぶきが充満する。海上はしぶきのために完全に白くなり、先が見えなくなる。

浜辺にとどまる

　海上よりも海岸にいた方が、空からの捜索隊に見つけてもらえやすい。ただし、海岸に打ち寄せる波の中をボートやカヤックで岸に向かうと、ケガをする危険がある。上陸に適切な場所を選ぼう。理想としては、島や岬の風下が望ましい。サンゴ礁や岩場は避ける。岸に打ち寄せる波の中を上陸する場合は、体を保護するために衣類と靴を身に着けよう。転覆する危険を減らすため、シーアンカーを艇尾の後ろにしっかりと固定し、岸に向かってパドルでこぐ。離岸流を避け、波の海側に乗るようにする。離岸流に巻き込まれた場合は逆らわず、流れに任せる。

　また、浜辺の方が食料や水、シェルターを見つけやすい。浅瀬や砂丘には、食用になる動物や植物が生息しており、砂丘の内陸側に穴を掘れば淡水が出てくる可能性が高い。

　救命いかだを使ったシェルターは、満潮線より高い場所に作る。救命いかだを横長の状態で真っすぐに立て、5分の1を砂の中に埋める。いかだの上端に防水シート（タープ）を取り付け、斜めに地面まで垂らして、下の端を固定する。防水シートがない場合は、救命いかだを斜めに傾けてパドルで支える。

海岸で食料を探す

　海岸の形は、断崖になっているものから、砂が波打ったり斜面になっている砂丘までさまざまだ。大抵どこでもサバイバルのための食料が見つかる。実際、小さな救命ボートで海を渡ってくれば、海岸の砂浜は食料と水の宝庫のように思えるはずだ。

　砂浜では潮が引くとぬれた砂地が現れ、そこには貝などの穿孔（せんこう）動物が生息している。波打ち際では、貝などの水管がよく見える。水中から姿を現した海の生物を求めて集まってくる鳥を捕まえて、食料にすることもできる。砂丘には淡水の水源があることが多く、緑の植物がその目印だ。しかし、そういった場所は、刺咬性（しこう）昆虫（かんだり刺したりする昆虫）も集まってくるので、シェルターの設営場所としてはふさわしくない。

　河口付近の泥に覆われた岸辺には、豊富な種類の植物や動物が生息している。

　磯には、海の生物がとり残された潮だまりや、鳥の巣がある可能性もある。しかし、細かい石が常に波に洗われ動いているような海岸には、生物はほとんどいないだろう。

　海岸からは砂粒が風で運ばれてきて、ありとあらゆる隙間に入り込む。食料や精密な電子機器は、しっかりと密封して砂やちりが入らないように保管する。

潮の満ち引き

- 満潮と干潮の時刻を調べ、それに合わせて行動する。
- 満潮時に干潟にとり残されたり、流されたりしないようにする。
- 浜から急に水深が深くなっているような場所では、強い流れに注意する。
- 満潮線を示す跡に注意する。流れ着いたゴミや岸の外観、岩肌の色の変化などを目安にする。
- 潮が引いた後、岩場の潮だまりで食料になる魚を探す。
- 流木など、潮に乗って流れ着いた漂流物で役に立ちそうなものがないか調べる。

流木など浜辺にあるものを利用する

　木が生えていないような土地でも、海岸であれば流木が流れ着くことがある。流木は長期用、または短期用のシェルターを作る建材にもなるし、暖をとるための薪（まき）や、のろしを上げるための燃料にもなる。日光によって乾燥した流木は容易に見つかり、燃えやすい。海から流れてきた流木は燃やすと有毒の煙を出す場合があるので、野外で燃やした方がよい。頑丈なナイフを使えば、流木からキャンプに役立つ道具を作ることができる。

　浜辺に打ち上げられるのは流木だけではない。海上で流失した船荷から家庭のゴミまで、さまざまなものが絶えず岸に打ち上げられる。そのほか、浜辺には以前訪れた人が落としていった物などもある。浜辺で人工物を見つけたら、想像力を働かせて用途を考えよう。金属製品は狩りや釣りをしたり、切ったり、磨いたり、穴を開けたりする道具になる。ひもやロープ類は、釣りに利用できる。光沢のある物は太陽に向ければ、救難信号用のシグナルミラーとして使える。

　海岸線付近には、しばしば海藻が大量に打ち上げられている。海藻や流れ着いたばかりの流木を見つけたら、エボシガイやフジツボ、カニ、そのほか動物性のタンパク源になりそうなものを探そう。海藻自体も食べることができる。

　海は広大で、人を寄せつけず、人間の忍耐力が試される場所である。しかし、海岸線は救助を待つのによい場所だ。移動する必要性が出てきた場合は、内陸に人家の気配がない限り、浜辺に沿って行く方がよい。

流木の利用法

- 信号火（シグナルファイヤ）の燃料とする。日中は煙、夜間は明かりで救難信号を送る。
- 暖をとり、ぬれた衣服を乾かす火の燃料にする。
- 浜辺のシェルターを作るための建材にする。砂丘の風下に穴を掘り、穴の縁を流木で囲む。その上に防水シートをかぶせ、断熱用の砂を載せる。
- サバイバル用の穴の屋根素材にする。満潮線よりも十分高い場所にざんごうを掘り、流木とキャンバス布、または木の葉で屋根を作る。その上に砂を載せる。

海岸で流木を使って信号火をおこせば、遠くからでも見える。

海上でのサバイバルに備える

外洋で生き延びるために必要なのは、第一に気力である。

およそ1.7mの救命いかだで、2か月半漂流し生還したスティーヴン・キャラハンは、大西洋の大海原に投げ出されたと悟ったとき、パニックに陥りそうな自分と闘った。彼は「オシュコシュ市とどこかの町との真ん中辺りで道に迷っている」と考えて自分を落ち着かせたのだ。実際は、最も近い陸地はカリブ海を西に約3000km行った所だろうと思われた。しかし、彼はそんな事実にとらわれるのではなく、翌日、そのまた翌日にすべき事だけを考えるようにしたのだ。彼にとってサバイバルは、1日1日を精一杯に生き延びることによって達成しうる長期目標となった。彼は現実を正しくとらえ、頼れるのは己だけであると自分自身にいい聞かせた。漂流中に9隻の船を見かけたが、キャラハンの合図に気づいてくれた船はなかった。それでも、いずれ救助は来ると信じたのである。

「自分は助かる」という自信の源になるのは、まず救命いかだに装備されているサバイバル用具の使い方についての知識だ。加えて、失敗にも臨機応変に対応できて急場をしのげる能力。そして、生きようとする意志である。外洋で生き抜くためには、波、風、太陽、寒さ、さらに海上での危険かつ困難な生活を耐え抜かなくてはならない。自然の力にあらがえない以上は、我慢強く、工夫を凝らして、厳しい試練が続く限り乗り越えていく覚悟が必要だ。

グループで海に行く場合、1人1人がサバイバルに必要な基本知識を持っていることを確認しておこう。

essentials

船を放棄する

万が一の場合にすべきことを確認しておこう。船を放棄する際には定まった手順があるので、これを遵守すること。

● 船に危険が迫ったら、沿岸警備隊（海上保安庁）に無線で連絡する。専門知識のある隊員が沈没を遅らせたり、回避したりする方法を教えてくれるかもしれない。それでも沈没が避けられないときには、船を放棄する警報を鳴らし、次のステップに従う。

● 遭難信号メーデーを繰り返し発信する。「メーデー」と3回言い（フランス語で「助けて」の意味）、船の名称と呼出符号、船の位置、遭難の種類、状況及び乗員の人数を告げる。

● 吸汗・速乾性のある服を重ね着する。防水のジャケット、帽子、手袋は体温保持に役立つ。

● 救命胴衣か耐寒耐水服を身に着ける。ぬれると体温を奪われやすくなる。

● 救命いかだに緊急用のサバイバル用具が装備してあることを確かめ、水面に下ろす。

● ぬれないように注意しながら、いかだに乗り込む。

● 船が沈没したら、いかだがつながっているロープ類を全て切断する。

● いかだを安定させるためにシーアンカーを下ろす。

● ケガをしている人がいたら応急処置を施す。全員が体温を保ち、ぬれないようにする。

● いかだに装備されている道具に慣れる。サバイバルマニュアルも熟読する。

船から安全に脱出する

　救命いかだを水面に下ろす。コンテナに収納されている膨張式いかだは、海上で膨張させる。船のデッキで行うと、展開する際にケガ人がでることがある。もし船が沈む前に展開できなくても、静水圧によって展開することがあるので、少し待ってみよう。

　救命いかだに乗り込むときは、ぬれないように注意する。はしごやネットを伝って乗り込むとよい。ほかに手段がない場合は、天幕の開口部に飛び降りる。

　水に入る場合は、救命いかだの近くに入り、流されないようにもやい綱につかまる。先にいかだに乗った人は、2人がかりで水中の人を引き上げる。いかだに背を向けさせ、両腕と救命胴衣をつかみ、少し水中に押し下げてから引っ張り上げよう。

救命いかだを膨張させる

　救命いかだは、ダブルの浮力チューブを備えているものが最も好ましい。いかだの外周に沿って浮力チューブが2段重ねになっているものだ。いかだを最大限に安定させるためには、浮力チューブは少なくとも直径30cm程度が必要だ。展開するときは、いかだの底に取り付けられた圧搾ガス（通常は炭酸ガス）のボンベのひもを引く。するとガス栓が解放されてチューブが膨張する。暖かい日にガスが膨張すると、圧力安全弁から余分なガスが放出されるので注意すること。いかだが冷えてガスが収縮すると、手動ポンプでチューブに空気を送り込み、放出した分のガスを補うこともある。

救難信号を発信する

　救難信号を発信する最も手軽な手段は、VHF（超短波）無線を利用することだ。通信距離はおよそ30kmから100kmだが、中継器を挟むことにより、距離を延ばすことができる。国際的に通用する信号は3つある。遭難信号「メーデー」、緊急信号「パンパン」、そして安全信号「セキュリティ」だ。

　国際VHF16チャンネルで「メーデー」と3回ずつ発信すると遭難信号として扱われ、救助隊に必要な捜索情報が伝えられる。メーデーは応答があるまで発信し続けよう。船を放棄する場合もギリギリまで発信する。「パンパン」も3回繰り返し、差し迫ってはいないが危険が起こりえる可能性を外部に警告する。「セキュリティ」は優先度が低く、船舶にほかの基地局をモニターするように指示する信号だ。

　EPIRB（非常用位置指示無線標識）は遭難者の居場所を特定できる信号を、衛星経由で救助隊に送る装置だ。出発前に自分の船舶を登録しておこう。EPIRBの信号は絶えず監視できる。また、個人の医療情報を登録しておけば、救助されたとき、直ちに必要な医療行為を施してもらえる。

ナビゲーション

水上でのナビゲーションは、簡単なときもあれば難しいときもある。

　カヌーやカヤックでの移動の多くは、単に自然が作った水路を通って上流から低地へ向かうことであり、通常、人のいる所を目指すものだ。しかし、ルートは前もって調査をしておく必要がある。急流やストレーナー（川の中の障害物）、そのほかの危険には常に注意を払うようにする。危険を感じ、船艇で川を下ることがためらわれるときは、安全策をとる方が賢明だ。障害を避けて陸路で迂回しよう。

　外洋では、救命いかだの行き先は事実上、風と波任せだ。帆やシーアンカーで微調整はできるかもしれないが、風や波に逆らって大幅なコース変更をすることは、まずできない。緯度は水平線上に現れる北極星の高さから割り出すことができる。スティーヴン・キャラハンは3本の鉛筆を束ねて手製の六分儀を作り、北極星の角度を計算した。そして、北極星が水平線から約18度の角度であることが分かり、自分が北緯18度辺りの場所にいると推測した。経度はデッドレコニングによって割り出したのだ。

歩いて川を渡る

　徒歩で川を渡るとき、どこで渡るのが一番よいかを見極めるのは難しい。海に流れていく川は曲がりくねっているため、視界に入るのは目の前の一部分だけだ。川の全体像が見えないので、もっと渡りやすい場所があるかどうか、その場では分からないのだ。

　川を渡ることに決めたら戦略を立てよう。靴はゴム底のズックなどが最適である。そして、進む方向を決める。真っすぐ渡るのが距離としては最短だが、水流をじかに受けることになる。流れに向かって斜めに入ると、より踏ん張りが利き安定して進むことができる。

　水位がひざの高さまであり足元で激しくうねっていると、足をすくわれることがある。丸太のいかだや救命具などを利用して、水に浮いて渡ることを考えた方がよいかもしれない。

川のどこを渡るか

- 川の上流で水量が少なく川幅が狭い所。
- 流れが合流している地点の川上。
- 流れが弱い所。
- 対岸が楽に上がれそうな地形である所。

荷物を持って川を渡る

衣類や寝具は防水バッグの中に入れ、内部に空気を入れて口を縛ろう。袋の中身はバランスよく詰め、運んでいる間に動かないようにしよう。足を滑らしたらこの袋は手放すこと。

ポンチョを使って荷物を包み、水に浮かせて運ぶポンチョ・ラフトと呼ばれる方法もある。2枚のポンチョとポンチョの長さより短い2本の棒か枝、ひもやロープを用意する。ポンチョはフードを内側に入れ、首の穴をきつく縛っておく。まず1枚のポンチョを広げ、真ん中あたりに2本の棒を45cmほど離して並べ、その間にぬらしたくない荷物を置く。棒と両側に余っている布を荷物の上あたりで重ねて持ち、棒と布を一緒にきつく巻き込んでいき、荷物を包んでいる部分がピンと張った状態になるようにする（防水バッグの口を閉めるのと同じ要領）。ロール状の両端を、アメ玉を包むようにねじってから、真ん中へ向けて折り、ひもで縛って固定する。もう1枚のポンチョを地面に広げ、その上に包み終えた方の合わせ目を下に向けて置く。同じ手順を繰り返して、しっかり包む。

水深の深い所では、この密封したポンチョをいかだのように浮かべて引っ張るか、押していくことができる。

水に浮くために補助となるもの

- ぬれたズボンに空気を入れて膨らませ、開口部分を縛る。
- エアーマットレス。
- 丸太のいかだ。
- 防水素材のバッグの中に、空気を入れて口を縛る。
- 乾いた枝や草木を防水素材で包み縛る。
- ホテイアオイのように空気を含んだ植物を、ビニール袋に詰める。
- 板や丸太などを束ねたもの。

essentials

水際を歩く場合

さまざまな水際で重要なのは足場とルートの選択だ。

- 海岸線は土壌が沼のようになっていることがある。特に河口付近は注意する。

- 川岸の土壌は粘度が高くべたべたした泥で、靴がのめり込んで歩けないことがある。

- 河川付近の土壌が豊かな場所では、草木が生い茂っているため川岸に近づけないことがある。水際付近で上から垂れ下がっている枝の下を通るときは、木や茂みにすむ生き物がボートの中に落ちてくるかもしれないので注意する。

- 雨が降ると川の水が土手の外側まであふれることがある。

- ぬれた砂は、歩行には理想的な地面となることが多い。しかし、突然の波で足をすくわれ、水の中に引き込まれないように注意する。

- 泥や川岸にはびこる植物に邪魔をされなければ、川を渡るには土手が低くなっている場所が最適である。

- 水際を歩いていると、上空から発見されやすい。

- 川を渡るとき、水温が低い場合は歩いたり泳いだりしてはいけない。それだけで命取りになる危険性がある。いかだのような浮器を作って渡ろう。

- 足だけしかぬれないようだったら、歩いて渡ってもよい。ただし、対岸に到着したら直ちに衣服と体を乾かす。

- 急流を歩いて渡る場合、背負っていた荷物には何か浮力のあるものを付けて水に浮かべ、押すか引っ張るかして運ぶ。

ロープを使う

川などを渡るのが難しそうな場合、文字通り頼みの綱となるのがロープだ。

1本ロープブリッジを水面に設ける場合は、手前の川岸で適当な場所を見つけ、ロープの端を「引き解け結び」でしっかりと締める。そして、最もスタミナのある人がロープを持って川を渡り、ロープの反対の端を対岸の木か岩に結び付けて固定する。後に続く人はこのロープを両手でつかみ、上流の方に体を向けて水の中を歩いて行く。最後に渡る人は結び目をほどいてつかまり、対岸まで引っ張ってもらうか、ロープの端を持って渡る。

1本ロープを水面より上げて、空中にブリッジを設けることもできる。この場合は、ロープの上側に乗るセーラー渡り、または下側にぶら下がるモンキー渡りで、ロープを伝う。

さらに安全なのは、2本ロープブリッジだ。2本のロープを上下に約1.5m離して固定し、途中で間隔が広がったり狭まったりしないように、約4.5mごとに縦にロープを渡して結ぶ。下のロープに足を乗せ、上のロープを手でつかんで進めば足元も安定する。

長さ1m前後のロープの端を引き解け結びでロープブリッジに結び付け、万が一に備えて、もう一方の端を自分に結んでおけば、命綱となりより安心だ。

また、ナイロンロープの場合は伸びることも考慮に入れること。

丸太を橋にする

川には天然の橋が架かっていることがある。倒木が向こう岸、もしくは川の中程まで架かっている場所がないか探してみよう。木が動かず安定しているようなら、木の幹の上を歩いて渡ることができる。表面がぬれていたら、足を滑らせないように乾いた砂をまいてから歩こう。または、木の幹の上に座り、尻を滑らして進む。

急ぐときでも、水面下に隠れている枝で服を引っ掛けないように気をつけよう。つえを持って歩けば、より安定感が得られる。丸太から川岸に飛び降りるときは要注意だ。踏み切るときに足元の丸太に余分な力がかかり、丸太が川の中に転がり落ちるかもしれない。また、渡り始める前に荷物がしっかりと体にくくりつけられていることを確認する。

川を安全に渡る方法
- ピボット法：3人から4人で1組となり、肩の高さで互いの服をつかんで輪になる。1人ずつ動き、ほかのメンバーが支える。
- 棒を使う方法：グループで幅約12cm、長さ約2.5mの棒につかまる。最も体重のある人を下流側にし、川の流れに対して平行に棒を持ち、全員が一緒に動いて下流に移動する。
- 1人で棒を使う方法：川の流れに対して平行に立ち、上流側の手で棒を持って河床（かしょう）を探る。左右の足と棒の3つの支えのうち、いちどに1つだけを動かしながら進む。

カヌー、カヤック、ゴムボート

　川などで用いる個人用の船艇には、カヌー、カヤック、そしてゴムボートがあり、それぞれに利点がある。

　カヌーは非常に用途が広い。パドルやオールでこぎ、ポール（さお）や帆で進むこともできる。また、モーターを装備してもよい。重量は軽いが、カヌー自体の20倍の重さの荷物を運べ、激流にも耐えられる。艇の長いカヌーは、障害物のない広い水域では非常に速く、1回のストロークで大きく前進する。艇が短くなると進み方は若干遅くなるが扱いやすい。最も用途が広いのは全長が5m程度のカヌーだ。

　カヤックはカヌーと似ているが、通常こぎ手はスプレースカート（コクピット内に水が入らないようにするカバー）をかぶせたコクピットの中に座り込む。カヌーと同様、艇が長いとスピードが出るが操作性は低下する。中くらいの長さが一番扱いやすい。中型のカヤックなら、人ひとりの2週間分の食料を積み込むことができる。カヤックのパドルは両端にブレード（水かき部分）が付いている。また、横揺れしても内部に水が入ってくることがない。

　ゴムボートは膨張させるまで場所を取らない。安定用の水のうとシーアンカーを引き揚げれば、カヌーのようにこいで進むことができる。水深が浅い場所ではポールで進め、深い場所ではオールやパドルで川底をさらうようなストロークでこぐと、最も効率よく進む。ゴムボートは重量が平均的にかかるようにし、特に複数で乗り込んでいる場合は、転覆しないようバランスに気をつけよう。

　パドルでこいだり、ポールを使ってボートを進めたりするには、腕や胸、肩、背中の筋肉を使う。カヌーやカヤック、またはゴムボートで移動するなら、事前に上半身を鍛えておこう。

　個人用の船艇では、水にぬれることは避けられない。水中の障害物や予期せぬ波、また人為的ミスによってひっくり返りやすいので、これらの船艇を利用する前に泳ぎ方を習得しておこう。また、泳げる人でもカヌーやカヤックに乗るときは必ず、ヘルメットと救命胴衣を着用し、船に絡まりやすい服は避け、腕や足が自由に動くゆとりがあるものを着る。

米国東海岸・チェサピーク湾海辺の塩性湿地を通るには、カヤックが理想的である。

カヌーの基本

カヌーにはいくつかのタイプがあり、それぞれ航行する場所に合うように造られている。急流用のカヌーは湖や静かな川には不向きで、その逆もまたしかりだ。デザインを選ぶ上で重要なポイントは、使用する場所に合った船艇の長さ、断面の形（底は平らか、若干丸いか、浅いV字型か）、キールライン（船底の中央部分に縦方向に走るでっぱりのライン）、そして上から見たときの形だ。

どのタイプでも、カヌーに乗る際には慎重にバランスをとらなくてはならない。カヌーはかなりの重量の荷物を運ぶことができるが、重心が片側に寄りすぎると、簡単にひっくり返ってしまう。そのため、荷物は分配して載せ、カヌーが水上にあるときは常に重心を低くして、体重が片寄らないようにしなくてはならない。また、体のサイズに合う救命胴衣と靴を必ず着用すること。

カヌーから落ちたり、カヌーが転覆したりしたら、水流に押された船体で体を押しつぶされないように、カヌーの上流側にいるようにする。水中に落ちた備品を引き上げるのは、安全が確認できる場合のみにしよう。カヤックやゴムボートでも同様だが、船艇から投げ出され川に流されてしまったら、あおむけに浮いて頭を上流にし、下流に向けた足を水面から出すようにする。こうすれば、迫ってくる岩などをよけられる。

ストレーナー（倒木や橋のくい材など、水は流すが船は止めてしまう障害物）がある場所では、カヌーでの航行をあきらめよう。くさび型のカヌーであれば、ロープで楽に引っ張っていくことができる。

複数人でカヌーに乗り込んでいて転覆しそうになったら、「転覆に備えろ！」と大声で叫んで、ほかの人に警告しよう。全員パドルを引き上げ、ブレードが外を向くように持つ。カヌーがひっくり返ったら、荷物を回収するよりも先に水中の人間を助けよう。

カヌーの船底の種類

- フラットボトム（平底）：操作性に優れている。重量が増すと安定性を失い、高い波には弱い。急流には底がV字型のカヌー（下記参照）を用いる。
- ラウンドボトム（丸底）：穏やかな水面でパドルを使ってこぐとスピードが出る。急流では性能が落ちる。
- シャローV（浅いV字型）：安定性と制御性に優れ、特に悪天候での航行に向く。水流が穏やかな場所ではスピードが出ない。水面から船底までの深さがあるため船底が河床や岩に当たって、キールが摩耗しやすい。

how to
カヌーに乗り込む

1. 片足をカヌーの真ん中に置き、重心を低くする。
2. カヌーの両側をつかんで前かがみになり、体重を両腕に均等にかける。
3. 外側の足をカヌーの中に入れる。カヌーの中にひざまずく、または座る。

カヌーをこぐ

2人乗りカヌーの場合、バウ（艇首）をこぐ人は、フォワードストロークで一定のリズムを保ち、危険の確認と同時に方向の指示を呼びかける。一方、スターン（艇尾）をこぐ人は、かじ取りを担当する。さらにパワーアップが必要なときは、こぎ方の指示を出す。

初心者は、しきりにパドルを右に左にと、こぐ側を変更して操縦しようとするが、これは効率が悪いうえに、急な変化に対応できず危険だ。とにかく、自分の技量以上のことはせず、コースを認識して先にある急流などの危険な場所をチェックしておこう。急流に差しかかったら、コースを決める前に、川の流れ、岩や水中の障害物、川岸をよく観察しよう。もし艇が転覆して流されても、安全かどうかも知っておく。

グループでカヌーに乗っている場合は、ボート間でパドルを使った合図を送るようにしよう。パドルの先のブレードを真っすぐ上に立てて持ち、前後に揺らすと「緊急事態発生（SOS）」という合図だ。グループのリーダーが水中からパドルを抜き、水面と平行にして頭上へ持ち上げる動作をすれば、「ストップ」の合図である。すべて問題がないという意味の「オールクリア」の合図は、ブレードを高く持ち上げてパドルを真っすぐ立てる動作をする。また、オールクリアの合図を送った後、ある方向を指し示すのは、その方角に進んでも安全だという意味である。

essentials

こぎ方の基本

カヌーは、特に流れの激しい所で適切にこぎ、かじを取ることが求められる。効率のよいパドリングのために、基本のこぎ方を学ぼう。

- **フォワードストローク**：艇の左側をこぐ場合は右手で、右側をこぐ場合は左手でグリップを握る。シャフトを握る下側の手は、ブレードから約5〜8cm上を持つ。カヌーの中央付近を前から後ろへとストロークする。

- **リバースストローク**：フォワードストロークの反対の動作を行い、カヌーのスピードを落とし、止め、後退させる。

- **フォワードスイープとリバーススイープ**：カヌーを方向転換させるときのこぎ方。フォワードスイープをするには、パドルの半分を水中に入れて、ブレードを45度の角度にしてパドルを持つ。そして、パドルを前から後ろへと半円を描くように動かす。リバーススイープはその反対の動きをする。

- **Jストローク**：1人乗り、もしくは2人乗りの艇尾でのパドリングに必要なテクニック。これは、かじを取りながら前進できる最も大切なストロークだ。Jストロークは、こいでいる側にカヌーの向きを変えることができる。まずはフォワードストロークを行う。4分の3のストロークが過ぎた辺りで、パドルを回して、カヌーから離れるように、Jの字を描きながらブレードの裏面を使って水を押し出す。

- **ドローストローク**：カヌーの方向を変える、または回転させたいときのテクニック。カヌーから身を乗り出すようにして、できるだけ遠くの水中にパドルを差し込んで深くストロークし、手前へ引き寄せるように動かす。

- **ラダー**：艇尾のこぎ手が、カヌー後方の水中にブレードを浅めに入れて、かじのように動かす。狭い水路での操作に役立つ。

カヤックの基本

カヤックは、カヌーよりも水面に近い低い位置で乗艇する。通常はコクピットの真ん中へ座る。縁に取り付けるスプレースカートには、波やしぶきがコクピット内に入らないようにする役目がある。また、艇がひっくり返った後、エスキモーロールと呼ばれるテクニックでカヤックを立て直すときにも役立つ。カヤックの積載容量はカヌーに比べて小さい。カヌー同様、艇体が長くなるほど直進性が高まり、短くなるほどコントロールがしやすくなる。汎用性の高いカヤックは全長約4.6〜5.2mの艇である。

カヤックの横幅が広いと安定性が増す。最大幅が約58〜64cmのカヤックが一般向けの使用に適している。ボトムの形状がVシェイプかラウンドのカヤックは、穏やかな流域以外での安定性が最も高い。

カヤックのパドルは両端に水かき部分があるダブルブレードなので、艇の左右を交互にこぐことで、真っすぐ前進する。パドルの素材や重さは多岐にわたり、なかでもグラスファイバーのものがよいといわれている。また、フェザーアングル（フェザー角）の付いたパドルの中には、こぐ人の力を最大限に引き出しコントロールするために、ブレードが60度から90度に角度設定されているものがある。カヤックやパドルを購入する前に、実際に試して使ってみよう。

波間でのカヤックの進水や脱艇は避ける。ほかに選択肢がない場合は、前面に泡が出ている波を選び、波に対して垂直にカヤックを進水させる。波が立ったり、砕け散ったりしているような所は避ける。また、1.8m以上の波に艇を進水させようとしてはいけない。

essentials

パドリングとロールの原則

カヤックを立て直せない、あるいは脱艇できなければ致命的な状況となる。そうならないために、必要な知識を増やし、基本となるテクニックを練習しよう。

● 自分に合った長さのパドルを選ぼう。パドルを自分の横に立てたとき、腕を伸ばしてブレードの先端に指先を掛けられる程度の長さがよいとされる。流れの速いホワイトウォーターでは、もう少し短いものが向く。

● 真っすぐ背中を伸ばし、少し前傾した姿勢でストロークを始めよう。カヤックやカヌーは体幹の力でこぐものである。

● パドリングのとき片方のブレードは水面下に、上になるもう一方の手の位置は目の高さにくるようにする。

● 右利きの人が右側をストロークするときは、右手首を回転させてはいけない。ただし、左側をこぐときは、右手首を反らすように押し出して左のブレード面が水を捉える向きになるようにシャフトを回転させる。

● こぐときは足に近い所の水をブレードで捉えるようにする。こぐ力は上半身をひねることで生まれる。腕の力でこいではいけない。

● カヤックがひっくり返ったときは、脱艇するかエスキモーロールを行う。この動きは正しく行わないと致命的な状況になる可能性がある。指導者の下で学び、静水かスイミングプールで練習を積むとよい。また、スクールなどを受講し、ロールを行うための3つのポイント、ロールを始める準備体勢、ブレースやスイープストローク、そして腰のスナップをしっかり練習して、完全にマスターしよう。

自分に適したカヤックを選ぶ

シーカヤックは、海で使うことを目的に造られたカヤックだ。積載能力の高さ、耐航性、そして安定性はいずれも操作性以上に重要視されている。シーカヤックは直進性を高めるために、艇尾にかじが取り付けられている場合がある。最大で3名が乗艇できるように設計されたタイプもあるが、その積載能力は3艇のシーカヤックの合計積載量よりも少ない、ということを覚えておこう。

ホワイトウォーターカヤックは、川や瀬などの急流を進めるように設計された、小ぶりのカヤックである。操船性を重視して設計されたボトム部分や、激流の中でも安定性が得られるように設計された幅の広いデッキが特徴だ。

サーフカヤックは海岸での波乗り用として、そして、サーフィンエリア内の救助活動用として造られた細長いタイプのカヤックだ。このような幅の狭いカヤックは、上級者でないと扱いが難しい。

レーシングカヤックは、静水でのスピード競技を目的として設計されたカヤックである。自分に適したカヤックを選ぶときは、どこで使うのかということだけでなく、どのくらいの期間使うのか、ということも考えておこう。適度な積載容量があれば、数日間あるいは数週間の行動ができるだろう。

ひっくり返った状態からの脱艇

- パドルを片手で持ち、水面上でカヤックと平行にする。
- もう片方の手でグラブループ（スプレースカートに付いているひも）を引っ張り、スプレースカートを外す。
- 腰の横にあるコクピットの縁をつかむ。
- 足を真っすぐに伸ばす。
- 前屈姿勢をとり、腕を突っ張って下半身を抜く。カヤックとパドルは手放さないようにする。
- 艇内の水抜きをするために岸へ向かう。岸までたどり着けない場合は、ひっくり返ったままの艇の下からコクピットの部分を持ち、手前側を上に押し上げながら反対側を引き寄せるようにして水抜きをする。

ホワイトウォーターでゴムボートから落ちたら、足を川下に向けてあおむけで浮くようにする。

ゴムボートに乗るときの基本

　ゴムボートの使用法は、置かれている状況によって対処法が変わってくる。

　海上でゴムボートに乗るときは、体力を温存しなければならない。そのためには、障害物を避ける、陸に近づく、誰かを救助するといった特別な状況でない限りは、パドリングで体力を消耗しないようにする。ボートに天幕を設けるか、帆か防水シート（タープ）を張って、日差しから体を守る。そして、体は常にぬらさないようにする。ぬれた状態が長く続くと、低体温症を悪化させてしまう。

　川でゴムボートに乗るとき、特に急流であるホワイトウォーターの場合は、体がぬれるだけでなく、状況の予測も難しい。通常、ゴムボートはオールやポールを使ってかじを取る。流れがゆっくりとした所では、含水率の高い木材などをひもにつるした手作りシーアンカーを使うと、かじを取らなくても自然に流れの中心へとボートを誘導してくれる。流れが静かな所では、ボート内のチューブにまたがってパドルでこぐのもよいだろう。

　また、流れが速い所では、チューブに横座りしながらパドルでこぐか、中に座ってチューブにつかまる。激流、ストレーナー、またそのほかの危険について常に注意を払おう。川の湾曲部が多く、先の状況を詳しく調べられない場合は、危険な流域に突然のみ込まれるのを避けるため、何度か止まって確認するとよい。五感を働かせば、見えていない激流や滝の音が聞こえてくるかもしれない。

状況に合った浮具を選ぶ

- 救命浮輪：迅速に準備して、素早く使えるようにできている。丈夫な作りで、両面使用が可能。外周には救命索が装着されている。
- 膨張式救命浮器：沿岸近くの船上で使用する。膨張式救命いかだほどの性能のよさはない。通常、膨張式救命浮器は浮力チューブが1つしか備わっていない。
- 膨張式救命いかだ：形状や最大収容人数はさまざまである。膨張式救命いかだは、2つの浮力チューブ、断熱空間がある2気室構造の床、天幕、安定性を向上させるための安定水のうとシーアンカー、サバイバル・キットが装備されている。

ゴムボートをこぐ

　ゴムボートをこぐ動作は、カヌーとよく似ている。フォワードストロークとリバースストロークはカヌーと同じである。これに3つのストロークを加える。ドローストローク、プライストローク、カームウォータークロールだ。

　ドローストロークを行うには、パドルをゴムボートからできるだけ離れた水中に入れ、ブレード面をゴムボートの縦のラインと平行にする。シャフトを手前に引き、グリップを押し出すように操作すると、水中に入れたパドルの方向へゴムボートを寄せることができる。

　プライストロークを行うには、パドルをゴムボート脇の水中に入れ、ブレード面をゴムボートの縦のラインと平行にする。シャフトを押し出し、グリップを手前に引くように操作すると、水中に入れたパドルの位置からボートを押し離すことができる。

　カームウォータークロールは、流れの緩やかな広い水域で行う。こぎ手はスターン側（艇尾）を向いて座る。自分の後方となる艇の前側へブレードを入れ、グリップを手前に引き寄せるよう操作する。このとき、腰と背中の動きをてこ作用に利用する。このストロークは少ない体力消費で、大きな力を出せる。

波の中でゴムボートを着岸する

- 岩やサンゴ礁、そのほかに障害となるものがないかどうか、海岸線をよく調べる。その後、シーアンカーを水中に入れて帆を下ろす。パドルをかじ代わりとして使う。
- まず小さな波で、乗り越えるタイミングを計る。波が来たらリバースストロークを行う。次に、ボートの下を波が通り過ぎて艇首が下がったら、今度は思い切りフォワードストロークを行う。
- ゴムボートが転覆したら、しっかりとボートにつかまり、ひっくり返ったボートの上に乗る。

how to
丸太を浮具に使う方法

1. 2本の丸太を切り出すか、見つける（乾燥している木の方が、より浮力が増す）。このとき丸太は少なくとも直径15〜20cm、長さ90〜120cmのものが望ましい。小枝は切り落とす。

2. 2本の丸太を60cmほど離して平行になるように並べたら、2本のロープで丸太をつなぐ。

3. 水の深さがひざ上になる所まで歩く。ロープでつないだ丸太を水面に浮かべ、前の丸太にひざをかけ、後ろの丸太へ背中をもたれかけるようにして、丸太の間に座るようにする。

救命ロープを使う

　救命ロープは、水中での救助を目的としたものだ。その素材は強度が高く、耐水性がある。また、投げ入れやすいように渦巻き状で袋に収納されており、ロープの端には要救助者を固定するための装具が付いている。救命ロープを正確に投げ入れるには訓練が必要だ。ロープを失わないように一端をカラビナで自分の体に留めておき、特定の場所へ袋を投げ入れる練習をしておこう。救助者がロープに固定されたら、手繰り寄せる。

水中で助けを待つ

　肺に空気をたくさん吸い込むと、体はかなり浮かびやすくなる。現在いる場所が沿岸から離れた沖合で救命具などがない場合、定期的に息継ぎをしながら体力の消耗が少ない「伏し浮き」をする。このテクニックは、救助が来ると分かっていて待つ場合に最適だ。

how to
伏し浮きの方法

1. まず、顔を水面につけて体を浮かせる。頭を上げて息継ぎをしたら、すぐに再び水面に顔をつける。体をリラックスさせ、手足の力を抜く。

2. 次の息継ぎをする前に、両手を頭の前で交差させる。片方の足を持ち上げ、そのひざを胸の方へ引き上げるようにする。そして、もう片方の足は後ろへ伸ばす。

3. あごは水につけたままで、顔を少しだけ上げる。そして鼻から息を吐く。両手は外側へ押し出すようにそっと動かし、口から息を吸いながら水面下では両足をそろえる。

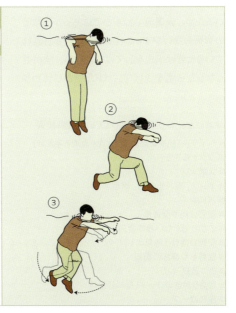

達人の心得（ボーイスカウト）　急流を乗り越えないと、安全な場所に泳ぎ着いたり、救命ロープをつかむことができない場合、自分の足を川下に向けて流れを下り、岩をかわすときに両足を緩衝材代わりにする。後方に流れていく障害物は背泳ぎしながらうまくかわし、身の安全が確保できるかもしれないエディ（水が静止、または渦のように逆流している流れ）を注意深く探す。

救命いかだでのサバイバル

　救命いかだは小型に設計されており、救命設備が整ったサバイバルシェルターになっている。少量の高カロリー食品、新鮮な水、そして救難信号を送るための道具なども装備されている。小型なのでかなり窮屈だが、かつて遭難者たちが何か月もの間、救命いかだに乗って生き延びたことがある。風や潮流をどのようにして効果的に利用するか、同時に、どのようにして食料や水の供給量を増やすのかということを知っていれば、生存のチャンスが増すだろう。

　救命いかだは艇全体が水面上に浮かんでいるため、表層流やわずかではあるが風などの影響も受けやすい。そのため、陸から離れているときは帆走をしてはいけない。陸が近くなったら帆を上げて、パドルをかじ代わりに使おう。

　救命いかだにはシーアンカーが備わっているはずだが、なければ間に合わせで作ることができる。シーアンカーの開口部は開閉でき、目的に合わせて使い分ける。開口部が開いているときはいかだの抵抗として機能し、速度は落ちるが波間での安定性が増す。一方、閉じているときは、潮流をとらえて潮が流れる方向へいかだを進めることができる。

　雨水を集め、海水から真水を抽出するための太陽蒸留器を設置しよう。食料を手に入れたければ、水面下の岩肌などについている食用のフジツボなど甲殻類を探す。さらに、魚や海鳥をつかまえ、海藻も探すとよい。海藻は栄養価が非常に高く、カニのような海の生物の餌にもなっている。

救命いかだに主に搭載されている救命設備

- ベイラー（船底にたまった水をくみ取る手おけ）
- シグナルミラー
- スポンジ
- ポンプ、漏れ止め剤、修理キット
- パドル
- 信号紅炎や発煙筒
- のどの渇かない救難食料
- 船酔い薬など応急セット
- 飲料水や浄水蒸留器
- 釣り道具一式
- 目盛り付きのコップ（食料分配用）
- 救命ロープ
- 行動指導書
- レーダー反射器
- ホイッスル

救命いかだで安全に過ごす

　体温を保持し、体をぬらさないように努めよう。まずは、海水との間に断熱効果をもたらしてくれる救命いかだの床を膨らます。

　救命いかだが転覆する心配がなければ、救命胴衣を脱ぎ、折り畳んでクッションとして使おう。体が冷水のようなゴムやプラスチック素材のボート底面に触れ、体温が奪われるのを防いでくれる。

　衣服がぬれている場合は、服を脱いでしっかりと絞ってから着用する。できれば、重ね着した衣服の上から耐寒耐水服を着用するとなおよい。熱の発散を最小限に抑えるために、両腕を胸の前で組み、手は脇の下へ挟む。救命いかだに天幕が装備されている場合は、自分たちの体温で天幕内が暖まるだろう。

見張りの計画を立てる

見張りは必ず行う。数人で救命いかだなどに同乗している場合は、寝る人と起きている人のグループに分け、常に誰かが救助艇や飛行機などの存在に注意を払えるようにする。見張り役の人は、装備の点検を行ったり、救命いかだの空気が抜けてきたときは膨らませるなど作業を行う。通常の空気漏れは圧力弁から抜けるものだが、チューブ内の空気が急速に減る場合は、修理が必要になる破損の可能性があるため、しっかりと調べる。

もし1人であれば、海の周期的な変化をよく観察しよう。魚はいつやって来るのか、鳥が水面に降りて来るのはいつなのかをチェックしておく。チャンスを逃さず、定期的に食料を確保するように努める。さらに、天気の変化を予測し天候の変化に備え、太陽蒸留器がきちんと作動しているかの確認などを常に行う。

救命いかだに乗り込んだら
- 沈没する船から救命いかだを切り離すため、もやい綱を切る。自分と索具類が絡まないように、ロープや救命いかだの側面から離れる。
- シーアンカーを海に投げ入れる。
- 天幕の開口部やそのほかの開いている所を閉め、天幕内の温度を保持する。
- 救命いかだの空気が漏れていないか、床へ海水が染み込んでいないか、太陽蒸留器の状態はどうかなど、定期的に点検をして救命いかだの状態維持に努める。

長期の航海に備えて
- すべての装備品にひもを取り付ける。ひもの付いていない装具は海中に落としやすい。
- 暖かくすること。帆や防水シート（タープ）を利用したり、開口部を閉じたりすることで、いくらか体を保護できる。
- 漂流開始後の24時間は何も食べず、最小限の水分だけを飲む。必要であれば食料を分配する。
- 日焼けをしないようにする。特に足の甲には気をつける。また、足元や水面からの照り返しによる紫外線に注意する。
- 夜間の冷え込みに備えて、重ね着をしておく。
- 救難信号が送れる道具などは、すぐに手に取って使える所に置いておく。

救命いかだは水面に浮かんでいるため、海流や風で簡単に転覆する。

陸地を探す

陸地が近いことを示す目印を、海または空の中に見つけることができる。

海の場合、陸地に近づくほど水深が浅くなり、水の色が徐々に明るくなるので、それを目印にする。または、陸地に近づくことで湾曲している波を探す。波は通常直線であるが、島に近づくと、島を中心としたV字型に変化し、島の風下側では、波が交差して荒波になる。

空の場合、独特な形をした雲、カモメやミズナギドリなどの鳥を目印にするとよい。それらの雲や鳥は、陸地から数十キロメートルの範囲にしか出現しないはずだ。一般的に、鳥の数が多ければ多いほど陸地が近い。注意しなければならないのは、鳥は日中狩りをするために海上を飛んでいるので、夕暮れになるまで陸地へ案内してくれないことだ。

波が浜辺に打ち寄せる音にも耳を澄まそう。音は、目で見える距離より遠くまで伝わることが多いので、海鳥が鳴く声にも耳を傾ける。霧やもやの立ち込める夜は特に、空気のにおいもかいでみる。マングローブの湿地や、木の燃えるにおいがするかもしれない。

雲の特徴をつかむ

- 澄んだ空に浮かぶ静止した積雲を探す。積雲は、陸地から立ち昇った空気が冷却されてできた可能性がある。
- ほかの雲が動いている中でひとつだけ止まっている雲があるとき、その雲は島の上空からわずかに風下にあると思われる。
- もこもこした雲を探す。そうした雲は島の上空にある。
- 雲は浅瀬や岩礁の上空にとどまることがある。
- 空が緑がかった色や青緑色になっている所を探す。環礁の影が空に映っている可能性がある。

潮流を利用する

たとえ救命ボートが、キールもなく水の上に浮かんでいるだけだとしても、救助の可能性を求めて移動するために、潮流を利用することができる。

1人用の救命ボートは、パドルでこげば前に進むが、生き残るためには体力を温存する必要がある。何かから離れるためや前進するため、かじを取る必要があるとき、または、波の合間を狙って陸地に接近する準備ができたときだけ、パドルでこぐようにしよう。また、パドルをかじのように使うこともできる。その場合は、誤って落とさないように、何かにしっかりと結び付けておく。

潮流に乗っているときは、シーアンカーを

下ろす。ただし、サンゴ礁を通っているときは、引っ掛かってしまうので下ろさないこと。向かい風のときでも、潮の流れが順調であれば、シーアンカーが潮流に乗り救命ボートを引っ張ってくれる。シーアンカーがないときは、バケツ、セーリングバッグ、レインコートなどで、何か抵抗になる代用品を作る。逆風のときは、シーアンカーの効果を最大限に引き出すため、ボートの天幕は外す。できるだけ高さを低くして、風の抵抗を少なくする。

絶え間なく向きを変える風で、帆はしばしば破損する。代用の帆が突風で壊れないように気をつけよう。

帆を利用する

　いかだにはキールがなく、帆を使うと風に向かって進むことができないため、陸地の近く以外では、帆走をしない。しかし、風から10度の範囲でタッキングすることは可能だろう。そこで、風をうまく利用するための帆を作る。防水シート（タープ）や大きな布、何でもつなぎ合わせる。アルミ製のオール2本をひもで結び付け、T字型のマストを作り、そこに布を掛ければ完成だ。

　いかだの底を傷つけないよう、マストの下には靴のかかとなどあて物をする。いかだに空気を足して目一杯膨らませ、オールをかじのように使う。帆の下端は、突風が吹いたときに裂けてしまわないよう、少し緩めに持つ。タッキングをするには練習が必要だ。風を横切ったり、風に向かっていったり、いろいろと角度やかじの位置を試してみよう。風に向かって真っすぐ前に進むには、ジグザグにタッキングを行う必要がある。

海鳥を追う

- グンカンドリは、海上で眠らない。通常、夕暮れ時には陸地の方へ飛んでいく。
- ミズナギドリは、夕暮れ時と夜明けに陸地の方へ飛んでいく。
- アジサシを1羽見つけたら、約65km以内に陸地がある。
- カモメが3羽以上いたら、約80km以内に陸地か沿岸に近い浅瀬がある。カモメが多ければ多いほど、陸地に近い可能性が高い。
- クロハサミアジサシの典型的な生息地は、陸地から約40km以内の場所にある。

向かい風を利用して方向を変えるタッキングの方法

- 風に向かってボートが斜めになるように、帆の角度を調節する。
- 必要に応じて少しずつ角度を調節する。
- 風に向かって進む方向を変える。
- グリップを緩め、ボートが向かい風を横切って反対側へ移動するのを待つ。新しいコースに合わせてグリップを変える。
- 上の4つのステップを繰り返す。

WATER
水

　海の真ん中に取り残されてしまった。拷問のようなその状況を想像してみよう。海は地球上で最も水が集まった場所であるにもかかわらず、その水は全く飲めない。海水を飲めば、一時的に気が落ち着くかもしれないが、のどの渇きがひどくなるだけだ。誘惑に負けてはいけない。

　救命いかだに乗り込んではじめの24時間は、備品の真水に手をつけてはいけない。まだ体内には水分が蓄えられており、この段階で飲んだ水のほとんどは、尿となって排出されてしまう。いよいよ2日目から、1日500mℓの水を飲み始める。海でのサバイバルの初期段階で水をあまり厳しく制限してしまうと、健康問題が起こる時期を早め、救助を待つ間の重要な作業を行う力を弱めることにつながるので気をつけよう。

　雨水や露、太陽蒸留器などを利用して、真水の蓄えを増やす。海水で衣服をぬらせば、肌を冷やし汗の量を減らせるだろう。1972年に太平洋上を漂流したロバートソン一家は、汚れた真水を滋養かん腸に使い、脱水症状を緩和したそうだ。また、水が少ししかない、もしくは全くない場合は、魚や鳥などのタンパク質を摂取してはならない。人間の体は、タンパク質を分解するために、多くの水を必要とするのだ。

海上での飲み水

　太陽蒸留器を装備していても、手持ちの容器はすべて洗い、雨水をためる道具として使う。朝は結露を見つけてなめるか布で拭き取り絞って飲む。

　漂流者スティーヴン・キャラハンは、魚の目や脊柱に含まれる水分をすすった。脊柱の髄液を取り出すには、頭を下にして魚を持ち、尾のすぐ上で背骨を切る。次に頭を上にして魚を斜めに持ち、水っぽい液体を何かにためるか、そのまますする。

　ドゥガル・ロバートソンは、カメの血を飲むことで、ガラパゴス諸島沖で船が沈没してからの38日間を生き延びた。カメの血の塩分濃度は、人間の血液とほぼ同じなのだ。「まずのどを切り開いた……そして、カップを傾け血を飲み干した。『こりゃあいい』と私は叫んだ。まるで不老長寿の薬を飲んだかのように感じた」と彼は書いている。

海水を飲む危険

海水には約3.5％の塩化ナトリウム（食卓塩と同じ成分）が溶け込んでいる。人間の組織液の塩分濃度は0.9％なので、約4倍の濃度である。海水を飲むと、体は排尿によって余計な塩分を排出しようとする。しかし、尿は最大で2％しか塩分を含まないため、塩分の多くは体内に残る。体はさらに尿を出して残りの塩分を排出しようとし、最終的には水分不足に陥ってしまうのだ。簡単にいうと、約1ℓの海水を飲むごとに、体内の水分を約750mℓ失うのである。

海水を飲むと、一瞬、のどの渇きが治まったかのように感じる。しかし、のどの渇きは、またすぐに一層ひどくなって襲ってくる。そして、さらに海水を飲み続けると、体液の塩分含有量が大幅に上がり、高ナトリウム血症といわれる状態に陥ってしまう。その症状は、無気力になる、精神が錯乱する、暴力的になる、という順番で進行していく。体の脱水が進むにつれて、唇や舌、口の状態が悪化するそのせいで吐く息がひどいにおいを発することもある。患者を押さえつけておかなければ、海に飛び込んでしまう可能性がある。押さえているうちに、徐々に意識を失うかもしれない。口から泡を吹き、顔色が変わるだろう。このように体液中の塩分比率が高まっていくと、最後には脱水症状が原因で死に至る。体細胞の周りの細胞液に含まれる塩分が多すぎると、細胞膜の中の水分が失われ、細胞膜の機能が損なわれることになるのだ。科学者は、海水を飲んで狂乱状態に陥るのは、脳細胞の中の水分が失われることが原因ではないかと推測している。

太陽蒸留器を利用する

- 蒸留器を膨らませて、海水で満たす。
- 風船部分の中につるしてある黒いウィック（親水性の布）の上に、海水が落ちる。
- 太陽蒸留器は温室と同じ原理で働く。中にこもった日の光が温度を上げ、液体が気体に変わる。
- 海水が蒸発することで、真水が風船の中で凝結し貯水槽にたまる。塩は蒸発しないためウィックの上に残る。

海水を飲むのはもってのほかだ。脱水症状とそれに伴う苦痛を促進するだけだ。

危険 HAZARDS

医学の世界では、新人にある格言を教え込む。「よくある病気は、よく起こるものだ」。似たような法則は、海上にもあてはまる。「海で多発する死因を探るには、溺死を調べろ」と。何しろ毎年約38万人が海や川など水中で溺死しているのだ。溺死の多くは、呼吸困難、冷たい水でショック症状が引き起こされるか、体温の急激な低下で立ち泳ぎする力が奪われることが原因である。古代ギリシャの歴史家ヘロドトスは、海戦後の二次的死因である溺死について記している。「泳げない者たちは溺れ死に、泳げる者たちも寒さが原因で死んでいった」と。

海上において太陽と風は、真水の欠乏とともに、脱水症状の危険性を高める要因となる。また、救難ボートが破損すれば、即座に死を招く。サメやクラゲなど、毒を持った海洋生物はたくさんいるのだ。さまざまな危険要素は果てしなく広い海の、厳しい環境の脅威を際立たせる。

肉体的なものだけではない。漂流者は精神的な問題にも直面する。スティーヴン・キャラハンもうそうだった。1821年に沈没したエセックス号の生存者のうち2人は、7.6mのボートで7242kmを漂流した。救助されたとき彼らは、喜びの表情も安堵の表情も見せず、死んだ仲間の骨を握ってかじり続けていたそうだ。

救命いかだの準備と修理

膨張式救命いかだの小さな穴を修理するのは簡単に思えるが、海上ではそれさえ難しい。自転車のタイヤに使うようなゴムチューブ用の補修キットは、乾いたところでしか使えない。その補修キットを使うしかない場合、いかだの空気を部分的に抜き、パッチを穴の大きさより2〜3cm大きく切り、パッチと修理箇所の表面に接着剤を塗る。少し乾かしたらもう一度塗り、べたべたしてきたところで2つを貼り合わせる。さらに24時間待ってから、いかだを完全に膨らませよう。

穴をふさぐには、ぬれたままでも使えるゴムボート用補修金具の方が扱いやすい。この補修具は、縁にゴムが付いた楕円形の金属盤が2枚1組になっている。下側の盤を穴にくぐらせて内側にあて、穴の外から布ともう1枚の円盤を押しあて、2枚で修理箇所を挟むようにボルトとナットで締めつける。

how to
転覆した救命いかだを元に戻す方法

1. ガスボンベがある方のへりに移動し、真ん中につかまる。
2. 風の方を向き、いかだを垂直に立てるよう底に付いているライティング・ロープ（いかだを元に戻すためのひも）を引っ張る。下部のへり近くに足を乗せてかがみ、体を水中から引っ張り上げるようにするとより力が入る。次にガスボンベの近くに足を置き、ライティング・ロープをさらに引っ張る。この要領で体を使い体重を後ろにかける。
3. ボートが自分の上に倒れてきたら、ロープを持ったまま泳いでボートの外に出る。
4. ボートの下で息を吸う必要があれば、底を持ちあげて空気ポケットを作る。

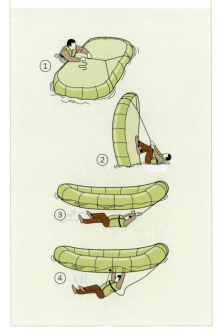

how to
離岸流から泳いで抜け出す

1. まず落ち着いて、流れに逆らわない。
2. 流れから抜け出すまで海岸と並行に泳ぎ、抜け出たら陸まで泳ぐ。
3. 自由に泳げなければ、流れから抜け出すまで立ち泳ぎをする。
4. それでも抜け出せなければ、海岸に向かって助けを求める合図をする。

刺す生物に近寄らない

- アカエイ：熱帯や温帯地域の浅瀬に生息している。足を動かして追い払うようにする。尾の近くにある毒トゲに刺されると、重傷もしくは致命傷を負う。
- オニダルマオコゼ：太平洋やインド洋の浅瀬に擬態して生息している。よく注意しないと、背びれにある毒トゲを踏んでしまう。
- そのほか、トゲのある魚：毒素を注入する精巧なとげがあるガマアンコウ、ミノカサゴなどに注意する。
- クラゲ：触手に刺されると痛みを感じる。
- サンゴ：接触すると切り傷を負う。そのとき毒が注入されることが多い。

サメを近づけない、または追い払う

　サメは、排せつ物や血などのにおい、水しぶきや叫び声などの音、反射などのまぶしい光に引き寄せられる。海鳥やイルカの群れが近くにいるときは、サメが近寄ってきていないか、特に注意が必要だ。それらは、サメと同じ餌に集まるだけでなく、大きなサメにとっての餌でもあるからだ。

　救命いかだの中から、常に注意してサメを見張る。近くにサメがいたら、排せつ物、嘔吐物、食べ残した物などは、なるべく離れた場所に投げ捨てる。どうしても我慢できない場合のみ放尿する。その際は、全員で一度に済ませるようにする。また、釣りをしていたら一時中断し、海の中で魚を洗ったり、取り除いた頭や内臓などを船外に捨てたりしない。

　海の中にいるときは、サメが近くにいたら必要以上に動かない。泳がなければならないときは、力強く大きく水をかく。不規則に手足をばたばたさせない。サメの補食生物である魚の群れからは離れる。

　攻撃的なサメには、救命いかだの中から反撃する。オールで鼻先やえらを突くか、ロケット式照明弾を点火しサメに向けて発射する。

達人の心得　グループで海に行く場合、それぞれがサバイバルに必要な知識を持っていることが望ましい。誰かが海に落ちたときの対処法、緊急用具や救命いかだが備えてある場所、救助信号の使い方、救命いかだを下ろす手順、航路と目的地を知っていなければならない。

---

how to
サメを撃退する

1. 無防備な状態で浮いているときに攻撃的なサメに出くわしたら、おわん型にした両手で水面をたたき大きな破裂音を出すか、水面下で叫ぶ。
2. サメの頭か鼻先を蹴る。
3. 何人か人がいる場合は、外側を向いて輪になり、ぴったりと体を寄せ合う。サメが来たら蹴るか硬い物でたたく。
4. サメがかみついてきたら、目やえらなど敏感な場所を殴る。

人が海に落ちた！

　人が海に落ちると、たちまち低体温症に侵されてしまう。転落者をすぐに救助し、ぬれた体を乾かして温めなければ、数分で体温が低下したり溺れたりして死亡することがある。そのため船の乗組員は、海難救助の技術にたけていなければならない。海へ頻繁に行く人、救命いかだに乗るかもしれない人も、救助の基本を身につけておくべきだ。

　人が船から海に落ちたら、直ちに船を止めて「人が海に落ちた！（Man overboard！）」と大声を上げ、乗組員に知らせる。時速18kmで航行している船なら、たった20秒でも転落者から100m離れてしまう。スピードが運命を左右するのだ。

　事故発生を知らされた後も転落者がすぐに見つからなければ、沿岸警備隊（海上保安庁）に通報する。そして、転落者が最後に目撃された場所を中心に、四角く区切った範囲を捜索しながら渦巻き状に広げていく方法を実行する。ほかの船舶に事故発生を知らせる緊急信号「パンパン」を送り、これから行う捜索パターンを知らせる。

もし海に落ちてしまったら

- 合図をして助けを求めよう。海中転落者が水温が低く荒れた海（最も海中転落が起こりやすい状況）にいると、体力を消耗し、低温ショックに陥る可能性がある。
- 体温の低下を最小限に食い止めるため、後頭部を海面から出しておく。
- 救命胴衣を着用しているなら、体温を失わないよう「HELPの姿勢」をとる。（270ページを参照）
- 救命胴衣を着用していなければ、伏し浮きをする。（259ページを参照）

救命胴衣を着けて泳ぐ

自分のサイズに合った救命胴衣を正しく着用すれば、命が助かる可能性が増す。

- 正しく着用できていれば、救命胴衣は遭難時の強い味方となってくれる。
- 水に入る前に救命胴衣が適度に膨らんでいて、体にフィットしているか確かめる。
- 泳ぐとき腕が自由に動くよう、救命胴衣の空気を少し抜くことも考慮に入れる。
- 遠泳するなら、救命胴衣の浮力を使って体力を消耗しない背泳ぎをする。
- ケガ人や意識のない人を引っ張って泳ぐ場合は、横泳ぎをする。
- 何人かで連なって泳ぐなら体力のある人が先頭になり、残りの人は1列になって後に続く。
- 海上のボートや人に近づくときは、顔を上げて平泳ぎをする。

海中転落者を救助する

もし人が海に落ちてしまったら、迅速な行動が必要となる。船上では、乗組員に事故発生を伝え、船を止めてもらう。「人が海に落ちた！」と大声で叫び、転落者の位置を教える。日中なら転落位置を特定するため、発煙浮信号と浮輪を落とす。夜間はライト付きの救命胴衣を落とし、要救助者にスポットライトを当てる。救助活動中は要救助者から目を離さないこと。救助船は風上から、スクリューを要救助者の方に向けないようにして救助活動を行い、要救助者は風下側にいてもらう。船が要救助者のそばにいる場合は、スクリューを止める。要救助者に救助ロープを投げて、デッキに引き上げる。どうしても必要なとき以外は、救助員を水に入れてはならない。

救命いかだで救助する場合は、海に浮具（救命胴衣が当然の選択だが、非常時には空のポリタンクなど浮く物）を投げ、ロープや棒を要救助者の方へ伸ばす。特に水温が低いときは、水に入っての救助活動は避ける。それ以外に方法がないなら、2人がつかまっても沈まない浮具を用意すること。

熱放出低減姿勢（HELPの姿勢）

- 水中での体温低下を防ぐために、救命胴衣を着た状態で行う。
- 二の腕を脇に押しつける。
- 両手を胸の前で交差させ、足首も交差させる。
- ひざを胸の方に引き寄せる。
- ほかにも要救助者がいれば、お互い体を寄せ合い、接触する部分をできるだけ増やす。

how to

立ち泳ぎをしながらズボンの浮具を作る

1. 息を止めてズボンを片足ずつ脱ぐ。立ち泳ぎをしながら、すそをそれぞれ結ぶ。
2. ウエスト部分を広げて持ち、頭の後ろから顔の前の海面にむかって、ウエスト部分をたたきつける。そうすることでズボンの足部に空気が入る。
3. ウエスト部分を手で押さえて閉じる。
4. ズボンの足部を脇の下に挟んで、腕を置けるようにすそ部分を後ろに流す。空気が抜けたら、❷〜❹のステップを繰り返す。

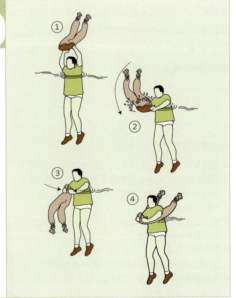

応急処置

切り傷、日焼け、塩分によるかぶれ、低体温症、そして刺し傷。これらは最も海でこうむりやすい健康被害である。切り傷は抗生物質で治療するが、サメを引き寄せないために救命いかだ近くの海に、決して血液を落とさないようにする。皮膚に刺さって抜けなくなった釣り針を抜くには、まず返しが皮膚を貫通して出てくるまで押し込む。そして、返しをペンチなどで切断し、入った側に戻して引き抜く。やけどの処置は冷湿布をして冷やす。さらに、患部を覆って保護しておく。

海水による皮膚のかぶれは、ふやけた肌が塩にさらされることで起こる。処置方法は肌を乾燥させて、こびりついた塩の結晶を払い落とし、真水で洗い流す。塩分が含まれていなければ、飲料用の水以外でもよい。

低体温症の応急処置は、これまでと同じ要領で対処する（224ページを参照）。

クラゲなどに刺されないよう、手足を水中に入れないようにする。刺された場合は、やけどしない程度のお湯に患部を30分浸す。この方法は、注入された毒を分解すると考えられている。患部を消毒し、どんなに小さいトゲでも全部抜くこと。必要ならアナフィラキシーショックの処置もする。

ビタミンやタンパク質の欠乏を防ぐ

海でかかる病気は食事に関係があると、船の乗組員たちは古くから認識していた。「ライミー（英国船員）」の語源は、壊血病（ビタミンCの欠乏が原因で起こる病気）予防のため、英国海軍が「ライムジュース」を飲んでいたことに由来する。壊血病の症状は、歯肉から出血する、歯が抜け落ちる、関節が膨れる、切り傷やかぶれの治りが遅いなどである。

ビタミン欠乏によるほかの病気として脚気がある。脚気の原因はビタミンBの不足。その症状は、食欲減退、麻痺、筋肉けいれんや引きつりなどである。

栄養補助としてビタミンカプセルを飲むと、これらの病気を防ぐことができる。ビタミンが豊富に含まれる海藻を食べてもよい。

ビタミンとは無関係に、タンパク質が欠乏すると食欲減退、吐き気、イライラ、筋肉量の低下などを引き起こす。治療に使えるものは、船の周りにたくさんある。魚をつかまえて食べ、動物性タンパク質を摂取しよう。

救難信号

救難信号を送ることで、救助される確率は格段に上がる。まず間違いなく、救命ボートには救難信号の発信装置が積まれている。各国沿岸警備の規定において、海上や沿岸、五大湖、それに連結する主な水路を航行する船は、視覚による救難信号機器の搭載が義務づけられている。しかし、それらは最低限のものである。規定より多めに積んでおくことが賢明だ。

まず、救難信号を使って、事故発生と正確な位置を救助隊に知らせる。VHF（超短波）携帯無線機やEPIRB（イーパブ：非常用位置指示無線標識）などの電子機器は、電波が強く飛び、なおかつ傍受している人がいれば、有効な手段となる。VHF携帯無線機から発信される救難信号（緊急通信用は国際VHF16チャンネル）は30〜100kmの範囲で届く。EPIRBなら300〜500kmの範囲で、沿岸警備隊や民間航空機などがモニターしている、2つの周波数帯に信号を送ることができる。1〜2時間発信したら電源を切り、しばらくしてから再発信してバッテリーの寿命を延ばそう。明るく発光する発火信号は、夜間では非常に有効な救難信号となる。

救助隊が近くにいれば、鏡で光を反射させる、煙を出す、布などで作った吹流しを掲げる、たこを揚げる、海水に染料を流すなど、目に留まりやすいものを利用して発見してもらう。

発火信号を使う

信号紅炎や発煙筒は一度しか使えないため、航空機や船舶が近づいてから発火させる。信号紅炎は服や道具に火の粉がかからないように持つ。発火させるには安全キャップを取り、キャップのざらついた面に点火管をこすりつける。赤い炎が2分間燃え、8km先からでも確認できる。照明弾の射程距離は直上150mである。発射させるには、火管を救命いかだの外で真っすぐに持ち、照明弾に付いている鎖を引っ張る。パラシュートが付いたタイプは燃焼しているときにちょうど頭上に来るように、少し風上に向けて打ち上げる。発煙筒は信号紅炎と同じように点火する。風や雨、寒さによっては、高く明るい煙の柱ができないことがある。天候条件がいいと、日中8km以上離れた所からも確認できる。

砂浜から救難信号を送る

その浜辺が安全かつ安心ならば、動かずじっとして救助を待つ方がよい。救助がすぐに来る見込みがない、その場所ではサバイバルができない、目的地までの行き方が分かる、という場合にのみ移動する。救命ボートで浜辺に流れ着いた場合も、その場にいるのが賢明だ。浜辺は海や空からよく見えて発見されやすい。移動せざるを得ないときは、行き先を示す対空信号を地面の上に作っておこう。

救命ボートはたくさんの信号装置を積んでいる。EPIRB、シグナルミラーからVHF携帯無線機、照明弾に至るまでさまざまだ。これらの装置を使って信号を発信する場合は、シェルターの近くで360度見渡せる広い場所から行うのがよい。レスキュー隊の船舶や航空機のエンジン音が聞こえたら、すぐに照明弾を上げたり、流木でたき火をすれば、注意を引くことができる。サバイバル・キットの中に、夜間使えるケミカルライト2本とストロボライトを入れておこう。ケミカルライトは黄色い蛍光色で、約8時間発光が可能だ。強力な赤い光を約30分間発するライトもある。ストロボライトは、短時間だけ使用してスイッチを切るようにすれば、1分間に数十回の点滅を数時間は続けられる。救難信号の発信装置は、汚れ、水、風、そして、海岸の砂にさらさないように保管しておくこと。

シーマーカー（海面染色剤）を使う

- 救命ボートの周りの海面に色をつけることで、海水の色と対照をなし注意を引くことができる。
- 黄緑色の蛍光染料は、波がなければ20〜30分は消えない。しかし、波があるとそれほどは持たない。
- 日中、航空機や船舶が近づいたときにシーマーカーを海水面に振りまく。染料は一度しか使えないので、振りまくタイミングを見極める。
- シーマーカーは16km先からでも見える。
- 肌が染料に触れるとやけどをする危険があるので、触れないこと。
- シーマーカーは雪の降った地面でも使える。

発煙筒を使うときは、火の粉がボートに落ちないように海面の上に手を伸ばして持つ。

HOW I SURVIVED:
海底洞窟からの生還 ── ケネス・ブロード

　洞窟ダイビングに冒険は禁物だ。冒険をすると、アドレナリンが分泌され、心臓の鼓動は速まり、呼吸は乱れて酸素消費量が上がる。酸素量が限られている水中では、ゆっくり落ち着いて呼吸し、慌てずに行動しなければならない。なにしろ、のみ込まれてしまうような渦巻く海流や全く視界の利かないにごり水など、「立ち入り制限区域」と呼ばれる危険な場所や急流を通り抜けるには、多くの時間を必要とするのだ。

　忘れたくても忘れられない、まるで悪夢のようなダイビングを私は経験した。それは、技術と心身の能力が試されたダイビングで、まさに命懸けだった。バハマの地元では「沸騰する洞窟」として知られる、沖の海底にある洞窟のひとつに、私は単独で潜ったのだ。

　名前の由来は、海底の洞窟から強い圧力によって海水が噴き出し、20m直上の海面をぶくぶく鳴らすところからきている。さらに、ここは潮の流れが逆になると洞窟に海水が流れ込み、海面に渦巻きができるのだ。このような石灰岩の迷路に入るタイミングを計る際に観察しなければならないのは、潮の満ち引きや雨、風、そのほか水力学に影響を与え、6時間のサイクルで洞窟の状況を変えるさまざまな要因だ。

　私は、3本のタンクを両脇に装着した状態で、引き潮が終わったころに洞窟に入った。流れは穏やかで、視界も良好。誘導綱（道案内のロープ）に沿って、ゆっくりフィンを動かしながら、硬い表面の狭い入り口を通り奥へと進んで行った。石灰岩の地層面は高さ約60cm、幅15mほど。内部の岩壁には、色とりどりの海綿やぜん虫、この世のものとは思えないような生き物が、幻想的な3D映像のように広がっていた。さらに奥へ進むと光が乏しくなり、ついには真っ暗になった。そこは、世にも奇妙な生き物だけがすむ世界だ。

　洞窟ダイビングにはいくつかの鉄則がある。海面に戻るまで常に誘導綱を伝って移動すること。そして、少なくとも独立型の水中ライト3本と独立型の空気タンク2本を携帯することだ。空気タンクの3分の1は潜降するとき、3分の1は浮上するときに使い、残り3分の1は緊急時のためにとっておく。もちろん、気持ちと呼吸を落ち着かせることが前提だ。

ナショナル ジオグラフィックの新進気鋭の探検家ケネス・ブロード。自然資源管理問題を調査する環境人類学者であり、海底洞窟探検家でもある。

このときも、穴道を300mほど進むまでは順調だった。ところが、間違った道へ誘い込まれ、狭い区域に迷い込んでしまったのだ。すでに3本のタンクのうち1本は途中で落としてきたので、背負っていた2本目を外し、タンクを前へ押し出すように持ち、危険な穴道を6mほど進んだ。その道は岩壁の先にある紺ぺきの洞窟へと続いているはずだ。焦る気持ちを抑え、呼吸を整えながら、暗闇へとゆっくり進んでいった。片手でタンクを前方に持ち、もう片方の手にはロープが繰り出されたリールを持っていた。流れは気にならないほど穏やかだった。外海から洞窟に潮が流れ込むまでに、まだ1時間はあると考えていた。ところが、半分ほど来た所で予想外のことが起こった。私は岩壁の隙間へと押しつけられ、あっという間に洞窟に入るときに舞い上げた泥や砂、有機物に囲まれてしまった。予測よりも早く潮が変化し、急に力が加わったのだ。

洞窟の狭い場所に押し流されたのだと分かった途端、電気ショックを受けたように衝撃が体を駆け巡った。まるで、目の前でストロボが突然発光したようだった。それをきっかけに、体がいうことを利かなくなり、全身で激しく呼吸を始め、広い方へ進もうとしても動けなくなってしまった。パニックの初期症状を過ぎると、ある程度落ち着きを取り戻し、古代地層の割れ目という棺の中に、自分が押し込まれているのが分かった。さらに悪いことには、前に押し出していたはずのタンクが、潮の流れに押し戻され、出口をふさいでいたのだ。引き返すには奥まで進み過ぎており、前進するにもタンクが行く手をふさいでいた。

この時私は、自分が舞い上げた真っ黒な泥に包み込まれ、岩の壁にがっちり捕らわれて、完全に緊張してしまっていた。そこで目を閉じて、永遠とも思える長い時間（実際は3分ほどだったろう）、呼吸を整えて目の前で起きていることと、精神を切り離すことに集中した。いったん落ち着きを取り戻すと、ここから脱出できると信じて自分に言い聞かせた。

「手とフィンを使って、体の向きを変えられるように、割れ目のどんな小さい隙間でもよいから探すのだ。そして、この窮屈な場所から抜け出そう。ロープがリールからほどけて絡まないように、誘導綱のロープの端の結び目を手探りで見つけよう。できるだけ体を小さく細くして、体の向きを変えるのだ。その後レギュレーターを切り替えて、背中にあるタンクを外そう。すでに酸素は残りわずかだが、洞窟に餞別(せんべつ)として置いていこう」と。

制限区域から海上まで戻るのに、タンクは1本しか残っていない。流れに逆らって、落としてきたタンクの所まで戻ろう。逆流がますます強まるだろうが、何としてでも浮上するのだ。もし何かトラブルがあっても、酸素は余分にはないのだから。そして、減圧停止のための休憩中、夢にまで見た幸せな光景が、熱帯の太陽から降り注ぐ温かい日光とともに訪れた。あの感覚は今でも鮮明に覚えている。洞窟の潮流が一瞬にして姿を変えたように、日常でなにか驚くべきことが忍び寄るたびに、私はあの感覚を思い出すのだ。

想定外の出来事は日常にも潜んでいる。 たとえば、車を修理に出していたり、急に寝込んで外出できなかった経験はないだろうか？ 子供が懐中電灯を持ち出して遊んでいるのを見たり、台風や落雷で電気が一瞬点滅したとき、電池の残量が心配になった経験は？ 地震の揺れを感じた後、防災セットがどこにあるか、すぐに思い出すことはできるだろうか？

このような日常のささいな出来事でさえ、少しの間でも明かり、電力、熱源、電話、快適な生活、そして、外界とのアクセスを奪うことがある。大きな災害が発生した場合は数日、または数週間、今まで当たり前だと考えていた、便利で快適な生活が送れなくなると覚悟しておこう。

車の故障は予定されて起こるわけではなく、停電に事前の通知はない。同じく天災や人災も、突然襲いかかってくるのだ。そこで、いつ災害や緊急事態が発生しても対処できるように、自宅を安全な避難場所にしておこう。大金をかけることや必要以上に恐れることは不要だ。少しの準備と考察、簡単な方法で、孤立した自宅を普段に近い生活ができる避難所兼、病院に導くことができる。そして、大切なのは自宅を取り巻く環境で「何が起きる可能性があるか、それが起きたときは何をすべきか」を、予測しておくことだ。その心構えと日ごろからの備えが、「大惨事」を「不便な状況」へと押しとどめることにつながる。

IN THE HOME
自宅

278

282

285

290

293

295

298

PREPARATION
準備

　16世紀に活躍したスペインの小説家、『ドン・キホーテ』の作者であるミゲル・デ・セルバンテスは、「前もって用心し、困難に備えれば半分は勝ったも同然だ」といっている。どこにいても襲ってくる災害に対して、これは教訓になる。実際、洪水は米国で頻繁に起きているし、地震も5つの州以外が経験し、世界的にも大地震が頻発している。通常、米国中西部で多く発生している竜巻が、南部の都市、アトランタを襲ったこともある。何が起こるかをすべて予想して準備するのは不可能だが、どのような危険が起こりえるかを事前に見極めることができれば、自分と家族を守ることはできる。

　竜巻であれば、数時間地下室に避難することで、直接の脅威から逃れることはできるが、竜巻が去った後の数日間は不便な状態が続く。地震の場合も被害が大きければ数週間、街は機能不全に陥る可能性がある。自然災害に備えるのであれば、最低でも家族が3日間を過ごせる防災セットを用意しておこう。2週間程度を過ごせる装備を用意しておけば、より安心できる。外出先での被災に備えて、家族との連絡方法も決めておこう。そして何より、必要なものはすべて使用できるようにしておくことが肝心だ。

　この章にあるアドバイスやヒントは、米国国土安全保障省、米国連邦緊急事態管理庁（FEMA）、そのほか消防署や緊急事態、食品衛生を扱う諸機関の報告を参考にしている。

災害の種類

　災害には天災と人災がある。洪水や竜巻、豪雨などは人間を長く悩ませてきた。また、新しい化学物質やテクノロジーが開発されるにつれ、人災も頻発するようになった。化学物質の漏れ、放射線が空気中に放出される事故などだ。そして、近年になって脅威になりつつあるテロによる攻撃も、突然起こる。

サバイバルの技術が要求される災害
- 天災：自然がもたらすもの。天候に関係するものが多い。
- 化学物質による災害：事故やテロ行為から発生する。
- 病原菌や細菌など生物学的な災害：自然界で発生する場合とテロ行為がもたらす場合がある。
- 原子力、核関連の災害：施設の事故やテロ行為がもたらす。

essentials

あなたの家を脅かす災害の数々

避難指示が出たら速やかに従う。指示が出ていない場合、動きがとれない場合は、以下に従って行動する。

- **洪水**：屋根裏や上階に逃げる。時間があれば貴重品を上階に移動させ、バスタブとシンクに水をためておく。土のうを積んで、家の中に水が入るのを防ぐ。

- **ハリケーン（台風）**：雨戸を閉めて釘を打ちつけるか、厚さ1cm以上のベニヤ板で窓を覆う（板をテープで固定するだけでは不十分）。家の中央にある、窓が少ないか全くない部屋に移動する。

- **竜巻**：地下室に逃げる。ない場合は階下にあるクローゼットの中や浴室、家屋中央の廊下などで身をかがめる。高層の建物では、建物中央の廊下を避難場所に選ぶ。

- **雷**：割れた窓ガラスが飛び散るのを防ぐため、ブラインドやカーテンを閉めて、電化製品のプラグをコンセントから抜いておく。電気を伝えるので電話は使用しない。同じ理由から、風呂に入ったり水を流したりするのも厳禁。

- **吹雪**：暖房器具の近くで過ごす。暖房器具がなければ気密性の一番高い部屋に移動し、ドアや窓をすべて閉めて暖気を逃がさないようにする。

- **地震**：家の中で安全な場所はない。丈夫な家具の下に身をかがめるか、窓や本棚、背の高い家具から離れた壁に体を寄せる。

- **火山の噴火**：火山活動が活発な間は、家の中で安全な場所はない。ドアや窓、換気口などをしっかりと閉め、細かい火山灰が屋内に入るのを防ぐ。

避難場所の選択

屋外がいつも安全とは限らない。大雨で川があふれて堤防が決壊すると、避難する時間的な余裕はない。また、化学施設で事故が起これば、外気に刺激物が含まれている可能性がある。切れた電線や凍結などで道路が不通となる場合もあるだろう。このように、危険が迫っていると分かっていても、家から出るのがどうしても不可能な場合がある。

避難指示が出たら、1分たりとも無駄にしないで素早く動かなければならない。しかし、指示が出ていない場合、屋外に避難するか家にとどまるかの重要な選択をするのは、あなた自身だ。

とどまるべきか外に避難するべきかを決める

- まず情報を収集する。テレビやラジオ、またはインターネットで最新の情報をチェックする。
- 常識や洞察力を駆使する。たとえば、がれきが宙を舞っている場合、竜巻を目で確認できる場合などは、家にとどまる方がよい。
- 情報をもとに判断する。警報の種類や天候によっては、家の中にいた方が安全な場合もある。

自宅に防災セットを備える

緊急時に唯一の命綱となる防災セットを用意しておく。懐中電灯やラジオ、十分な食料、水、救急キット、そのほか必要なアイテムを一緒に保管し、ガス、電気、水道、電話回線などのライフラインが止まっても、最低3日間は生活できるように備える。

防災セットはふた付きの収納コンテナやキャンプ用のリュックサック、クーラーボックスなど、持ち運びができる入れ物にまとめる。それをいつでも持ち出せるようにしておき、家族全員に置き場所が分かるようにしておく。そして、1年に一度は中身を点検し、使用期限のあるものは交換するなど、いつでも使える状態に保っておこう。その際、家族のニーズや好みを確認して、変わった場合はアイテムを入れ替えるようにする。

防災セットをそろえるためのヒント

- ろうそくは火事を起こす危険があるので、できる限り避ける。照明や暖をとるためには使わない。
- 防災セットの中に自分の携帯電話を入れてはいけない。携帯電話は常に手元に置いておき、防災セットには充電済みのバッテリーだけを入れる。
- 携帯電話がつながらないときのため、家に固定電話を1台は設置する。その際、電話機は外部電源がなくても動くタイプにするとよい。
- 収納コンテナやキャンプ用のリュックサック、クーラーボックスなど、持ち運びしやすい容器を1〜2個用意し、防災セットはその中に入れておく。
- 料理をしたければ、キャンプ用コンロか卓上コンロを用意し、防災セットと燃料とともに保管しておく。炭やガスボンベなどの燃料は余裕を持って用意する。
- フォンデュセットなど固形燃料やオイル燃料を使う調理器具があれば、食べ物を温めることができる。

essentials

防災セットの中身

市販の防災セットを買うか独自にそろえる。基本的に必要なものは以下を参照。

- 3日分の水（1人1日当たりの使用量は約4ℓ）。
- 保存がきく食品3日分、缶切り、台所用品。
- ビタミンなどのサプリメント。
- 手回し充電式、もしくは電池式のラジオと懐中電灯。予備の乾電池。
- 救急キットと応急処置の説明書。
- 助けを呼ぶためのホイッスル。
- 衛生用品。
- マッチとメタルマッチ（どちらか一方でも可）。
- 未開封の浄水用塩素剤（緊急時に飲み水を作るために使用。酸素系漂白剤や洗剤では代用できない）。
- 水道やガスの元栓を閉めるためのレンチやペンチ。
- 処方せんが必要な医薬品やメガネなど、各自が特別に必要なアイテム。
- 携帯電話充電器（電池式）、携帯電話の予備電池と取扱説明書。
- 幼児やペットのためのアイテム。
- 家族全員分の身分証明書や服用薬のリストコピー。
- 現金。

嵐の予報が出てから必需品を購入するのでは遅い。常にストックを蓄えておく。

独自の防災セットを作る

　ホームセンターや薬局、スーパーマーケットで品物を買い集めて、より家族のニーズに沿った防災セットを作る。市販の防災セットを用意する場合は、購入前に中身を確認し、それぞれの家のニーズに合わせてアレンジしよう。

　市販のセットは、インターネットやホームセンター、キャンプ用品店で扱っている。しかし、値がはるものが多いので、購入前にセット内容をしっかりチェックする。

市販の防災セットをチェックする
- 容器のプラスチック素材は4mm以上の厚さか？
- セット内の品物は丈夫か？
- 付属の防災計画は、自分の家族に役立つか？
- 携帯用の食料はおいしいか？

達人の心得　ラジオや懐中電灯、コンロなどの器具類は保管する前に一度使用し、機能や操作方法を確かめておく。乾電池の数は足りているか、ライターを忘れていないかなどの確認にもなる。食料もできれば一度食べてみて、内容量や味を確かめてから決めるとよい。

職場と車に置いておく特別なアイテム

　職場では前述のリストから可能な限りの物を準備したセットを作り、いつでも持ち運べるようにしておく。長距離を歩く場合に備え、歩きやすい靴を一緒に置いておく。

　車には前述のリストから可能な限りの物を準備し、加えて発炎筒やブースターケーブルなどの緊急時用装備、帽子や手袋などの防寒具も備えておく。

水 WATER

人間の体は50％以上が水分で構成されていて、休んでいる間も毎日大量の水分を排出している。非常事態では水分補給用に安全な水をあらかじめ確保しておく、あるいは見つけることが必要だ。1人当たり1日に少なくとも4ℓ（飲料水と衛生用水の合計）を消費するものとして、子どもや授乳中の母親、高齢者はさらなる量が必要であることを考慮しよう。

保管用には、製造業者により浄化されていて、高い安全性が保証されているペットボトル入りの飲料水がお薦めだ。こうした水を少なくとも3日分、涼しく暗い場所に保管しておく。カレンダーに消費期限や賞味期限を書き込んでおき、随時新しいものに取り替えて、常に安全な水を飲めるようにしておこう。

自分で水を詰める場合は、容器に有害な物質を使っていない飲料水用タンクを、ホームセンターやキャンプ用品店で購入する。手持ちの容器を使う場合は、2ℓの飲料水用ペットボトルを、無香料の食洗用塩素系漂白剤と水を混ぜたもので消毒する。牛乳やフルーツジュースが入っていた容器は、タンパク質や糖分がかなり付着しており、細菌が繁殖する恐れがあるので避ける。ガラス容器も割れることがあるので避けよう。また、ガソリンや塗料用シンナー、そのほかの有害物質が入っていた容器は、絶対に使用しないこと。

ボトルには塩素消毒された水道水を満たす。もし水が消毒されていない場合は、4ℓ当たり無香料の塩素系漂白剤2滴（ティースプーン8分の1）を加えてからボトルに入れる。ボトルをキャップで閉める際、指が内側に触れて雑菌が入らないように注意しよう。最後に、水を入れた日付を油性マジックで記しておく。水は冷暗所に保管し、6か月ごとに交換する。

達人の心得　残っている水でも、暖房ラジエーターやウォーターベッド、プール、屋外のバスタブの水、トイレに使われている水は、どれも絶対に飲まないこと。プールなど屋外にある水は、洗濯やトイレの流し水には使えるが、化学物質を含んでいる可能性がある。

essentials

水の必要量を判断する

のどが渇くと不快になり、そのまま放っておくと健康状態を損なうかもしれない。あなたの家庭のサバイバルプランに、ここに書いたような水の基礎知識も加えておこう。

- 1人当たり1日少なくとも、4ℓの水を蓄えておく。人間は平均的に1日約2ℓの水を飲むとされている。

- 子どもや授乳中の母親、高齢者や病人には、それ以上の量が必要な場合もある。

- 極端に高温の場所では、必要な水分量は平常時の2倍になる可能性がある。

- 医療緊急時には、さらなる水が必要になることがある。

- 2週間をしのぐのに十分な水を保存しておきたいところだが、最低でも3日分の水を備えておこう。

- 保管スペースがない場合でも、できる限りの量を備えておく。

- 蓄えが少なくなっても、水分補給を我慢してはいけない。必要な分を必要なときに飲むようにし、足りない分は新たに探す。動かずに涼しくしていれば、体が必要とする水分量を抑えることができる。

室内や屋外で水を発見する

蓄えておいた水が減ってきたら、それに代わる飲用水を見つける必要がある。

まずは、冷凍庫に氷がないか探そう。ほかには、フルーツの缶詰に入ったシロップ、野菜や食品の缶詰に入った液体からも水分を補給できる。

その次に、水道管に残っている水を利用する。まず、外部から汚染された水が流入することを防ぐため、元栓を閉める。家の中で最も高い場所にある蛇口を開け、最も低い場所にある洗面台に栓をして準備をする。そして、低い場所のほうの蛇口を開ければ、空気の圧力で出た水をためることができる。

給湯器とお湯の配管にも水は残っている。はじめに電源を切るかガスの栓を閉め、給湯器の給水バルブを閉じる。そして、水抜き栓を開けたら、水をためる準備をしてお湯側の蛇口を開ける。

嵐が近づいている場合は、バスタブやシンクにできるだけ多く水を張っておこう。そうすればトイレを流す水や洗濯用の水を蓄えることができ、必要であればそれを飲み水にも利用できる。水を張った後は、汚染されているかもしれない水が入り込まないように注意しよう。

家の周辺の水を調べる

室内の水を使い切ったら、屋外に目を向けよう。バケツに雨水をため、小川や川、そのほか流れのある水場の水をボトルに詰める。また、池や湖、天然の泉がないか探してみよう。においがある水、汚い水、浮遊物がある水は避ける。屋外の最も澄んだ水源であっても、微生物やバクテリア、ウイルスがいる可能性があるため、食器の洗浄用だとしても使う前には必ず浄化する。浄化できない場合、できる限り飲用は避けたいが、脱水症状に陥るまで我慢してはいけない。また、洪水の水は絶対に飲まないようにする。

飲料水の備蓄を管理する

　水を管理することは大変だ。全員が我慢せず、毎日少なくとも約1ℓの水を飲んでいるか確認し、全員に必要な量を摂取させる。水がなくなった場合、新たに探す心構えが必要だ。その一方で、活動量を減らし涼しく過ごすことで、必要となる水分量を抑える工夫をする。

　また、消化に水分を必要とする脂肪分、タンパク質、塩分の多い食料の摂取は避ける。炭酸飲料は水分補給にはならず、アルコールやカフェインは脱水症状を促進させるので、摂取しないように注意しよう。

水を飲用に浄化する

　まずは、清潔で安全なボトルの水を飲むようにする。それがなくなったら、安全か疑わしい水、屋外で手に入れた水を摂取するが、できる限り浄化してから飲む。まず、水中に浮遊している砂などを沈めるか、重ねたペーパータオルやきれいな布、コーヒーフィルターを使って水をこす。次に、以下に書いた煮沸か蒸留の手順に従って浄化しよう。

飲用に水を煮沸消毒、あるいは塩素消毒する

- 煮沸すると、ほとんどの病原菌を死滅させることができる。
- 水が沸騰してから、きっちり1分間は煮立てる。
- 水を加熱することができない場合は、塩素（無香料の塩素系漂白剤）を加える。これで病原菌を死滅させることができ、味とにおいに違和感があるが、安全に飲むことができる。
- 塩素系漂白剤に少なくとも5.25〜6％の次亜塩素酸ナトリウムが含まれていることを確認する（水を浄化する市販のタブレットを購入する場合も同様）。
- 水4ℓにつきティースプーン8分の1の漂白剤を加え、混ぜてから30分置いておく。
- もし水から漂白剤のにおいがしない場合は、新たにティースプーン8分の1を加え15分間置く。
- それでも漂白剤のにおいがしなければ、その水は捨てて別の水を探す。

飲用に水を蒸留する

- 凝縮した蒸気を集める蒸留は、さらに多くの病原菌を死滅させるだけでなく、重金属や塩分、化学物質を取り除くことができる。
- 熱で溶けないカップを鍋のふたのつまみに取り付けて、そのまま逆さまにしてふたをし、鍋の水を約20分沸騰させ、ふたに付いた水蒸気を集める。
- 海水を使う場合は、上記の蒸留が唯一の方法。

FOOD
食料

　避難中の食事といってすぐに想像するのは、クラッカーをつまんでいる姿だろう。しかし、それは大きな間違いだ。本当に必要なのはクラッカーではなく、食欲を満たすと同時にしっかりと栄養が取れてのどが渇かない、十分に考えられた食料だ。長期間保存ができ、カロリーや炭水化物が豊富で栄養価の高い食料を用意しよう。2週間分の蓄えを確保しておくとよいが、少なくとも3日分は必要だ。

　非常食と水のセットも、インターネットや一部のキャンプ用品店で数多く販売されている。こうしたほとんどのセットには、1日に必要な栄養分を摂取できる携帯用の食料が含まれている。これらは軽くて保管しやすく、なかには5年ほど保存できるものもある。こうしたセットは職場や車の中、防災セットに入れておくには最適だ。また、自宅の予備食として置いておくのもよいだろう。

　さらに、栄養面だけでなく、おいしくて慣れ親しんだ食料を備えておけば、より元気が湧いてくるというものだ。保存食を手作りすれば、間違いなく家族が好む食料を確保できる。しかし、自家製の保存食は保存期間が比較的短く、汚染の可能性があるという欠点がある。市販の物と比べて傷みやすく、ボツリヌス菌中毒など食物由来の病気にかかりやすいのだ。そこで、家族の好みでそろえるならば、水を必要とせず、調理や冷蔵も不要なスープ、豆、フルーツ、野菜、ツナなど市販の缶詰を備えよう。これらの多くは液体につかっており、この液は水と同様に飲むことができる。

　食料は塩分が少ないものを選び、消化のために、さらに水が必要な脂肪分やタンパク質を多く含むものは避ける。そして、無塩のクラッカーや全粒シリアルなどの乾物と缶詰を、バランスよく摂取できるようにしておく。乳幼児や高齢者など、特別な食料が必要な家族がいる場合、調合乳（粉ミルクは水が必要なため避ける）やスープ、フルーツジュースといった消化しやすいものを用意しよう。そしてなにより、手動の缶切りを入れ忘れないように注意する。

必要な栄養について理解する

バランスよく非常食を備蓄すると、家族が必要な栄養を確保しながら精神面の欲求も満たすことができる。

女性が1日に必要なカロリーは2000kcal、男性は2400kcal、子どもは1000～1800kcalだ。脂肪分から摂取するカロリーは、1日の全カロリーの3分の1にとどめる。また、1日に約5カップ（1カップ200cc）分の果物と野菜を食べるようにする。エネルギー源となる炭水化物は、果物、クラッカー、シリアルなどで摂取できる。きちんと栄養を取ることはストレス解消につながるため、ビタミン剤も非常食に入れておくとよい。

最低でも1日に一度は、バランスのよい食事をするよう心掛けよう。そうすることで、緊急時に備えて体力をつけておくことができる。食料が減ってきたら、食生活ではなく行動を変える。健康な人は通常の半分のカロリーを摂取していれば、長期間生き延びることができるし、全く物を食べなくても、何日も生きることが可能だ。ただし、子どもと妊婦は毎日、バランスのよい食事を取るように配慮する。

避けるべき食品

- 塩分の多い食品、脂肪分やタンパク質を多く含む食品。消化するのに水分を取りたくなるため。
- フリーズドライ食品や市販の乾燥食品。小さくて軽いが、食べる前に調理にたくさんの水を必要とするため。
- ガラスの瓶に入った食品。重くて割れる可能性があるため。また、保存方法を間違えると、不透明な容器に入った食品に比べて傷むのが速い。
- 乾燥めんや米。水を使って調理するのが困難なため。

essentials

備蓄食料

魚、肉、スープの缶詰や真空パック入りの製品。果物、野菜、豆類の缶詰、特に水や果汁が入ったもの。プルトップ式の缶詰で、おやつサイズまたは1人分の小分けになっていると、残ったものを冷蔵する必要がなく便利だ。

- **ジュース**：箱やパックの内側がアルミ加工されているもの。
- **牛乳**：パック入りで常温保存が可能な殺菌されたもの。あるいは缶入りの濃縮乳。
- **携帯食品**：高カロリーで栄養価が高く、持ち運びに便利で長期保存が可能なスナック類。グラノーラバー、トレイル・ミックス、ドライフルーツやドライベリーなど。
- **ドライフード**：全粒シリアルや無塩のクラッカーなど。
- **長期保存**：ピーナツバター、ゼリー、はちみつなどの日持ちする食品。
- **嗜好品**：アメ、クッキー、好みの菓子（塩分が少ない物）、インスタントコーヒー、ティーバッグ（できれば、カフェインを含まない物が理想）。

達人の心得（ガールスカウト） 寒い時には、より多くのカロリーが必要だ。炭水化物、脂質、タンパク質を含むさまざまな食品をバランスよく食べることで、カロリーをうまく摂取する。激しく体を動かすと高カロリー食品が必要になるため、糖質を含む炭水化物を食べよう。

食料の安全な保管方法

きちんと保管をすることで非常食は日持ちし、必要なときにおいしく食べることができる。すべての物を冷暗所に置き、洪水が発生する可能性がある地域では、高い棚や上階を保管場所にしておく。

クッキーやクラッカーなどの傷みやすい食品は、開封前であっても密閉できるビニール袋に入れておこう。ドライフルーツ、クラッカー、シリアルなど悪くなりやすい食品や害虫を寄せつける食品は、開封前からネジぶた付きの瓶や密閉できる缶箱に入れておけば、開封後も同じ容器に入れたままで古くならずに食べられる。

保管する前に、製品の包装に穴が開いたり破れたりしていないか確認しよう。もし包装が破れていたら、その食品は保管しないで食べてしまう。また、それぞれの食品の消費期限や賞味期限に油性マジックでしるしを付けておき、日付のない食品は包装や容器に購入日を記入しておこう。保管場所では古い物を前側に、新しい物を後ろ側に置くようにすると管理しやすい。

6か月に一度は備蓄食料の内容を確認し、消費期限や賞味期限が近い食品は食べるようにして、新しい物を補充する。家族の味の好みや欲求は変わるので、1年に一度は備蓄食料の内容を見直そう。長期間しまい込んだままにしておくと、必要なときに食べられなくなっているかもしれない。

酸度と保存期間

- トマト、グレープフルーツ、パイナップルなど酸度が高い食品の缶詰は、一般的に12〜18か月保存することができる。
- 肉類、鶏肉、魚、野菜など酸度が低い食品の缶詰は、缶の状態がよく清潔な冷暗所に置いてあれば、2〜5年は保存できる。
- 開けて食べる前に、缶に傷がないかをよく確認する。

---

essentials

悪くなった食品を見分ける

傷んだり菌が入ったりした食品の兆候を見つけたら廃棄する。

- 膨張やへこみ、腐食がある缶詰。

- 開けた時にシュッと音がしたり、中身が吹き出したりする缶詰。

- 異常なにおいや色、食感の製品。その食品をよく知らないために食べられる状態かどうか判断ができないときには、直感を働かせるか可食性テストを行う（89ページを参照）。

- 洪水の水につかった缶詰や食品。

- 外見に問題がなくても火災にあった食品は、熱、煙、有毒ガスや消火に使われた化学薬品の影響で、食品が悪くなっている可能性がある。有毒ガスが入り込む場合があるので、冷蔵庫と冷凍庫に保管していた食品と水についても同様。

- 有毒化学物質に触れた食品。化学物質が浸入する可能性のある厚紙の箱やネジぶた式の瓶に入った食品は、汚染されている場合がある。冷蔵庫に保管している果物や野菜などの生鮮食品も同様。缶詰は安全かもしれないが、念のため食べる前に缶を洗い漂白液（約1ℓの水に対しティースプーン1杯ほどの塩素系漂白剤を混ぜたもの）につけよう。

冷蔵庫と冷凍庫についてのルール

　ハリケーン、竜巻、洪水、吹雪などの影響で停電したら、まずは冷蔵庫の食料から手をつける。冷蔵庫内の食品は一度ドアを開けると傷み始めるので、ほかの物より先に食べるようにする。その次が冷凍庫だ。食品が詰まっていて、しっかりドアを閉じておけば、最低2日間は食品を安全に保管できる（庫内に食品が半分しかなければ、24時間しかもたない。庫内にぎっしりと物を詰めることで、低温を保つことができる）。いうまでもないことだが、食品を取り出すために一度に何分もドアを開けておいてはいけない。どの位置に何が入っているか素早く見つけられるように、配置図を描いておこう。

　冷蔵庫および冷凍庫内の食品の保存期間を延ばすために、手に入ればドライアイスを利用する。約11kgのドライアイスを使えば、庫内の温度を3、4日は0℃以下に保つことができる。ドライアイスを入手できない場合、気温が低ければ屋外で氷を作る（太陽の光で傷んだり動物に狙われたりするので、食品は屋外に置かないこと）。あらゆるバケツやプラスチックの容器、缶に水を入れて外に置いておき、手作りした氷で食品を冷やす。ただし、水が不足している場合や気温が高い場合は、この方法は使えない。

　冷蔵庫と冷凍庫が空になってから、棚に保管した缶詰や日持ちする食品に手をつけるようにしよう。また、一度解けた冷凍食品は、再凍結しないで早めに処分する。

ガスや電気を使わず調理をする

　できるだけ調理をしなくても安全に食べられる食品を備蓄しておくが、フォンデュセットも保管しておくとよい（調理用燃料の備蓄も忘れないように）。暖炉がある場合は、暖炉で使える焼き網の購入を検討する。暖炉の残り火に直接食品を置いて調理ができるように、丈夫なアルミホイルを1箱準備しておこう（オーブン用のアルミホイルなど）。キャンプ用のガソリンコンロや木炭を使うグリルは、火災や有毒ガスが発生する原因になるので、決して家の中で使用しない。

缶詰を温める
缶詰は以下の方法で直接温めることができる。
- ラベルをはがし、漂白剤を10倍の水で薄めた液で缶を消毒する。
- 缶を開けて、お湯を静かに沸騰させた鍋に入れて湯せんする。
- 使用した水は再利用できる。

長期間保存できる食品
- 食材：白米、乾燥パスタ、小麦、ベーキングパウダー、大豆、乾燥コーン
- 調味料：塩、油
- 飲料：インスタントコーヒー、紅茶、ココア、非炭酸飲料、スープのもと、粉ミルク（窒素ガスが充てんされた物）

自然光を利用できるように窓のそばで作業をする。暗ければ防風ランタンやろうそくを使おう。

食料に日付を記入する

　非常食に書かれた日付を確認するだけでは十分ではない。米国で食品製造業者に消費期限の明記を義務づけているのは、粉ミルクと一部のベビーフードだけだ。日付が書かれている場合でも（米国では20以上の州が義務づけ）、いくつもの異なる仕組みが採用されている。

　たとえば、肉類や鶏肉などの傷みやすい食品には、多くの場合「2011年1月1日」のように消費期限が表示されている。一方、缶詰、箱に入った食品など長期保存がきくものは、米国では一般的に製造年月日が表示されており、日本では賞味期限が表示されている（製造年月日は任意）。

　実はここに、落とし穴がある。これらのさまざまな表示は必ずしも消費期限を示しているのではない。容器や包装に「賞味期限」「販売期限」という言葉とともに、はっきりと日付が記されていることがあるが、これはあくまで食品をおいしく食べられる期限のこと。この期限を過ぎると、食品は風味が落ち栄養分を一部失うが、しばらくは食べても問題ないのだ。

　一方「消費期限」が明記されている食品は、期限を過ぎたら廃棄する必要がある。一度開封したり穴が開いたりした場合は、期限内でも廃棄する。

缶詰のユリウス日

　缶詰に印字されているコード番号は、カレンダーの日付を「年月日」で表している場合や、さらに分かりにくい仕組みで、1月を"A"などの文字で表している場合がある。さらにユリウス日を使った連続番号表示もある。これは4、5桁のコード番号で、1番目の番号が製造年を、その後の3つの番号が日付（365日）を表している。たとえば、「6001」と印字された製品は、2006年の初めの日、つまり2006年1月1日に製造されたという意味だ。また"60012"とあれば、同じ日にその工場で2巡目に製造されたという意味かもしれない。これらの正確な意味を知るには、製造業者や輸入元に確認する。日本の場合、賞味期限の年月日が「241212」（2024年12月12日）と、6桁の数字で印字されている。

WARMTH
暖をとる

外気温が下がり始めると、室内の温度は急速に低下する。停電している間は、それが顕著だ。そこで、まずは昔ながらの厚着で対策をする。重ね着をすると、服と服の間に空気の層ができ断熱材の働きをするため、1枚の厚いコートを着るより保温効果が高い。内側には綿より羊毛や絹、ポリプロピレン素材の服を重ねる方がより効果的だ。もし汗ばんできたら、服の枚数を減らして汗をかかないように注意する。汗が蒸発する際の気化熱で体を冷やしてしまうからだ。さらに、体温の半分は頭皮から逃げていくので、家の中でも帽子をかぶるようにする。

家の中では、できれば暖炉がある部屋を選び、そこを中心に生活をする。ドアの下の隙間にタオルやボロきれを詰め、廊下への開口部は毛布で覆って隙間風が入るのを防ぐ。夜はブラインドを下ろしたり窓を毛布で覆ったりして、熱を逃がさない工夫をする。使っていないほかの部屋のドアも閉めておこう。

また、少量の食べ物を小まめに食べ、温かい飲み物を飲んで体の中から温めよう。アルコールとカフェインは体温を下げるので控える。

使用可能な暖房器具

薪の暖炉が理想だ（ガス暖房は電気で点火する場合、使えない可能性がある）。薪ストーブでも、狭い場所であれば効率よく暖めることができる。燃料を燃やして使用する暖房器具は、火災を引き起こしたり、極めて有毒な一酸化炭素を排出したりする恐れがあるので、使用する際にはしっかり換気をすること。石油ファンヒーターやストーブも同様の理由から取り扱いに気をつける。給油する際は灯油が飛び散ると危険なので、必ず屋外で作業しよう。もちろん、指定された灯油以外は使ってはいけない。

携帯用発電機は緊急時に電気を使えて便利だが、すぐに部屋に充満するほどの一酸化炭素を排出する。決して屋内や密閉された空間で使用してはならない。

ポータブルヒーターの燃料

- 常に3日分の燃料を保管しておくが、あまり身近な場所には置かない。燃料はすべて屋外の鍵が掛かる場所、あるいは安全な場所に保管する。
- 可燃物は燃焼器具のそばに保管してはいけない。

効率よく火をおこす

　非常事態に火をうまくおこせないと、がっかりするだけではすまない。

　暖炉や薪ストーブがあれば、常に3日分の薪やたきつけ、新聞紙などを準備しておこう。発火具としては着火時間が短いマッチより、ライターなどがよい。薪は必ず暖炉の火格子の上に置いて火をおこすようにしよう。

　米ボーイスカウトのナショナル・キャピタル・エリアのキャンプ部長、マイケル・ドナヒューによる、ボーイスカウト流の火おこし術を紹介しておこう。まず、火格子の下に丸めた新聞を入れて、たきつけをのせる。火が勢いよく燃え始めたら、その上に薪を枕木のように数本並べ、さらに1段目と直角に重なるように数本の薪を積む。このように十字に組む「丸太小屋」スタイルでおこした火の熱は、煙突から逃げずに部屋を効率よく暖めてくれる。

　直径5～10cm程の薪を6～8本積んで火をおこせば、2時間程度は燃え続けるため、一般的な広さの部屋であれば十分に暖めることができる。あとは火を消さないように、薪を追加し続ければよい。

薪と燃料を見つける

- 薪がなくなって探すときでも、生木は燃えないため木の枝は切らない。
- 建築用木材の木片を燃やす（羽目板、ツーバイフォー材など）。ただし、化学処理木材は使用してはいけない。
- ゴミや段ボールは有害物質を含んでいたり、火が突然燃え上がる可能性があるので燃やさない。

一酸化炭素に気をつける

　燃料を燃やすと発生する一酸化炭素（CO）は、無色、無味、無臭であるため、「サイレント・キラー」と呼ばれる。米国消費者製品安全委員会によると、毎年300人が自宅で、一酸化炭素中毒で亡くなっているという。そうした事故の多くは、欠陥品の暖房器具の使用が原因だ。

　暖炉は通気が確保されていることを確認する。煙突と煙道は年に1回は点検し、ひび割れや漏れがないかを確認しておこう。

　携帯用発電機は、屋外でのみ使用する。その際、室内に空気を取り込む換気口から離れた場所に置くこと。石油ファンヒーターは、通気性のよい場所でのみ使用すること。木炭を使うグリルやオーブン、レンジ、乾燥機を、室内を暖める目的で使ってはいけない。

　また、電池式の一酸化炭素感知器を設置し、月に1回は動作チェックを行なうようにする。頭がもうろうとしたり、気分が悪くなったり、頭痛がしたり、呼吸が乱れたりしたら、一酸化炭素中毒の可能性があるので注意が必要だ。

達人の心得　一酸化炭素中毒と思われる症状の人を助けなければならないときは、まず窓を開ける。十分な換気が行なわれていないと、自分も中毒を起こす二次災害につながる。

室内退避の際の手順

　室内に避難しなければいけないような緊急事態（下記のように何らかの事情で外に避難できない場合）には、ドアを施錠し、窓を閉め、換気口をふさぎ、暖炉のダンパーを閉じておく。また、エアコン、強制空気加熱装置、換気扇、乾燥機など、外気を取り込む電化製品はすべて電源を切るようにする。避難用の部屋に入ったら、プラスチックシートで入り口をふさぐ。$1m^2$のスペースがあれば、落ち着いて呼吸をした場合、1人につき5時間は呼吸を確保できる。

　情報を入手するために、ラジオまたはテレビをつけておき、接続できればインターネットからも情報を入手する。携帯電話は使用できない可能性があるので、避難用の部屋には固定電話を設置しておこう。

化学物質や有害物質から身を守る

- できる限り窓の少ない奥まった部屋を選ぶ。
- 重い化学物質は低い場所に滞留するため、地下室への避難は避ける。窓を閉めていても同様。
- 最低0.25mm以上の厚さのあるダクトテープと、0.1mm以上の厚さのプラスチックシートを使って、ドアや窓、通気孔をふさぐ。
- コンセントやスイッチなども目張りする。

放射能汚染から身を守る

- 放射能汚染から身を守るための3つのポイントは、時間（早く）、距離（遠く）、厚い壁（室内）。
- 厚い壁と地面が放射線を遮ってくれる地下室へ避難する。
- 地下室がない場合は、コンクリート造りの部屋に避難する。
- 放射性物質が降り積もるので、平らな屋根が隣にあるような部屋は避ける。
- 放出された放射性物質により異なるが、2週間で放射線量は低下するので、それまで待つ。

生物学的脅威から身を守る

- 家の冷暖房空調設備用に高性能（HEPA）フィルターを準備する。これは、多くの生物学的作用物質に対応しており、ランダムに配置されたガラス繊維が、100％近くの粒子を捕集する（ただし、インフルエンザなどの微小のウイルスに対しては効果は期待できない）。
- 生物学的脅威から身を守る必要がある際は、HEPAフィルターを付けた冷暖房空調設備システムを使おう。中央式空調システムは、生物学的脅威に対して効果的だ。

室内退避のために備えておくべき物

- 部屋の隙間をふさげる形にあらかじめ切っておいたプラスチックシート。プラスチックシートは、隙間よりも15cm以上大きめに切るようにする。
- 厚さ0.1mm以上のプラスチックシートを使用する。
- 最低0.25mm以上の厚さのあるダクトテープ。
- はさみ。
- 緊急警報放送対応ラジオ。
- 電池式、または手回し充電式ラジオやテレビ。

警報 SIGNALS

　災害が起こった際、情報の伝達には発信と受信、双方の努力が必要だ。政府が情報を発信したときのために、しっかり準備をしておこう。

　政府や自治体はさまざまな方法で情報を発信する。高い所に取り付けられた防災サイレンやスピーカー、パトカーからの拡声器を使った指示といったようなものから、自動で電話をかけ、災害気象情報に関するメッセージや指示を伝える自動電話通報サービスといったものまで、実にさまざまだ。なかには、携帯電話などにメールを送る自治体もある。

　日本でも災害に備えて警報を発信するサービスの導入が進められている。その代表的なものが緊急地震速報だ。一般向けの緊急地震速報は震度5弱以上の地震を予測した場合に発表され、テレビ、ラジオではその内容が文字や音声で放送される。携帯電話各社でも、強い揺れが予想される地域の携帯電話に向けて、緊急地震速報を配信するサービスを行っている。外出先でも警報を受信できるように、サービスに対応した機種を持っていると安心だ。また、地震や津波などの災害時にテレビ、ラジオなどの受信機から警報音を発し、災害の発生と災害情報をいち早く知らせるものは緊急警報放送と呼ばれている。この放送には特殊な信号が含まれており、専用受信機であれば通電待機状態であっても、信号受信時に自動的に電源がオンになってメッセージを受信できるようになっている。

　自分の住む自治体がどのような情報伝達サービスを導入しているのか、事前に調べる。メール配信のような特別なサービスを提供している場合、必ず受信の申し込みをしよう。自治体が情報伝達のためにラジオ放送を使うのであれば、周波数をメモしておく。そして、万が一災害が起こったら、テレビかラジオで情報収集をしよう。緊急警報放送に対応し、緊急時に自動的に電源が入るラジオを入手しておくと、災害が深夜に起こった場合など、情報源として非常に役立つだろう。

緊急警報放送に対応したラジオを選ぶ

- 「緊急警報放送対応」と記載されたラジオを選ぶ。
- 記載があるものは、危険を及ぼすような天候や自然災害、人災が発生した緊急事態において、情報を受信する機能を備えている。
- 全国的な災害情報だけでなく、地方自治体に特化した警報も受信することができる。
- 緊急警報放送に対応したラジオは24時間受信可能。待機状態であっても、緊急警報信号を受信すると電源が入り、大きな警報が鳴る。

110番に通報する

- 助けを求める際は、はっきりと端的に話す。名前、現在地、現在の状況を手短に伝える。
- 質問に答え、ゆっくりと話すように心掛ける。
- 救急車を呼ぶ場合は、急病人の状況を伝える。また、家のドアが木でふさがれていて開かない、家のどこにいるかなど、重要な情報がある場合は一緒に伝える。

essentials

緊急時の携帯電話の使用

携帯電話が通じにくい場合、通話よりもテキストメッセージの方が送信できる可能性が高い。

● 基地局が込み合い通話での接続ができない場合でも、データ容量が少ないテキストメッセージであれば、かろうじて送信できるかもしれない。ただし、基地局が破壊されていたり、停電していたりすれば送信不能だ。しかし、通話と違い、テキストメッセージは相手が受信するまで送信され続けるため、一瞬でも基地局が復活すれば、その間に送信される可能性がある。

● 使用している携帯電話の機能や操作方法を知っておく。自分の携帯が無線LANなどに対応しているのか、GPSシステムが内蔵されているのかを確認し、それらの機能を使える状態にしておこう。説明書を読み、不明点は相談窓口に問い合わせる。

● 携帯電話や携帯情報端末を常に使用できる状態にしておく。フル充電にしておき、電池式の充電器を携行してもいいだろう。緊急時における操作情報は、各通信会社のホームページなどで確認しておこう。

家で使用する状況に備えて、冬でもキャンプ道具はすぐに使えるようにしておこう。

FIRST AID
応急処置

　運良く大きな被害がなければ、自宅での避難中に必要なのは、低体温症や熱中症、脱水症にならないように気をつけ、予防することくらいだ。不運にも自分では治療できない大ケガをしてしまったら、そのときは助けを求めよう。救急キットをしっかり準備して、心肺蘇生（そせい）の訓練を受けておくことで、医者でない私たちでも、救急車が到着するまでケガ人の症状の悪化を遅らせられる可能性がある。また、乳幼児と高齢者の状態には、特に気を配るようにしよう。米国海洋大気局からは、寒さが原因で死亡するケースの半数が60歳以上の高齢者で、その約20％が自宅で起こっているとのデータが発表されている。

　非常時に健康を管理するためには、役に立つ習慣を身につけ、実践できるようにしておこう。すべての食料はふたの付いた容器に保管し、調理器具は清潔にしておく。洪水などで水にぬれてしまった道具は、それが木製であれプラスチック製であれ捨てる。また、ゴミは最低毎日1回、まとめて外に出すようにしよう。衛生面も非常に大切だ。水道が止まりトイレを流せないのであれば、代わりにしっかりとふたができる容器を用意する。頭を柔らかくして工夫しよう。たとえば、プラスチック製のネコ用トイレ、ホームセンターで売っている工業用の容器などが使える。できれば、使用するたびにビニール袋を中に入れ、用をたした後はすぐに袋ごと処分する。毎回交換できない場合は、漂白剤をかけ、かぶせておいたものを交換する。ウェットティッシュや除菌用ジェルは必要なだけ使い、できる限りせっけんで手を洗うようにしよう。

避難時の一般原則

　家族全員が限られたスペースの中で過ごすため、一般原則を身につけて健康の維持・管理に役立てよう。状況が許す範囲で、できるだけバランスのよい食事をし、水分補給をしっかり行い、衛生状態に気をつける。周囲の環境と自分自身を清潔に保つようにして、細菌の増加を最低限に抑えることで、予防効果が期待できる。

閉所性発熱症を防ぐには

閉鎖的な空間は肉体的にもつらいが、特にストレスのかかった状況では、精神的な苦痛も大きい。

閉所性発熱症とは、身動きが取れず閉じ込められているという感覚に陥ることで、イライラしたり、落ち込んだり、そわそわしたり、無気力になったりする精神障害。閉所性発熱症が専門の家族社会学者、ミネソタ大学のポール・ローゼンブラット教授は、「家族によって症状が異なり、数分後すぐに発症したり、まったく発症しなかったりする」と、この障害について説明している。

ローゼンブラット教授によると、閉所性発熱症の対処法としては、窓を大きく開け外の空気を吸ったり、屋外の音を聞いたりすることが効果的であるという。ほかにも、クローゼットを掃除したり、アルバムの整理をしたり、所得税申告の準備を始めたり、いつかやろうと放っておいたことに手をつけるのも気分転換になるだろう。可能であれば誰かに電話をし、災害がおさまった後に会う約束をするのもよい方法だ。もしこれらすべてのことを試しても効果がなければ、その場の人間関係がストレスの原因とも考えられる。そのような場合は試しに、周囲の人たちと少し距離をとってみては、と教授は勧めている。

繰り返しになるが、災害に立ち向かっていれば、閉所性発熱症にかかっている暇はない。困難を切り抜けることに全力を尽くそう。

---

essentials

救急キット

米国赤十字が推奨する、家庭に備えておくべき救急キットは以下の通り。

● 吸水性のある伸縮布を使った13×23cmのガーゼ、ばんそうこう（さまざまなサイズ）、粘着テープ（布製）、小さな抗生物質製剤軟こうチューブ、消毒薬、ティッシュ、熱中症に備えてアスピリン（含有量81mg）。

● 毛布：ショック状態を和らげるため。

● 心肺蘇生用のマスク（一方向弁つき）。

● 簡易の保冷剤。

● 手袋：大きめの使い捨て、ゴム製ではないもの。

● ヒドロコルチゾン（抗炎症薬）が含まれている軟膏チューブ。

● ハサミ：テープや布、包帯やそのほかのものを切るため。

● 包帯：8cmや10cmなど、さまざまな幅のもの。

● 滅菌ガーゼパット：縦横8cm、縦横10cm。

● 体温計：水銀入りやガラス製のものではなく、電池式の口で計るもの。

● 三角巾：骨折部分をつったり固定するため。

● ピンセット：破片やダニを取り除く。

● 応急処置の説明書。

電気が通っていれば最新の情報を確認する。ただし、過度な不安を避けるために休憩をとろう。

how to

包帯を足に巻く方法

1. まず、ケガをした足の親指のつけ根の膨らんでいる所から、伸縮性のある包帯を巻き始める。足首に向かって少しずつずらしながら、何周か巻く。均等な強さで、なるべく包帯を引っ張らずに巻くよう気をつけよう。血流を妨げないように注意する。

2. 足の甲の一番高い所から、足首の後部に包帯を回す。

3. 足首の後ろから、甲で交差するように包帯を持ってきて、土踏まずへ巻き付ける。

4. ステップ 2 と 3 を繰り返し、前の巻きと少しずれるようにしながら、包帯を重ねていく。

5. 最後に足首のすぐ上に何周か包帯を巻き、クリップで固定する。血流が止まっているようすがないか、つま先をチェックする。青くなっていたり、ジンジン痛んだり、冷たくなっていたら、血流が妨げられている。

HOW I SURVIVED: 雪に閉じ込められる——ケネス・ギャレット

2001年の冬、米国ヴァージニア州のピードモント台地にある私たちの町を、真夜中に吹雪が襲った。その強風は60cmも積もるほどの雪と氷を降らせたのだ。ブロードランは、ヴァージニア州北西部にある片田舎の小さな町だ。冬は典型的なヴァージニアの気候で、時々雪が降り、雪かきをすることはあるが、凍結した道路に往生するのは、一冬にせいぜい1、2日くらいである。しかし、2001年のその夜、私たちは風がうなるのをベッドの中で聞き、自分たちの木造の家が「3匹のこぶた」の家のように吹き飛ばされてしまうのではないかと、心配で眠れないまま過ごしていた。そして、午前2時頃に停電になると、それから7日間復旧することがなかった。

私たちの住んでいた地域には電力供給施設が2か所あり、ちょうど我が家の前の道が管轄区域の境界だった。そのため、近所の中でも1週間停電が続いた家と、たった3日で復旧した家があった。残念ながら我が家は前者だったが、付き合いの長い近所の人たちに助けてもらうことができた。借家でも持ち家でも、一戸建てでも高層ビルでも、近所との関係を築いておくことは大切だ。

私の近所では、自家用発電機を持っている人は、燃料がある限り不自由なく過ごしていた。それに燃料が尽きても、ガソリンは車で買いに行くことができる。実際、近所のほとんどの人は携帯用発電機を持っていた。発電機は高価なものなので、備えるなら必要な電力量に合わせて選んだほうがいい。冷蔵庫や冷凍庫、送水ポンプを動かす電力くらいなら、ほとんどの発電機でまかなえるだろう。また、発電機は高熱を発したり、致死量の一酸化炭素を発生したりする可能性がある、という危険が伴うことも承知しておく。そして、発電機を買うと決めたら、計画的な購入を。過去に大きな嵐に見舞われた際は、周辺数百キロにわたって発電機不足が起こった。嵐になってからでは遅いのだ。

電気を使わずに最低限の生活を送ることは、我が家にとってそう難しいことではない。腎臓透析を必要とする人はいないし、高価な熱帯魚も飼っていない。しかし、水に関しては厄介だった。我が家では水を井戸からくみ上げ、下水処理をするのも電気を使ってい

写真家ケネス・ギャレット。『ナショナル ジオグラフィック』誌と出版物に、世界各地の記事を寄せている。専門は考古学と考古人類学。

た。つまり、電気が使えないと水も使えないのだ。停電が2～3日になったころ、私たちは「トイレを流せたら、シャワーを浴びられたら、水道の蛇口から流れる水を飲めたらどんなにいいだろう」と考えるようになっていた。

普段は嵐が来ると分かった時点で、すべてのバスタブを水でいっぱいにして、洗濯やトイレを流すのに使っている。しかしこのときは、これほど激しい嵐だという予報はなかったので、備えるまでもないと高をくくっていた。私たちの家には数リットルの水しかなく、近所のどこにも備蓄はなかった。

しかし、水に関する問題で一番厄介だったのは液体ではなく、凍った水だった。私は不注意にも、霜取り装置につながっているホースを書斎にほったらかしていたのだ。そして、ホースの中で凍っていた水は、停電になってあふれ出した。書斎は水浸しになり、カーペットも何もかも交換しなければならなかった。私は同じ過ちを二度と犯さないと誓った。今は嵐が来そうなとき、冬に1日か2日でも家を空けるときは、水道管を外し、中の水を空にしている。

ほかに問題となったのは、冷蔵庫と冷凍庫の中の食料だった。大きい食料品店まで車で30分近く、一番近い24時間営業のレストランまでおよそ1時間のところに住んでいる場合、食料は貯め込みがちだ。私の家でも、大きな冷蔵庫1台と、たっぷり入る冷凍庫2台に食料をストックしている。以前にあった停電はすぐ回復したので、今回もそうなると思い、冷蔵庫や冷凍庫のドアを開けないようにしていた。冷凍庫は中身が入っているほど、食料は冷えた状態で保たれ、以前は2日後でも中身は凍ったままだったのだ。たとえば、我が家の大きいほうの冷凍庫は、満杯なら4日間は食料を凍ったまま保管できる。しかし今回、運は私たちに味方しなかった。結局、時間が経つとともに、発電機を持っている近所に冷凍庫内の食料を配ったりして、中身を減らすことに躍起になっていた。それでも、とても配りきれる量ではなく、何百ドルもかけて購入した食料を捨てなければならなかったのだ。

暖房に関しても書いておこう。私たちは元々、熱を効率よく取り入れるように家をデザインしていた。自然光が入るように窓を大きく取り、キッチンにはマッチでつけられるガスレンジを置き、暖房用に薪のストーブを設置していた。また、我が家には携帯電話と固定電話があったので、電話も使用することができた。

しかし、我が家から一番近い舗装道路までは2.4kmあったので、私たちと何軒かの近所は積雪により数日間、家に閉じ込められてしまった。このときこそ、隣人同士が本当にひとつになるときだ。私たちはお互いの家でストーム・パーティを開き、シャワーを借りたり、食料を分け合ったり、たっぷりの食事を一緒に食べたり、ろうそくの火でカードゲーム大会をして過ごした。雪が解けたとき、私は32馬力の4輪駆動でフロントショベルと除雪ブレード付きのトラクターを買った。そして、携帯用発電機についても調べてみようと決めた。我が家ではすべてのものが、吹雪による災害に持ちこたえた。しかし、ただひとつの例外が電気だったからだ。

台風やハリケーン、竜巻などの自然災害は、快適な生活を根底から揺るがす。民間支援団体のオックスファム・インターナショナルによれば、悪天候による災害は過去20年間で4倍に増加。現在では年間合計500件に達し、2億5000万人に影響を及ぼしている。

　しかし、自然災害が直接的な原因となる死者数は比較的少なく、実際にはシェルターが不適切であったり水が汚染されたりといった二次的な人災で、多くの命が失われている。災害の中で生き延びる可能性を最大にするために、自分でできることはたくさんある。まず、どんな自然災害が自分の居住地域に起こりやすいかを調べる。次に、地元の防災対策や対応計画などを知っておく。それらを踏まえて、自分の家族や家、車などに関わる具体的な防災準備を整えていこう。

　この章は、ハリケーン（台風）、竜巻、洪水、森林火災、ブリザード、激しい雷雨、地震、火山の噴火など、私たちに深刻な被害をもたらす災害に対処するための手引きとなっている。どの災害も世界各国の日常で起こり得るものである。さらに、その予測は困難で、人命を脅かす規模になり得るという点で共通している。この章で説明する詳細とチャプター9の助言とを合わせて、自分にあった非常時の防災計画を作成しよう。

STORMS & DISASTERS
自然災害

302　306　310　314　318　320　324　326　330　334

PREPARATION

準備

まず大切なことは、自分が住んでいる地域で発生する可能性のある自然災害について、自分で調べ、家族にも知らせておくことだ。どの国や地域でも、自然災害の危険はつきもので、雷はどこにでも落ちるし、洪水は低地で起こる。たとえば米国では、地震は主に太平洋岸の災害だと考えられているが、米国連邦緊急事態管理庁（FEMA）によると、地震発生の危険性が通常レベルかそれ以上とされているのは40州に上る。

では、何を調べればよいのか。まず最初に、どのような種類の災害が発生し、季節によってその危険性がどのように変わるかを知る。そして、自分の住む地域で特に必要となる装備は何か（たとえば、洪水の多い地域では土のうなど）、緊急時の情報を放送するローカルラジオ局はどこかなどを調べておく。日本では、自治体のウェブサイト、内閣府、気象庁などは、信頼できる情報源だ。本棚を壁に固定する必要があるか（地震）、窓を補強するためのベニヤ板を入手すべきか（台風や竜巻）ということも調べよう。最も大切なのは、避難指示が出た場合に経路が頭に入っているように、地域の避難ルートと緊急時の避難所をチェックしておくことだ。（全体的な防災計画の作成に関する詳細は304ページを参照）。

自分の住む地域の災害について知っておこう

4つのプレートがぶつかり合っている日本列島は、世界的に見ても地震が多い地域である。年間の平均発生数は約5000回に上る。小さい地震は日本のどこでも発生しているうえ、大規模な地震も周期的に発生している。さらに、プレートは狭い国土に火山も密集させた。活火山は85火山あり、そのうち13の火山は、現在も活発に活動している。

また、熱帯地域で発生し北上する台風は、年間平均で約10個が日本に接近し、たとえ上陸しなくても暴風や大雨をもたらす。近年多発している局所的な豪雨も、住宅地の土砂崩れや都市河川の洪水、地下の浸水といった新しい災害を引き起こしている。さらに、豪雪地帯である日本海側は大雪に慣れていても、備えがない太平洋側では、20cmほどの積雪でダメージを受けることもある。南北に長く、熱帯から亜寒帯まで地域により気候が大きく異なる日本では、さまざまな気象災害が発生しやすいのだ。

地域外に緊急時の連絡先を決めよう

親戚や親しい友人に、家族の緊急時の連絡先(コンタクト・パーソン)になってもらうよう依頼することは、防災計画を作る最初の段階で非常に大事なことだ。家族が離れ離れになり、連絡を取り合えなくなってしまった場合、それぞれが今いる場所や安否をその人に伝言してもらう。そのためには、自分たちと同じ災害で被災することのない、遠方に住む人を選び、家族全員がその人のフルネーム、住所、電話番号を知っていることを確認しよう。

長期間の避難が必要になった場合に備えて、家に泊めてもらえるような相手を見つけておくとよい。

デジタル緊急警報システム

10年前は、テレビとラジオが非常時における主な情報源だった。必要に応じて地域の自治体や政府が、甲高いアラーム音で番組を中断し、続いて警報や避難告知を放送した。

各国では現在、緊急警報の速報性を高めるために、デジタル技術が活用されている。日本においては、消防庁が整備を進める全国瞬時警報システム(J-ALERT／ジェイ・アラート)が、重大な緊急情報を衛星送信し、自治体の防災行政無線などを自動起動して知らせる。人手を介さないため、自然災害や弾道ミサイルなどの有事関連の情報を国から住民まで直接、瞬時に伝達できるのだ。また、緊急地震速報は官民の連携が進み、発表されるとテレビ、ラジオ、インターネットや携帯電話を介して伝達される。これらの速報は電源が入ってさえいれば情報が受けられるので、ラジオや携帯電話の予備のバッテリーを、非常時に持ち出す防災セットに忘れずに入れておこう。

地域によっては危急の場合、自治体がサイレンを鳴らすこともある。たとえば雷雨の接近に備えて、海水浴客に海から上がるよう警告する場合などがそれだ。主な警報サイレンは、長く間断なく鳴り続ける。サイレンが聞こえたら速やかに安全を確保し、ニュースにチャンネルを合わせよう。また、昼夜を問わず自動的に作動して情報を提供してくれる、緊急警報放送対応のラジオ(チャプター9を参照)を入手することも考慮する。

次のものを緊急時の連絡先 (コンタクト・パーソン)に送っておこう

- 重要書類のコピー:出生証明書、住民票、保険証、パスポート、運転免許証。
- 銀行預金口座番号、住宅保険、自動車保険、マンション保険、生命保険、洪水保険、火災保険、そのほかの保険証書番号などのメモ。
- 家族全員の職場と携帯電話の電話番号。
- 最近撮影した家族の写真(指紋まで送る人もいる)。
- 肉親それぞれの血液型、生まれつきのあざや傷跡などの身体的特徴。
- 病気がある場合は各自の病状や処方薬に関する情報。
- 家庭医、専門医、介護担当者のリスト。
- 加入している保険に必要であれば、家財道具のリストと、なかでも高価な物品の領収書のコピー。

防災計画を立てる

　防災計画を立てるには、自分の住んでいる地域の災害や情報源についての情報収集が第1段階。第2段階は家族と話し合って、災害の種類ごとに具体的に何をすべきかを書き出しておこう。そして、防災セット（280ページを参照）を用意して防災計画書と共に管理し、定期的に見直すようにする。以上のことが終わったら家族会議を開き、自分たちの住む地域で起こりえる災害について話し合おう。同時に、地域外に住む緊急時の連絡先（コンタクト・パーソン）を確認し、家族が離れ離れになった場合の連絡方法を決める。

　災害発生時、電話がつながりにくくなったときに提供が開始される災害用伝言ダイヤル171番や災害用伝言板の使い方を、家族全員が知っているようにしよう。さらに、どのような場合にどうやって、119番や110番（警察・救急車・消防署への緊急電話番号）に連絡すればよいのかを、子どもたちに教える。家族の中の高齢者や身障者のために、別途必要なものも話し合っておこう。

　火事、地震、火山の噴火、突然の洪水などの災害時は誰もが興奮状態にあるので、避難ルートを事前に決めておくことが大切だ。特に地震や火事の場合、家やビルから外へ出るルートを家族で確認し、避難訓練をしておこう。家の見取り図にルートを記入し、張り出しておくとよいだろう。さらに、家の近くの集合場所を決めておき（火事の場合は信頼できる近所の家、嵐の場合は地域指定の避難所）、家族が離れ離れになっても落ち合えるようにしておく。そして、以上のことをすべて書き留めて、防災セットの中に入れる。

essentials

避難時に家から持ち出すもの

警報が出てから避難するまでにどれだけ時間があるかによって、持ち出すものは変わる。必ず長ズボンと長袖のシャツに着替え、丈夫な靴を履く。

- 医療品（メガネ、コンタクトレンズ、入れ歯、処方薬、市販薬）と救急キットを入れた防災セット。
- ラジオ、懐中電灯、予備の乾電池。
- ペットボトルなどの容器に入った水（可能であれば1人1日分として約4ℓずつ）。
- 携帯電話と充電器、予備電池。
- 家族それぞれの着替え、寝具。
- 車と家の鍵。
- 現金と身分証明書。
- 旅行用ペットキャリーに入れたペット（餌も忘れずに）。

避難するまでに時間の余裕があれば、以下のものも追加しよう。

- 保存食。
- 乳幼児用の調合乳やおむつ、高齢者用の歩行器など。
- 地域の地図。
- 交通渋滞に巻き込まれた場合に備えて携帯トイレなどの衛生用品。

essentials

訓練しておくべき防災スキル

年長の子どもたちと大人は全員、以下のことを知っておく。

- 119番・110番への電話のかけ方と家族の連絡先電話番号。
- 消火器の使い方。
- 家の外へ出るルートを各部屋で2通りずつ。家の外での集合場所を決めることも忘れずに。集合場所は、すぐに集まって全員の安否確認ができるように家の近くがよい。
- 防災セットの保管場所と開け方。
- 最新の応急手当ての方法と心肺蘇生法（訓練を受けておく）。
- 水、電気、ガスの元栓の場所。
- 火災報知用煙探知器のバッテリーの替え方。

ペットの避難

動物は家族の特別な一員であり、しばしば人間よりも早く危険を察知するので、早めにケアをしてあげることが必要だ。ペットを飼っている場合は、防災セットに餌、水、トイレ用の砂などを忘れずに入れておく。災害時にペットを探し出し世話をする係を、1匹につき1人ずつ決めておこう（ただし、ペットの世話は安全が確認できるときのみ行う）。ペットを連れて避難する場合、気をつけなければならないことがある。避難所ではペットを受け入れていないことが多いのだ。そのため、親戚の家やペット可のホテルなどを事前に探し、ペットが一緒に避難できるようにしておこう。

安全に避難する

自治体の避難指示が出るのは、生命の危機が迫っていると判断されたときだ。避難にはスピードも大切なので、指示が出たら直ちに行動しよう。都市部では運行していれば、公共交通機関を使うほうが賢明だ。その方がはるかに速く避難できる。

何を持っていくかは、前ページとチャプター9を参照。災害が起こると、当然ホテルはすぐ満室になってしまう。避難が必要になった場合、事前に行き先の当てをつけておくと安心だ。事前に決めておいた避難先に、これから向かうことを連絡しよう。一番近い避難所を探すという方法もある（避難所は自治体から発表されている）。

避難する前に時間があれば、ルートの計画を立て、道路閉鎖がないかを調べて移動手段を決めよう。公共交通機関を使う場合は、事前に乗車券を買っておく。車の場合、家族が離れ離れにならないように1台の車で避難する。強風でも安定して走る、状態の良い車を選ぶ（背が高く軽いレジャーカーは避けた方がよい）。その車のガソリンは常に満タンにしておこう。

車での避難

- 移動中は細心の注意を払う。ハリケーンが竜巻を起こし、竜巻が洪水を引き起こすなど、自然災害は集中連鎖して発生する傾向がある。
- カーラジオを常につけておく。
- 指示された避難ルートを通る。
- 近道はしない。
- 水の深さが分からない場合は、浸水した場所には入らない。
- 倒木、土砂崩れ、水道本管の破裂などへの注意を怠らない。

ハリケーン・台風・サイクロン

　ハリケーンは渦巻き状の傘のような雲の下に、豪雨、稲妻、疾風、竜巻を伴って接近する。この熱帯低気圧は、海から蒸発する暖かい空気が、上空の軽く冷たい風とぶつかって発生する。海面水温が26℃以上で、海上に低気圧があることが条件となる。水蒸気は上昇すると冷やされ、最上部で外に向かって放出されて厚い巻雲の層を形成し、その下では暴風と積乱雲が発生する。国際区分では、北太平洋東部で発生した最大風速が毎秒33m以上のものをハリケーン、北太平洋西部や南シナ海で発生した最大風速が毎秒17m以上のものを台風、北大西洋、インド洋、南太平洋西部で発生したものをサイクロンと呼んでいる。

　ハリケーンがまだ海上にあって陸地へ向かう前に、気象予報機関がその位置を確認し、注意報や警報がテレビやラジオで流される。しかし、そのコースは予測困難で、予期せぬ方向転換をしたり逆戻りする場合もある。ハリケーンは上陸すると、温かい海水というエネルギー源を失い、その勢力は急激に衰える。そのため、最も被害を受けやすいのは沿岸地域といえる。しかし、上陸しても無害になるわけではない。海上で「カテゴリー5」だった超大型ハリケーン・カトリーナは、等級が「カテゴリー3」に引き下げられた後に、米国のメキシコ湾岸に大打撃を与えた。

2003年9月15日に国際宇宙ステーションから観測されたハリケーン・イザベルの「目」。

注意報と警報

ハリケーンの季節には、テレビやラジオなどで米国立気象局の最新情報を入手しよう。各地域で発令される「ハリケーン注意報」は、36時間以内にその地域がハリケーンの圏内に入る恐れがあると伝える、公式な発表だ。この注意報が出たら防災セットを用意し、避難に備えて荷造りをし、車にガソリンを入れ、屋外に置いてあるものを家の中へ取り込んでおく。窓に雨戸が付いていなければ、すぐに板を打ち付けられるように、ベニヤ板や釘を用意しておこう。

「ハリケーン警報」はさらに深刻な警告で、24時間以内にハリケーンの条件である風速毎秒33m以上の暴風圏に入ると予想されるときに発令される。荷造りをし、雨戸を閉めるか窓に板を打ち付け、避難に備えて出発の準備をしておく。ハリケーン警報は、暴風または高潮によって家屋に被害が出る恐れがあるときに発令される。従って、風が収まっても潮位が危険なレベルのままであれば、警報は解除されない。

日本での台風情報は気象庁から、台風の中心位置、進行方向と速度、中心気圧、最大風速、暴風域などの実況と72時間先までの予報が発表される。台風に伴う大雨や暴風により、風水害や土砂災害の発生が予想される場合は、注意報や警報が自治体、報道機関を通じて発表される。

規模

ハリケーンは風速によってカテゴリーに分類され、高潮の高さも示されている。台風は日本において、おおよその勢力を示す目安として、「大きさ」と「強さ」で表している。「大きさ」は強風域（平均風速が毎秒15m以上の強い風が吹いている範囲）の半径で、「強さ」は最大風速で区分し、これらを組み合わせて「大型で強い台風」のように呼ぶ。

台風の大きさと強さ

大きさの階級分け（風速が毎秒15m以上の半径）
- 大型（大きい）：500km～800km未満
- 超大型（非常に大きい）：800km以上

強さの階級分け（最大風速）
- 強い：毎秒33m～44m未満
- 非常に強い：毎秒44m～54m未満
- 猛烈な：毎秒54m以上

達人の心得　台風が接近する前に前線の影響などによって雨が降っている、または長雨により地盤がゆるんでいる場合は、台風の雨がさらに加わることで被害が拡大する可能性がある。また、台風の移動速度がとても速いときは、強風になりやすいので注意すること。

ハリケーンの発生

　多くの言語では、熱帯低気圧のことを「強風」を意味する言葉で表すが、「ハリケーン」の語源は何世紀も前にさかのぼり、マヤ神話の創造神フラカンに由来している。フラカンは水の中から大地を創造し、後に嵐と洪水を起こして人間を滅ぼしたといわれている。

　激しい嵐と洪水といえば、今日のハリケーンの特徴であり、雨と雷、そして時には竜巻を伴う。しかし、小規模であれば、家にいながらにしてしのぐことができる（ただし、地域の自治体が避難指示を出していない場合に限る）。

　ハリケーンが近づいてきたら、わずかな時間も無駄にしてはいけない。接近する前に必需品をそろえておく。そして、常に最新のニュースを入手し、注意報と警報それぞれの段階に合った手順（前ページ参照）に従って行動しよう。規模の大きさに関係なく、天候が大荒れになることは必至だ。この間に近所の人々の様子も見ておこう。一人暮らしの人は非常事態に備えることは難しいかもしれない。困っているようであれば、家の補強をするのを手伝ってあげるか、自分の家に招くかして助け合おう。招くときは、薬などの大事なものを忘れないように注意する。

在宅中にハリケーンに襲われたら

- 防災セットを手元に置く。
- 冷蔵庫の温度設定を最強にし、ドアを開けないようにする。
- バスタブとシンクすべてに、きれいな水を張っておき、上水道が汚染されてしまったときに使う。
- 指示があったら水道や電気などを止める。プロパンガスの栓も閉め、電気製品はコンセントからプラグを抜く。
- 屋内のドアを全て閉める。家の出入り口のドアを補強する。
- クローゼットや廊下など、家の内部に避難用スペースを設ける。雨戸が閉めてあっても、窓には近づかない。

essentials

嵐に備えて、家の補強をする

事前に家を補強しておけば、被害はずっと少なくなる。安全を最大限に確保し、損害を最小限に抑えるために、以下のステップに従ってすぐに家の補強をしよう。

● 屋根裏から屋根の裏側を点検する。屋根は家の骨組みにしっかりと固定されているかを確認。必要であれば、屋根の梁（はり）を柱に固定する専用金具などを用いて補強する。米国ではこのような補強金具による屋根の補強を義務づけている自治体もある。

● 窓の点検をし、雨戸を取り付けよう。合板（ベニヤ板など）を用いて補強することもできる。

● 外部に通じるドアを点検する。多くのドアのボルトは、ハリケーンなどの強風に耐えられるほどの強度はない。金物売り場などで手に入る補強用部品を利用して、ドアが外れないように強化する。

● 車庫の出入り口を点検する。幅の広いドアは強風で壊されやすく、車庫のドアが壊れると家の中にも風が入り込み、屋内のドアや窓も吹き飛ばされてしまう。水平支持梁や強度の高いヒンジ・蝶番（ちょうつがい）を用いて、車庫のドアを補強しておくとよいだろう。

essentials

車の中に取り残されたら

避難をする際に雷や竜巻、洪水、暴風雨に巻き込まれるかもしれない。車で動きがとれなくなった場合、安全を最大限に確保し、被害を最小限に抑えるために次の手順に従って行動しよう。

- 洪水から逃れるために、可能であれば車を高台に移動する。
- 高い木が倒れてくる危険のある場所には駐車しないようにする。
- エンジンを切り、ほかの車や救助隊から見えるようにハザードランプを点滅させる。
- 少しの間、車外に出ても安全であれば、目立つ色の布を車のアンテナに結びつける。
- 119番に電話をかけ、自分の名前と所在地、状況と天候の状態を伝える。
- 車から出ない。
- 窓を開けない。
- 誰にもケガがないか確認し、必要に応じて応急手当をする。
- 全員が水分補給を心がけ、食事を取るようにする。
- 車内に金属を持ち込まない。落雷の危険性を高めてしまう。
- 常にラジオの緊急放送をつけておく。
- 車のラジオを使わなくてはならない場合は、バッテリーが上がらないように使用頻度を控える。
- 冷静さを保ち、救助は必ず来ると信じよう。

避難指示の解除を待つ

　強風が収まったら、すぐにでも家に帰りたいと思うものだが、このときこそ冷静さを保ち辛抱強く待つことだ。いずれ地域の自治体が避難指示を解除すれば、すぐに自宅へ戻ることができる。ただし、それが数時間後なのか、数日後なのかは嵐の規模次第だ。

　自宅にとどまって嵐をしのいだ場合は、まずケガ人がいないかを確認し、必要に応じて応急処置を施す。停電や断水が長期間続くのであれば、チャプター9を参照して切り抜けよう。

　避難の有無にかかわらず、家屋の点検は必要だ。下のステップに従って点検をするが、ケガをしないように細心の注意を払う。

嵐の後に

- 暴風雨が去ったら、次に出される指示や情報に注意。公に安全宣言が出されるまでは、むやみに帰宅してはいけない。
- 帰宅したら体を保護する服を着て、丈夫な靴を用意しておく。
- 家屋の状態を調べる。建物の損傷、ガス漏れ、火災の原因となるものがないかどうかを点検する。
- 家に残していた動物を調べる。ケガをしたり、ショックを受けたりしていないか確認しよう。
- 床にこぼれたものや破片はすぐに片付ける。
- 壁土がはがれたり、天井が落ちたりしないか注意する。
- すべての損害の詳細を写真に撮り、書き留めておく。
- 暗いところでは懐中電灯を使う。火災を防ぐためろうそくの使用は控える。
- ガスが止まっていたら、専門の作業員を呼んで復旧してもらう。

竜巻 TORNADOES

　竜巻の大渦巻きの中では、地球上で最も高速の風が吹き荒れる。竜巻は暖かくて湿った低層の空気が、反対方向からやって来る上空の寒冷前線に吹き込むことで発生する。この不安定な状態が大気を回転させ、激しく渦巻く空気の柱を形成するのだ。これが地上に接すると、その渦の中にほこりやがれきを吸い込んでいく。スーパーセルと呼ばれる積乱雲がもたらす雷雨の下では、たびたび旋風が発生する。なかでも地面と雲に同時に接しているものが、正確には竜巻と呼ばれる。

　竜巻による犠牲者の死因は、主に飛んでくるがれきによるものだが、稲妻や鉄砲水も命取りになる。米国では例年、竜巻が多発しており、年間平均発生数は1000件に上る。その大部分はテキサス州からサウスダコタ州にまたがる「トルネード横町」と呼ばれる地域に集中しているが、ほかのどの州でも竜巻は記録されている。竜巻の予測は近年飛躍的に向上した。竜巻となる漏斗状の回転気流は数秒で形成されるが、国立気象局ではいつ竜巻が発生するかを予測し、絶えず人々に注意を呼びかけている。

　竜巻に遭遇した場合、生き残るための"コツ"は非常に簡単だ。それは、できるだけ地下深くに避難することだ。

竜巻は見えるよりずっと前に、とどろきが聞こえることがある。気づいたら速やかに地下に避難しよう。

essentials

竜巻についての正しい知識

竜巻に関して、世間に伝わる俗説を正しい情報と区別するのは、なかなか難しいことだ。しかしそれが、嵐についての正しい説であれば、あなたの命を救うかもしれない。

✗ 竜巻が発生する直前、大地は不気味に静まり返る。

○ 嵐が起きると、遠くから雷鳴が続いているようなとどろきが聞こえることが多い。また、竜巻が発生するとき、空は暗い緑がかった色になる。大きなひょうの粒が降ってくるのも竜巻の前兆。

✗ 竜巻の中心は非常に気圧が低いので、窓やドアを閉めきっていると家が破裂してしまう。家が壊れないように、窓を割っておくべきである。

○ 窓を割っておくとそこから暴風雨が吹き込み、家を守ることにはならない。

✗ 竜巻は米国中西部とロッキー山脈東方の大草原地帯独特の現象である。

○ 竜巻は湖や川などの湿地帯を含む、あらゆる場所で発生する。

✗ 竜巻はいつでも目に見える。

○ 竜巻の多くは雷雨やハリケーンの雲で隠れている。

✗ 竜巻の発生時に道路上にいたら、(通過すると思われる経路に対して) 直角の方向に逃げること。

○ 上のようなことをしたら、同時に発生する別の竜巻の通り道に入り込む危険がある。竜巻が近づいたら、車を捨てて最寄りのシェルターに逃げ込もう。

注意報と警報

　米国の場合、「竜巻注意報」は、その地域で竜巻が発生する可能性があり、地元で嵐の監視をする民間ボランティアが警戒態勢をとっていることを示す。テレビ、ラジオ、インターネットなどで、常に最新情報を得るようにする。また、目に見える天候の変化に注意していよう。

　「竜巻警報」は、竜巻がすでに目撃されていて、その地域に向かって進んでいる可能性があることを示す。発令されると町のサイレンやデジタル緊急警報システムなど、あらゆるところから警報が発せられる。直ちに、安全な場所に避難しよう。

竜巻の分類

　1971年、気象学者の藤田哲也とアレン・ピアソンは、過去の嵐による被害状況を元に、竜巻の風速を計る尺度を考案した。これは藤田スケールと呼ばれている。2007年に見直され、最も小さい値であるEF1から、最大値EF5までに分類されるようになった。

米国立気象局による竜巻のその他の分類

- 弱い竜巻 (69%)
  風速は毎秒49m未満。持続時間平均5分から10分。竜巻による犠牲者の約3%は弱い竜巻で亡くなっている。
- 強い竜巻 (29%)
  風速は毎秒49〜91m。持続時間20分以上。竜巻による犠牲者の27%は強い竜巻で亡くなっている。
- 激しい竜巻 (2%)
  風速は毎秒91mを越えるもの。持続時間1時間以上。竜巻による犠牲者の70%は激しい竜巻で亡くなっている。

緊急避難用スペースを用意する

地下深くに設けられた避難場所は、竜巻から命を守る鍵となる。しかし、実際には理想的なシェルターになる地下室のない家も多い。その場合、1階の中心にある、窓のない部屋を避難場所にする。室内クローゼット、浴室、廊下もその候補だ。

これとは別に、補強を施した緊急避難用スペースを作る方法もある。これは、クローゼットよりも耐風性に優れたものにする。このスペースは床にしっかりと固定され、しかもほかの壁と離れた、外から影響を受けず持ちこたえられる構造にする。

また、例外的な住居もある。高層ビルの場合、ロビーまで降りている時間がなければ、その階にとどまり、建物の中心にある通路に避難しよう。トレーラーハウスなど移動住宅に住んでいる場合は、家から出る方が安全かもしれない。最寄りの頑丈な建物を探しておき、警報やサイレンが鳴ったら、直ちにそこに入るようにしよう。

竜巻自体の持続時間は数秒だが、竜巻の警報は何時間にも及ぶことがある。そのため、緊急避難用スペースは、家族がしばらく過ごせるように整えておく。できるだけ整理整頓をし、高い所に重いものを置かないようにする。完璧ではなくても、ある程度の防災セットを用意し、保存食も確保しておく。また、この緊急避難用スペースの場所を、家族全員が知っていることを確認しておこう。

essentials

家屋の備え

ほとんどの死亡原因は、飛んでくるがれきだ。備えを万全にして、被害を最小限に抑えよう。次の項目に従って、家屋内外の備えを確認しておく。

- ガレージのドアを補強する。
- 木や茂みの手入れをし、折れやすい枝を定期的に取り除いておく。
- 庭にある不要な物や、風で飛ばされる可能性がある不安定なものを片付ける。
- 壁が全て土台にしっかりと固定されているか点検する。特に、建て増しをした部屋や仕切り壁は注意が必要。
- 屋根を筋交いや補強用金具で壁にしっかりと固定する。
- すべての窓に雨戸を取り付ける。
- 給湯器など大型の器具は壁や地面に固定しておく。
- ベッドやイスは、窓や鏡、額など、ガラスを使ったものからは離しておく。
- 重いものは棚の低い位置に移動しておく。
- 大きな家具は、壁にネジ止めする。
- 危険物は換気のよい場所にまとめ、防災用品や食料と離しておく。
- できれば、車はガレージ内に止める。

how to
竜巻で命を落とさないために

1. 注意報や警報が発令されたら車を運転したり、外にとどまらない。もしも、車の運転中に竜巻が近づいてくるのが見え、近くに建物がなかったら、車を止めてすぐに車外に出るようにしよう。車内にいるのは非常に危険だ。
2. 水源や橋、陸橋から離れた水路を見つけ、できるだけ体勢を低くして横になる。
3. 頭と首を腕で保護する。
4. 鉄砲水が発生し水路の中に水が入り込んできたら、できるだけ早く高い場所に移動する。周辺に高い場所が見あたらず木があるだけだったら、その木に登ろう。鉄砲水の中を泳いだり走ったりして逃げ切ることは不可能だ。

竜巻に備える避難訓練

竜巻は瞬く間に発生するので、大きなハリケーンに伴って起こるようなケースでなければ、避難している余裕はない。竜巻の発生確率が高い場所にいるなら、家の中の備えや持ち出し品を整えたうえで、慌てず速やかに行動できるよう確認しておこう。緊急避難用スペースは自宅（前ページを参照）だけではなく、仕事場や教会、図書館、ジム、ショッピングセンター、学校などにも確保しておく。

次に、少しでも早く安全な場所にたどりつけるように、竜巻の発生を想定した避難訓練をしておこう。子どもがいるなら、緊急避難用スペースに到着するまでの時間を計るなど、楽しみながら行う。また、緊急避難用スペースに行くことができない場合も想定する。テーブルのような重い家具の下にもぐり、片手でテーブルをつかんで、もう一方の手で首と頭を守る訓練もしておこう。

竜巻が去ったら

竜巻の動きは予想できない。ある家は全く被害がないのに近隣の家は倒壊していたり、台所は無傷なのに居間が破壊されたりすることはよくある。家の壁が壊れなければ、竜巻を切り抜けられる可能性は高い。竜巻が去ったとしても、避難場所を出る前に必ずラジオなどで警報解除を確認しよう。

帰宅したら丈夫な服と靴を身に着ける。家屋の被害（右のリストを参照）を点検するときも注意しよう。停電していたら、ろうそくではなく懐中電灯を使うようにする。歩き回るときは、床にこぼれたものや破片はすべて片付ける。ペットがケガをしたり、ショックを受けたりしていないかも確認しよう。保険請求をする場合は、損害品をすべて写真に撮り詳細を書き留めておく。近所に高齢者や一人暮らしの人がいたら、同じようにして家での作業を手伝ってあげよう。

被害の確認

- 建物の損傷がないか、壁を細かく点検する。
- 屋根と家屋の基礎を点検する。
- 水道管にひび割れなどがないか点検する。
- ガス漏れを点検する。
- 火災を起こす危険がある電線がないか点検する。
- 壁土がはがれたり、天井が落ちたりしないか注意する。
- ガスが止まっていたら、専門の作業員を呼んで復旧してもらう。

洪水 FLOOD

　洪水は単独で起こることも、さまざまな自然災害と併せて発生することもある。雨が降って川が氾濫すれば、川岸の土地を流してしまう。洪水による土砂災害が起きれば、家屋が押し流され、道路が寸断され孤立する可能性もある。ゆっくり進むハリケーンや台風が、鉄砲水や高潮を引き起こすこともある。そうして人命を脅かす無数のがれきも、ところかまわず投げ出される。地震や暴風雨で堤防やダムが決壊すれば、あたり一面、時には町全体が浸水するかもしれない。実際、洪水は世界中で頻発し、犠牲者数も被害金額も最も大きい災害だ。そして、都市部での大規模な洪水被害による死亡原因の多くが、車に乗ったままの溺死だ。

　土地の高低にかかわらず、たとえ小さな水路でも洪水は起こりえる。米国西部で起こる洪水は、雪解けや風雨が引き金になることがほとんどだ。東部ではハリケーンや雷雨が主な原因となっている。いずれにせよ、大洪水が押し寄せてきたら、覚悟しなければいけないことがいくつかある。水が汚染され、車が押し流され、家の中にも水が突然流れ込んでくるかもしれないということだ。

ハリケーンはたびたび洪水を引き起こす。メキシコ、バカラルの住民も洪水を体験した。

洪水に備えて計画を立てる

洪水はどこにでも起こると心得て、各家庭で事前に準備しておく必要がある。一般的な防災および避難計画の立て方については、304ページを参照すること。さらに浸水で身動きがとれなくなった場合に備え、生き延びるためのテクニックを家族に伝えておこう（次ページを参照）。

洪水が起こりやすい地域は、事前に家財道具を上の階へ上げておく。大型電気製品や高級家具などは、麻布や毛布などで巻いて、窓から離れた一番高い所へ置いておく。警報が出ているのなら、水に浸かりそうな場所から物を移動しておこう。

土のうを準備しておけば、防壁として侵入してくる水を吸って食い止め、命と財産を守ってくれる。誰が防壁を作り、どこから必要な材料を集めてくるのかを決めておこう。材料は地下室やガレージに常備しておくのが望ましい。100個の土のうで高さ30cm、長さ6mの防壁を作るのに、2人がかりで約1時間かかる。

また、家から避難するほどではない洪水の対策も立てておこう。洪水が発生した場合、水道水が汚染されるかもしれないので、掃除をしたバスタブやシンクにきれいな水をためておく。最後に電気、ガス、水道を止め、戸外に置いてある物を固定したら、家の一番高い所へ移動する。

注意報と警報

注意報と警報とでは内容が異なるため、それぞれ理解しておこう。まず、洪水注意報は居住する周辺地域で、今日か明日にも洪水が起きるかもしれない注意喚起として出される。テレビやラジオ、インターネットなどで最新の気象情報を確認し、車のガソリンを満タンにしたら、自宅での準備にとりかかろう。洪水警報は洪水が発生しているか、今にも発生しそうだというときに出される。テレビやラジオはつけたままにし、速やかに避難の準備をする。

また、米国では鉄砲水注意報が発令されたら、周辺地域で今日か明日には鉄砲水が起きるかもしれないということだ。鉄砲水注意報の発令がない国や地域でも、急峻な地形の河川上流部に大雨・洪水警報が出されている場合、下流部が突然、鉄砲水に襲われることがあるので注意しよう。

自宅での準備

- 洪水が起こりやすい地域にいる場合、大切な物をできるだけ家の中の高くて湿気のない場所に保管する。必要なら家の造りに手を入れる。
- 階下、特に地下室は最も洪水の被害を受ける。壁には保護用の防水建材を使用する。
- 下水管には必ずチェックバルブを付けておく。汚水が流し台や浴槽を通って家の中へ逆流するのを防いでくれる。
- 給湯器、ボイラー、電気パネルは床上に上げておく。
- 浸水防止のために、堤防や洪水壁といった障壁を家の周囲に設置する。

洪水による死因の半数以上は、車内に閉じ込められたことによるもの。

洪水時の運転について

　避難指示を受けたらすぐに行動しよう。このとき、車で遠くへ移動しようと平地を行くより、少しでも高い場所へ早く避難する。

　車での移動には細心の注意を払おう。米国における洪水による死亡原因で最も多いのが、乗車中の被害だ。車は水位が60cmもあれば流される。冠水した道路は決して運転してはいけない。さらに、水で見えなくなっている道路の損壊による事故、送電線事故による感電も洪水の死亡原因に多い。送電線事故を見かけたら通報しよう。

　避難時は指示に従ったルートを走行し、封鎖された道路へは入らない。冠水した道路に出たらUターンして退避する。また、車が立ち往生したり、突然増水した水に囲まれたりしたら、すぐに車を捨てて高台へ避難する。

　安全な場所に着いたら、車は川や側溝から離して駐車する。そして、洪水の後は車が損傷していないかを点検する。通常どおり車を使う前に、整備士にきちんと安全点検してもらおう。

　徒歩で避難する場合も、気象災害が重なっているかもしれないことを忘れてはいけない。竜巻、ハリケーンによる暴風、そして落雷もあり得る。それぞれの危険を推測し、どのような災害に直面しても最良の行動がとれるように、対策を学んでおこう。その知識を総動員すれば、どこへ避難するのが安全か答えを出せるだろう。

洪水時の車について

- 水のにごりで路面や車線が見えなくなる。
- 水位10cmでブレーキがききにくくなる。
- アンダーパスや低い場所にある道路は、早くに冠水している可能性が高い。
- 水位わずか15cmで車のハイドロプレーニング現象が起こる。
- 車は水位30cmで浸水する。
- 水位60cmでSUV車が流される。

essentials

洪水後の帰宅

水害のあった家に帰宅するときは特に注意が必要。洪水は建物を壊すだけでなく、危険で不衛生なゴミの山も残していく。

- 地域自治体の許可が下りるまでは、自宅の点検に戻ってはいけない。
- 丈夫な靴と厚手の衣服を身につける。
- 家に入る前に外にあるガスの元栓を閉める。
- すべての窓を全開にする（ガスが充満しているかもしれない）。
- 電気技師に全ての配線を点検してもらう。
- 浄化槽、汚水だめ、排水溝、排水処理装置などを、専門業者に点検・修理してもらう。
- 割れた窓ガラスや屋根に開いた穴をふさぎ、応急処置をする。
- 専門家に建物の損壊をチェックしてもらい、必要な処置をする。
- 洪水に浸かった食料品を処分する。
- 自治体が安全だと宣言するまで、飲料水や料理用の水は10分間の煮沸消毒をする。
- 洪水に浸かった物を消毒する。
- 損傷した箇所はすべて書面に記録して写真を撮っておく。

建物内にとり残されたら

増水で建物内にとり残されてしまったときは、次のステップに従って安全な場所へ移動する。まず、119番へ緊急通報。電話がつながらなくてもパニックに陥らないこと。自治体は被災地域を把握しているので、間もなく救助隊が駆けつけるだろう。

屋内でシェルターを見つける

- あふれた水には触れないようにする。下水や化学物質で汚染されている可能性がある。
- 電気器具のプラグを外すのは、体が乾いているときだけにする。床や体がぬれているときは、決してプラグに触れてはいけない。
- 飲料水を確保する。
- ガスと水道を止める。
- 暖かい衣類と救急キットを用意する。
- 懐中電灯、救難信号を送信できる機器、緊急用ラジオを用意する。
- 住宅の一番高い所へ避難する。
- 救助を待つ。
- 安全な場所まで泳ごうとしない。

達人の心得（ガールスカウト） 洪水は通常、豪雨や長雨、急な雪解け、ダムの決壊などにより起こる。一方、鉄砲水は警報が発令されることなく急に起こる。流れが激しく予測もつかないため、非常に危険。

WILDFIRES
森林火災

　自然発火による火災は森林を掃除する自然の営みだ。低木、増え過ぎた昆虫、植物に害を与える微生物などを火災が一掃する。そして、灰は栄養素となり土に返る。森林火災は自然の乱暴な掃除の仕方で、森の生態バランスを元に戻すための現象でもあるのだ。

　ここ数十年間、一刻も早く森林火災を鎮火しようとする取り組みが各地で行われてきた。こうした努力が人命を救ったのは事実だ。しかし、その結果、森林は育ち放題に育ち、すさまじい勢いで広範囲に燃え広がるようになった。近年、森林火災がたびたびニュースとして扱われるほどの災害に拡大した原因はそこにある。米国内では、2004年の１年間だけで約３万２４００キロ平米以上が焼失している。

　強い火勢による被害の大きさは、１世紀前の火災とは比べものにならない。真っ黒に変わり果てた山肌は、洪水や地滑り、土石流などの危険性を高める。そして、火災の煙は何キロにもわたって大気を汚染する。現在、管理のもとで野焼きをし、森林地帯を20世紀以前の状態へ戻す試みが行われている。ひとたび発生するとすべてを焼き尽くしてしまうような、猛烈な火災を防ぐことがその狙いだ。

火災後の森林では救済的伐採が行なわれ、焼け残った木材は有効に使われている。

森林火災から避難する

もし、近くで森林火災が起こったとしても、火の手が回ってくるまでに避難する時間は必ずある。チャプター9のガイドラインと合わせて、次に述べる内容も取り入れよう。

煙の中でも人目につきやすいように、各部屋の明かりをつける。貴重品をガレージに入れて鍵を掛ける。消防士が速やかに家の中に入れるように、玄関の鍵は開けたままにしておく。自宅を延焼から守るための庭の3つの法則も覚えておこう。「樹木を植え込みすぎない」「枯れ木や落ち葉、ゴミを置かない」「水分を多く含む樹木や植物を植える」。

また、道路では車の運転に注意し、あらかじめ指示された道順に従う。万が一、車で立ち往生しても、車内がシェルター代わりとなって森林火災から身を守れる可能性はある。慌てて徒歩で避難しようとしないことだ。

車内で森林火災を生き抜く
- 車の窓や換気口を閉める。
- 運転が可能であれば、ゆっくり前進する。
- 激しい煙の中は走行しない。
- 草や木から離れた場所に停車する。
- 車のエンジンを切って、ヘッドライトはつけたままにする。
- 床に伏せて、毛布やジャケットなどで自分の体を覆う。
- 車内の温度が上昇しても冷静に対応する。
- 救助が来るまで、あるいは火が通り過ぎるまで車内にとどまる。

徒歩で火災に直面したら

荷物と化学繊維素材のものは体から離し、キャンプ用燃料はすべて捨てる。化学繊維より燃え広がりにくい綿かウールの乾いた服や毛布で体を覆い、それから対策を考える。

火災が小規模であれば火をよけて歩くことができる。周囲に安全と思われる、木が密集していない場所を探そう。また、火の勢いが増す小渓谷や峡谷は避ける。移動が厳しい場合は、低木などを急いで取り除く。うつぶせになり、首と顔を燃えにくい衣服や土で覆う。そのままの体勢で火が通り過ぎるまでじっと待つ。火の中を走り抜けるのは最後の手段。その際は着火する時間を与えないくらい、素早く移動しなくてはならない。

防火帯の作り方

可燃物をすべて取り除いた小道(防火帯)は、火の勢いを食い止められる。炎が迫り、建物を離れられない場合は、最後の手段として周囲にこのような防火帯を作る。

1. 健康で体力のある人としっかりした道具を、できるだけ多く集める。
2. 自宅と炎との間に適当なひと続きの場所を見つけよう。できれば張り出した木のない場所が望ましい。燃えた枝が住宅側に落下することがある。
3. 90cm以上の幅をもたせて、帯状に防火帯を区切っていく。
4. 雑草や草木の根、そのほかの可燃物はすべて排除する。
5. 迫ってくる炎には常に注意する。必要であれば作業を中断して避難しよう。

ブリザード

　雪、みぞれ、凍てつく雨が降る冬の日は、危険が潜んでいる。そのような日の湿った大気に強い風が加わると、ブリザードが発生する。専門的にいえばブリザードとは、最低3時間に及ぶ降雪と時速56km以上の強風で、視界不良となる吹雪のことだ。吹雪は、鍵となる3つの要素で形成される。寒気、水分、そして上昇気流だ。雲層あるいは地表近くに氷点下の冷たい空気層があり、エネルギーとなる水分が湖や海から蒸発する。そこへ、湿った空気を持ち上げようとわずかな上昇気流が発生すると、激しい嵐を引き起こす雲が空全体に広がるのだ。さらに、4つめの要素である強風が、吹雪をブリザードへと変貌させる。

　ブリザードは吹雪の中で最も危険な気象現象で、積雪が何メートルにもなる雪を局地的に降らせる。何日にもわたる停電を引き起こすこともある。積雪量が多くなると、今度は雪崩の危険性が出てくる。また、春先はブリザードの後すぐに気温が上がり、その雪解け水が洪水を引き起こす。

　悪天候の間は外に出ないようにする。それが厳寒を生き抜く一番のテクニックだ。吹雪による死因の約70％は車の事故によるもので、25％は歩行中か車内にいるときに、低体温症により死亡している。そのほかの死亡原因は、室内暖房器による火事や一酸化炭素中毒、凍傷などだ。

積雪時は、たとえ自分の車が四輪駆動でも、ほかの車もそうだとは限らないことを頭に入れておこう。

注意報と警報

冬の雨や雪は凍えるような風から路面の凍結まで、さまざまな危険をもたらす。

日本では気象庁が居住地域を対象に低温注意報を発表する場合、気温が0℃以下になると予想される。橋や日陰では路面凍結があるかもしれない。また、大雪注意報が発表された場合は災害が、大雪警報が発表された場合は重大な災害が発生するおそれがあると予想される。テレビやラジオなどで詳細な情報を入手し、防災準備をしておこう。

また、吹雪のように雪を伴う強風により、見通しが利かなくなるなどの災害のおそれがある場合は、風雪注意報が発表される。さらに風が強く、雪を伴う場合は暴風雪警報になる。公共交通機関の乱れや道路の通行止めなどを想定して行動する。

外へ出るとき

保温性のある服を重ね着し、断熱材を使用したブーツ、帽子、そして手袋を身に着ける。屋内にいる間に、ストレッチなどを行い体を動かして温めておこう。雪かきをするときは、あまり無理をし過ぎない。

氷点下の冷気から肺を保護するため、室外にいる間は口をマスクやマフラーで覆い、できるだけ話をしない。衣類がぬれたら、すぐに乾いた服に着替える。低体温症の兆候が表れたら、その人を暖かい場所へ移動させる。ぬれた衣服を脱がせて、乾いた保温性のある布で体を包む。温かい飲み物を与えて体温を上げ、医療機関で手当てを受けよう。凍傷の症状が表れた場合、切断の恐れや命の危険があるので、一刻も早く治療を受けるようにする。

---

essentials

自宅でブリザードを切り抜ける

暖炉のそばで快適な夜を過ごすはずが、ブリザードのために何日も屋内に閉じ込められることになった場合、吹雪が収まるまで次のステップに従う。また、チャプター9を参考に、防災セットを手元に用意しよう。

- テレビやラジオなどは、つけたままにする。
- 使っていない部屋の暖房を止め、ドアも閉めて燃料を節約する。
- 住宅火災を引き起こす危険があるため、暖炉や室内暖房器の取り扱いに注意する。
- 石油ファンヒーターを使用する際は、有毒ガスが充満しないように換気する。
- 毛布を集めて体を覆う。
- 重ね着をする。
- 屋内でも帽子と手袋を身に着けておく。
- 火災防止のため、明かりはろうそくではなく、懐中電灯を使う。
- 栄養と水分はしっかり取る。
- 水道管の凍結防止に、蛇口から温水を数滴ずつ垂らすようにしておく。

essentials

車が立ち往生したら

寒さの厳しい時期に車で出掛けるときは、必ず次のものを積んでおく。鍵穴の解氷剤、毛布、シャベル、予備のウォッシャー液、軽食、飲み物、救急キット。また、ブリザードが通り過ぎるのを車の中で待たなければならない場合、以下の手順に従う。

- 車を路肩に寄せて止める。
- ハザードランプを点滅させ、ラジオのアンテナに目立つ色の布を結び付ける。
- 発炎筒を点火し、なるべく近くの目立つ場所に置く。
- 救助が必要な場合は、携帯電話などで救助要請を行い、外に出ず車の中にいる。
- 水分を補給する。
- 暖をとるために、1時間のうち10分間はエンジンをかけて暖房を入れる。
- 一酸化炭素を含むガスが車の中に充満するのを防ぐため、風下の窓を少し開け、排気管が詰まっていないかも確認する。
- 同乗者と寄り添って毛布にくるまる。
- 軽く体を動かして温めるが、体力を消耗するためやり過ぎは禁物。
- 順番に睡眠をとる。救助隊が来たときのために、必ず1人は起きて番をしている。
- バッテリーの電力はできるだけ使わないようにする。
- 救助隊が見つけやすいよう、夜間は室内灯をつける。
- ブリザードが過ぎた後、助けが来ないと確信した場合は、歩いて助けを呼びにいく。

救難信号

車が立ち往生して電話も使えない場合は、昔ながらの救難信号を使う必要がある。一般的な救難信号には、ホイッスルを3回吹く、クラクションを3回鳴らす、ヘッドライトを3回点灯する、などがある。いずれも3回を同じ長さで行い、数分置きに繰り返す。もし手元にあれば、音が遠くまで届き、電力も体力も消耗しないホイッスルを使うとよいだろう。

雪がやんでいれば、雪の上に書いたメッセージも有効な救難信号になる。枝やほかの何かを利用して、地面に「SOS」または「HELP」の文字を描いておく。使えるものが何もないときは、足で雪を踏み固めて文字を作ろう。

how to

雪の吹きだまりから車を脱出させる方法

1. タイヤ周りの雪を払うために、ハンドルを左右に動かす。
2. 前進とバックを繰り返して車を揺り動かす。前進するときにアクセルを踏むようにする。タイヤが空転すると、より深く車が埋まってしまうので注意。
3. 車の外に出て、周りにある雪やゴミをシャベルで取り除く。
4. タイヤの駆動力を高めるために、砂利や砂をタイヤのなるべく近くにまく。
5. タイヤをまっすぐ前に向け、アクセルを軽く踏んで車をゆっくり前に出す。押してくれる人がいる場合、真後ろではなく後方横側にいてもらうようにする。

低体温症の兆候

- 震え
- 記憶が途切れ支離滅裂なことを言う
- 言葉が不明瞭
- 極度の疲労
- 凍傷の兆候
- 手足、鼻、耳たぶの感覚が無い
- 手足が白っぽくなる

山間地域でブリザードに遭ったら

原則として、安全な場所を探してむやみに歩き回らないこと。道に車を止めて中でじっと待つ。舗装された道路にいて誰かに行き先を告げてある場合、救出の可能性は高くなる。車から離れないでよう。同乗者がいる場合は、体を温め合うようにする。車の外に明るい色のものをつるすか、SOSの合図（前ページを参照）で救難信号を送る。航空機が近づいてきたら、車のミラーを使って信号を送ろう（チャプター2を参照）。車内にとどまっていれば体温の低下を防ぎ、低体温症になるリスクを軽減できる。冬期に山間部へ行く場合、緊急時に備えた準備も忘れずに。

essentials

吹雪が去った後

雪がやんで安全が確認されたら、以下の手順に従う。

- 家族全員について、低体温症や凍傷の兆候がないか確認する。
- テレビかラジオで最新の情報を入手する。
- 1階が雪に埋まっていたら、2階の窓から外に出る。
- 近所に助けが必要な人はいないか確かめる。
- 水道管やガス管が損傷していないか調べる。
- 家屋に構造的な損傷がないか調べる。
- 道路が開通するまで、車の運転はしないようにする。
- 道路が開通して車で出かけるときは、主要道路だけを通るようにする。
- 食料と防災セットを補充する。
- シャベルで雪をかき出すときは、無理をしない。
- 防寒衣類と毛布を洗って、また使えるようにしておく。
- 吹雪の後には厳しい寒さが襲ってくることが多い。油断しないようにする。

達人の心得　ディーゼル車の場合、暖地から寒冷地へ行くと燃料の軽油が凍結することがある。現地で販売している軽油は低温に対応しているので、到着したら長時間駐車する前に給油する。出発前はそれを計算して、燃料を入れすぎないでおこう。

雷 LIGHTNING

　米国全土における年間の落雷数は3000万件に上り、雷の電圧は1億ボルト、温度は約3万度にもなる。雷は雲に集まった負電荷を帯びた粒子と、地上に集まった正電荷を帯びた粒子の間に放電が起こり、明るい光を放つ電気の線が発生する現象だ。雷の落ちる場所はほんの数センチの範囲だが、空を伝う距離は数キロメートルに及ぶ。強烈なエネルギーが周りの空気を熱し、急速に膨張させるため雷鳴が鳴り響く。

　雷は地球と大気圏の間で、電気のバランスを保っているという説もある。科学者たちは、雷雨にならず数分で消える雷があるのは、そのためだと考えている。オゾンはこのエネルギー交換の副産物であり、大気圏を守る重要な働きをしている。また、空気中の窒素を水に溶かして土に届け、植物が必要な栄養素を根から吸収できるようにもしているのだ。

　このように有益なことがあるものの、その強大なエネルギーは危険きわまりない。日本では、雷による死亡者数は10人に満たない年が続いている。しかし、米国において雷は、洪水に続いて2番目に死者の多い自然災害として、年間約100人が死亡している。竜巻など雷雨に伴う別の危険については310ページを参照とし、ここでは、雷雨の中で身を守り生き残るために最も重要な、雷に打たれない方法について述べていこう。

パナマシティの高層ビル。このように避雷針になってしまわないよう注意しよう。

essentials

屋外で雷に打たれない方法

雨にぬれていても気にしない。雷をかわすことだけに集中しよう。

- 一番よい方法は車の中に入り、窓やドアをしっかり閉めて、金属部分に触らないようにすること。

- 避難する場所がどこにもない場合、地面が固く、低い位置にある開けた場所を見つける。できれば水たまりは避ける。

- うずくまって頭をひざの間に入れ、手で耳を覆い、体をなるべく小さく丸める。

- 地面との接触をできるだけ少なくする。決して横になってはいけない。

- 公園の休憩所やカーポートなど、壁に囲われていない建物の中は危険。

- 電気の通った柵や電柱に近づいてはいけない。

- 森の中で空き地が見当たらないときは、一番低い木の下に身を寄せる。

- 高い木やぽつんと立っている木の下は避ける。

- 通電の可能性がある登山用ロープや電気機器などは、すべて体から取り外す。

- ほかの人との間隔は約5メートル以上とる。

how to

雷に打たれた人の応急処置

雷に打たれた人に触れても、感電することはない。迅速な治療を受けた患者の多くは助かっている。すぐに緊急医療サービスか、日本ならば119番に電話をしよう。その後、以下の手順に従うこと。

1. 脈があるかを確認し、なければ心肺蘇生法を施す(巻末資料を参照のこと)。

2. 呼吸があるかを確認し、なければ人工呼吸を行う。

3. 雷が通り抜けた場所にやけどを負っていたら、重度のやけどとして処置する。簡単に脱がせることができる場合にだけ衣服を脱がせ、殺菌済みの乾いた包帯を当てる。コットン以外の粘着性のないものを使う。液体やクリームを塗ってはいけない。

4. 骨折やケガがないかを確認し、脊髄損傷の可能性がある場合は動かさない。

5. ショック症状がないかを確認する。動かしても大丈夫な場合は平らな場所に寝かせ、足を約30cm高くし、コートか毛布をかける。救急救命士が到着するまで、患者から離れないようにする。

達人の心得 ラジオのAM放送はおよそ50km離れた雷からの電波を受信するため、雷の予知に利用できる。ラジオを付けているときに「ガリ、ガリ」と雑音が聞こえたら、近くに雷雲がある可能性が高いので安全な場所を探す(FM放送では受信できない)。

EARTHQUAKES
地震

　陸も海も、地殻のいちばん上の層はいくつものプレートが集まって構成されている。これらのプレートは高温で液状のマントルの上をゆっくりと移動する。その際、プレートが互いに押したり引いたりすると抵抗が生じ、断層線と呼ばれプレート同士が接触する場所に圧力をかける。圧力は何百万年もかけて高まり、断層線にまたがる岩石層にも大きな力を加え始める。この非常に大きな力によって断層が割れたり（直下型地震）、プレートの沈み込み（海溝型地震）により、激しく地面を揺り動かす地震が起こる。ときには2つのプレートが、トランスフォーム断層といわれる境界線に沿って、逆の方向にずれることもある。

　2つのプレートがぶつかると、温度が低く固いプレートがもう片方のプレートの下に潜り、大陸が隆起する。プレートが別々の方向に分かれて谷間をつくることもあり、そこが水で満たされて海ができた。地球上では年間約50万回地震が起きているが、実際に被害を与えるのはそのうちの約100回程度。地震による死亡原因の多くは、飛んでくるがれきや倒れた家具、損壊した建物の下敷きになったためで、続いて多いのが火事と津波によるものだ。ただし、耐震構造の建物は地震による被害が少なく、最新の建築基準に則した家の補強と避難訓練を行えば、生き延びる確率は格段に高くなる。

地震は何年もかけて地面に圧力が蓄えられた結果であるため、どこにでも起こる可能性がある。

地震の予測

　地震の正確な日付や時間を予測する方法はないが、各国の調査機関では大地震が起こる可能性の高い地域を特定している。米国地質調査所も、過去数十年にわたり地震警報システムを開発してきている。

　大きな地震の前には、小さな断層のずれが生じることがよくある。これは前震と呼ばれ、断層に圧力がかかっていることを示している。学者はこの前震を調査し、危険の大きい地域に警告を発している。

　ある特定の地域で地震の起きる周期を計算することでも、予測ができる。断層のずれの多くは、ある一定の周期で発生している。しかし、それまで知られていなかった断層から大地震が起こることもある。1994年のカリフォルニア・ノースリッジ地震のケースがそうだ。

　地震が起こりやすい地域もある。活断層近くや環太平洋火山帯近辺に住んでいる人々は、地震に遭うリスクが高いといえる。防災計画の中でも地震対策を一番に考え、行政機関や各省庁に問い合わせ、その地域に地震が起こる危険性について聞いておこう。

達人の心得　鍋を火にかけているときに地震が発生しても、まず身を守ることを優先する。できるだけ火から離れて安全が確保されてから火を消す。新しい器具であれば消火装置が作動するが、火が出た場合は、揺れが収まってから消火する。すぐに使える消火器を常備しておこう。

地震を想定した防災計画

　家族のための防災計画を立てるときは、地震対策を必ず盛り込んでおこう。身を低くして頭を守り、地震が収まるのを待つために最適な場所を家族と一緒に、各部屋を回りながら確認する。たとえば、頑丈な家具の下や頑丈な作りの出入口、窓から遠い壁の近くなど。

　地震発生後に家が損壊したり、津波などの二次災害の恐れがある場合は避難する必要がある。家族が落ち合う集合場所、地域外に住む緊急時の連絡先（コンタクト・パーソン）を再度確認しておく。外で地震に遭ったときいちばん安全な場所を、子どもたちに教えておこう。屋外で安全といえるのは、柱、木、送電線、橋、ガラスや看板、ブロック塀、道路の高架下から離れて開けた地面の固い場所だ。防災セットを定期的にチェックし、避難訓練も行う。地震は突然起こるものなので、ショックで動けなくなり、出入口までたどり着けないことがある。訓練を通じて、いざというときにも身を守る一連の動きができるようにしておこう。

essentials

家の補強

地震で生き残るには、事前の備えが何より重要だ。家に危険があふれている状態でも、地震は言い訳を聞いてくれない。

● (財)日本建築防災協会のウェブサイトにある自己診断プログラムなどを使って、家の耐震性能をチェックする。

● 構造的な問題がないか自治体が認定した耐震診断士などに調べてもらう(前回見てもらった後に地震があった場合は特に必要)。

● 壁、天井、床に深い亀裂がある場合は修理する。

● 作りつけの棚を点検する。

● 本棚のように不安定で高さのある家具は、ボルトなどで壁に固定する。

● 天井の照明器具が落下しないように器具で補強する。

● 火事を起こす危険性を軽減するため、電気配線の不備やガス漏れがしそうな場所を修理する。

● ベッドやソファの後ろにある壁には、重いものを掛けないようにする。

● 重いものは棚の下の方に移動する。

● 壊れやすいものは扉付きの棚の下の方に置く。

屋内で地震に遭ったら

屋内で地震に遭ったときは、できるだけ冷静に訓練したことを実践に移そう。身を低くし、一番近くにある安全な場所で頭を守り、地震が収まるのを待つ。自分が隠れている家具が地震で動いたときは、自分も一緒に移動する。家具の下にいることが重要だ。

就寝中だった場合は、その場にとどまり枕で頭を覆う。窓と照明器具からなるべく離れ、ガラスや落下物から身を守る。

おそらく1分以内に揺れは収まるだろう。揺れによって、スプリンクラーや火災報知用煙探知器が作動してしまうことがある。その場合も落ち着いて動かないこと。

避けるべきもの

■ エレベーター
■ 戸外のドアや塀のそば
■ 窓やガラス
■ 壁にかかっているもの
■ 天井の照明器具
■ 地震の最中に動き回ること

達人の心得 地震で停電になった後、電気が復旧したときにスイッチが入ったままの電気製品から発火して火災を引き起こすケースが多い。これは通電火災と呼ばれる。もし家が無事でも、避難や物資の調達で離れる際は、必ずブレーカーを落とすようにする。

屋外で地震に遭ったら

地面が裂け、あっという間に歩行者が飲み込まれるなどということは、映画の中だけの話だ。実際には、地割れのために人が死亡することなどめったに起こらない。もし地面が揺れても、雷雨やハリケーンのときのように慌てて避難場所へ急いではいけない。できるだけ何もない広い場所に移動しよう。揺れが収まり、がれきが落ちてこないことを確認するまで、動かずそこにとどまるようにする。ガラス窓や看板の多い街中でも同様だ。

山中や崖(がけ)の近くにいるのなら、落石や崖崩れに注意しよう。海岸や河口近くにいるのなら、津波に備えて速やかに、海から数百メートル以上離れた高台や頑丈な避難場所のできるだけ上階へ急いで移動する。

近寄ってはいけないもの
- 周りにある建造物すべて
- 樹木
- 街灯や送電線
- 海岸や河口付近

地震の後

大きな揺れの後には、余震や津波が起こる可能性が高く、さらに被害が拡大することがある。備品の持ち出しや片付けの際には、細心の注意を払うようにしよう。

地震の後でまず気をつけることは、同行者にケガやショック状態がないか、応急処置は必要か、救急医療サービスや119番への通報は必要かなど。そして、しっかりとした服装に着替え、丈夫な靴を履く。外に出られる状態なら、近所の様子も確認しよう。

回線の混雑が予想されるため、電話は緊急時のみ使用するようにし、災害用伝言ダイヤルなどを利用する。道路の封鎖状況、津波警報、火事などの必要な情報は、信頼できるメディア（テレビやラジオなど）で確認しよう。そこから地震の規模や震源地、各種警報を知ることができる。

二次災害の危険がなく、自宅から離れる必要がなければ自分の家を丹念に調べる。食器棚の扉を開けるときは、物が落ちてくるかもしれないので気をつける。ガスや刺激臭があれば、直ちにその場から離れて助けを呼ぼう。

家の構造部分で、専門家に調べてもらった方がよい所は、基礎、煙突、壁、屋根など。加えて、ライフラインが壊れていないか、特にガス漏れや漏電のチェックが必要だ。水道管は地下で破損することがよくあるので、こちらも調べてもらう。

がれきの下の方に閉じ込められたら
- 直ちに布で口を覆い、肺を保護する。
- 大量出血していないかを確認し、出血していれば止血する。
- 手近なもの（パイプが最適）をたたいて救難信号を送る。
- ホイッスルがあれば吹く。
- 体力を消耗しないようにする。たとえば、救助隊が近くに来るまで叫ばないようにするなど。
- じっとして動かずにいよう。蹴ったりすると、がれきが崩れるかもしれない。
- 照明の代わりになるものを探す（マッチは不可）。

VOLCANOES

火山の噴火

　マグマは地球の外核（内核とマントルの間の層）の中でつくられ、マントル部分を突き抜けて上昇する。マグマは地殻の下にある、ホットスポットと呼ばれる所にたまっている。そこに圧力がかかると、地殻を突き抜けてマグマが押し出され、火山の噴火が起こる。正確には、火山は噴火の結果できたものであり、噴火の原因が火山なのではない。

　たとえばハワイ島にあるマウナロア山のような楯状火山では、マグネシウムや鉄分を含む苦鉄質溶岩がゆっくり噴火口から流れ出し、幾層もの火成岩をつくる。このような火山の噴火はゆっくりで、山の大部分は海面下にある。噴石丘は小さく比較的短命で、粘性のある溶岩流から成っている。溶岩はケイ素を含む珪長質で、マグマが陸地に出ると固まってできるのだ。

　世界の有名な火山のほとんどは苦鉄質と珪長質が合わさったもので、火山の噴火口から大量の燃焼物質を噴出する。溶岩、有毒ガス、火山灰、そして火砕流（溶けた岩の川）などがそうだ。これらの現象に巻き込まれたら、人は死ぬ危険性もある。しかし、噴火するまでには時間の余裕があるため、住民に対して警告が出される。科学者たちは地熱活動を監視し、噴火が起こる可能性に基づき警告を発令する。もしあなたが活火山や休火山の近くに住んでいて、そこがハワイや北米の太平洋岸北西部ならどこでも、噴火に対する備えが災害対策の鍵となる。

注意報と警報

　米国地質調査所（USGS）は、地熱温度が原因の災害に対応した、特殊な警報システムを開発した。火山地域内の住民は、火山活動に関する公式情報を得るため、最も確実な伝達ルートを確認しておこう。

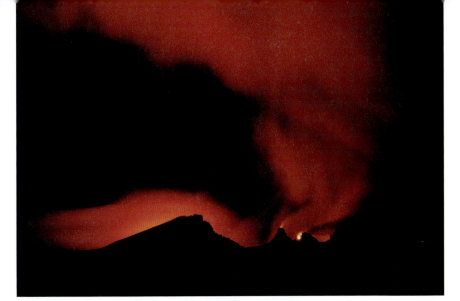

ハワイ島、ハワイ火山国立公園内のキラウエア火山の上空で真っ赤に輝く高温ガス。

噴火時の備え

　火山が噴火しても、警報が発令される地域ではほとんどの人が噴火前に危険区域から避難できるため、災害対策の基本は避難方法が中心になる。家族の連絡先や集合場所を確認しておき、土石流や地滑りが発生していないかを調べ、防災セットにゴーグルとマスクも入れておこう。

　活火山や休火山の近くに住んでいる場合は、住宅地に「噴火時の避難経路」の案内が掲示されているはずだ。案内の内容を覚えておき、自宅からの避難経路を確認しておこう。危険区域内の学校では、生徒を安全に家に帰すための訓練を行い、避難方法を定めている。そのシステムをしっかり理解しておこう。もしも予期せぬ噴火が起きて屋内に閉じ込められたら、室内の空気を確保する。できるだけ家を完全な密閉状態にし、動物はすべて屋内に入れる。車は車庫か納屋の中へ移動させる。そして、すべての開口部を閉じる。窓やドアの隙間を厚めの毛布で埋めて、外気が入り込むのを防ごう。

　噴火が起こったときに外にいた場合は、直ちに避難できる場所を探す。

気象庁が発表する噴火警戒レベル

日本の気象庁では、全国の活火山を対象に噴火警報と噴火予報を発表している。噴火警報は、居住地域や火口周辺に影響が及ぶ噴火が予想された場合、予想される影響範囲を明示して発表される。噴火予報は、噴火警報を解除する場合や火山活動の静穏な状態が続く場合に発表される。また、常時観測火山である50火山のうち、49火山（2022年3月現在）で以下の噴火警戒レベルを運用し、警報・予報で発表している。

- レベル1：活火山であることを留意
- レベル2：火口周辺規制
- レベル3：入山規制（火口から居住地域近くまで）
- レベル4：高齢者等避難（居住地域及びそれより火口側）
- レベル5：避難（居住地域及びそれより火口側）

essentials

噴火時の避難方法

避難命令が発令された場合は、この章で述べられている指示に従って、直ちに退避しよう。以下は追加事項。

- 家族全員ゴーグルを携帯する。
- 家族全員使い捨てマスクを携帯する。
- 安全な場所に誘導できるよう専門家が設定推奨した避難経路で移動する。
- 立ち止まって噴火を観察するのはやめる。命取りになりかねない。
- できれば、川や低地にある谷間には近づかない。
- 火山の風下になる場所は避ける。空気が汚染されている危険性がある。
- 安全そうに見えても「立ち入り禁止区域」の表示がある場所には入らない。

二次災害

噴火は生命を脅かす一連の災害の発端にもなる。注意すべきは溶岩だけに限らない。ほかにも火山泥流（雪解け水と火山灰や泥土が合わさった流れ）と呼ばれる現象もあり、この泥流は時速80kmの速さで、噴火口から下方に達することがある。火山泥流は凝固物の流れと合わさることもあるので、溶岩そのものよりも大きな危険をもたらす可能性があるので注意が必要だ。

また、噴火でできたばかりの堆積物に大雨が降れば、鉄砲水が起きる危険性がある。増水に警戒しながら、できるだけ高台に避難しよう。橋は危険なので近づかない。ほかの二次災害としては、地震、津波、地滑り、酸性雨、火山灰などがあげられる。

なかでも火山灰が最も広がりやすく、火山から何百キロもの範囲の地域に影響を及ぼす。火山灰に含まれる細かいガラス片から体を保護するため、常に長袖と長ズボンを着用し、マスクや湿らせたハンカチを携帯しておく。目はメガネやゴーグルで保護し、避難時以外は車のエンジンは切っておく。

インドネシアの東ジャワ州のように、火山を神聖視する文化もある。

噴火の後

　信頼のできるメディア（ラジオやテレビ、インターネットの公式ページなど）で、水道の状態、外気の安全性、道路状況などの情報を集めよう。外出許可や警報が解除されるまでは、屋内から出てはいけない。大気中の火山灰が呼吸器系に損傷を与える可能性がある。

　火山灰が大気中にとどまっている期間は数日間、数週間、極端な場合、数か月ということもある。1815年、インドネシアのタンボラ火山が史上最大規模の噴火を起こした。そのときに生じた火山灰と火山ガスにより、太陽光線が部分的に遮られ、地球寒冷化が引き起こされたのだ。

　どうしても外に出なくてはならないときは、潜在的な危険があるということを忘れない。

注意事項

- 火山灰が降った場所には行かない。
- 車の運転は避ける。灰を巻き上げ、エンジンを詰まらせる原因となる。
- 外気を直接吸わない。「ろ過式呼吸用保護具」として知られているN95微粒子用マスクで口と鼻を覆う。マスクはホームセンターなどで購入できる。
- 外気から目を保護するためゴーグルを着用する。
- コンタクトレンズは着用しない。目をこすったときに角膜を傷つける恐れがある。代わりにメガネをかけよう。
- 空中に浮遊している火山灰粒子から肌を守る。直接触れないよう、長袖・長ズボンを着用する。

essentials

噴火からの復旧

あなたの家をさらなる被害から守るために、迅速に行動しよう。

- 呼吸器系疾患のある人は、火山灰との接触を極力避ける。
- 火山灰や火山ガスが屋内に入らないように窓やドア、開口部はすべて閉めておく。
- 外気が侵入する恐れのある、暖房や冷房装置の電源を切る。
- 構造上の損壊があるかもしれないので、壁や基礎を調べる。
- 屋根の上に積もった火山灰を落とす。
- 屋根の上で作業するときは特に注意する。
- エアコンやセントラルヒーティングのフィルターを交換する。使い捨て、使い回し、いずれの場合も換えること。
- 水道水が火山灰で汚濁している場合は、水質検査をしてもらうまで飲料水は安全なものを購入する。
- 隣人を助ける。特に高齢者に手を貸してあげよう。特別な介助が必要かもしれない。

達人の心得　居住地の近くに火山がある場合は、自治体が制作している火山防災マップを入手しておこう。そこで紹介されている火山活動の現状、災害の種類やその影響範囲、火山情報の種類と発表方法、避難情報などを理解したうえで、マップを防災セットに入れておく。

HOW I SURVIVED:
雷雨からの生還——パトリシア・C・ライト

マダガスカルにあるマハリラ山は、ラヌマファナ国立公園の中で最も高い山だ。私はフィールド調査を行う生物学者として、生物多様性の調査のため、赤肌の奥山に初めて足を踏み入れたのだった。その山は「幽霊が出る」といわれ、先祖代々立ち入りを禁じられていた。爬虫両生類学者のジョン・カドルと私は、恐れをなす村の長老たちに頼み込んで山を案内してもらうことになった。私たちは一列になって黙々と草原の中を進み、ラヌマファナ国立公園の東南端へと歩いていった。村長のラコトが先頭を歩き、ラミ、タラタ・ピエール、ロレトの3人の長老が同行していた。私は熱帯雨林を歩く定番の格好、緑のアーミーパンツと緑のシャツ、釣り用の黒い長靴、ケルティの赤いバックパックという格好をしていた。私の同行者はジョンのほかに、写真家のデビッド・ヘリング、私の兄テッド・チャプル、そしてリチャード・ランドリオピオナだった。

突然、ドーンという音がした。「今のは大砲?」と思ったとき再び、ドーン、ドドーン。あまりに深く、広く、大きいその音に私の体は衝撃を受け、恐怖で息苦しくなった。

長老たちは即座に反応した。ラコトとラミはひざまずいて頭を垂れ、まるで痛みに苦しんでいるようなうなり声を上げる。私も本能的にひざまずいていた。

「今のは雷だ。ただの雷だよ」とジョンは言った。長老たちが引き返すと言い出す前に彼は岩壁へと進み、私も急いで彼に続いた。下を見ながら、慎重に岩をよじ登る。必死に斜面を登ったが、なかなか頂上は見えなかった。なにしろ傾斜が急で、自分の足しか見えないほどだ。突然、頂上に出て視界が開けた。そこからの眺めは壮観だった。インド洋が一面に見渡せたのだ。

ジョンは足を止め、顔を灰色の大きな岩の方に向けた。カエルの鳴き声がする。私たちは予期せぬ発見にとても興奮し、数分前の雷のことなどすっかり忘れていた。

私は素晴らしい景色を眺めながら、岩の穴の外でじっと待っていた。緑の豊かな山々がはるか四方に広がっている。私たちがいるこの地点が、この辺りで最も高い場所なのは明らかだった。崇高な気持ちに浸っていると、東の方角に不吉な暗雲が現れた。どんどんこ

パトリシア・C・ライトは熱帯生物学者。ナショナル ジオグラフィック研究調査・探検委員会およびコンサベーション・トラストの各委員。

ちらへ近づいてくる。そして、一瞬太陽が見えたかと思うと、ふいに真っ暗闇になった。そう、まるで電気を消したように。どうして天候に注意していなかったのかと後悔した。避難場所を探すには遅すぎる。私は何とか落ち着こうとした。

ジョンとリチャードが花こう岩の穴から出てくると、雨が降り始めていた。私は東を指して嵐のことをジョンに教えたが、彼は「カエルを見つけた」と得意気だ。手のひらを広げると、そこにはホープダイヤモンドより大きなカエルがいた。

そして荒れ狂う嵐が訪れた。土砂降りの雨が、ものすごい勢いで降ってきた。身を隠すものなどない場所で、避難場所を求めて走ったが何も見えない。しゃがみこんで、腕で顔を覆いながら、必死に岩に身を寄せた。激しい雨が幕のように絶え間なくたたきつけてくる。寒くて震えた。ゴルフボールほどの大きさの雨粒がこたえた。

稲光が空を貫くと、暗黒の世界がぱっと輝く。雷鳴がすぐ後に続いた。また稲妻が走り、雷がとどろく。そして、雨の弾幕。「稲妻が光ってからすぐ雷が鳴るときは、嵐が真上にある証拠よ」と、よく母が言っていたのを思い出した。ゴロゴロ、ピカッ。雷鳴と稲光がほとんど同時だ。

母の言葉が頭の中に響いた。「激しい雷雨のときは、広い場所で立っていてはいけないよ。雷は高い所に落ちるからね」。ベンジャミン・フランクリンの名前が脳裏に浮かび、私たちは雷に打たれるかもしれないと思った。ここに木は1本もなく、山頂では私たちが最も背が高い。今すぐにでも、雷がこの山に落ちようとしている。雷が落ちるのは背の高いものだ。そして、それは私たちなのだ。

私は雨の中でうずくまっていた。稲光が一閃し、触れそうなくらい近くに落ちた。間髪入れずに体を揺るがす雷鳴と稲妻の閃光(せんこう)が、私たちの真上の空を引き裂く。私は死を覚悟した。体を震わせながら目を閉じる。風が強いのでテントが心配だったが、目を開けられず、何が起こっているのか分からない。雨が打ちつけて腕が痛かった。風をよけて振り向くと、岩の下でラコトが震えているのが見えた。先祖たちと同じ恐怖がラコトの目に映っている。また稲妻が空を引き裂く。みんなここで死ぬのだろうか。

やがて嵐は去った。ぴたりとやんだのだ。真っ暗だった空が明るくなり、太陽が輝き、喜びが全身を包んだ。

私は雷に打たれなかった。周りを見回してみるとジョンも無事だ。宝石のようなカエルを、まだ手の中に大切そうに持っている。さらに見回すと、みんなの姿が見えたのでほっとした。けれど、テントはそうはいかなかった。ひとつを除いてすべてのテントが吹き飛ばされていたのだ。ラコトは動揺していたが、私たちと一緒に残った。ラミや村から来た手伝いの人たちは、サハボンドローナ村の安全な場所に避難した。その夜は唯一残ったテントの中で、ぬれたまま眠った。そのテントが飛ばされなかったのは、中に重い米袋がいくつも置いてあったからだった。生き延びることができて、本当に幸せだと思った。そして、あのカエルは本当に新種だった。

APPENDIX
資料

337 持ち物チェックリスト　／339 心肺蘇生法　／339 応急処置　／342 基本的なロープの結び方3通り　／343 手旗信号の送り方　／344 世界の食用植物　／348 地図：海および主要な湖と川　／350 地図：温帯林　／351 地図：湿地と熱帯雨林　／352 地図：高山　／353 地図：砂漠　／354 地図：極地と亜極圏

持ち物チェックリスト

一般的に用意しておく救急キットの中身

- 吸水性のある圧縮ガーゼや綿布 13cm×23cmを数枚
- 各サイズのばんそうこう／25枚
- 布製粘着テープ／約9m
- 抗生物質製剤軟こう／5個
- 消毒液ガーゼ／5パック
- アスピリン
- サバイバルブランケット
- 一方向弁付き人工呼吸用のマスク
- 簡易保冷剤
- ゴム製でない手袋／2双
- ヒドロコルチゾン軟こう（抗炎症薬）／2個
- はさみ
- 伸縮性のある8cm幅の包帯（エラスティックバンテージ）／1巻
- 伸縮性のある10cm幅の包帯／1巻
- 8cm×8cmの滅菌ガーゼ／5枚
- 10cm×10cmの滅菌ガーゼ／5枚
- 口で計る体温計 ※ガラス製や水銀入りでないタイプ
- 三角巾／2枚
- ピンセット
- 応急処置の手順が書かれた説明書

自然の中を移動する際に持っていくべき物

目的地の環境やグループの人数、季節、旅行期間などに応じ、以下のリストから必要な装備を選択して携行する。

- 万能ナイフ
- ワイヤーソー
- ライター・マッチ
- ろうそく
- マグネシウムの着火材
- 虫メガネ
- シグナルミラー
- 浄水システム
- 濃度2％のヨード剤
- 水を入れる容器
- 調理用の鍋や容器
- 防水シート（タープ）
- テント
- 細引きロープ（約30m）
- カラーテープ
- 針と糸
- ホイッスル
- 懐中電灯

- ○ コンパスかGPS（全地球測位システム）、またはその両方
- ○ 予備の電池
- ○ 地図（防水加工を施すか防水ケースに入れる）
- ○ 高カロリーな食べ物（グラノーラ、アメなど）
- ○ 粉末ドリンク（カフェインを含む物も持っていく）
- ○ 南京錠　※装備を守るために必要であれば
- ○ ヘッドランプ
- ○ ダクトテープ（耐水強力粘着テープ）
- ○ 水分補給のためのスポーツドリンクパウダー
  ※下痢のときは特に必要
- ○ ウエストバッグ（体の正面に付けるタイプ）
- ○ 抗菌液
- ○ シリカゲル
- ○ ウエットティッシュ
- ○ 救急キット
  （前ページリストを参考に、持ち運びできる物）
- ○ 抗真菌性足用クリーム
- ○ 保険証、マネーベルト
- ○ 読書のための本
- ○ トランプなどのカードゲーム

温帯林で必要なそのほかの物

- ○ 唐辛子スプレー
  ※クマに襲われた際に使用
- ○ 釣り針と釣り糸
- ○ ワナを作るための細い針金
- ○ 食べ物を保管するための密封容器
- ○ クマよけの鈴
- ○ 毒ヘビ用の血清

熱帯雨林で必要なそのほかの物

- ○ 市販の下痢止め薬
- ○ アレルギー反応に抗ヒスタミン薬
- ○ エピネフリンを入れたペン型自動注射器
  ※かまれたり、刺された際の重度のアレルギー反応用
- ○ 虫よけとアタマジラミの治療用にクリームとシャンプー
- ○ ヘビにかまれた場合に備えて、血清とエラスティックバンデージ
- ○ 塩酸リドカイン
  ※ネッタイオオアリや毛虫にかまれた場合、淡水エイに刺された激しい痛みの緩和用

- ○ 日焼け止め剤
- ○ 経口補水塩
- ○ 虫よけ剤
- ○ 蚊帳
- ○ ハンモック
- ○ 釣り針と釣り糸

砂漠で必要なそのほかの物

- ○ 携帯できる範囲で水を多めに持つ
- ○ 小型固形燃料コンロ
- ○ 経口補水塩
- ○ サングラス
- ○ リップクリーム
- ○ 日焼け止め剤

山で必要なそのほかの物

- ○ 小型コンロと満タンにした燃料容器
- ○ サングラス
- ○ 雪崩遭難用のビーコン
- ○ アイゼン
- ○ ピッケル
- ○ プローブ（折り畳みの細いポール）
- ○ クマよけの鈴
- ○ 毒ヘビ用の血清

寒冷地で必要なそのほかの物

- ○ 小型固形燃料コンロ
- ○ 寝袋の下に敷くマット
- ○ 日焼け止め剤
- ○ サングラス
- ○ クロスカントリースキー、またはスノーシュー
- ○ スノーソー、またはシャベル
- ○ ビタミン剤

水上を移動する際に必要なそのほかの物

- ○ 釣り針と釣り糸
- ○ 発火信号、ホイッスル
- ○ VHF（超短波）無線、EPIRB（非常用位置指示無線標識）
- ○ 太陽蒸留器2個、雨水をためる容器
- ○ 救命いかだ修理キット

心肺蘇生法(そせい)

以下は米国赤十字が発行する『PARTICIPANT'S MANUAL：FIRST AID/CPR/AED FOR SCHOOLS AND THE COMMUNITY』第3版(2006年)より。

同行者が心肺停止状態に陥った場合、状態を把握しすぐに対処しなければならない。心肺が停止した人の脳やそのほかの臓器は、体内の酸素を使いきるまでの短い間しか、機能し続けない。心肺蘇生法（CPR）とは、人工呼吸と心臓マッサージによって、患者の血流へ酸素を送り込むための処置だ。これにより、患者の心拍と呼吸が自然に戻る場合もある。また、適切な医療処置を受けるまでの間、患者の命をつなぎとめておくための手段のひとつだ。

成人に対する心肺蘇生法

1. 患者をあおむけにし、胸の中央部分に両手を乗せる。片方の手のつけ根の部分を胸骨にあて、もう一方の手を上に重ねる。指は上に反らし、患者の胸にあたらないようにする。
2. 患者の横にひざを着き、ひじを曲げずに腕を伸ばした状態に保つ。肩は手の真上にくるようにする。
3. 胸骨に対して垂直に、上半身の重さを利用し、適度な力を加え4～5cm沈む程度に圧迫する。
4. 圧迫した後は、患者の胸が元の高さに戻るまで待つ。ただし、手は離さないこと。
5. 18秒に30回のペースで胸部を圧迫する。
6. 30回圧迫したら、患者の頭を後ろに反らせ、あご先を上げて（「頭部後屈」と「あご先挙上」と呼ばれる）気道を確保する。人工呼吸を2回行う。患者の鼻をつまみ、息を吸い込んでから患者の口を覆い、患者の胸が持ち上がるまで息を吹き込む。
7. 患者が息を吹き返すまで、30回の圧迫と2回の人工呼吸をセットで繰り返す。回復後も患者から目を離さない。

子どもに対する心肺蘇生法

1. 成人に対する心肺蘇生の場合と同様に、胸骨上の適切な位置に手をあてる。
2. 片手、または両手で行う。一方の手を胸に置き、もう片方の手を頭に置いて、気道を確保している。
3. 利き手のつけ根の部分で、胸が4cm沈む程度に圧迫する。
4. 成人に対する心肺蘇生の場合と同様に、30回の圧迫と2回の人工呼吸をセットで繰り返す。

幼児に対する心肺蘇生法

1. 乳首を結んだ線上から下に指1本の幅を空けた位置に、2～3本の指の腹をあてる。
2. 指の腹を使って、胸が1.2～2.5cm沈む程度に圧迫する。
3. 30回圧迫し、自分の口で幼児の鼻と口を覆いながら2回の人工呼吸を行う。

応急処置

可能であれば、救急車を呼ぶことが最優先である。

1.アレルギー反応

症状：肌が腫(は)れて赤くなる。じんましんや、かゆみが出る。体に力が入らない。吐き気を伴い、胃がけいれんし、嘔吐(おうと)する。息苦しさを感じ、気道が収縮する。血圧が下がりショック状態に陥る。
考えられる状態：アレルギー反応、アナフィラキシーショック。
処置法：気道をチェックする。患者が呼吸をしやすいように、楽な体勢をとらせて落ち着かせる。抗ヒスタミン薬を与える。症状がひどい場合は、エピネフリンを投与する。

2.外出血

症状：傷口からの激しい出血。
考えられる状態：血管が裂けている、または切れている。
処置法：消毒済みの包帯やガーゼなどで傷口を圧迫し、出血を抑えて感染を防ぐ。圧迫を続けなければいけない場合は、エラスティックバンデージを使用する。エラスティックバンデージの端を肌にあて、心臓から遠い位置から、傷口のある手や足の周りを適度に引っ張りながら、心臓に向かって巻く。巻き終わったらテープで留めるか、包帯を結んで固定する。きつく巻き過ぎて、血流を止めないように気をつける。血が滲み出してきたら、元の包帯やガーゼを取らずに、その上から追加して巻く。胸や腹部の傷を除いて、傷口が少し空気に触れるようにしておくこと。

3.内出血

症状：嘔吐、吐血。皮膚にあざが現れる、皮膚が腫れる、軟らかくなる、または硬くなる。激痛が走り、負傷箇所を動かすことができない。脈は弱く、速い。肌が青白くなる。もしくは、冷たくなり湿る。激しいのどの渇きを感じる。混乱した後、眠気を感じ意識を失う。
考えられる状態：大血管や筋肉組織の損傷。皮下出血。
処置法：1回に20分ほど負傷箇所に氷を当てる。氷は湿らせた布などで包み、氷が長時間肌に触れることを防ぐ。患者を楽な姿勢で安静にしておく。傷口を持ち上げる。ただし、患者が痛みを感じる場合は行わない。

4.水膨れ

症状：皮下にできた痛みを伴う、液体がたまった水疱(すいほう)。
考えられる状態：摩擦による炎症、やけどが水膨れの原因になる。
処置法：摩擦が生じない箇所に水膨れができた場合は、自然になくなるのを待つ。やけどによって生じた水膨れは破裂させてはいけない。水膨れが摩擦で破裂しそうな場合は、患部をよく洗う。そして、消毒済みの針で刺す（針は10分間煮沸する。または赤くなるまで火で焼き、すすはガーゼなどで除去する）。指を使って水膨れを押し、液体を出す。消毒済みのガーゼや包帯を巻く。出てきた液体でガーゼが湿ったら、新しいガーゼに交換する。

5.膿瘍(のうよう)

症状：皮膚に赤く、軟らかい部分ができる。患部の中心に膿(うみ)がたまり軟らかくなる。
考えられる状態：皮膚膿瘍。皮膚の深部で局部的に起こる膿瘍。

処置法：患者をお湯に浸すか、カイロをあてることで血流が良くなり、体の免疫力が高まる。膿瘍は、膿疱（のうほう）が生じるまで（水疱状に膨らむまでは）つぶさない。膿疱ができたら、消毒した針かナイフで刺して膿を出し、滅菌ガーゼをあて包帯を巻く。

6. 呼吸困難

症状：呼吸の間隔が一定せず、一瞬息が止まる。のどを片手か両手でつかむと、呼吸が非常に深く、もしくは浅くなる。呼吸をすると、のどがゼーゼー、ゴボゴボいう。目まいが起こる。肌が異常に冷たくなったり、汗をかいたりする場合もある。

考えられる状態：ぜんそく、気管支炎。ストレスや頭部のケガ、重度の出血による過換気の可能性もある。アレルギー反応。気道への異物侵入も考えられる。

処置法：患者を横向きに寝かせ、上になったひざを曲げる。また、座らせると呼吸しやすくなる。気道が詰まっている場合は、背中をたたく。後ろから患者の腹部に手を回し、へそのすぐ上にこぶしをあてる。そのこぶしをもう片方の手で包むようにし、腹部を下から上向きに、素早くぐっと押す。一人でいるときに息が詰まったら、何か硬い物で自分の腹部を押す。もしくは、他人の息が詰まった場合と同じように、自分の腹部を押す。もし、患者に意識がなく、息をしていなければ、あおむけに寝かせる。額を後ろに反らせると、あごの骨が前に出て、あごが突き出るような姿勢になる。この「頭部後屈、あご先挙上」で舌の位置を調整し、気道を確保する。容態を確認し、まだ息がなければ人工呼吸を2回行う。まず、息を吸ってから患者の鼻をつまむ。自分の口で患者の口を完全に覆うようにし、その息を吹き込み患者の胸を膨らませる。1度に1秒間は息を吹き込むようする。息が入っているか確認する場合は、気管の横に指をあてて、空気の出入りを感じようにする。もし、息が入っていなければ、もう一度気道確保を行う。脈が確認できず、呼吸もしていなければ、CPR（心肺蘇生法）を始める。脈はあるが呼吸がない場合は、1分間に10回の人工呼吸を、患者が息を吹き返すまで行う。

7. 骨折

症状：突発性の過度な骨の変形。患部の腫れ。患部を動かそうとすると激痛が走る。骨の先端が傷口から飛び出す。骨折した際、骨がきしんだり、「ポン」と鳴ったり「パキ」という音がする。患部の感覚がなく冷たくなっている。

考えられる状態：骨折、脱臼。

処置法：骨折箇所を動かさない。その状態のまま患部を固定する。移動しなければならない場合を除き、添え木はあてない。患部に直接触れないように氷などで冷やす。患部に負荷がかからないように、つるすなどして持ち上げる。しかし、痛みがあるようなら行わない。必要に応じ、患部を上下から挟むように添え木をあてる。添え木をする前に骨折した手足を動かさない。骨折した手足を体の別の部位にくくりつけ、固定する方法もある。骨折した腕、手首、手には柔らかい添え木や、つり包帯を使って固定する。添え木には、木、金属、丸めた雑誌、そのほか患部の保護、補助ができる硬い物を用いる。

8. やけど

症状：皮膚が赤くなり、乾燥して腫れる。さらに重症の場合、皮膚に水膨れができ、肌が湿ってまだら模様ができる。もしくは皮膚が茶色や赤黒くなる。

考えられる状態：熱傷、放射線によるやけど（太陽の紫外線によるものも含む）。

処置法：大量の冷たい流水で患部を冷やす。滅菌されたガーゼや包帯で覆う。重症の場合は、ショックを最小限に抑えるため段階的に処置を行う。患者を温め過ぎたり、冷やし過ぎたりしない。患部に氷をあてない。ただし、患部が小さい場合は最大10分間なら氷をあててもよい。深刻なやけどの場合、患部を洗ったり直接軟こうを塗ったりしない。

9. 切り傷、かすり傷

症状：皮膚の表層の剥離（はくり）。擦過による赤い発疹（ほっしん）。鋭利な物によって傷つけられた皮膚の切り口からの出血。

考えられる状態：かすり傷、裂傷、刺し傷、もしくは裂離（皮膚やその下の柔らかい組織が裂ける、はがれること）。

処置法：せっけんや水でかすり傷を洗浄し、感染症を防ぐ。開いた傷口は包帯やガーゼで手当てする。（内出血の項を参照）

10. 脱水症状

症状：のどの渇き、目まい。口、鼻孔が渇く。排尿がほとんどなくなり、あっても色の濃い尿が出る。衰弱、疲労、頭痛、錯乱、興奮しやすくなり、発言が不明瞭になる。

考えられる状態：体の水分を失い、正常に機能できない状態。

処置法：少量の水を頻繁に飲む。衣服は、汗が蒸発し水分が失われるのを防ぐ役割があるので、着せたままにしておく。患者に最初に与える水には、砂糖か経口補水塩を溶かす。回復期は体を動かさないようにする。動かなければならない場合は、頻繁に休憩をとり、水を飲むようにする。

11. 溺れる

症状：水から引き上げられた際に呼吸がない。脈もない場合がある。

考えられる状態：肺の中に水が入っている。

処置法：気道確保をし「呼吸困難」の項の手順に従う。CPR（心肺蘇生法）を行う準備をする。

12. 電撃傷

症状：電撃傷は通常、電流が体内に入った箇所と出て行った箇所にできる。ショック状態になる。呼吸困難、もしくは呼吸停止、脈拍停止。

考えられる状態：電気熱傷。電気ショック。

処置法：患者の体に電気が流れていないか確認できるまでは近づかない。患部を乾いた滅菌の包帯やガーゼで覆う。ショック状態の手当てをし、必要に応じてCPR（心肺蘇生法）を行う。

13. 凍傷

症状：凍傷にかかった箇所の感覚がなくなる。皮膚がろうのようになる。皮膚が冷たく、色が白、黄、青、もしくは赤くなる。

考えられる状態：体の一部が冷気にさらされることにより凍る。

処置法：凍傷にかかった患部の衣服やアクセサリーを取る。患者をお湯につけ（40℃以下）肌の色と体温が戻るまで浸しておく。乾いた滅菌の包帯、もしくはガーゼであてる。凍傷にかかった手足の指の間にガーゼを挟む。患部の手を脇の下に挟む。凍傷にかかった足先は、別の人の腹部にあてるといい。その場合、凍傷にかかった皮膚をこすってはいけない。

14. 真菌感染症
症状：皮膚、特に足や股間にヒリヒリする発疹が広がる。皮膚に水疱、腫れ、かゆみ、うろこ状の皮疹（ひしん）ができる。
考えられる状態：日和見感染（免疫系が損なわれた状態で感染）した真菌が体表で繁殖。
処置法：皮膚を清潔で乾燥した状態に保つ。感染した皮膚を日光に当てる。抗真菌性パウダーや軟こうを塗付する。患部をかかない。

15. 熱中症（暑さによる障害）
症状：けいれん、吐き気、目まい、脱力感。皮膚が冷たくなり青白い、または赤く湿っぽい、土気色など。脈拍が速く弱い。
考えられる状態：熱けいれん、熱疲労、熱射病。
処置法：けいれんを起こしている場合は、患者を涼しい場所に移し、冷たい水を飲ませ、けいれんしている筋肉をマッサージして伸ばす。熱疲労の場合は涼しい場所に移し、衣服のボタンなどを緩め、ぬらしたタオルを体にあてて、風を送り、冷たい水を飲ませる。熱射病の場合は、熱疲労と同様の処置をし、横向きに寝かせて休ませる。熱射病を発症した日は終日、通常の活動をさせてはならない。

16. 低体温症（寒さによる障害）
症状：震えやしびれ。目に生気がない。意識がない。
考えられる状態：全身の体温低下（低体温症）。
処置法：ぬれた服を脱がせて体を乾かす。毛布を掛けたり、乾いた服を着せたりして徐々に温め、暖かく乾いた場所に移す。その場合、熱源が肌に直接当たらないようにする。アルコールやカフェインの含まれていない、温かい飲み物を与える。心臓障害を引き起こすことがあるので、患者をお湯に入れたり、急に体を温めないこと。

17. 昆虫やサソリによる刺し傷、クモによるかみ傷
症状：傷口が痛み赤くなる。アレルギー反応を起こす。唾液の異常分泌（クモとサソリの毒の場合）。
考えられる状態：ミツバチやスズメバチによる刺し傷。サソリによる刺し傷。クモによるかみ傷。
処置法：刺し傷の場合は、つめまたはクレジットカードの端でハチなどの針を皮膚からかき出すか、ピンセットで引き抜く。せっけんと水で傷口を洗う。包帯やガーゼで傷口を覆い、清潔に保つ。はれを緩和するには氷で冷やす。アナフィラキシーショックに注意する。サソリやクモによる刺し傷やかみ傷は水で洗う。簡易保冷剤をあてる。手元にあれば抗毒素を与える。

18. 中毒
症状：吐き気、嘔吐、下痢、発汗、呼吸困難、胸痛または腹痛、けいれん発作、頭痛、目まい、脱力感。瞳孔拡大など大きさの異常、目の焼けるような痛み、または涙が止まらない。唇・舌・皮膚の焼けるような痛み。皮膚の色の異常（特に土気色、または青白くなる）
考えられる状態：毒物の摂取や吸引、（クモ、サソリ、ヘビなどによる）毒の注入。
処置法：患者を中毒症状が発症した場所からほかの場所へ移す。命に関わる状態かどうかチェックし、症状に応じて処置を行う。皮膚への接触によって毒が入った場合は、大量の水で患部を洗う。毒による皮膚の痛みを和らげるには、重曹かカラミンローションを塗る。毒を飲み込んだ場合は、水を飲ませる。飲み込んだ毒が非腐食性の場合は、吐かせて毒を体外に出し、その後水を飲ませる。

19. 発疹
症状：じくじくする、うろこ状に皮がむける、皮膚の炎症。
考えられる状態：感染症。毛穴の汚れによる皮膚の発疹。
処置法：開いた傷口と同様に処置する。清潔に保ちガーゼと包帯で覆う。発疹が湿性の場合は乾燥させ、乾性の場合は湿らせた状態を保つ。手元にあれば消毒薬を塗る。発疹をかいてはならない。

20. 発作
症状：うつろな目、見当識障害。意思とは無関係に急に筋肉が収縮、けいれんする。
考えられる状態：猛暑に対する反応。糖尿病による症状。脳の損傷。
処置法：発作を止めようとしたり、体を押さえつけたりしない。口の中に物を入れない。クッションかたたんだ衣服を後頭部にあて頭を守る。口の中が血液や唾液、嘔吐（おうと）物でいっぱいになっている場合は、横向きに寝かせて口の中の液体が外に出るようにする。発作が治まったら呼吸を確かめ、けいれんによるケガがないか調べる。

21. ショック
症状：興奮し、落ち着きがなくなる。変性意識状態（幻覚やトランスなど通常とは異なる意識の状態）。吐き気、嘔吐、異常なのどの渇き。呼吸と脈が速くなる。皮膚は冷たく、湿っぽく、青白い、または土気色。
考えられる状態：体の主な臓器や組織の血流が不十分なショック状態。
処置法：患者を寝かせて楽にさせる。脚を約30cmの高さに上げる。体を暑過ぎず寒過ぎない状態に保つ。呼吸と脈のチェックを続ける。すぐに病院に運べるようなら、食物や飲み物を与えてはならない。病院に運べないようなら、温かい飲み物を与える。

22. ヘビによるかみ傷
症状：かみ跡の周囲の皮膚の痛み。アレルギー反応。かみ傷の周囲の激しい痛みと腫れ（マムシ類の場合）。視界のぼやけ、光に対する反射の消失、発語困難、吐き気、呼吸困難（サンゴヘビの場合）。
考えられる状態：ヘビにかまれたことによる、血流への毒の注入。
処置法：マムシ類（ガラガラヘビ、アメリカマムシ、ヌママムシ）の場合は傷を洗い、かまれた部分を動かさないようにし、心臓より低く保つ。サンゴヘビの場合も処置はマムシ類と同じだが、加えてエラスティックバンデージを心臓と傷口の間で傷口より上に巻き、傷口を覆う。傷口を動かさないようにし、心臓より低く保つ。患者を落ち着かせる。どのヘビにかまれた場合も氷で冷やしたり、傷口を切り開いたり、止血帯を使用したり毒を吸引してはならない。

23. 捻挫（ねんざ）
症状：患部の腫れ、あざ。特に足首やひざ、手首、指の痛み。患部を通常どおり動かすことができない。患部に力が入らない。
考えられる状態：関節部での靭帯（じんたい）の損傷
処置法：軽い捻挫の場合は、安静にして氷で冷やす。重症の場合は、骨折と同様の処置をする。

基本的なロープの結び方3通り

ふた結び

横木などにロープを結ぶときに便利な結び方。

1. ロープを固定する横木にロープの端を巻き、ロープが重ならないように、再度巻きつける。
2. 巻いたロープの先端を引いて、長い方のロープにひと巻きし、できた輪の中に先端をくぐらせる。
3. ❷と同じやり方で、結び目の下に、もう1つ同じ結び目を作る。
4. ロープの両端を引いて締める。

もやい結び

引っ張っても締まらない輪が必要な場合に便利な結び方。水中にいる人を引っ張って救助したり、木やくいに何かをつなぎ留めたりするときに用いる。

1. ロープを一度ひねり小さな輪を作る。
2. ロープの端でもう1つ輪を作り、先端を❶の輪に通す。
3. 輪に通した先端を、もう一方のロープの後ろに通して手前に出す。
4. 手前に出した先端を、図のように再び❶の輪に通す。
5. ロープの両端を引いて締める。

巻き結び

木やくいに素早くロープを結び付けるのに便利な結び方。2本の木に結び、ぶら下げた物をしっかりと固定するときにも使える。

1. くいなどにロープをひと巻きし、片側の端を手前に出す。
2. ロープが八の字に交差するように、もうひと巻きする。
3. 交差部分で先端を輪の中に通す。
4. 巻き付けた部分と結び目を寄せて、上下に引いて締める。

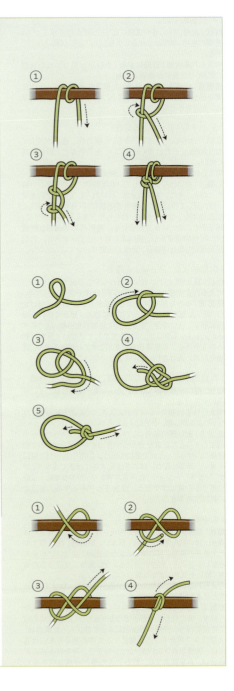

世界の食用植物

1. ドングリ　レッドオークやホワイトオーク、シイノキになる実。丸く堅い、おわんをかぶっている。おわんと堅い外皮を取り除く。中身は生で食べられるが、渋があるので加熱するとよい。レッドオークよりホワイトオークの実の方が香りがよい。中身を乾燥させてそのまま食べたり、ひいて粉にすればコーヒーの代用品になる。

2. タケ　丈が高く生長が早い。新芽であるタケノコの外皮をむき調理する。新鮮なものは生でも食べられる。成長したタケは、茎を振り水音がする場合は、中にたまった水分を採取することができる。

3. タマサボテン　J字型のトゲを持つ砂漠植物。水分を多く含む。大きいものは高さが1.2m以上になる。丸いたるのような形が特徴。果肉から水分が採れるが、水が手に入らず危機的状況でない限り、このサボテンを切らないこと。

4. コケモモ、クマコケモモ　常緑の低木。高緯度の地域でよく見られる。樹皮は赤みを帯び、白い花が咲く。実は赤い。果実と葉を食べる。果実は調理して食べるのが最適。若葉を摘んで茶葉にする。

5. ビグネイ　高さ3〜10mほどに成長する常緑中低木。熱帯地方に分布。葉は長くてとがり、光沢がある。花は房を成す。実の直径は指の幅程度。多肉質で、色は濃い赤か黒。食べられるのは実だけ。生で食べる。根や木部は毒を含んでいる。

6. イブキトラノオ　高さ50cm前後に成長。極北の草原や森に分布。三角形で幅の狭い葉が、細くて真っすぐな茎に対を成して生える。春には葉を食べ、秋には根を食べる。葉はサラダにする。根は水に浸して苦味を取り、火であぶって食べるが完全に火を通すこと。根を乾燥させて、ひいた粉には殺菌作用がある。

7. クログルミ　木の実は堅くて緑色の球状。殻は厚い。対を成す鋸歯（きょし）状の葉をつけたブラックウォルナットの大枝に実る。温帯林に分布。殻を割って外皮を取り除き、果肉を取り出して食べる。

8. ブラックベリー　トゲの多いつるに実る集合果。アーチ状の茎に実がなり、トゲは非常に鋭い。温帯気候の森や雑木林、開けた土地に分布。鳥やほかの動物が好んで食べる果実であるため、生育地は狩りに適している。

9. ブルーベリー　実は小さくて丸く、青、黒、または赤い。高さ約25cmから3m近くまでと多様。北米大陸の温帯地域一帯、また中央アメリカの丘陵に広く分布する。多目的に使える食物であり、ビタミンが豊富。

10. パンノキ　15m程度にまで成長する常緑高木。葉は大きく、長さ60cm以上になる。実は大きく堅い種がある。熱帯に分布。食べられるのは果肉と種。果実の皮をむいて果肉を生で食べるか、薄切りにして乾燥させ、ひいて粉にする。種は火を通さないと食べられない。

11. ゴボウ　花が咲くキク科の多年草。茎は1.8m程度にまで生長する。頭花（とうか）のいがは、面ファスナーのように服に付きやすい。北部の温帯地域に分布。食べられるのは茎と根と葉の芯。葉の芯は、皮をむいてそのまま食べるかゆでて食べる。根は焼くかゆでる。葉は毒のあるダイオウと見分けがつきにくいので、食べないこと。

12. ガマ　1.8m程度にまで生長する水生植物。茶色い円柱形の穂が特徴。茎、花粉、若い種を持つ穂は食べられる。若くて柔らかい茎は、生でも調理しても食べられる。若い穂をゆでると、トウモロコシのように食べられる。花粉を水でこねて焼いて食べる。綿毛は火口（ほくち）として火おこしに使い、葉は編んで利用する。穂を乾燥させて燃やせば虫よけになる。

13. チコリ　茎が1.2m程度にまで生長する種子植物。空色の花が咲き、葉は厚く毛が生えている。北半球の温帯地域に広く分布し、雑草のなかに見つけることができる。どの部分も食べられる。葉は生でもゆででもよい。根はゆでるかあぶって食べる。乾燥させ、ひいて粉にすれば、コーヒーの代用品になる。

14. チョークチェリー　2.5m程度にまでに生長する落葉低木。温暖な地域の森や湿地、池や沼などの水辺に生え、暗褐色から黒の濃い色の実をつけ食用になる。花は小さくて白い。葉と種には毒がある。クロウメモドキの果実と間違わないように。クロウメモドキは茎に沿って房状になる果実で、食べると嘔吐（おうと）の原因になる。

15. クローバー　3枚の小葉（しょうよう）からなる小さな植物。花の色は白、クリーム色、薄緑、またはピンク色。葉と根をゆでて食べる。生食も可。根は甘く、スモークして食べてもよい。

16. ココヤシ 一般的なヤシの木。特に熱帯地方の海岸付近によく見られる常緑高木。若い実の果汁が飲め、果肉部分も食べられる。保存するには果肉を天日で干す。ココナツの果汁を飲むとビタミンや糖分が摂取できる。実をゆでるとココナッツオイルが抽出できる。外皮は火口になり、燃やせば蚊よけになる。海上を漂流しているココナッツは、真水のよい供給源となる。

17. クランベリー 赤い実をつける常緑低木。北半球の寒冷地に分布し、日当たりのよい湿地にのみ生育する。赤い実を採集してそのまま食べるか、調理や乾燥させて食べる。果汁は尿路感染症の治療に役立つ。

18. クロウベリー 常緑の小低木。光沢のある小さな黒い実をつけ、針のような葉を持つ。北極地方のツンドラで生育する。果実は生のまま、もしくは乾燥させて食べる。乾燥させると長持ちする。果実は冬の間も茎から落ちることなく実をつけている。

19. ヒナギク、フランスギク 明るい緑色の多年草。白い花びらで囲まれた中央には、黄色いボタンのような形をした筒状花（とうじょうか）がある。世界の温帯地域に分布し、高さ約90cmまで育つ。若い茎や葉も食べられ、花を湯に浸して作ったお茶は、咳止め効果がある。

20. タンポポ 丈の低い野草。鮮やかな黄花で、空洞の茎を中心に放射状に伸びる葉は、のこぎり歯のような形をしている。北半球全体に分布し、全ての部位が食べられる。ビタミンAとビタミンCを豊富に含む。

21. カナダニワトコ 黒青紫色の実をつける落葉中低木。多くに枝分かれし、高さ5.5mまで育つ。小さな白い花が咲き、湖や川周辺の開けた湿地帯に生育する。花と熟した果実は食べられるが、小さな赤い実には毒が含まれている可能性がある。花と果実以外の部位は有毒。

22. ヤナギラン 高さ約60〜150cmに育つ種子植物。大きくてピンク色をした目立つ花をつけ、やり形の葉を持つ。寒冷地域の特に海岸付近で生育する。葉と茎、花はそのまま食べ、生長した茎は裂いて、その中の髄を食べる。

23. クジャクヤシ 大型のヤシの木。葉のつき方は不規則で、葉の上端はのこぎり歯状。花芽は幹の上方につく。南アジアの熱帯地方で生育し「ヤシのキャベツ」と呼ばれる若いヤシの芽や芯は生でも、調理しても食べられる。果汁も飲むことができる。

24. ブドウ ひとつの房に多くの果実がなる、つる性植物。野生のブドウは高緯度地域以外ならどこでも生育する。果実と若い葉は生でも調理しても食べられる。

25. ヘーゼルナッツ セイヨウハシバミの実。形はドングリに似ており、アメリカ西部、ヨーロッパ、東アジアの温帯地域に生育する。種皮をむき、そのまま、あるいは乾燥させて食べる。いった実は食用ナッツとして保存しやすい。高純度の油脂はカロリーが高く、サバイバル食に向いている。

26. アイスランドゴケ 高さ数センチのコケ。色は灰色、白色、または赤色のコケもあり、北極地方だけに見られる。全ての部位が食べられる。ゆでると苦味が取れ、乾燥させると腐敗することなく長期間保存できる。

27. ネズミサシ（ネズ） 細く鋭い葉を持つ。白くワックスがかかったような青色の実をつけ、形はベリー類に似て丸い。果実をつぶすか、果汁を搾るとジンの香りがするので識別できる。北半球の温帯地域とアフリカの山地で生育する。果実は生で食べ、葉はハーブティーにできる。

28. シロザ 花をつける一年草。くすんだ緑色の葉は、楕円形あるいは矢羽の形をしており、茎に近い若葉の内側には白い粉がある。約60〜120cmに育った茎の先に、緑がかった花を咲かせる。北半球の温帯地域に広く分布している。葉と茎は食べられる。

29. スイレン（ハス） 葉が120cmほどの長さに成長し、花をつける水生植物。葉と花は、流れのない水面に浮かんでおり、黄色またはピンク色の花が咲く。果実はハチの巣状で種子が多く含まれている。黄色の花のスイレンは北米の温帯地域に多く生育し、ピンク色の花のものは東アジアに多い。全ての部位が食べられる。引き抜くか、掘りおこした茎は、焼くかゆでて食べる。

30. マニオク（キャッサバ） 約90cm〜3mとなる多年生の低木。手のひらのように茎から放射状に広がる葉をつける。多湿の熱帯地域によく見られる。根の部分はすりおろし、布に包み脱汁する。それを平たく伸ばし、ケーキ状にして焼く。虫がつかないように保存すれば、マニオクケーキやマニオク粉は長期保存が可能。根には毒素があるため、食べる場合は1時間ほど加熱するとよい。

31. カエデ さまざまな種類があるが、葉は特徴的な形をした3つの小葉からなる。種子には1対の翼果があり、回転しながら地上に落ちる。温帯林に生育し、若葉と種を食用にすることができる。幹にV字型の切り込みを入れ、甘い樹液を採集できる。葉や種をかんだり、内樹皮も食べられる。

32. リュウキンカ 丸く濃緑色の葉と花びらが5枚の黄色い花をつける水生植物。温帯地域から北極圏にかけての湿地、小川、湖に生育する。全ての部位が食べられるが、よくゆでるなど調理が必要。

33. ナナカマド オレンジ色や赤色の実をつける落葉中低木。白い花が長さ約7～13cmの房状になる。樹皮は滑らかで灰色。温帯地域の樹木が多く茂る、あるいは岩の多い場所に生育する。食用となる果実は、ゆでてあく抜きをする。

34. クワの実 北方と南方の温帯および熱帯地域の森や野原に生育する落葉中高木。果実はブラックベリーを小さく、または大きくしたような形。木質は堅く、葉はギザギザと深い切り込みのある形。若い果実は堅いがみずみずしく、黒く熟したものは甘い。生のまま、あるいは調理するか乾燥させて食べる。

35. ニッパヤシ 幅広で丈の低いヤシ。幹はほとんど地中に埋まっている。幹から伸びた葉は、約6mもの長さになる。濃い茶色の種子ができる。東アジアの海岸、汽水域などぬかるんだ場所に生育する。茎を切り、甘い汁液を飲む。種子は堅いが生で食べられる。葉は屋根を作る材料になる。

36. ポーポー 樹皮が茶色みを帯びた灰色の中高木。花びらが6枚の白い花を咲かせる。果実は約5～15cmの長さで、北アメリカ原産のものが最も大きい。温帯林に生育し、北方のものは落葉樹、南方のものは常緑樹。果実は生で食べられ、タンパク質が豊富。

37. マツ さまざまな種類がある常緑針葉樹。樹液はねばねばし、ろうそくの原料にも使う。若いマツカサと細い枝の樹皮、若葉、種子が食用になる。マツカサは焼くかゆでる。樹皮はかむ。葉は茶として利用できる。マツヤニは接着剤になるほか、応急処置として歯の詰め物にも使える。

38. イワノリ 赤茶色の海藻。平たく光沢のある葉状体（ようじょうたい）からなる。葉状体の色は、赤色、茶色、紫色などである。大西洋と太平洋に生育する。極地から熱帯地域の海まで広い範囲で見られる。葉は食べられ美味である。ゆでるかつぶす。体の水分が不足している場合や海藻から嫌なにおいがするときは食べてはいけない。

39. ヒラウチワサボテン 平たい形状の茎が節のように連なった樹高の低いサボテン。花は黄色か赤。赤い卵形の実をつける。南北アメリカ大陸の乾燥した気候で生育する。果実は皮をむいて食べるか搾ってジュースにする。

40. ラズベリー 茎にとげのある低木。夏になると赤い集合果がなる。北アメリカからヨーロッパ全域、西アジアに至る温帯地域に生育する。果実はみずみずしくて美味。生で食べるか、シロップやジャムに加工する。

41. トウヤシ 木に巻きつくつる性植物。茎の長さは約60mにもなる。複数の小葉からなる葉と白い花をつける。熱帯雨林地域に生育する。茎の芯にはでんぷんが詰まっている。種の周りにゼラチン質の果肉がついているときは、それをすする。芽は食用になる。

42. ハナゴケ 灰色がかった薄い緑色の地衣類で、約5～7cmに育つ。北アメリカの多くの地域で見られる。全ての部位が食べられる。柔らかくして苦味を抜くために、たき火の木灰と一緒に水に浸す。ほかの食べ物や牛乳に加えて食べる。

43. イワタケ 灰色がかった緑色か黒色のひらたい地衣類。北アメリカ全域の石や岩などに自生する。全ての部位が食べられる。岩から削り取った後、砂を取り除くために洗う。水に浸して柔らかくして苦味を抜く。食べる前に可食性テストを行う。

44. ローズヒップ（野バラ） 園芸用のバラに似ているが、茎がより細く、華やかさに欠ける。温帯地域のほとんどの場所に生育する。夏になると花びらが落ち、ローズヒップと呼ばれる赤い実をつける。花は食用になり、果汁には栄養が豊富に含まれる。ローズヒップは、全ての果物の中で最も多くビタミンCを含む。

45. サゴヤシ 竹の樹幹のように、厚い外皮に覆われたとげのあるヤシの木。葉は薄く、ヤシ特有の形状をしている。熱帯雨林地域にのみ生育する。樹幹の芯には豊富なでんぷんを含む。実と新芽が食用になる。

46. ザイフリボク（ジューンベリー） バラ科の落葉中低木。卵形の葉を持つ。優美な白い花は1週間だけ咲き、開花から2〜3か月後に紫色の小さい実をつける。北半球の温暖な気候の地域に生育。果実の味はブルーベリーに似ており、生のまま食べられる。

47. コウホネ 花をつける水生植物。葉は60cmくらいにまで生長する。花は黄色く2.5cmほどの大きさで、黄緑色の実をつける。北アメリカ全土の水辺に生育する。全ての部位が食べられる。

48. ピンポンノキ 常緑高木の種子植物。熱帯雨林に生育する。30mに達するものもある。紫色や赤い花を咲かせる。果実は赤いさや状で数本に分かれる。さやの中の黒い実は全て食べられる。カカオ味で風味が豊かだ。生もしくはいって食べる。

49. サトウキビ 緑または赤みがかった茎を持つイネ科植物。4.5m近くまで伸びる。熱帯地方に生育し、茎の芯は糖汁のもとになる。茎をむき芯をかむか、汁を搾り出す。高カロリーな食物。

50. スベリヒユ 太く背の低い一年草。地面にはうように生育する。多肉質で光沢のある葉は、カヌーのパドルのような形をしており、2.5cmほどの大きさ。夏には黄色やピンク色の花が咲く。世界各地に見られる（極地は除く）。全ての部位が食べられる。

51. バンレイシ 表面が緑色ででこぼこした果実をつける落葉低木。熱帯雨林に分布。果肉は食用可能。皮をむいて生で食べる。すりつぶした種には殺虫作用がある。種の粉末は刺激が強いため、目に近づけないこと。

52. タロイモ 栽培されたものと野生のものとがある。長い塊茎（かいけい）と茎を持ち、葉は矢羽やハートの形をしている。熱帯地方に分布。塊茎と葉はゆでるなどして、必ず加熱すること。生の塊茎は有毒であるため、口に入れるとヒリヒリする。

53. ヨーロッパマンネングサ コケのようにマット状に広がり生育する。花は地面を覆うように咲く。温帯に分布。葉肉は多汁で、サラダに入れるとピリッとした味わいになる。黄色花をつけたものの葉は、弱い毒を持つ可能性があるので、炒めて毒を除去する。

54. 野生のイチジク 葉は光沢のある濃い緑色。果実の色は緑から黄褐色で、果汁には粘り気がある。熱帯や亜熱帯地方に自生する。果実は食べられるが、味はあまりしない。生のままか加熱して食べる。

55. 野生のタマネギ 大きな球根をつける種子植物。細長い茎は1m近くまで伸びることがあり、ピンクや白、紫色の花をつける。タマネギ特有のにおいがある。野生タマネギは温帯全域に自生し、栽培ものは世界各地に見られる。球根と若葉は食用可能。加熱しても生のままでもよい。野生タマネギに似た有毒植物もある。タマネギのにおいがあまりしない場合は、その植物を食べてはいけない。野生タマネギを食べると、ある種の虫が嫌がる体臭が出る。

56. 野生のスモモ（プルーン） 樹高4m近くまで伸びる。枝は茶褐色で、鋭いとげがある。白い花が咲き、青みがかった黒色の小さい実をつける。北半球の温帯に自生する。果実は酸味が強いが食べられる。果実をゼリー状になるまで煮詰めるとよい。果実には鳥が集まる。

57. マコモ（ワイルドライス） イネ科の多年草。穀粒は垂れ下がった穂先に実り、熟すと色づく。熱帯や温帯地域に自生する。春から初夏にかけて根と茎の芯が伸び、秋に穀粒となる。茎と根の皮はむいて生のまま食べる。穀粒は干して殻をむき中身を食べる。

58. 野イチゴ 丈の低い結実植物。果実の大きさは、栽培されたイチゴより小さい。温帯林や山地に自生する。果実は甘くビタミンCを豊富に含む。

59. ホッキョクヤナギ 水辺に生育する落葉中低木。垂れ下がった細い枝が特徴。小さいホッキョクヤナギは北極地方に生育する。実は皮をむいて食べる。若葉はビタミンを豊富に含み食用になる。外皮は生のままか、ゆでて食べる。

60. ヤムイモ 樹木などに巻きつき上方に向かって伸びるつる性植物。熱帯に分布。葉はハートや矢羽の形をしている。根には塊茎が連なり、重さが1〜2kgになることもある。塊茎は十分に加熱すれば食べられる。加熱が不十分だと、毒が残る可能性がある。

海および主要な湖と川

地球の表面における陸地はわずか25%しかない。大河や広大な外海に、旅人とサバイバーは何世紀にもわたって挑戦し続けてきた。

温帯林は主に北半球にある。都市や道路の侵食にあらがいながらも、自然林を保っている。

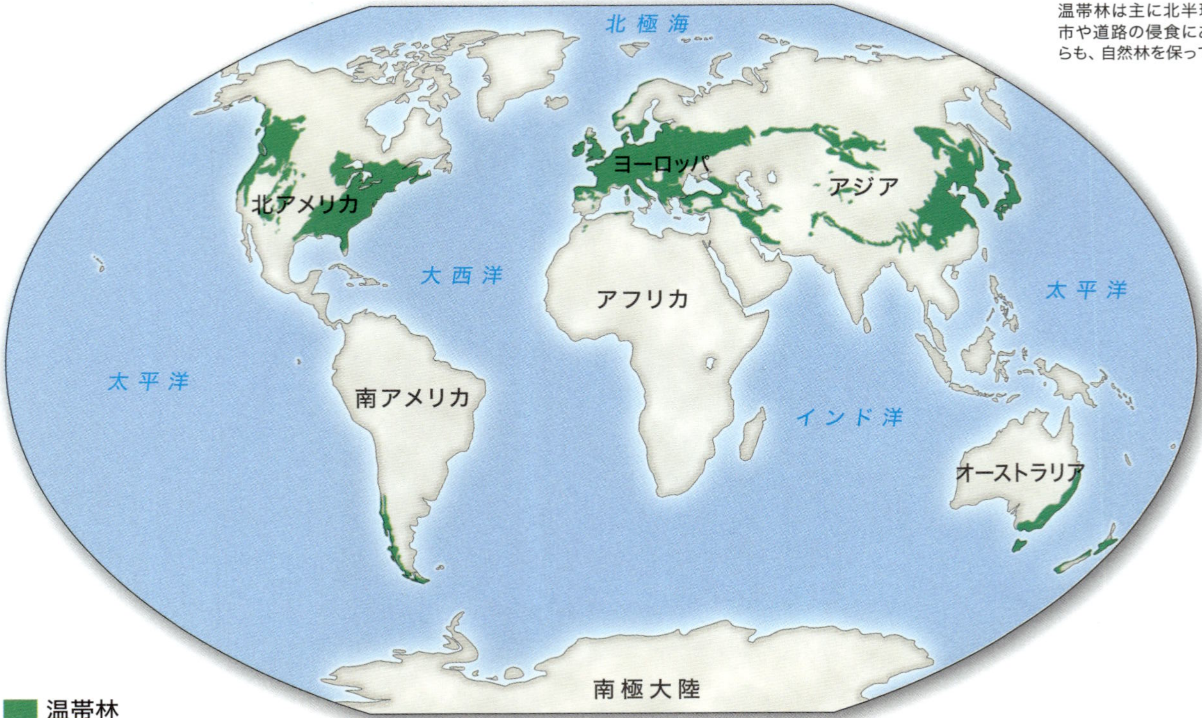

北極海
太平洋
アジア
ヨーロッパ
アフリカ
インド洋
オーストラリア
南極大陸
北アメリカ
大西洋
南アメリカ
太平洋

■ 温帯林

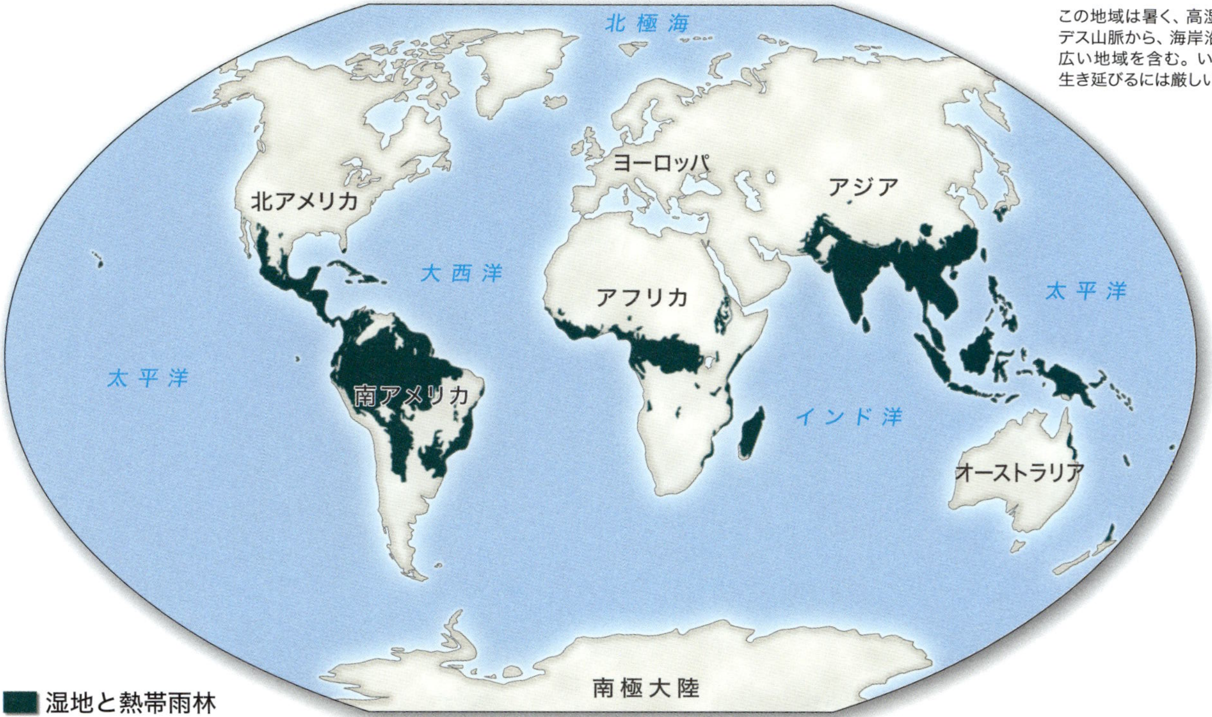

この地域は暑く、高湿度だ。アンデス山脈から、海岸沿いまで、幅広い地域を含む。いずれも人が生き延びるには厳しい環境だ。

太平洋
オーストラリア
アジア
インド洋
北極海
ヨーロッパ
アフリカ
南極大陸
大西洋
北アメリカ
南アメリカ
太平洋

■ 湿地と熱帯雨林

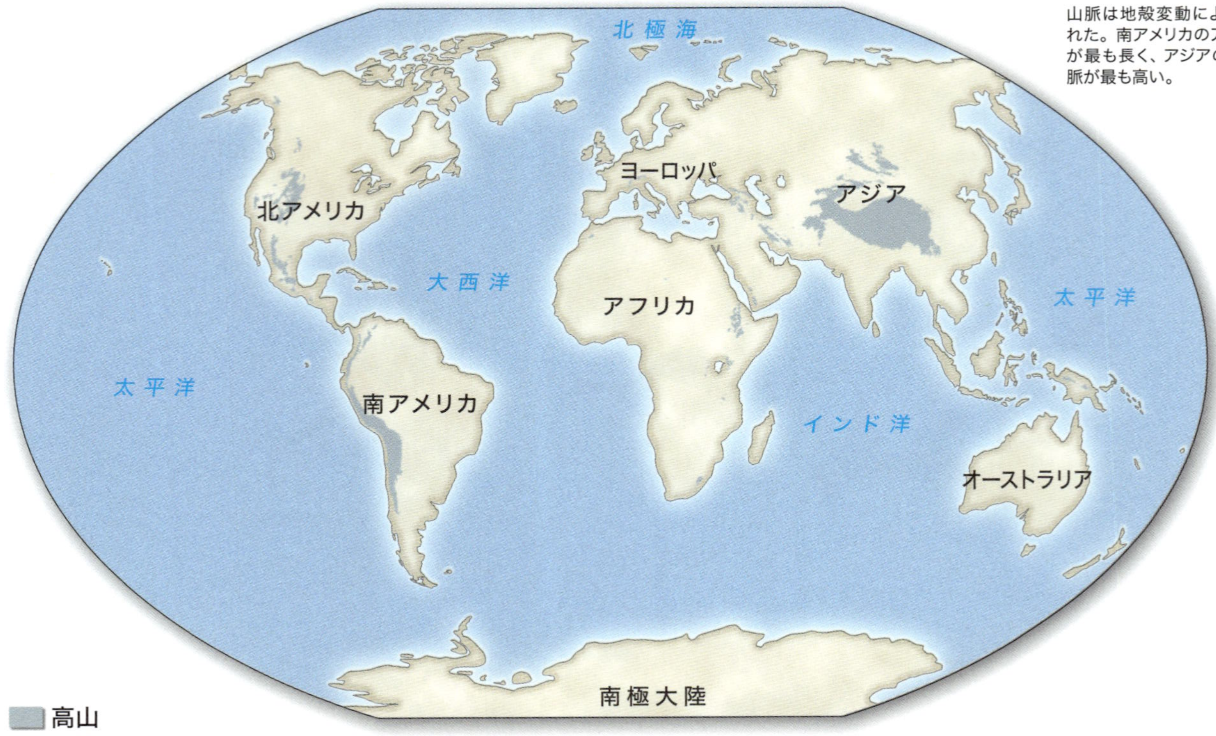

山脈は地殻変動によって形成された。南アメリカのアンデス山脈が最も長く、アジアのヒマラヤ山脈が最も高い。

太平洋

オーストラリア

アジア

インド洋

北極海

ヨーロッパ

アフリカ

南極大陸

大西洋

北アメリカ

南アメリカ

太平洋

■ 高山

砂漠の特徴は、極端な気温変化と、年間降雨量が250mm以下の不毛の地である。砂漠は陸地の20%を占めている。

■ 砂漠

短い生命繁栄の時代の後、長く続いた暗い極寒の時代が、厳しい土地を作った。南極大陸に定住した人類はいない。

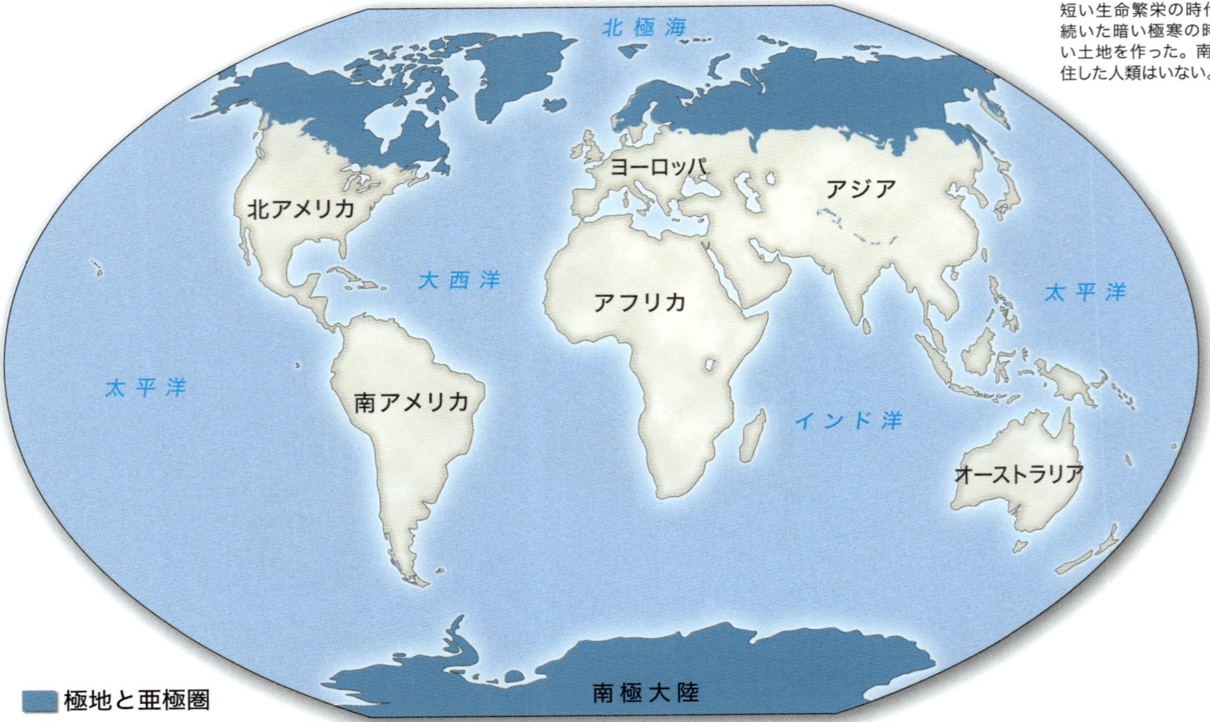

北極海

太平洋

アジア

ヨーロッパ

アフリカ

インド洋

オーストラリア

北アメリカ

大西洋

南アメリカ

南極大陸

太平洋

■ 極地と亜極圏

索引

あ行

アイスフォール　151
アイスランドゴケ　221, 345
アカエイ　267
亜極圏　207
アザラシ　222
足
　足首を包帯で巻く　297
　足元の装備　73, 201
　守る　94, 111, 120, 201, 299
アタカマ砂漠　168
アダムス、ダグラス　22
アナコンダ　125
穴釣り　223
アボリジニ　27
アマゾン川
　危険　124, 125
　生還者　109, 116, 117, 126
アムンセン、ロアール　205
アメリカクロクマ　97, 154, 155
アメリカドクトカゲ　153
アメリカマコモ　347
アメリカマムシ　99
嵐
　サバイバルのヒント　279, 301
　山中　137, 149
　シェルター　149
　準備　302-305
　兆候　87, 149
　テント　86
アリ　78, 91, 115, 123
歩く
　一列縦隊　55
　砂漠　194, 201
　シェルター　50
　ジャングル　126
　食料　29
　森林火災　319
　単独行動とグループ行動　159
　地形図　53
　ブリザード　323
　道しるべ　104
アルコール　27
アレルギー反応　339
アンジア、ブラッドフォード　91
アンデス山脈　133
イグサ　21
イグルー　215
位置の確認　43
一酸化炭素中毒　87, 211, 291
犬　97, 98

イヌイット　207, 220, 222, 223, 228
衣服　73
　温帯林　73, 87
　救難信号を送る　198
　極地　208, 225
　砂漠　171
　山岳地　136
　水上　252
　冬季　87
　熱帯雨林　111
イブノキトラオ　344
岩　177, 211
　シェルター　215
イワタケ　346
イワノリ　346
ウォールデン、ジョン　110
ウサギ　91
ウチワサボテン　168
ウッズ・ショック　20, 38-39, 102
腕時計（コンパスとして）　56
海
　浮具　250
　応急処置　271
　海流と潮流　240, 241, 262, 267
　危険　266-270
　救助　241, 269
　救難信号　248, 272-273
　救命いかだ　248, 260
　救命設備　260, 269
　サバイバルのヒント　245, 260, 261
　準備　247
　天候　244
　ナビゲーション　249
　帆　263
　水を得る　260, 264-265
　離岸流　267
　陸地の目印　244, 262, 263
　→「ボート」も参照
衛生状態　224, 295
エディ　240
エベレスト山　142, 164-165, 161
嵐　142
ゴミ　161
応急処置
　足首を包帯で巻く　297
　溺れる　340
　温帯林　94-95
　海上　271
　かみ傷（クモ）　341
　かみ傷（ヘビ）　341
　基礎　34-37, 339-341
　極地　224-225
　切り傷　95, 340
　呼吸困難　340
　骨折　37, 95, 340

子ども　36, 339
刺し傷（サソリ）　341
砂漠　191-192
自宅　295-297
出血　339
ショック　341
真菌感染症　341
心肺蘇生法　339
脱水症状　340
中毒　341
低体温症　341
電撃傷　340
凍傷　340
熱帯雨林　119-121
熱中症　341
捻挫　37, 341
膿瘍（のうよう）　339-340
負傷者の搬送　146
発作　341
発疹　341
マメ　95
水膨れ　339
虫刺され　95, 341
やけど　340
山　146-147
優先順位　36
落下　95
嘔吐（おうと）　29
オオカミ　228
オニダルマオコゼ　267
溺れる　266, 340
オリオン座　60
温帯林
　応急処置　94-95
　過酷な天候　96
　川の危険　96
　危険　96-99
　危険な動物　96
　救急キット　95
　救難信号　100-101
　行動計画　103
　シェルター　82-87
　準備　72-73
　食料　71, 88-93
　ナビゲーション　102-105
　水　78-81
　持ち物　73
　持ち物リスト　338

か行

蚊　112, 115, 121-122, 146
壊血病　271
海水　27, 265
海藻　246
懐中電灯　198
海氷　207, 212
カイマン　124
カエデ　346
カエル　27, 78
化学物質　292
鏡　61, 63, 156, 157, 198
影
　方角を知る　57, 232
餓死　28
風　76, 152, 153
　極地　229
　砂漠　153
　ビューフォート風力階級　244
脚気　271
滑落停止　163, 165
カナダニワトコ　345
カヌー　252-254
カフェイン　25
ガマ　344
雷　324-325
　応急処置　325, 340
　距離　137
　山　152
　落雷を避ける　87, 325
カメ　116, 264
カメラ　170
カヤック　252, 255-256
ガラガラヘビ　99, 153, 196
　応急処置　192
狩り　30, 32-33, 91, 92
がれき　329
カロリー　28, 286
　極地　28, 220
　山　28, 144
川　103, 240, 250
　危険　96, 151
　ゴムボート　257
　サバイバルのヒント　250
　ナビゲーション　249
　橋をかける　251
　用語　240
　渡る　249-251
感染症　121, 130-131, 341
肝臓　220
缶詰　29, 288, 289
カンディル　124
木
　シェルター　215
　食用　145, 344-347
　毒　144, 145
　ナビゲーション　57
気圧計　244
危険　266

温帯林　96-99
海上　266-270
極地　226-229
砂漠　153, 193-196
熱帯雨林　122-125
山　148-155
北　54, 55
キャッサバ　345
キャラハン、スティーヴン　240, 242,
　　　247, 249, 264, 266
救急キット　35
　温帯林　94, 95
　寒冷地　224
　極地　224
　砂漠　192
　チェックリスト　337
　熱帯雨林　120
救難信号　61-67, 62-64, 100, 293-294,
　　　322
　SOS　61
　音　66
　温帯林　100-101
　海上　272-273
　懐中電灯　62, 198
　鏡　62, 63, 157, 198
　携帯電話　67
　煙　64, 100, 101, 198, 210
　砂漠　197-198
　照明弾　198
　信号火（シグナル・ファイヤ）　198
　対空信号　15, 63-65
　手旗信号　343
　布　15, 62, 198
　パーソナル・ロケーター・
　　　ビーコン（PLB）　67
　発炎筒　61
　発火信号　272
　火　44, 62, 64
　ホイッスル　62, 63
　無線　67
　山　156-157
　雪　62
　ラジオ　62
救命いかだ　248, 257, 260-262, 268
　救助　270
　救命装備　260
　サバイバルのヒント　257, 260-263, 267
　修理　266
　信号装置　272, 273
　転覆　267
　陸地を探す　262, 263
救命具　269-270
峡谷　153
恐怖　20, 22, 38-39, 102
極地

穴釣り　223
移動　230, 233
応急処置　224-225
危険　226-229
救急キット　224
コンパス　54, 233, 234
シェルター　214-219
準備　206-208
植物　221
食料　220-223
睡眠　219
装備　208, 225
脱水症状　212, 226
テント　215
動物　222, 228-229
道具　208, 210, 215
ナビゲーション　230-235
寝袋　218
燃料源　209, 210
火　209, 210
ボート　231
水　24, 212-213, 226, 231
持ち物リスト　338
距離の測定　59
キラービー　123
霧　152
緊急警報システム　293, 303
緊急警報放送　293
緊急地震速報　293
緊急時の連絡先
　　　（コンタクト・パーソン）　303
緊急通報（110番）　294
クインジー　215, 216
クサリヘビ　99
クジャクヤシ　345
クマ　97, 98, 154-155
クマコケモモ　344
雲　137, 244, 262
クモ　99, 196, 341
クライミング　159, 160
クラカワー、ジョン　14, 72, 88, 142
クラゲ　267
クランベリー　345
クリスチャン、フレッチャー　239
クリプトスポリジウム症　81
グループ行動　16, 17, 159, 218
車
　寒冷地　323
　救難信号　61, 66, 322
　洪水　316
　シェルターとして　184, 319
　森林火災　319
　積雪　322
　燃料源　173
　防災セット　281

ラジオ　62
クルミ　90, 344
グレートベースン
バス　151
クロウベリー　345
クローバー　90, 344
クログルミ　90, 344
クロゴケグモ　99, 196
クロコダイル　124
クロスカントリースキー　233
クワ　346
携帯電話　62, 67, 280, 294
渓流　163
ケガ　95, 340
　熱帯雨林　130-131
　→「応急処置」も参照
血液　27, 81
げっ歯類　187
ケプケ、ジュリアン　103
下痢　36, 119
ケルン　104, 105
航空機
　救難信号　15, 63, 64, 65
高山病　147
高所・山岳地帯　143, 146, 147
　応急処置　146
　食料　139, 144, 145
　慣れる　135, 143
高所脳浮腫（HACE）　147
高所肺水腫（HAPE）　147
洪水　314-317
　車　316
　サバイバルのヒント　279
　シェルター　317
　備え　315
　注意報・警報　315
　土のう　315
　避難　316
高地　→「高所」
鉤虫症（こうちゅうしょう）　81
高ナトリウム血症　265
コウホネ
ゴーディン、イザベル　109, 117, 126
呼吸困難　340
国際山岳ガイド連盟（IFMGA）　137
国際対空信号　64
コケ　57, 345, 346
ココヤシ　345
骨折
　応急処置　37, 95, 340
子ども
　応急処置　36, 339
　サバイバルのヒント　19
ゴボウ　90, 344
ゴミ処理　171, 295

ゴムボート　252, 257-259
　→「救命いかだ」も参照
コヨーテ　196
ゴンサレス、ローレンス　17, 23
コンタクトレンズ　170
昆虫　91
コンパス
　腕時計での代用　56
　活用法　54, 55
　極地　233, 234
　クロスベアリング　54
　GPSとの併用　56
　磁北　54
　地図との併用　104
　作り方　54
　ハンドレール　55
コンロ
　ガスコンロ　144
　キャンプ用　139
　砂漠　172, 173, 190
　雪上・氷上　211
　ソーラーオーブン　189

さ行

サーフカヤック　256
サイクロン　→「ハリケーン」
ザイフリボク　347
魚　32, 92, 93
　カロリー　32
　危険　267
　調理　32, 118
　捕まえる　32, 33, 92, 223
　水を得る　27, 81, 264
サゴヤシ　117, 346
差し掛け小屋　84, 85
サソリ　99, 153, 196, 341
サテライトフォン（衛星携帯電話）　62
サトウキビ　347
サバイバルブランケット　77
砂漠　41, 42, 62, 167-203
　移動　178, 195, 201
　応急処置　191-192
　気温　168, 182
　危険　153, 193-196
　救難信号　197-198
　洪水　62
　ゴミの処理　171
　シェルター　181-185
　種類　169
　植物　188
　食料　186-190
　蜃気楼（しんきろう）　201
　砂嵐　195

装備　170, 338
備え　168-171
調理　190
鉄砲水　181, 194
天候　194
ナビゲーション　57, 199-201
燃料源　172, 173
火　172-173
病気　192
水　174-180
持ち物リスト　338
サハラ砂漠　167, 168
サボテン　57, 168
　食料　344, 346
　水を得る　177, 344
寒さ　207, 229
　救急キット　225
　シェルター　82, 83
　装備　208
　持ち物リスト　338
サメ　268
サングラス　136, 171, 224
サンゴ　267
ざんごう型シェルター　82, 85, 183
酸素　21, 43
サン＝テグジュペリ、
　　アントワーヌ・ド　41, 42, 46, 174
ジアルジア症　81
シーアンカー　260, 262
シーカヤック　256
シーマーカー　273
シェルター
　アパッチ式　183
　石を使う　50
　枝や葉を使う　50, 84, 183, 215, 246
　温帯林　82-87
　換気　216
　危険　185
　基本事項
　極地　214-219
　車　184
　差し掛け小屋　84
　砂漠　181-185
　ざんごう型　82, 85, 183
　設置場所　82, 83, 85
　雪洞　85, 143, 215, 218
　テント　48, 49, 83, 86, 93, 112, 215
　熱帯雨林　112-115
　防水シート（タープ）を使う
　　84, 185
　屋根付きプラットホームベッド
　　113
　山　142-143
　雪を使う　82-83, 85, 87, 142-143, 209,
　　215-216

シェルパ　164
潮の満ち引き　245
地震　279, 302, 326-329
　家の補強　328
　屋外　329
　屋内　328
　防災・避難計画　327
　予測　327
自宅　277-299
　応急処置　295-297
　救急キット　296, 297
　救難信号　293-294
　緊急時の連絡先
　　（コンタクト・パーソン）　303
　緊急通報　294
　洪水　315, 317
　地震　327, 328, 329
　食料　285-289
　森林火災　319
　備え　278-281
　竜巻　312
　調理　288
　停電　288
　ハリケーン　308
　火　291
　避難　279, 304, 305
　ブリザード　321
　噴火　331
　防災計画　304, 315, 327
　防災セット　280-281
　水　282-284
湿気
　備え　111
　皮膚疾患　120
湿地
　移動　127
　危険　124
　備え　110-111
　ナビゲーション　127
　マングローブ　129
脂肪　28, 29, 30
磁北　54, 55
シャクルトン、アーネスト　13, 24, 28
ジャコウウシ　228
ジャングル　→「熱帯雨林」
出血　339
準備
　温帯林　72-73
　基本　14-23, 42-43
　極地　206-208
　洪水　315
　砂漠　168-171
　自然災害　302-305
　自宅　278-281
　湿地　110-111

水上　240-248
　熱帯雨林　110-111
　ハリケーン・台風・サイクロン
　　308
　噴火　331
　山　134-137
照明弾　198
小便　27
植物
　温帯林　71, 80, 89, 90
　危険　123
　極地　221
　砂漠　177, 188
　食用にならない　90
　食用になる　30, 71, 89, 90, 117, 144,
　　145, 188, 221, 344-347
　毒性試験　89
　ナビゲーション　57
　熱帯雨林　117, 118, 123
　水　80, 177
　山　144, 145
　有毒植物　118, 144, 145, 221
食料　21, 28, 43, 286
　温帯林　88-93
　可食性テスト　89
　缶詰　29, 288, 289
　基本　28-33
　極地　220-223
　クマよけバッグ　98
　げっ歯動物対策用袋　187
　砂漠　186-190
　自宅　285-289, 299
　消化　29, 178
　植物　90
　食用植物リスト　344-347
　水上　260
　動物　91
　動物から守る　86, 93, 97, 98, 187
　ドライフード　29
　熱帯雨林　116-118
　干し肉　190
　保存　93, 98, 287-289
　山　144-145
ショック　341
ジョンソン、マーク　180
ジョンボート　127
シロアリ　91
シロザ　345
蜃気楼（しんきろう）　201
真菌感染症　341
浸水足　120, 225
心肺蘇生法　339
森林火災　318-519
水上　239-275
　救助　241

　サバイバルのヒント　259
　備え　240-248
　ナビゲーション　249-263
　伏し浮き　259
　持ち物リスト　241, 338
　睡眠　21, 43, 219
スイレン（ハス）　345
スキー　233, 236-237
スコット、ロバート　205, 229
スタンリー、ヘンリー・モート　116
ステファンソン、ウィルヤルマー　206,
　　210
ストレーナー（川の中の障害物）　240
砂
　極地　211
　シェルター　182
砂嵐　193, 195, 198, 202-203
スナノミ　123
スノーシュー　162, 233, 235
スベリヒユ　347
スポーツドリンク　26
すり傷　120
スロットキャニオン　153
スロープ（斜面）　160
セイウチ　228
生物学的脅威　292
雪洞　85, 143, 215, 218
雪庇（せっぴ）　151
双眼鏡　170
装備
　いかだ　260
　極地　208
　砂漠　170
　熱帯雨林　111, 338
　山　136
添え木　37
ソーラーオーブン　189
ソロー、ヘンリー・デイヴィッド
　　71, 74, 75

た行

体温　29, 44, 178
　温帯林　73, 77, 78
　極地　218
　砂漠　201
体感温度　229
対空信号　64-65
ダイビング　274-275
台風　307
　→「ハリケーン」も参照
太陽
　ナビゲーション　57
太陽蒸留器　180, 265

竹　114
　　移動　127
　　食料　117, 344
　　ベッドを作る　114
タッキング　263
脱水症状　24, 26, 28, 36, 175
　　アルコール　25
　　応急処置　26, 340
　　カフェイン　25
　　極地　212, 226
　　子ども　36
　　砂漠　153, 191
　　発汗　175
　　山　140, 153
竜巻　310-313
　　緊急避難用スペース　312
　　サバイバルのヒント　279
　　備え　312
　　注意報・警報　311
　　分類　311
立坑　185
ダニ　99
タバコ　25
タマサボテン　344
タロイモ　347
淡水エイ　124
炭水化物　28, 30
単独行動　19
断熱　217, 225
タンパク質　28, 29, 30, 32, 271
短波ラジオ　62, 66
タンポポ　90, 145, 345
暖炉　290-291
地衣類
　　食料　144
　　方角を知る　57
地下水　81
地形図　53, 58, 102, 200
チコリ　344
地図　53-54, 58, 59, 104, 105, 111
　　記号　58
　　グリッド座標　53
　　種類　53
　　地形図　53-54, 58
　　等高線　58
中毒　341
　　調理　31, 288
　　高所　139
　　たき火　93
　　熱帯雨林　118
潮流　241
チョークチェリー　344
月
　　方角を知る　60
ツツガムシ　123

津波　329
露　80
ツンドラ　207, 210
低酸素症　143
低酸素状態　146, 147
低体温症　21, 224, 229, 269, 321, 323, 341
デイヴィス、ウェイド　117
テキストメッセージ　294
デッドレコニング　200, 233, 249
鉄砲水　194, 315, 317
手旗信号　343
電解質不均衡　175
天候
　　海　244
　　雲の形による予測　13, 244
　　砂漠　194
　　山　137, 148, 149, 152
テント　48, 49, 83, 86
　　極地　215
　　種類　49
　　食料の保管場所　93
　　熱帯雨林　112
電話　62, 67, 280, 294
洞穴・洞窟
　　危険　185
　　シェルター　51, 185
等高線地図　→「地形図」
糖質　30
凍傷　147, 224, 225, 229, 340
動物
　　足跡　78
　　海　267
　　温帯林　78, 86, 91, 92, 93, 96-99, 106-107
　　狩りとワナ　30, 32, 33, 91, 92
　　危険　96-99, 118, 153, 196, 228, 229
　　砂漠　178, 187, 188, 189, 196
　　シェルター　50
　　食用にならない　30, 91, 118
　　食用になる　30, 91, 188, 189, 145, 117
　　食料の管理・調理　86, 93, 97, 98, 99, 187
　　防御　99
　　保存方法　118, 153
　　水　27, 78, 178
トウヤシ　346
ドクイトグモ　99, 196
毒性試験　89
ドナヒュー、マイケル　291
トライポッド　93
鳥　91, 117
　　陸地を探す目印　263
ドングリ　90, 344
　　ホイッスルを作る　63

な行

ナタ 128
雪崩 150, 151
ナナカマド 346
ナビゲーション 52-60
　腕時計 56
　温帯林 102-105
　影を利用する 57, 232
　極地 230-235
　コンパス 54, 55, 56
　砂漠 199-201
　湿地 127
　水上 249-263
　デッドレコニング 200, 233, 249
　熱帯雨林 126-129
　山 158-163
　夜空 60, 127, 201
ナマズ 124
南極 205-275
南極点 226
荷造り
　温帯林 73, 338
　極地 208, 338
　砂漠 170, 338
　水上 241, 338
　熱帯雨林と湿地 111, 338
　避難時 304
　持ち物リスト 337-338
　山 136, 338
ニッパヤシ 346
ヌママムシ 99
ネズミサシ 90, 345
熱けいれん 191
熱源 201
熱射病 191
熱帯雨林 109-131
　移動 126, 129
　応急処置 119-121
　害虫 123
　感染症 121
　危険 122-125
　救急キット 120
　救助 111
　シェルター 112-115
　ジャングル・ショック 38-39
　食料 116-118
　装備 111, 338
　備え 110-111
　調理 118
　天候 128
　ナビゲーション 126-129
　皮膚疾患 120
　虫 115
ネッタイオオアリ 123

熱帯低気圧 307
熱中症 21, 36, 191, 341
熱疲労 191
熱放出低減姿勢（HELPの姿勢） 270
寝床
　A字型ベッド 114
　ハンモック 113
　屋根付きプラットホームベッド 113
寝袋 217, 218
捻挫 3, 341
野イチゴ 347
膿瘍（のうよう） 339-340

は行

バートン、リチャード・フランシス 178
ハイイロオオカミ 228
ハイイログマ 97, 154, 155, 228
ハエ 78
橋（丸太とロープの） 251
ハス 345
ハチ 123
　応急処置 99, 123
　キラービー 123
　追跡して水を探す 78
発炎筒 61
発火信号 272
発汗 174, 226
バッタ 91
発電機 291, 298-299
ハナゴケ 346
バナナ 116
パニック 20, 22, 38-39, 102
歯ブラシ 35
ハマダラカ 121
浜辺
　救難信号 273
　サバイバルのヒント 245
　食料 245, 246
　燃料 246
早瀬 240
パラード、ナンド 133, 134, 138, 140, 158, 159
ハリケーン 279, 306-309
　家の補強 308
　車 309
　洪水 314
　備え 308
　注意報・警報 307
　分類 307
ハリナシミツバチ 119
帆走 263
パンノキ 344

ハンモック 113
バンレイシ 347
火 44-47, 76, 213
　雨 45, 46
　安全対策 31, 76, 86
　温帯林 74-77, 86, 93, 100-101
　風 138
　キャンプファイア 93
　救難信号 44, 61, 100-101, 156, 198
　極地 209-211
　砂漠 172-173, 198
　水上 246
　雪上・氷上 211
　たき火 47
　暖炉 290, 291
　調理 31, 93
　熱反射板 77
　燃料 45-47, 74, 138, 173, 209, 210, 246, 291
　火をおこす 45, 47, 74, 75, 138, 172
　持ち運ぶ 139
　山 138-139, 156
　弓と火きり棒 173
ピアソン、アレン 311
ヒアリ 123
ピアリー、ロバート 212
ヒガシダイヤガラガラヘビ 106-107
ピグネイ 344
飛行機事故
　救難信号 61, 156
　サバイバルのヒント 41, 103, 133, 135
　燃料源 173
ビタミン 28, 271
ピッケル 163, 233
ヒトヒフバエ 123
ヒナギク 90, 345
避難
　救難信号 64
　車で 305
　携行品 304
　洪水時 316
　室内退避 292
　森林火災 319
　噴火 331, 332
　ペットと 305
皮膚疾患 119, 120
ビューフォート風力階級 244
ピューマ 97, 154, 155
氷河 151, 162
標高 →「高所」
氷上
　移動 161, 231
　海氷の種類 207
　火 211
　氷壁を登る 137

水 141, 212, 213
　落下 227
ヒラウチワサボテン 346
ピラニア 124
ヒル 124, 125
ピンポンノキ 347
風雪注意報 321
ブーツ 87
フェネックギツネ 42
伏し浮き 259
藤田スケール 311
藤田哲也 311
ブドウ 345
船・ボート
　救助 248, 259
　準備と点検 242
　水中で助けを待つ 259
　道具の固定と防水 242
　船から避難する 243, 248
　船を放棄する 247
　膨張式救命いかだ 248
　補助具 250
浮氷塊 231
浮氷原 231
吹雪 →「ブリザード」
ブユ 228
ブライ、ウィリアム 239
ブラックベリー 344
ブリザード・吹雪
　屋内 321
　車 320, 322, 323
　サバイバルのヒント 279, 321
　注意報・警報 321
　山 323
ブルーベリー 344
プレート 326
噴火 330-333
　警戒レベル 331
　サバイバルのヒント 279, 333
　備え 331
　注意報と警報 330
　二次災害 332
　避難方法 331, 332
　復旧 333
　防災計画 331
米国連邦緊急事態管理庁（FEMA） 302
閉所性発熱症 296
ベイツ、ヘンリー・ウォルター 116
ヘーゼルナッツ 345
ペットの避難 305
ヘビ 123, 125
　応急処置 192, 314
　防衛 99, 153, 196
ヘラジカ 96, 97, 154

ベリー　344-347
ヘロドトス　266
ヘンソン、マシュー　212
ホイッスル　63, 66, 100, 156
方角を知る　57, 60, 105, 127, 200, 201, 232
防火帯　319
防災セット　280-281, 292
帽子　73, 182
放射能汚染　292
防水シート（タープ）　84, 142, 185
暴風雪警報　321
ポータブル・ヒーター　290
ポーポー　346
ホール、サクション　240
干し肉　190
北極　205-275
　→「極地」も参照
ホッキョクグマ　228, 229
北極星　60, 249
ホッキョクヤナギ　347
発作　341
発疹　341
ホワイトアウト　229
ホワイトウォーターカヤック　256

ま行

マーツ、ザビエル　220
マクギー、W・J　175
マグネシウム　74
マダニ　123
マッカン、カール　65
マッカンドレス、クリス　72, 88
マッチ　75, 76
マツの葉のお茶　89, 346
マニオク　345
マメ　応急処置　95, 339
マラリア　121, 146
丸太
　浮具　258
　シェルター　51
　橋　251
マングローブの湿地　129
水　21, 24-27, 25, 43, 79, 140-141, 174, 176, 178, 179, 226
　海　243, 260, 294-265
　温帯林　78-81
　極地　212-213, 226
　携帯する　176
　砂漠　174-180
　自宅　282-284
　浄化　24, 25, 26, 27, 29, 31, 78, 79, 141, 179, 212, 284
　蒸留　284

対空信号　64
太陽蒸留器　180, 265
入手方法　78, 79, 81, 178
入手方法（魚から）　81
入手方法（植物から）　177
入手方法（雪や氷から）　78, 141
保管容器　25, 79, 175, 213
山　140-141
道しるべ　104
南十字星　60, 127
ミネラル（栄養素）　28
虫
　かみ傷と刺し傷　95, 99, 115, 121, 196, 341
　極地　228
　食料　91
　熱帯雨林　115, 119, 121, 123
　虫よけ剤　115
無線　67, 248
メガネ　170
モートン、スタンリー・ヘンリー　122

や行

やけど　340
ヤシ類　117, 345, 346
野生イチジク　347
野生スモモ　347
野生タマネギ　347
ヤナギ　347
ヤナギラン　345
山
　応急処置　146-147
　滑落停止　163
　危険　148-155, 159
　危険な動物　153-155
　救難信号　156-157
　渓流　163
　シェルター　142-143
　食料　144-145
　備え　134-137
　チェックリスト　338
　調理　139
　天候　137, 148, 149
　道具　136, 137, 144, 338
　登山のテクニック　137, 160
　雪崩　150
　ナビゲーション　158-163
　火　138-139
　微気候　152
　負傷者の搬送　146
　水　140-141
　雪山、氷河　161, 162
　落石　160

ヤマアラシ　91
ヤムイモ　347
有害物質　292
雪　211
　　移動　161
　　救難信号　62, 100, 156, 157, 322
　　車を脱出させる　322
　　錯覚　233
　　シェルター　82, 83, 85, 87, 142, 143, 209, 215, 216, 218
　　火　211
　　方角を知る　232
　　水　141, 212, 213
　　雪かき　321
　　→「ブリザード」も参照
雪目　224, 226
ユニバーサル横メルカトル（UTM）図法　53
ギンズバーグ、ヨッシ　116
ヨーロッパマンネングサ　347

ら行

雷雨　86, 279
　　鉄砲水　194
　　山　137
ライチョウ　91
ライリー、ジェームズ　167, 193
落石　160
ラクダ　27
ラジオ　62, 198, 293, 294
　　海上　248
　　救難信号　66, 67, 248, 272
　　短波　6, 66
ラズベリー　346
落下
　　応急処置　95
ラム、ジーン・M　28
ランディン、コーディ　91
離岸流　267
リビア砂漠　41, 46
リュウキンカ　346
流砂　129
流木　246
ルーズベルト、セオドア　14, 16, 23, 110, 117
冷蔵庫　288
冷凍庫　288, 299
レーシングカヤック　256
ローズヒップ　346
ローゼンブラット、ポール　296
ロープ　251, 259
　　救命ロープ　259
　　作り方　19

結び方　342
ロッククライミング　137, 159
ロバートソン、ドゥガル　264
ロレンス、T・E　20, 195

わ行

ワナ　30, 31-33, 91, 92

A

AMS（急性高山病）　147

E

EPIRB（非常用位置表示無線標識）　248, 272

G

GPS（全地球測位システム）　52, 53, 56128, 233

H

HACE（高所脳浮腫）　147
HAPE（高所肺水腫）　147
「how to」
　　Aフレームで火をおこす方法　45
　　穴釣り　223
　　アパッチ式の枝葉を使った
　　　　シェルターの作り方　183
　　移動した距離を測る方法　59
　　円形石シェルターの作り方　50
　　おわん状のドングリを使った
　　　　ホイッスルの作り方　63
　　カヌーに乗り込む　253
　　雷に打たれた人の応急処置　325
　　ガラガラヘビにかまれたときの
　　　　応急処置方法　192
　　簡素な差し掛け小屋を造る　84
　　クインジーを作る　216
　　クマよけバッグの作り方　98
　　車シェルターの作り方　184
　　げっ歯動物対策用の袋の作り方　187
　　現場の自然素材からロープを
　　　　作る方法　19
　　コンパスの作り方　54
　　サボテンから水を手に入れる　177
　　サメを撃退する　268

ざんごう型シェルターの作り方　183
シグナルミラーを使って航空機に
　　信号を送る方法　63
自分なりの地図を作る　105
水分を含んだもろい地盤「流砂」から
　　の脱出方法　129
スノーシューを作る　162, 235
添え木のあて方　37
ソーラーオーブンの作り方　189
即席のサングラスを作り方　171
即席の鏡で救難信号を送る　157
太陽蒸留器の作り方　180
たき火を使って料理するための
　　トライポッドの組み立て方　93
立ち泳ぎをしながらズボンの浮具を
　　作る　270
竜巻で命を落とさないために　313
露から水を集める　80
釣り糸と釣り針の作り方　32
ティピー型の火おこし　47
手旗信号の送り方　343
転覆した救命いかだを元に戻す方法
　　267
テンプル火床で火をおこす　46
凍傷に気づく　147
熱反射板の作り方　77
ヒルを取り除く方法　125
火を使った救難信号　101
火を持ち運ぶ　139
伏し浮きの方法　259
ふた結び　342
防火帯の作り方　319
包帯を足首に巻く方法　297
棒の影を使って方位を知る　57
干し肉の作り方　190
巻き結び　342
薪に適した大きさに木を切る　75
丸太を浮具に使う方法　258
南十字星から方角を割り出す　127
もやい結び　342
屋根付きプラットホームベッドの
　　作り方　113
雪でざんごう型のシェルターを作る
　　143
雪の吹きだまりから車を脱出させる
　　方法　322
離岸流から泳いで抜け出す　267
ワナの作り方　92

P

PLB（パーソナル・ロケーター・ビーコン）
　　67, 197

S

SOS　61, 66
S・T・O・P　20

V

VHF（超短波）無線　248, 272

数字

3の法則　21, 43

CREDITS

SHUTTERSTOCK: 15, Eric Isselee; 21, Marc Dietrich; 27, Olga Kushcheva; 30, Lepas; 35, RTimages; 36, Roman Sigaev; 42, Cre8tive Images; 60, Doug Stevens; 64, Jean-Martin Kuusmann; 65, salamanderman; 66, SPbPhoto; 78, Marcus M. Jones; 81, David Dohnal; 83, Chris Turner; 87, BrunoSINNAH; 88, ansem; 90, pixelman; 96, Eric Isselee; 99, Miles Boyer; 100, Feng Yu; 103, Alex Staroseltsev; 105 (UP), HomeStudio; 125, Mircea Bezergheanu; 137, Paulo Resende; 140, Glushkova Olga Vladimirovna; 144, Marek Cech; 161, Greg McCracken; 162-163, Marek Cech; 169, Ann Trilling; 184, Tomasz Pietryszek; 190, Alexford; 196 (LO), Carolina K. Smith, M.D.; 222, Michael Pemberton; 227, Keith Levit; 230, Rodolfo Arpia; 244, Ewa Galus; 248, amfoto; 260, Jackie Foster; 267, Regien Paassen; 269, titelio; 279, Norman Pogson; 284, Stephen Coburn; 288, Andriy Doriy; 296, Ronald Sumners; 307, IgorXIII; 317, nyasha; 321, Simon Voorwinde; 344 (up 2), Phillip Holland; 344 (LO 3), Brad Whitsitt; 344 (LO 1), Mirna Kras; 344 (LO 2), Elena Elisseeva; 344 (LO 4), Lorraine Swanson; 344 (CTR 1), Steve McWilliam; 344 (CTR 2), Goncharova Alina; 344 (UP 3), Anne Kitzman; 344 (up 4), TTphoto; 345 (up 1), Arvind Balaraman; 346 (lo 1), Robert Adrian Hillman; 346 (ctr 2), Valeriy Poltorak; 346 (ctr 4), Darla Hallmark; 346 (up 1), Gergo Orban; 347 (lo 3), Olga Vasilkova; 347 (lo 1), Gordan Milic; 347 (lo 2), khwi; 347 (ctr 1), Whaldener Endo; 347 (ctr 5), Zhorov Igor Vladimirovich; 347 (ctr 4), James Doss. ISTOCKPHOTO: 17, Margo Harrison; 29, Marc Dietrich; 32, Andrew Johnson; 49, Stefan Klein; 74, Christopher Pattberg; 76, 89, Jakub Semeniuk; 95, 105, Eric Michaud; 108, Steffen Foerster; 116, Alexei Tacu; 121, Olga Khoroshunova; 123, Eric Delmar; 128, Christine Balderas; 153, Blair Bunting; 186, Simon Podgorsek; 191, Mitar Holod; 195, Zoran Kolundzija; 198, 200, Milos Luzanin; 210, Aleksey Polikarpov; 233, David Morgan; 241, Lee Pettet; 243, Carlos Arranz; 251, Monika Adamczyk; 253, Tom Lewis; 254, Clayton Hansen; 258, Dave Long; 262, Bryan Myhr; 315, 323, Larysa Dodz; 325, Marcin Pytlowany; 330, Steven van Soldt; 337, murat $en; 344 (LO 5), Rachel Dunn; 344 (CTR 3), Elena Moiseeva; 344 (CTR 5), Scott Leigh; 344 (CTR 4), Anna Khomulo; 344 (UP 1), 345 (LO 5), Mark Linnard; 345 (LO 2), Svetlana Tikhonova; 345 (LO 4), Janet Celine; 345 (ctr 1), Roger Whiteway; 345 (ctr 5), Wojtek Kryczka; 345 (ctr 2), Dmitry Maslov; 345 (ctr 4), Valeriy Kirsanov; 345 (up 5), Melissa Carroll; 345 (up 2), Goran Milic; 345 (up 4), 346 (lo 5), Gregg Mack; 346 (lo 4), Miloslawa Witas; 346 (ctr 5), Vlado Janzekovi; 346 (up 3), Andrew Stenkin; 346 (up 2), Ariusz Nawrocki; 346 (up 4), Jennifer Sheets; 347 (lo 5), 347 (ctr 2), zhang ho; 347 (up 5), 347 (up 2), Hans Herzog; 347 (up 4), Elena Kalistratova; CORBIS: 2-3, Ted Levine/zefa; 12, Henrik Trygg; 62, Mark Gamba; 70, Ben Blankenburg; 82, Lane Kennedy; 94, Phil Schermeister; 102, Bob Sacha; 122, Tim Thompson; 134, Kazuyoshi Nomachi; 151, S.P. Gillette; 152, George Steinmetz; 157, The Scotsman; 166, Hein van den Heuval/zefa; 179, Layne Kennedy; 185, Goodshoot; 209, Layne Kennedy; 211, Dean Conger; 221, Owen Franken; 232, John Noble; 242, David Madison; 246, Phil Schermeister; 261, Tobias Bernard/zefa; 316, Noah K. Murray/Star Ledger; 320, Tim McGuire; 324, Marcos Delgado/epa; OTHER: 8, Mark Thiessen, NGP; 16, Ed Kashi; 20, Dugald Bremner Studio/NG Image Collection; 25, Johner Royalty-Free/Getty Images; 26, msrgear.com; 31, Bill Hatcher; 33, U.S. Marine Corps, Official Photograph; 38, Renee Fadiman; 40, Martin Ruegner/ Getty Images; 51, William Knipscher; 55, Barry Bishop; 56, www.magellangps.com; 58, William Knipscher; 67, Courtesy of Brunton; 68, Ed George; 72, Courtesy of Inoveight, Ltd.; 75, Maria Stenzel; 79, Johner Royalty/Getty Images; 86, Jim Reed/Getty Images; 93, Hermann Erber/Getty Images; 106, D. Bruce Means, Ph.D.; 112, Michael Nichols, NGP; 114, William Knipscher; 119, Michael Nichols, NGP; 120, William Knipscher; 124, Chris Johns, NGS; 130, Ed George; 132, David Trood/Getty Images; 136, Courtesy of Black Diamond Equipment Ltd.; 138, Jimmy Chin/Getty Images; 139, Courtesy of Jetboil; 141, 142, William Knipscher; 145, Johner/Getty Images; 149, Maria Stenzel; 156, William Knipscher; 158, Tommy Heinrich; 160, Bobby Model/ NG Image Collection; 164, Tommy Heinrich; 168, Michael S. Lewis/NG Image Collection; 173, Nicole Duplaix/ NG Image Collection; 181, Bobby Model/NG Image Collection; 192, William Knipscher; 193, Bruce Dale; 196 (UP), Jeff Foott/Getty Images; 199, Bill Hatcher; 202, Peter Carston/ NG Image Collection; 204, George F. Mobley; 206, Tom J. Ulrich; 207, U.S. Geogolocial Survey EROS Data Center Satellite Systems Branch; 208, Courtesy of Rab; 213, William Knipscher; 214, Gordon Wiltsie/NG Image Collection; 216, Courtesy of Black Diamond Equipment Ltd.; 218, William Knipscher; 219, Maria Stenzel; 225, Borge Ousland; 228, Paul Nicklen; 231, James D. Balog; 234, Courtesy of Black Diamond Equipment Ltd.; 236, Mike Horn; 238, NIck Caloyianis/NG Image Collection; 252, Skip Brown/NG Image Collection; 256, Courtesy of Necky Kayaks; 257, Michael Nichols/ NG Image Collection; 263, Winfield I. Parks, Jr.; 265, James P. Blair; 273, U.S. Coast Guard, Official Photograph; 274, Kenny Broad; 276, AP/Wide World Photos/David J. Phillip; 281, AP/Wide World Photos/Paul Sancya; 289, AP/ Wide World Photos/Belleville News-Democrat/Zia Nizami; 294, AP/ Wide World Photos/Robert F. Bukaty; 297, AP/Wide World Photos/Wilfredo Lee; 298, Kenneth Garrett; 300, Peter Carston; 306, NASA; 310, Peter Carston; 314, Tyrone Turner/NG Image Collection; 318, Phil Schermeister/NG Image Collection; 326, AFP/Getty Images; 327, Jared Ragland; 328, William Knipscher; 331, Frans Lanting; 332, John Stanmeyer; 334, Pat C. Wright; 344 (UP 5), Wikipedia; 345 (LO 3), Courtesy of Don Wiss; 345 (LO 1), Michael Lüth @ USDA-NRCS PLANTS Database / Lüth, M. 2004. Pictures of bryophytes from Europe [CD-ROM]. Published by the author; 345 (ctr 3), Stan Shebs/Wikipedia; 345 (up 3), Ante Aikip/Wikipedia; 346 (lo 2), Wikipedia; 346 (lo 3), Jens Buurgaard/Wikipedia; 346 (ctr 3), M.D. Guiry; 346 (ctr 1), Scott Bauer/ USDA; 346 (up 5), Eric Guinther/ Wikipedia; 347 (lo 4), Margaret Williams @ USDA-NRCS PLANTS Database; 347 (ctr 3), Photography: Amadej Trnkoczy; 347 (up 3), Mark W. Skinner @ USDA-NRCS PLANTS Database; 347 (up 1), Neal Kramer.

National Geographic Complete Survival Manual
Michael S. Sweeney

Copyright © 2008 National Geographic Society.
All rights reserved. Reproduction of the whole or
any part of the contents without written permission
from the publisher is prohibited.
NATIONAL GEOGRAPHIC and Yellow Border Design are trademarks
of the National Geographic Society, under license.

ナショナル ジオグラフィック パートナーズは、ウォルト・ディズニー・カンパニーとナショナル ジオグラフィック協会によるジョイントベンチャーです。収益の一部を、非営利団体であるナショナル ジオグラフィック協会に還元し、科学、探検、環境保護、教育における活動を支援しています。

このユニークなパートナーシップは、未知の世界への探求を物語として伝えることで、人々が行動し、視野を広げ、新しいアイデアやイノベーションを起こすきっかけを提供します。

日本では日経ナショナル ジオグラフィックに出資し、月刊誌『ナショナル ジオグラフィック日本版』のほか、書籍、ムック、ウェブサイト、SNSなど様々なメディアを通じて、「地球の今」を皆様にお届けしています。

nationalgeographic.jp

新装版 ナショナル ジオグラフィック
世界のどこでも生き残る 完全サバイバル術
自分を守る・家族を守る

2025年2月25日　第1版1刷

著者	マイケル・S・スウィーニー	発行者	田中祐子
訳者	日本映像翻訳アカデミー	発行	株式会社日経ナショナル ジオグラフィック
編集	尾崎憲和　石井ひろみ　葛西陽子		〒105-8308　東京都港区虎ノ門4-3-12
編集協力	遠藤昇(Dance on the ground)	発売	株式会社日経BPマーケティング
制作	株式会社日経BPコンサルティング	印刷・製本	シナノパブリッシングプレス
装丁	小口翔平＋畑中茜(tobufune)		

ISBN 978-4-86313-648-9
Printed in Japan
Japanese edition copyright © 2011, 2025 National Geographic Society

本書の無断複写・複製(コピー等)は著作権法上の例外を除き、禁じられています。
購入者以外の第三者による電子データ化及び電子書籍化は、私的使用を含め一切認められておりません。
本書の日本における翻訳出版権は株式会社日経ナショナル ジオグラフィックが所有しています。
乱丁・落丁本のお取替えは、こちらまでご連絡ください。
https://nkbp.jp/ngbook

本書は2011年に刊行した『ナショナル ジオグラフィック　世界のどこでも生き残る
完全サバイバル術　自分を守る・家族を守る』の新装版です。